Balkan

또 하나의 유럽, 발칸유럽을 읽는 키워드

김철민 · 김원회 지음

HU:iNE

국립중앙도서관 출판시도서목록(CIP)

또 하나의 유럽, 발칸유럽을 읽는 키워드 / 김철민, 김원회. -- 서울 : 한국외국어대학교출판부, 2009
p. ; cm

참고문헌과 색인수록
ISBN 978-89-7464-551-9 93920 : ₩15000

발칸 제국[--諸國]
유럽[Europe]

929.9-KDC4
949-DDC21 CIP2009001865

이 도서의 국립중앙도서관 출판시도서목록(CIP)은 e-CIP 홈페이지(http://www.nl.go.kr/ecip)에서 이용하실 수 있습니다.(CIP제어번호: CIP2009001865)

▲ 자그레브의 성 스페탄 성당

▲ 뽀레츠의 성 유프라시아바실리카 수도원

▲ 크로아티아 두브로브크

▶ 크로아티아 전통복장

▲ 크로아티아 말마티아해안

▲ 16개의 계단식 호수로 이루어진 자연 친화적 관광자원, 쁠리트비쩨 호수

▶ 이스트라 반도의 뿔라에 자리한 로마식 원형 극장

▲ 마케도니아 수도 스코피에 전경

◀ 불가리아 서남부지역에 남아있는
전통가옥의 모습

▶ 넥타이의 고향인 크로아티아, 전통 넥타이
크라바타를 메고 있는 크로아티아인

▲ 봄이 오면 불가리아인들은 가슴에 하얀색과 붉은색의 실로 만든 마르테니짜를 달고 봄 맞이에 나선다

▼ 불가리아 동남부 이슬람 교도 지역의 전통 음식 양고기와 쌀이 주를 이룬다

▼ 불가리아 소피아 남부에 걸쳐있는 비토샤 산. 해발 3,000여 미터에 이르는 산으로 불가리아인들의 안식처이다

▲ 불가리아 소피아 국립도서관 앞의 끼릴-메토디 형제 동상. 일년 내내 이들의 업적을 기리고 존경하며 헌화하는 인파들로 가득하다

◀ 세 마리의 사자로 장식된 불가리아 국가 문양, "뭉치면 힘이 된다"라는 불가리아어구가 인상적이다

▶ 불가리아 흑해 연안 라지역의 전통 가옥

▲ 불가리아 전통가옥의 내부 모습

◀ 중세 불가리아어 정화 운동을 폈던 주교 에프티미의 동상, 불가리아 소피아 소재

▼ 언어정책과 표준이 선정 등의 결정이 이루어지는 불가리아 국회의사당 전경

▲ 불가리아 정교회의 모습과 그 안에 있는 성수대, 여기에서 각종 의식이 행해지며, 의식에 사용되는 성스러운 물을 받는다

▲ 소피아 중심부에 있는 비잔틴 시대의 교회 유적

▶ 불가리아를 터키로부터 해방시킨 알렉산더 러시아황제의 동상, 소피아 국회의사당 앞에 서 있다

▲ 소피아대학교: 불가리아 제1의 종합대학으로 소피아 시내에 위치하고 있고, 인문학 연구 전통이 매우 강하다

▲ 불가리아에는 현재 한국에 대한 관심이 높아지고, 한국어와 문화에 대한 관심이 매우 높다

▲ 불가리아 소피아에 있는 대통령궁의 모습과 근위병들

◀ 고대 불가리아어의 발전과 전파에 중요한 의미를 지니는 마케도니아 지역의 오흐리드 호수와 수도원

▲ 불가리아 정교 성당에서 결혼하는 신혼부부의 모습, 사제에게서 성스런 포도주를 받아 마시고 있다

◀ 불가리아에서 신생아의 운명 점지 의식에는 보통 3명의 여인이 등장한다

▶ 하객들에게 초콜렛을 대접하는 결혼식 화동들

▲ 하객들의 배웅을 받으며 신혼여행을 떠나는 신혼부부의 모습

▲ 출산 후 준비하는 빵의 모습,
불가리아 전통의 뽀가차 빵과 유사한 생김새다

▶ 불가리아 결혼식의 의상은
매우 화려한데,
특히 여성 의상이 그러하다

▲ 불가리아 정교회 내부의 모습과 망자를 위해 켜진 성당의 초, 망자를 추모하는 초는 보통 무릎보다 밑쪽에 위치한 단에 켜는 것이 관례이다

◀ 묘지의 묘비들, 보통 망자의 사진과 망자의 이력을 새겨 넣는다

▶ 불가리아 집 앞 대문에 붙은 부고와 검은 천

__ 머리말

또 하나의 유럽, 발칸

발칸유럽을 대표하는 말들로는 '종교와 문화의 모자이크', '유럽의 관문' 그리고 무엇보다도 본 저서의 주제인 '또 하나의 유럽'을 들 수 있을 것이다. 역사적으로 볼 때 발칸유럽은 동, 서로마의 분열선 그리고 합스부르크 제국과 오스만 터키의 분기점에 위치하였던 관계로, 이에 따른 동양과 서양의 사회, 문화적 매력을 동시에 즐길 수 있는 곳으로 유명하다. 또한 발칸유럽은, 이 지역이 고대부터 유럽과 아시아 대륙을 연결하는 주요 전략적 요충지에 위치해 있었던 이유로, '유럽의 관문'으로도 지칭되고 있다. 이러한 요인들로 인해 발칸유럽은 종교, 문화적으로 상이한 민족간 갈등과 분쟁이 끊이지 않아 왔고, 현재까지도 주요 열강들의 각축장으로 여러 어려움을 겪고 있는 게 사실이다. 반면에 이러한 요소들로 인해 발칸유럽은 다른 유럽 국가들과 비교되는 독특한 사회, 문화, 정치, 경제적 특징들을 유지해 올 수 있었으며, 이러한 차별성은 바로 발칸유럽을 보다 더 흥미롭게 봐라 보게 하는 매력이 되고 있다. 이러한 역사적, 지정학적 배경은 발칸유럽 지역을 유럽 내에서도 독특한 유럽 즉, 또 '하나의 유럽'으로 불리게 하는 주요 원동력을 제공하고 있다.

발칸유럽은 세계 종교에 있어서 크게 3가지 종교, 즉 가톨릭, 정교, 이슬람이 그 독특한 문화와 어울려 매우 복잡하게 혼재된 특징을 지니고 있다. 세계 속에서도 종교간 문화 간 혼재와 복잡성이 매우 두드러지는 발칸유럽의 문화권을 종교적 분포도에 따라 분류해 본다면(70% 이상의 종교 분포도를 기준) 대략 5개의 종교 문화권으로 분류할 수 있다.

1) 우선 역사적 동인에 따른 서로마제국(로마 교회), 이어 신성로마제국과 합스부르크 제국 그리고 오스트리아-헝가리 이중 제국 하에서 자신들의 문화적 삶을 꽃피웠던 '슬로베니아와 크로아티아'는 '가톨릭 문화권'으로 분류할 수 있다.
2) 또 하나의 대표적 문화권인 '정교 문화권'으로는 동로마 제국 당시 콘스탄티노플 교회의 교회 권을 바탕으로 형성된 이후 오스만 터키의 400-500년간 지배 속에서도 자신들의 종교와 문화를 지켜내었던 '세르비아', '몬테네그로', '루마니아', '불가리아'를 들 수 있다.
3) 발칸 유럽 내 대표적 '이슬람 문화권'으로는 오스만 터키의 지배이후 기존의 크리스트교에서 이슬람교로 대거 전향하면서, 현재 발칸 유럽 내 새로운 민족분쟁의 단초중 하나를 제공하고 있는 '알바니아'를 들 수 있다.
4) '정교와 이슬람 혼재 문화권'으로는 '마케도니아'를 들 수 있으며,
5) 마지막으로, 발칸유럽의 대표적 3대 종교인 '가톨릭, 정교, 이슬람이 서로 복잡하게 혼재되어 있는 문화권'으로는 '작은 발칸유럽'이라 불리는 '보스니아-헤르체고비나'를 들 수 있다.

이처럼 발칸유럽의 문화적 양상과 현상들을 고려해 볼 때, 발칸유럽 지역을 대표하는 한 마디는 '종교와 문화의 모자이크'란 표현일 것이다. 발칸유럽이 종교와 문화의 모자이크 지역으로 불린 배경으로는 크리스트교의 분열과 이슬람교의 도입을 들 수 있다. 313년 밀라노 칙령을 통한 콘스탄티누스의 크리스트교 인정과 이어 392년 테오도시우스 황제의 국교화 이후 비약적인 발전을 이루어 낸 크리스트교는 역사적으로 보았을 때 500년 간격으로 크게 3차례에 걸쳐 분열이 일어나게 된다. 첫 분열은 5~6세기에 일어났는데, 당시 동, 서로마의 분리 이후 서로마 제국이 멸망함에 따라 교회 주도권을 둘러싼 양 대 지역(동, 서 로마) 교회 간, 즉 '로마 교회와 콘스탄티노플 교회간의 갈등 심화'를 들 수 있다. 두 번째 분열은 비잔틴 제국의 쇠락 속에 기울어져 가던 콘스탄티노플 교회(훗날, '정교'로 발전)와 프랑크 제국의 비호아래 영향력을 확대하고 있던 로마 교회(훗날, '가톨릭'으로 발전)가 교회 주도권 다툼 속에 일어난 '1054년 교회 대분열'을 들 수 있다. 마지막으로 세 번째 분열은 서유럽에서 로마 교회를 모태로 발전한 가톨릭이 중세 유럽의 모든 세계를 장악하고 있던 시기, 면죄부 사건을 계기로 '16세기 종교개혁'이 일어남으로써 발생한 '신교와 구교로의 분열'을 들 수 있다. 발칸유럽은 항상 이러한 크리스트교 분열의 분열선상에 위치해 있었으며, 특히 14세기 이후 확대된 오스만 터키의 유럽 침공 그리고 이후 지역에 따라 400-500여 년간의 오스만 터키 지배가 이루어지면서, 이슬람 종교와 문화는 양대 크리스트교 문화(가톨릭과 정교)와 함께 발칸유럽 내에서 중요한 부분을 차지하게 되었다. 이후 발칸유럽은 역사적 전이와 그 발전 과정에 따라 가톨릭, 정교, 이슬람이 서로 복잡하게 혼재되어 가면서, 오늘날까지 이르게 되었고 그러한 역사적 잔재에 따라 유럽 내에서도 대표적 민족 분쟁 지역으로, 또 '종교와 문화의 모자이크' 지역으로 남게 되었다.

이러한 문화권역상의 특징과 더불어 발칸유럽의 지정학적 중요성은 이 지역을 통상 '유럽의 관문'으로 지칭하게 하는 배경을 형성케 했다. 발칸유럽은 오랜 시절부터 유럽과 아시아 대륙을 연결하는 주요 통로에 위치해 있으면서 그 지정학적 중요성이 인정되어 왔었다. 그 결과 발칸유럽은 고대 이래로 여러 민족들의 전략적 요충지로서 유럽, 러시아, 소아시아 등 열강들의 각축장이 되게 된다. 역사적으로도 이 지역은 고대 시절부터 오랜 기간 동안 그리스와 페르시아 간 세력 싸움이 전개되어 왔던 지역이며, 동 로마와 서로마 간의 분열선이 그어졌던 지역이기도 하다. 더불어 동로마(비잔틴 제국) 제국의 영향력 하에선 동로마 제국과 이슬람 제국 간의 갈등 선상에서 역사적 고통을 함께해야 했으며, 합스부르크 제국이 이 지역의 새로운 지배 세력으로 등장하려던 초기에는 유럽으로 세력을 확장하려는 오스만 터키 제국과 이를 막고 진정한 중부 유럽의 패권 국가가 되려는 합스부르크 제국 간의 전쟁터로 전락해야만 했었다. 1699년 이후로는 합스부르크 제국과 오스만 터키 제국간의 스렘스키 카를로브찌(Sremski Karlovci) 조약 합의에 따라 양 제국 간 경계선이 발칸유럽을 중심으로 그어짐에 따라 세르비아인을 비롯해 발칸 유럽내 여러 민족들은 비록 같은 민족이면서도 서로 다른 제국의 시배 하에서 서로에게 총칼을 겨누는 역사적 아픔을 겪어야 했었다. 19세기 민족주의 시대 이후로는 발칸유럽의 전략적, 지정학적 중요성을 인식하고 있던 러시아가 슬라브주의를 내걸며 부동항 획득 및 세력 확장을 위해 이 지역으로 진출을 모색하였고, 이를 막으려는 오스만 터키와의 싸움이 끊이지 않았었다. 특히 20세기 초 제 1차 세계 대전의 발단이 되기도 했던 오스트리아-헝가리 이중제국과 러시아간의 충돌과 이해 다툼 또한 발칸유럽에서 첨예하게 전개되기도 하였다. 이처럼 유럽의 관문에 위치한 발칸유럽은 그 지정학적, 전략적 중요성에 따라 오랜 동안 주변 열강들의 세력 각축장이 되어 오게 된다.

이 외에도 이 지역은 발칸 토착세력들 간의 영토 경쟁이 치열하게 이어져 온 곳이기도 하다. 이러한 발칸 유럽내 민족들 간의 갈등과 영토 전쟁이 심화된 계기는 19세기 대두된 영토 확장에 바탕을 둔 문화적 민족주의(Cultural nationalism)의 확대와 함께, 러시아-터키간 전쟁이후 수립된

1878년 베를린(Berlin) 조약에 따른 발칸유럽 민족들의 독립 국가 건설이 함께한데서 비롯되었다 하겠다. 그 결과 19세기말부터 20세기 초 사이 발칸유럽은 주변 강대국들의 개입 외에도 영토 확장을 추진해 나가려는 발칸유럽내 민족들 간의 싸움으로 혼란의 시기를 맞이하게 된다. 특히 1912년과 1913년에 발생한 제 1,2차 발칸 전쟁은 이후 1914년에 일어난 제 1차 세계대전의 전초전과 같은 의미를 안겨주었다고 할 수 있을 것이다. 제 2차 세계대전이후 발칸유럽은 독자적 혹은 소련의 지원 아래 사회주의 국가로 변모하였지만, 20세기 말에 들어와 발칸유럽 내 복잡한 문화적, 종교적 혼재와 사회주의 이념 쇠퇴에 따른 민족주의 성향 증대로 인해 세르비아니즘을 비롯한 소패권주의적 성향의 진원지가 되기도 했다. 이후 이러한 소패권주의는 발칸유럽의 지정학적 중요성을 인식하고 있던 미국, 러시아 등 강대국들의 이해관계와 맞물려 유고 분쟁, 보스니아 분쟁 그리고 코소보 전쟁 등 대규모 유혈 분쟁으로 이어지게 된다.

이처럼 발칸유럽은 오랜 시기를 거치며 그 역사적 요인에 따라 '종교와 문화의 모자이크' 지역으로 변모하였으며, '유럽의 관문'이라는 지정학적 중요성으로 인해 강대국간, 민족 간 갈등과 충돌이 빈번하게 전개되어 왔던 지역이다. 더불어 발칸유럽은 다른 유럽 지역들과 달리 '가톨릭, 정교, 이슬람이 서로 혼재된 독특한 문화권', 유럽의 역사와 문화에 가장 중요한 영향을 미쳤던 '동·서로마의 분기점에 위치하였다는 역사적 배경' 그리고 '아시아와 유럽을 잇는 관문'에 위치한다는 지정학적 이유 등으로 다른 유럽 지역들과는 달리 매우 독특한 종교, 문화적 양상을 보여 왔으며, 이러한 차별성이 오늘날 우리가 발칸유럽을 흥미롭게 바라보게 하는 매력이 되게 하고 있다.

본 연구서인 '또 하나의 유럽, 발칸유럽을 읽는 키워드' 는 지금까지 서술한 바와 같이 유럽의 중심축이라 독특한 사회·문화적 다양성을 간직하고 있는 발칸 유럽 내 여러 국가들을 연구해 보자는 저자들의 결심과 노고의 결과물이다. 본 연구서는 발칸유럽을 이루고 있는 각 국가별에 따라 총 9장으로 구성되고 있다. 각 장을 통해 이루어진 발칸 유럽 개별 국가들에 대한 심도 있는 연구는 사회 전반에 대한 백과사전식 나열을 지양하면서, 해당 국가만이 가지는 고유한 특성을 나타낼 수 있는 키워드 중심으로 연구와 서술을 진행하고자 했다. 가령 슬로베니아의 경우에는 현재 이 국가의 최대 관심사인 유로존 가입과 의미를 통시적이고 공시적인 측면에서 기술하고 있다. 세계적인 관광 산업국가인 크로아티아의 경우에는 '관광'을, 세계의 화약고라 불리며 여전히 민족 간 갈등이 상존하고 있는 세르비아의 경우에는 '코소보 민족 갈등' 문제를 다루어 보았다. 슬라브 민족 최초로 문자를 만들고 문화적 선민의식이 강한 불가리아는 '고대 불가리아어'를 연구의 핵심 키워드로 잡아 보았다. 발칸의 개별 국가들을 이해하는 데 필수적인 키워드는 개별 장의 맨 앞에 표 형식으로 부기하여, 필자들의 이해를 돕고 있다.

본 연구는 2인의 공저자가 작업한 결과물이다. 우선 제1장의 '슬로베니아: 동유럽으로의 EU 확대, EU와 유로존 가입이후 슬로베니아'부터 제7장의 '알바니아: 알바니아 민족주의의 기원과 그 특징' 부분까지는 발칸 유럽 내 민족 문제와 문화 갈등 및 동유럽 국제 정치와 경제를 연구하고 있는 한국외국어대학교 세르비아·크로아티아어과의 김철민 교수가 담당하였다. 그리고 불가리아의 언어·문화사적 연구라 할 수 있는 본 책의 제8장과 제9장은 발칸에서의 불가리아 문화 문제와 슬라브 문화권에 미친 불가리아의 언어·문화사적 중요성을 연구하는 한국외국어대학교 그리스-불가리아어과의 김원회 교수가 집필하였다.

사회과학과 언어·문화학이 만나고 그것을 전공하는 교수들이 공동 저작한 본 저서는 한편으로는 최근 학계의 관심사인 통섭의 징표라 할 수 있을 것이다. 이러한 학문에서의 이질성과 배타성을 '통합과 다양'으로 극복하고자 한 두 학자의 노력은 주변 여러분들의 도움이 없이는 결실을 맺을 수 없었을 것이다. 이 자리를 빌려 본 연구서가 나올 수 있을 때까지 많은 도움과 조언을 아끼지 않으셨던 양 학과의 여러 교수님들과 유고슬라비아 지역의 현지 외국인 교수님들께 감사의 인사를 드린다. 또한 불가리아 자료 수집과 집필을 위하여 도움을 주신 소피아 대학교의 Dobrev교수님과 Slavova 교수님께 깊은 감사를 드린다. 아울러 불가리아 현지 자료 조사에 도움을 준 한국외대 불가리아어과 1-2기 졸업생들에게도 이 자리를 빌어 감사의 마음을 전한다. 끝으로 소외 지역에 대한 인문학적 연구인 까닭에 그 빛을 보지 못할 수 있었던 본 연구가 학계에 소개될 수 있도록 정성을 쏟아준 한국외국어대학교 지식출판원에게도 감사의 인사를 드린다.

2016년 2월 4일

진달래 향 고즈넉한 왕산 연구실에서

김 철 민, 김 원 회 교수

차 례

제 3 장 보스니아-헤르체고비나

제 4 장 세르비아

제 5 장 몬테네그로

제 6 장 마케도니아

제 7 장 알바니아

제 8 장 불가리아(1)

제 9 장　불가리아(2)

제1장

슬로베니아

동유럽으로의 EU 확대, EU와 유로존 가입 이후 슬로베니아

동유럽으로의 EU 확대, EU와 유로존 가입 이후 슬로베니아

한 눈으로 읽어보는 키워드

2004년 5월 슬로베니아를 포함한 10개국의 EU 회원국 가입, 2007년 1월 루마니아, 불가리아의 가입에 따라, EU는 기존 15개 회원국에서 27개 회원국으로 크게 확대되었고, 현재 거대한 경제, 정치 단일 공동체로서의 새로운 시험무대에 나서고 있다.

1990년대 사회주의 체제를 벗어난 중 · 동부유럽의 국가들 중 대표적 성공모델로 발전한 슬로베니아는 2004년 5월 EU에 가입한 신규회원국 가운데 EU가 제시한 경제통화동맹(EMU), 즉 유로존(Eurozone)에 가장 먼저 가입한 국가가 되어, 2007년 1월 1일을 기점으로 EU 회원국내 단일통화인 유로화를 쓰는 13번째 회원국이 되었다. 1991년 사회주의 유고슬라비아 연방에서 독립한 인구 약 200만 명의 슬로베니아는 자본주의로의 경제 체제 전환과 민주주의 도입에 따른 여러 어려움에도 불구하고, EU 가입 이후 다른 어떠한 체제 전환국들보다도 착실하고도 건실한 경제성장과 민주주의의 확고한 수립을 이루어왔다.

이 장에서는 EU의 중·동부유럽 확대라는 관점에서 그 대상 국가 중 하나인 슬로베니아를 사례로 들어 EU 및 유로존 발전 과정과 동유럽으로의 확대 그리고 슬로베니아의 EU와 유로존 가입과정을 살펴보고, EU와 유로존 가입에 따른 부정적, 긍정적 효과 등을 슬로베니아 경제 현황 분석과 더불어 제시하고자 한다.

1. 서 론

오늘날 EU는 1951년 4월 유럽 6개국이 출범시킨 '유럽석탄철강공동체(ECSC)'가, 이후 1957년 3월 로마에서 그 기능을 좀 더 다양한 분야로 확대 발전시킨 '유럽경제공동체(EEC)' 그리고 유럽 핵에너지의 평화적 사용을 위한 '유럽원자력공동체(Euratom)' 기구 설립을 결정한데서 그 모태가 탄생하게 되었다. 이후 EU는 여러 어려움에도 불구하고, 2004년 5월 동유럽 8개국과 지중해 국가로, 그리고 2013년 7월엔 크로아티아 등 동유럽 전반으로 그 회원을 확대하여, 2015년 통계로 총 28개 회원국과 세계 인구의 7.3%에 해당하는 약 5억 8백만 명의 인구, 그리고 4,324,782㎢라는 영토적 범위와 세계 경제의 28%에 해당하는 약 18조 미 달러의 대규모 경제규모를 지닌 거대 연합으로 발전하게 되었다.[1] EU는 1958년 이래 지금까지 총 7차례에 걸쳐 확대작업을 펼쳐왔다. 지난 1-4차까지의 확대 작업이 주로 서유럽 국가들을 대상으로 하고 있던데 반해,[2] 1989년 베를린 장벽 붕괴로 상징되는 사회주의 체제의 몰락과 동유럽 국가들의 민주주의 체제 전환에 따라, 5-7차는 주로 동유럽 국가들을 대상으로 이루어졌다. 그 결과 제5차 확대인 2004년 5월엔 지중해 2개 국가(몰타와 사이프러스)와 함께 슬로베니아를 비롯한 동유럽 8개국(슬로베니아, 폴란드, 체코, 슬로바키아, 헝가리, 에스토니아, 라트비아, 리투아니아)으로의 확장이 이루어졌다. 이후 2007년 1월엔 제6차 확대를 통해 루마니아, 불가리아, 그리고 2013년 7월엔 7차 확대에 따라 크로아티아의 EU 통합이 결실을 맺게 된다.

동유럽으로의 계속된 EU확대는 국제적으로 뿐만 아니라 EU 시장에 진출하려는 기업들을 중심으로 국내에서 또한 많은 관심과 그 진출 전략에

---

1) 유럽연합통계청 *http://epp.eurostat.ec.europa.eu*

2) 1958년 유럽 6개국(벨기에, 독일, 프랑스, 이탈리아, 룩셈부르크, 네덜란드)으로 출범한 이래, EU는 이후 1973년 덴마크, 아일랜드, 영국가입(제1차), 1981년 그리스 가입(제2차), 1986년 포르투갈, 스페인 가입(제3차) 그리고 1995년 오스트리아, 핀란드, 스웨덴 가입(제4차) 등 서유럽 국가들을 중심으로 계속 확대되어 왔다.

대한 논의를 불러오게 하였다. 그 결과 현재 국내외 여러 학자들을 중심으로 동유럽으로의 EU 확대의 현황과 그 의미를 이해하고자 한 여러 연구들이 활발히 진행 중인 단계이다. 이들 연구들의 주요 내용으로는 동유럽으로의 EU 확대가 가지는 국제정치학적 의미에서부터 그 가입 과정에 관한 연구 그리고 경제적 효과 측면에서 EU 시장의 교두보를 확보하기 위한 국내 기업들의 동유럽 시장으로의 진출 전략과 그 현황에 대한 연구 등을 들 수 있다. 이 외에도 일부나마 인문학적 관점에서 비롯된, EU 통합 후 동유럽 국가들의 사회와 문화에서 나타난 변화에 대한 양상과 그 의미에 대한 연구 또한 현재 진행되고 있다.

이러한 연구 배경을 바탕으로, 본장에서는 EU에 가입한 동유럽 국가들 중 가장 모범적이고 선진화 된 국가로 평가받고 있는 슬로베니아를 주요 사례 지역으로 선택해 동유럽으로의 EU 확대 이후, EU와 유로존에 가입한 슬로베니아의 현황에 대해 연구, 분석해보고자 한다.

본 연구의 주요 사례로 선택한 슬로베니아는 2004년 EU에 새롭게 가입한 동유럽 국가들 중 가장 먼저 유로존 가입에 성공한 국가로, 본장의 구성을 보면, 우선 제2장에서는 어떠한 과정과 발전을 거치며 동유럽으로의 EU 확대가 이루어졌는지 그리고 유로존 설립 및 발전 과정은 어떻게 이루어졌고, 현재 상황은 어떠한지를 살펴보게 될 것이다. 제2장의 이해를 기초로, 제3장에서는 EU와 유로존 가입을 둘러싼 슬로베니아의 시각과 반응에 대해 파악하면서, 까다로운 EU 및 유로존의 가입 조건을 슬로베니아가 어떻게 충족시켜 나갔는지에 대해서 분석하게 될 것이다. 제4장에서는 EU와 유로존 가입 이후 슬로베니아의 변화상과 현재 모습은 어떠한지 그리고 이후 기대되는 효과와 실제 현황은 어떠한지를 분석해 나갈 것이다. 마지막으로 제5장에선 앞서의 연구를 되짚어보고, 동유럽 국가들의 EU, 유로존 가입에 대한 의미는 어떠한 것인지에 대한 본인의 의견을 정리함으로써 본장의 결론을 대신하고자 한다.

2. EU와 유로존 발전과정, 동유럽으로의 확대

제2차 세계대전 직후, 서유럽은 세계대전의 여파에 따른 경제적 어려움과 함께 사회주의 세력들의 계속된 파업 및 정치 분쟁에 휘말려 있었다. 따라서 서유럽 국가들 사이엔 전쟁으로 무너진 경제를 재건시키고, 냉전(Cold War)에 따른 사회주의 세력들의 서유럽으로의 영향력 확대 방지 및 유럽에서의 새로운 전쟁 재발을 막기 위한 일련의 프로그램이 필요하다는 인식 공감대가 이루어지게 된다. 1950년 5월, 여러 차례의 역사적 경험을 통해 독일의 경제 재건이 전쟁 준비로 이어질 수 있음을 우려한 프랑스는, 전쟁물자의 흐름을 파악하기 위한 차원에서 양국 간 주요 석탄과 철강 보유량 및 현황을 모든 다른 유럽 민주주의 국가들에게 개방하며, 이를 위한 기구를 설립한다는 내용을 발표하였다. 이후 양국 간 합의는 1951년 4월 서방 6개국(벨기에, 독일, 프랑스, 이탈리아, 룩셈부르크, 네덜란드)의 'ECSC(유럽석탄철강공동체: European Coal and Steel Community)' 창설로 이어졌고, 1957년 3월에는 'EEC(유럽경제공동체: European Economic Community)'로 좀 더 확대 발전되게 된다. 이후 EEC는 1960년대와 1970년대를 거치며 쿠바 미사일 위기와 프랑스 드골의 독자 노선 등으로 한때 위기를 겪기도 했지만, 1967년 7월 유럽 핵에너지의 평화로운 사용을 위해 설립된 'Euratom(유럽원자력공동체: European Atomic Energy Community)'과 조직이 합쳐지면서 'EC(유럽공동체: European Communities)'로 발전을 거듭하게 되었다. 이후 EC는 경제통화동맹 수립 등 일련의 어려움을 겪었지만, 회원국의 계속된 확대 속에 점차 그 의미와 활동 반경을 넓히는 데 성공하게 된다.

EC는 보다 복잡해진 정치, 경제적 국제 환경 속에서 확대된 공동체로의 발전과 미래 비전을 제시하고자 했고, 이를 위해 '회원국 확대'와 '단일 시장 도입' 그리고 '새로운 기축 통화 도입'이라는 전략적 목표들을 발표하였다. 이것은 베트남 전쟁 등의 여파로 인해 1970년대 들어와 누적되어 가던 미국의 재정적자와 이에 따른 달러화 위상 약화 그리고 1970년대의 오일

쇼크에 그 배경을 두고 있다. 이로 인해 세계 경제는 기존 미국 중심의 경제 체제에서 벗어나, 새로운 시장 확대를 통한 활로를 구축해야 했으며, 더불어 달러화를 대체할 새로운 경제통화체제, 즉 유럽 회원국 간 독자적 유럽통화개발과 경제통화동맹에 대한 인식의 확대가 이루어지게 된다. EC는 1970년대와 80년대를 거치며, 1973년 1월 영국과 아일랜드 그리고 덴마크, 1981년에는 그리스 그리고 뒤 이어 1986년에는 스페인과 포르투갈을 가입시킴으로써, EC는 모두 12개국의 공동체로 늘어나게 되었다. 경제적 규모 면에 있어, 대규모 회원국의 확대에 따라 독자 경제권 형성이 가능해짐에 따라 EC는 역내 간 경제 활성화와 정책 활용을 위한 기금 증대 추진 및 1986년 '단일유럽의정서(Single European Act)'체결을 통해 회원국 간 단일시장 구성을 본격화하기 시작하였다. 그 결과 1988년 6월 EC는 마침내 'EMU(경제통화동맹: Economic and Monetary Union)'를 결성하는데 성공하였고, 이것은 유럽 단일 시장 형성과 단일 통화 시장 구축의 기초가 다져지게 되었음을 의미하게 된다.

단일시장 형성 그리고 무엇보다도 EC 회원국 간 독자적 유럽통화 도입의 시작을 의미하는 EMU의 결성은 제2차 세계대전 이후 세계 경제의 주도권 장악을 통해 수립된 미국 주도의 '브레튼 우즈(Bretton Woods) 체제'가 붕괴되면서부터라 볼 수 있다. 제2차 세계대전직후 유럽에선 새로운 지역 공동체를 중심으로 정치, 경제적 위기를 타개해 나가려는 움직임이 가속화되는 가운데, 전 세계적으론 세계 경제 활성화와 새로운 기축 통화 수립의 필요성이 강력히 제기되고 있었다. 그 결과 각 국가 간 관세장벽 철폐를 원칙으로 한 관세 및 무역에 관한 일반 협정인 GATT와 국제통화기금인 IMF가 설립되었는데, 이것은 기존의 '금본위체제'를 대신할 새로운 체제, 즉 미국의 달러화를 기축 통화로 하는 '브레튼 우즈 체제'의 수립과 그 맥을 같이하고 있었다. 브레튼 우즈 체제의 핵심은 금을 각 국 통화가치의 척도로 삼되 금과 미국의 달러화 교환을 가능케 하고, 각 국 통화의 환율 고정과 함께 IMF로 하여금 세계 경제의 중앙은행 역할을 하도록 하는 것이었다. 하지만, 마샬 플랜을 통한 유럽 경제재건 등 전 세계 경제 발전의 중요한 축으로 자리 잡았던 브레튼 우즈 체제는 1960년대 말에 들어와 커다란 위기를 맞이하게 된다. 냉전 체제하에서 미국은 체제 확대 및 소련과의 체제 경쟁에서의 승리를 위해 자신의 우산 속에 들어 온 개발도상국에 대한 지나친 경제 지원 및 베트남 전쟁 등 과도한 군사원조를 단행하였고, 이것은 미국 달러화의 대규모 해외 유출과 금보유고 축소 그리고 심각한 재정적자 부담으로 이어지게 되었다. 이를 극복하기 위해 당시 미국의 닉슨 대통령은 미 달러화를 10% 절하하고, 대신 독일 마르크화와 일본의 엔화를 평가 절상하는 등 새로운 대책을 수립하고자 했다. 하지만 결과적으로 미국은 더 이상의 경제적 부담을 견디지 못하고, 1971년 8월 일방적으로 금태환 정지와 함께 브레튼 우즈체제의 포기를 선언해 버리게 된다. 그 결과 미국의 달러화는 유일한 국제 기축 통화로서의 그 의미를 상실하게 되었다.

브레튼 우즈 체제의 붕괴는 곧 바로, 세계는 물론 유럽 경제 위기와 환율의 불안정을 불러왔다. 유럽의 각 국들은 이를 극복하기 위해 1972년 4월 스위스 바젤에 모여 당시 유럽에서 가장 안정된 통화로 인정받고 있던 독일 마르크화를 기축통화로 하는 공동 변동 환율 시스템, 소위 '스네이크 시스템(Snake System)'을 실시하게 된다.[3] 하지만, 1973년에 불어 닥친 오일쇼크는 고정환율제에 기초한 유럽의 통화 시스템에 위기를 가져다주었고, 이에 따라 1978년 12월 유럽은 새로운 유럽통화시스템(EMS: European Monetary System)을 도입하고, 1979년 3월부터 당시 영국을 제외한 나머지 모든 회원국 간의 예산과 통용의 기준통화로 '에쿠(ECU: European Currency Unit)' 화폐의 공동 사용이 결정되게 된다. 이후 1986년 유럽을 새롭게 묶는 경제통화동맹의 출범을 위한 선행조건인 '단일유럽의정서'가

3) 유럽판 '소 브레튼 우즈체제'로 불렸던 이 시스템에 따라 만약 회원국들의 환율이 지나치게 변동할 경우, 회원국들의 중앙은행이 개입해 그 폭을 미국 달러화 대비 2.25%내외를 유지한다는 내용을 담고 있었다. 손수석, "유럽통화통합 계획의 수립 과정에 관한 연구: 독일과 프랑스의 관계를 중심으로", 『유럽 연구』, Vol. 19, (한국유럽학회, 2004), p. 156.

발효됨에 따라 유럽 회원국 간의 단일시장과 경제통합의 구체화가 실현되는 계기가 마련되게 된다. 1988년 EMU 창설을 위한 준비위원회가 결성되었고, 같은 해 6월 EC는 마침내 EMU를 설립하는데 성공하게 된다. 이어서 동유럽 국가들의 민주주의 체제로의 전환 속에 1992년엔 회원국 간 통화동맹을 위한 3단계 발전방향과 원칙을 담은 보고서를 기초로 보다 세밀한 향후 단계별 설정과 법제화를 구축한다는 '마스트리히트(Maastricht) 조약'이 체결되었고, 1993년 11월엔 EU(유럽연합: European Union)가 탄생되게 되었다.

동유럽으로의 EU 확대는 1989년 11월 사회주의 체제의 붕괴로 상징되는 베를린 장벽의 붕괴와 1990년 10월 독일의 통일, 그리고 이후 동유럽 국가들의 민주주의 국가로의 전환과 1991년 소연방 해체라는 역사적 배경에서부터 비롯되었다. 이와 함께 1993년 6월 코펜하겐 EU 정상회담에서 동유럽 국가들의 EU 가입 기준과 확대원칙이 정식 결정되자, 1994년 이후 슬로베니아를 비롯한 동유럽 10개국과 지중해 2개국 그리고 터키 등 13개국이 EU 가입을 신청하게 된다. 1993년 코펜하겐에서 제시한 EU 가입을 위한 기준점(Copenhagen criteria)은 크게 3가지로 나누어 볼 수 있는 데, 우선 '정치적 기준(Political criteria)'으로 민주주의, 언론 자유, 인권 존중, 소수민족 보호와 권리 인정, EU의 기본적 가치 도입과 실행 등을 들 수 있다. 두 번째 요소는 '경제적 기준(Economic criteria)'으로 동유럽 국가들의 시장경제체제로의 전환이 성공적으로 진행되고 있는지에 대한 여부, EU 회원국으로 산업 경쟁력을 유지 발전시킬 수 있는 지 여부 그리고 EU 경제 기준점을 충족하는지 여부 등을 들 수 있다. 세 번째 요소로는 '마스트리히트 경제 수렴 조건(Maastricht economic convergence criteria)'들을 집약시켜, 가장 중요하면서도 까다로운 '제도적 기준'으로 EU 법체계와 각 국의 법체계가 서로 적합한지 여부, 인적, 물적, 자본, 서비스 분야의 자유로운 이동이 보장되는가, 그리고 자유경쟁, 수송, 세제, 농업과 어업, 전기 통신, IT 등 정보기술, 문화정책, 소비자 보호정책, 환경 등 총 31개 분야에서 기

준점을 통과하는 가를 기준점으로 삼았다.[4)]

유럽이사회는 1994년 12월 독일 엣센에서 복잡한 기준점 제시에 고민하고 있던 동유럽 국가들의 EU 가입을 지원하기 위해 일련의 조치를 단행하게 된다. 그것은 '가입사전전략(Pre-accession Strategy)'으로 요약될 수 있는 데, 이 전략에 따라 EU 가입을 희망하는 동유럽 국가들은 EU 가입조건을 충족하기 위한 지원금 외에도 기존 EU 회원국들과의 역내 시장 일체화와 다양한 분야에서의 협력 관계 구축 등 새로운 기술적 가이드를 제공받을 수 있게 되었다. 1995년 오스트리아, 핀란드, 스웨덴이 새롭게 EU로 편입되는 가운데, 이 프로그램은 '강화된 가입사전선략(Enhanced Pre-accession Strategy)'으로 명칭이 변경되었고, 이후 1997년 12월 룩셈부르크에서 '아젠다 2000(Agenda 2000)'[5)]이란 내용으로 발표됨으로써 동유럽 국가들의 EU 가입에 대한 청사진을 제공하게 된다. 이후 이루어진 협상 결과, 2002년 12월 EU는 가입 희망국들 중 슬로베니아를 비롯해 동유럽 8개국(폴란드, 체코, 슬로바키아, 헝가리, 에스토니아, 라트비아, 리투아니아)과 지중해 국가인 사이프러스(그리스령만 해당), 몰타 등 총 10개국의 EU 가입을 확정짓게 된다. 당시 코펜하겐 기준점의 '제도적 기준'에 해당하는 총 31개 분야에서 기업법을 비롯한 15개 분야에서만 EU의 요구 조건을 통과했던 루마니아 그리고 인적 자유 왕래 분야를 비롯한 23개 분야에서 EU 조건을 충족시키지 못했던 불가리아는 여러 우여곡절 끝에 2007년 1월 새롭게 EU 회원국으로 가입하게 되었다. 이후 코펜하겐 기준점은 보다 강화되어 35개 항목으로 확대되었고, 여러 우여곡절 끝에 2013년 7월 크로아티아가 EU에

4) 슬로베니아 중앙은행 "Stages of the introduction of the euro in Slovenia" *http://www.bsi.si*; European Commission, *The Economic Criteria for Accession: The Assessments of the 2007 Progress Reports*, No. 36, (Brussels and Luxembourg: Office for Official Publications of the European Communities, 2007), p. 35.

5) '아젠다 2000'선언의 배경과 내용에 대해선 European Commission, *Agenda 2000*, (Brussels: European Commission, 1997); *Europe's Agenda 2000: strengthening and widening the European Union* (Brussels: European Commission, 1999); *Glossary: Institutions, policies and enlargement of the European Union* (Brussels: European Commission, 2000)을 참조.

가입함에 따라 1951년 서유럽 6개국에서 출발하였던 EU는 2015년 현재 총 28개국으로 크게 확대되게 된다.[6)]

반면, 동유럽 국가들의 민주주의 체제 전환과 EU 회원국으로의 가입은 자연스럽게 동유럽 지역으로의 유로존 확대로 이어졌다. 이미 슬로베니아가 2007년 1월에 유로존에 가입하였고, 슬로바키아 또한 까다로운 EMU 가입 조건을 충족시켜 2009년 1월에는 몰타와 사이프러스에 이어 새로운 유로존 가맹국 가입이 확정되었다.[7)] 이후 발틱 3국인 에스토니아(2011년), 라트비아(2014년), 리투아니아(2015년) 또한 유로존에 가입함에 따라 2015년 현재 유로존 국가는 19개국으로 확대된 상황이다. 이외에도 체코와 폴란드 등 거의 모든 동유럽 국가들 또한 EU 가입 이후 확대된 국민들의 불만을 잠재우고, 새로운 미래 비전과 정책을 제시하기 위해 유로존 가입을 가장 중요한 정책적 전략 목표로 설정해 놓은 상황이다. 무엇보다도 동유럽으로의 유로존 확대 계기는 EMU 창설과 마스트리히트 조약의 체결 적용이 그 기초가 되었다. EMU 확립에 따라 새롭게 EU에 가입한 동유럽 국가들의 유럽 단일 화폐 사용과 통화 동맹에 대한 기초가 마련되었고, 마스트리히트 조약에 따라 EU라는 유럽연합의 단일 시장 수립과 단일 화폐의 의무 사용이 명시되었기 때문이다. 1994년 1월 EU는 EMU 발전의 실질적 업무를 담당할 유럽통화연구소(EMI: European Monetary Institute)를 설립하였고, 이 기구는 이후 독일 분데스방크(Bundesbank)를 모델로 한 유럽중앙은행(ECB: European Central Bank)의 창설로 이어졌다.[8)] 이어 1995년

---

6) 기존 15개국에 이어 2004년과 2007년 EU에 가입한 신규 가입국 12개국의 경제 규모는 2007년 통계로 118억 달러로 EU 전체 27개국의 7%, 인구는 1억 명으로 21%를 차지하고 있다. 하지만, 지난 3년 간 년 평균 경제 성장률은 5.7%로 EU 기존 15개국 평균의 2.4%를 훨씬 웃돌고 있다. 김상원, "EU확대와 동유럽 경제의 변화", 『동유럽연구』, Vol. 21, (한국외국어대학교 국제지역연구센터 동유럽 · 발칸연구소, 2008), p. 178.

7) 2008년 5월에 발표된 유럽중앙은행의 '마스트리히트 수렴 조건' 보고서에 따르자면 2007년 4월부터 2008년 3월까지 지난 1년 동안 슬로바키아는 인플레이션 2.2%(평균 3.2%이하여야함), 재정적자 GDP 대비 −2.0%, 정부부채 GDP대비 29.4%, 장기이자율 4.5%(평균 6.5%를 넘지 않아야함)로 모든 조건을 충족시킴에 따라, 2008년 7월 EU 경제금융위원회(Economic and Financial Affairs Council)는 2009년 1월 슬로바키아의 유로존 가입을 허용 한다고 발표하였다. 유럽중앙은행 "Convergence Report(May, 2008)" *http://www.ecb.int*

마드리드 유럽이사회에선 단일 통화 명칭을 기존의 '에쿠'에서 '유로(EURO)'로 확정지었고, 같은 해 12월에 회원국들은 회원국 간 경제정책의 조화와 감시, 예산 통제에 관한 내용을 담은 '안정과 성장협약(Stability and Growth Pact)'을 체결하게 된다. 이후 1999년 EU 이사회와 중앙은행은 EMU의 최종 단계로 유로화를 EU의 공식적 법정통화로 인정하고, 2002년부터 회원국내 모든 통화를 유로화로 대체할 것을 의결하였다.[9]

2015년 현재 유로존에는 3억 3천 만명이 들어가 있다. 국가들로는 오스트리아, 벨기에, 사이프러스, 핀란드, 프랑스, 독일, 그리스, 슬로바키아, 아일랜드, 이탈리아, 룩셈부르크, 몰타, 네덜란드, 포르투갈, 슬로베니아, 스페인, 라트비아 등 19개국이다. 기존 EU회원국 15개국 중 영국, 덴마크, 스웨덴을 제외한 12개국이 유로존 가입국이며,[10] 2004년 이후로 EU회원국에 새롭게 가입한 신규 가입국들 중에선 2007년 슬로베니아, 2008년 몰타와 사이프러스, 2009년 슬로바키아, 2011년 에스토니아, 2014년 라트비아, 2015년 리투아니아가 그 뒤를 이어 유로존에 가입한 상황이다. EU 신규 가입국들로의 유로존 확대는 규모의 경제학 측면에서 그리고 유로권의 영향력 확대라는 측면에선 긍정적 요소로 인정되고 있는 게 사실이다. 반면에 계속된 유로존의 확대는 범위 국가의 확대에 따라 심각한 국제적 경제 위기가 발생하더라도 각 국가들의 개별적 경제사정에 따른 문제로 신속한 의사결정이 이루어지기 어렵다는 점 그리고 이질성 확대와 이에 따른 결속력 약화로 이어질 수 있다는 부정적 요소를 지니고 있는 것도 현실이다. 이와 함께 유로화의 지속가능성(sustainability)과 평가 문제가 계속 논쟁거리로

---

8) 유럽중앙은행의 모델로 독일의 분데스방크 은행을 왜 선택하게 된 지에 대해선 Paul De Grauwe, *Economics of Monetary Union*, (Oxford: Oxford University Press, 2007), pp. 163-166 참조.

9) European Commission, *EMU after 5 Years*. *Office for Official Publications of the European Communities*, (Brussels and Luxembourg: Office for Official Publications of the European Communities, 2004), p. 126.

10) 기존 회원국 중 스웨덴은 1990년대 초반 심각한 경제위기를 맞이하게 되어 EMU의 충족조건을 만족시키지 못함에 따라 유로존에 가입하지 못하였으며, 영국과 덴마크는 마스트리히트 조약에 명기된 선택적 거부권(opt-out clause) 조항을 적용해 참여를 거부하고 있다.

남아있다는 점 또한 부정적 요소중 하나로 논의되고 있는 상황이다. 특히 2009년 초 현재 발생하고 있는 것과 같은 대규모 국제 금융위기가 오랜 동안 지속될 경우, 그리고 이에 따라 회원국가중 일부(경제적 규모가 큰 국가)가 심각한 경제적 위기를 맞이할 경우 유로권 전체 국가들로 그 위기가 확산될 수 있다는 문제점을 안고 있다. 무엇보다도 유로존의 확대가 향후 정치적 통합 국가로 나아가기 위한 경제적 통합의 완성단계라는 측면을 고려해 볼 때, 과거 2006년 이후로 경험하고 있는 일부 국가들의 유럽헌법 통과와 관련된 일련의 부정적 견해들과 그 결과들은 향후 유로존의 확대와 발전에 커다란 장애물로 작용할 수 있다하겠다. 그럼에도 불구하고, EU에 가입한 동유럽 국가들에게 있어 유로존 가입은 새로운 미래 전략과 국가 목표로 인정되고 있는 것 또한 사실이다. 따라서 슬로베니아가 2007년 1월 유로존에 가입한 이후, 2008년 7월 EU 재무장관회의를 통해 2009년 1월 슬로바키아의 가입이 최종 승인되었으며, 2009년 현재, 에스토니아, 리투아니아, 라트비아 등 발틱 3국의 유로존 가입에 힘입어 다른 동유럽 국가들 또한 유로존 가입을 목표로 기입 충족조건을 지키기 위해 여러모로 노력하고 있는 상황이다.

3. 슬로베니아의 EU와 유로존 가입과정과 그 내용

과거 사회주의 유고슬라비아 연방내 6개 구성 공화국 중 하나였던 슬로베니아(Slovenia/ Slovenija)는 인근 발칸유럽의 불안정 등 여러 어려움들을 이겨내고 체제를 전환한 동유럽 국가들 가운데서도 가장 먼저 자본주의 경제, 사회 체제와 문화를 정착시킨 모범 국가이자 선진화 된 국가로 인정받고 있다.[11] 1991년 6월 유고슬라비아 연방으로부터 독립을 선언한 이후

11) 2008년 3월 기준으로 2백여만 명(2,028630명)의 인구를 지닌 슬로베니아는 지리적으로 오스트리아, 이탈리아 등 서구 선진국 그리고 헝가리, 크로아티아 등 중부, 발칸유럽 국가들과 접해있으며, 면적은 20,273km²로 한반도의 약 1/11에 해당한다. 2009년 현재 슬로베니아는 공업 생산에 있어 그 비율이 국민소득의 약 2/3를 차지하고 있는 공업 국가로(산업 비중: 1차

슬로베니아는 비록 짧은 시기 내전의 아픔을 겪었지만, 이후 민주주의 정착과 경제성장을 위한 성공적인 체제 전환 등 다방면의 노력을 기울여 왔고, 그 결과 2004년 5월에는 EU 가입 그리고 2007년 1월엔 동유럽 국가들 중에서 까다로운 EMU 가입 조건들을 가장 먼저 통과하고 13번째 회원국으로 유로존 가입에 성공하게 된다.

하지만, 자본주의 체제로 전환한 동유럽 국가들 가운데서도 가장 선진국이라 할 수 있었던 슬로베니아의 초기 EU 가입 과정은 그리 순탄치 않았다. 1991년 6월 유고슬라비아 연방으로부터 독립한 슬로베니아는 독립직후 '자 이제부터 유럽으로(Europe Now!)'라는 정치적 슬로건과 함께, EU 가입을 위한 다방면의 노력을 기울이게 된다. 비록 제2차 세계대전 당시 유고슬라비아 공산당에게 빼앗긴 이탈리아 국민들의 토지, 건물 등 재산권 반환 청구 문제와 오시모(Osimo) 조약의 개정을 제기한 이탈리아의 강력한 반대[12]그리고 동유럽 국가들로의 EU 확대에 대한 프랑스 등 일부 EU 기존 회원국들의 반대가 있었음에도 불구하고, 이탈리아와의 적극적 협상 그리고 견실한 경제 성장과 정치적 민주화 성공은 1995년 5월 슬로베니아가 EU 가입의 협상 대상국이 되는 토대를 마련해 주었다. 1995년 11월 브뤼셀을 방문한 슬로베니아의 밀란 쿠찬(Milan Kučan) 대통령은 EU 집행부와 함께 한 자리에서 무역 관세 인화와 무역 장벽 약화, 연금, 보험제도 개

농수산목축업 2%, 2차 제조업 34%, 3차 서비스업 63%), 안정된 자본주의식 경제 전환을 통해 2007년 기준으로 1인당 국민소득이 25,755 달러로 EU내 기존 15개 회원국 평균의 90%에 달하는 소득을 올리는 등 여타 다른 중·동유럽 국가들에 비해 매우 높은 경제 수준을 유지하고 있다. 미국무부 유럽유라시아부(Bureau of European and Eurasian Affairs) "Background note: Slovenia" *http://www.state.gov/r/pa/ei/bgn/3407.htm*

12) 이탈리아는 슬로베니아의 EU가입 협상 조건에 과거 제2차 세계대전 직후 행해진 국경조정 당시 슬로베니아 지역에서 쫓겨난 자국 국민들에 대한 물질적 보상 문제 해결과 슬로베니아 내 재산 취득권 재인정, 과거 맺었던 1975년 오시모 조약의 개정을 요구하였다. 이탈리아와 사회주의 유고슬라비아 연방 사이에 맺어진 오시모 조약은 '1975년 세계 각 국이 맺은 '헬싱키 규정(Helsinki Act)'에 따라, 두 국가 모두 1945년 이후의 국경을 그대로 인정하는 것에 동의한다'는 것을 주 내용으로 하고 있다. James Gow & Cathie Carmichael, *Slovenia and the Slovenes: A Small State and the New Europe*, (London: Hurst & Company, 2000), pp. 204-206

혁 그리고 농수산물에 대한 국가 보조금 축소 등 EU가 가입 협상 조건으로 내걸었던 여러 요구 조건들을 무조건적으로 수용하겠다는 뜻을 내비쳤고, 그 결과 1996년 6월 슬로베니아는 마침내 EU와 '준회원국 협정(Association Agreement)'을 맺는데 성공하게 된다. 1997년 2월 동유럽 국가들로의 EU 확대를 밝힌 '아젠다 2000'이 발표된 이후, 1998년 3월부터 슬로베니아를 비롯한 동유럽 국가들의 EU 가입을 위한 협상이 시작되었고, 슬로베니아는 자유로운 상품 거래와 인적이동, 자유로운 서비스 이동과 자본 이동 그리고 경제와 금융조합 및 공동 외교와 안보 정책 등 총 31가지 분야에서 까다로운 과정을 통과하며 모두 합격점을 받게 된다. 이어 2002년 12월 코펜하겐 EU 정상회의에서 슬로베니아의 EU가입이 확정되었고, 2003년 3월 치룬 EU 가입을 묻는 국민투표에서 유권자중 89.6%의 찬성으로 슬로베니아는 EU에 가입하게 되었다.[13)]

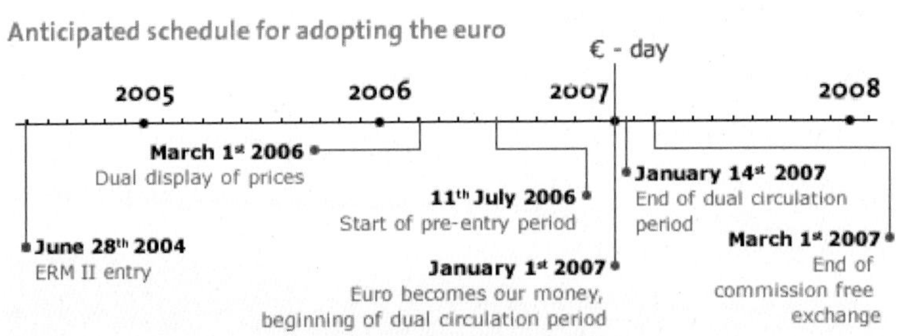

▲ 그래프: 유로존 가입 단계 표시[14)]

2004년 5월 EU 가입에 성공한 슬로베니아는 EU 회원국이 되기 이전부터 EU 가입 조건을 충족시킴과 동시에 유로존 가입을 위한 여러 준비와

13) 슬로베니아의 EU 가입 과정에 관한 자세한 내용은 Janez Potočnik and Jaime Garcia Lombardero, "Slovenia's Road to Membership in the European Union" Mojmir Mrak (eds.), *Slovenia: From Yugoslavia to the European Union*, (Washington: The World Bank, 2004) 참조.

14) Introduction of the euro in Slovenia *http://www.evro.si*

노력을 병행해 왔었다. 유로존에 가입한다는 것은 새로운 화폐 도입과 함께 이에 따른 경제 주권 포기를 의미하는 것으로, 슬로베니아 정부는 이에 대한 일반 국민들의 부담과 거부감을 최소화시키기 위한 노력을 병행해야만 했었다. 따라서 슬로베니아 정부는 EU 가입을 준비함과 동시에 신속한 유로존 진입을 위해 EMU 충족조건(convergence criteria)의 기준점에 따른 목표를 국가적 최우선 과제로 내세우게 된다. 그 결과 EU에 가입한 직후인 2004년 6월 28일 에스토니아, 리투아니아와 함께 유로존 가입의 전단계라 할 수 있는 ERM II(신환율 조정 메커니즘: new Exchange Rate Mechanism) 가입 자격을 획득할 수 있게 되었다.[15] 곧 이어 자국 화폐인 톨라르(Tolar)화와 유로화의 환율 안정을 위한 여러 조치들이 단행되었고, 슬로베니아 중앙은행이 유럽중앙은행 위원회의 일원으로 귀속된다는 발표가 이어졌다. 2006년 3월 이후로 슬로베니아 정부는 자국 국민들의 유로화 도입에 따른 심리적 거부감과 불안감을 잠재우고 더불어 유로화 도입 이후 발생 할 수 있는 물가 상승과 불공정한 소비자 물가 부풀리기를 막기 위해 일반 소비자 품목의 가격표시에 톨라르화와 유로화를 동시에 표시하는 '이중 가격표 시행령'을 단행하였다. 유로존 가입과 가입후 안정을 위해 실제 슬로베니아 정부는 통계청과 재정경제부 그리고 소비자 보호 연합과 함께 합동으로 기업 및 일반 도소매점들의 이중 가격 정가표 실시의 의무 시행 계도와 함께 일방적 가격 상승 움직임을 감시하기 위한 가격 감시제도를 강력히 시행하였다. 이와 함께 정부는 매달 언론 매체 등을 통해 비정상적으로 가격이 상승되는 소비 품목들을 발표하는 등 특별 감사와 계도를 통해 가격 안정을 추진해 나갔다. 이러한 조치들은 유로존에 가입하고 6개월 지난 이후 2007년 6월까지 이어졌으며, 슬로베니아 정부의 이러한 사전 조치들은 새로운 경제 환경 변화에 대한 일반 국민들의 심리적 충격 완화와 가격 안정에 일

15) 유로존 가입을 원하는 국가들은 가입 이전 최소 2년 동안 ERM II하에서 유로존 가입 조건들을 충족시키기 위해 노력해야 한다. The Economist Intelligence Unit Limited, "Country Profile 2005, Slovenia" *http://www.eiu.com*

정 부분 기여하였다고 볼 수 있다.[16)]

EMU 가입의 충족조건은 크게 4가지로, 내용은 다음과 같다. 우선, '물가안정'으로 물가 상승률이 EMU 가입국중 최저 3개국 평균보다 1.5%이상을 초과하지 않아야 한다. 둘째, '재정적자 규모의 적절성'으로 재정적자 규모가 GDP(국내총생산)의 3% 미만이어야 하며, 정부의 공공부채 규모는 GDP의 60% 이내여야 한다. 셋째, '장기금리기준'으로 중장기 이자율이 최저 3개국 평균보다 2% 이내야 한다. 마지막으로, '환율안정'부분인데, 환율변동 폭은 ERM에서 규정한 상하 2.25% 변동 폭을 최소 2년 이상 유지해야 한다는 등이었다.[17)]

ERM II의 까다로운 기준 조건에도 불구하고, 슬로베니아가 행한 일련의 노력들이 이를 충족시킨 것으로 평가받으면서, 2006년 5월 EU 집행위원회는 슬로베니아의 유로존 가입을 공식 의결하였고, 이어 6월에는 슬로베니아가 유로존 가입 조건을 완전히 충족시켰다는 보고서가 제출되게 된다. 2006년 6월 유럽이사회와 유럽중앙은행에 보고된 보고서(2006 Convergence Report on Slovenia - Technical annex)에 따르자면, 슬로베니아는 우선 '물가안정' 부분에서 비록 1990년대 체제 전환상 어려움과 발칸유럽 지역의 불안한 정세로 인해 10%내외의 높은 물가상승률을 보여 왔지만, 2001년 8.6%를 기록한 이래 계속해서 낮아져 2004년 EU 가입 이후 보고서가 발표된 2006년 6월까지는 년 평균 3%내외를 오고 가는 낮은 물가상승률을 보여 왔다. 2006년 3월까지 지난 1년 간 당시 물가 상승률은 2.3%로, 이것은 2006년 3월 최저 인플레이션 3개국 평균인 2.6%내외보다 낮은 수치라고 할 수 있었다. 두 번째, '재정 적자 규모의 적절성'에 있어서 역시 1990년대 여러 경제적, 사회적 혼란과 함께 체제 전환에 뒤따르는 비용문제로 인해 한 때 어려움을 겪기도 했지만, 2004년 EU에 가입한 이후엔 재정 적

---

16) 슬로베니아의 유럽연합 홍보 사이트 *http://evropa.gov.si*

17) Susan Schadler (eds.), *Adopting the Euro in Central Europe: Challenges of the Next Step in European Integration*, (Washington DC: International Monetary Fund, 2005), p. 6.

자 면에선 EMU의 충족 조건을 채운 전체 GDP의 -1.7%를 유지하였고, 정부 부채에 있어서도 2000년 이후 전체 GDP의 29.6%로 낮아진 것을 확인할 수 있었다. 세 번째, '장기 금리 조건'에 있어서 과거 1년 동안(2005년 4월 - 2006년 3월) 당시 금리 최저 3개국(스웨덴, 핀란드, 폴란드) 평균이 5.9% 이었던 데 반해, 슬로베니아는 중장기 이자율이 2004년 이후 4%내외를 유지해왔고 기준 시점 당시에는 기준점보다 2% 정도 낮은 3.8%로 EMU 가입 조건에 부합한 매우 견실한 면을 보였다. 마지막으로, '환율 안정' 부분에서 2000년대 초까지도 톨라르화 대(對) 유로화 환율 변동 폭이 20%내외를 넘나들며 매우 큰 변동 폭을 보였지만, 2004년 EU 가입 이후 2006년 6월까지에는 가입 조건에 부합한 2%내외를 내외의 변동 폭을 꾸준히 유지하여 왔었다[18)]

이러한 보고서 내용은 유럽이사회를 만족시키기에 충분하였고, 그 결과 슬로베니아는 발칸유럽의 우등생 국가로 불리며 2006년 6월 15일과 16일에 열린 EU 정상회담에서 13번째 회원국으로 유로존 가입을 확정짓게 된다. 슬로베니아는 2007년 1월 1일 유로화를 도입(1€ = 239,64SIT)한 이후 동년 3월 1일까지 유예기간을 두어 수수료 없이 기존 화폐인 톨라르화를 유로화로 현금 교환 할 수 있도록 조치하였으며, 2016년 12월 31일까지 약 10년 동안 슬로베니아 동전의 유로화 교환이 무료로 가능하게 하였다. 그리고 거래 계좌는 물론 은행에 예치된 돈은 자동으로 유로화로 전환되도록 실시해, 새로운 화폐 도입에 따른 혼란을 최대한으로 방지해 나가고 있다.

4. EU와 유로존 가입 이후 슬로베니아의 기대효과와 현황

1991년 6월 사회주의 유고슬라비아 연방에서 독립을 선언한 이후, 슬로

18) 유럽연합 사이트 안에 있는 *http://ec.europa.eu/economy-finance/publications/convergence/report2006_slovenia_en.htm* 부분, 그리고 유럽연합 통계청 *http://epp.eurostat.ec.europa.eu* 자료를 참조

베니아의 모든 정치, 경제적 목표는 진정한 유럽 일원으로의 편입과 이를 위한 EU 가입 그리고 더 나아가 유로존 가입에 그 초점을 맞추어 왔다. 이에 따라 EU와 EMU에서 요구하는 여러 조건들인 세제 개혁, 재정지출 억제 및 적자 축소, 연금제도 개혁, 연금 개혁, 관세 인화, 법률 개정을 통한 외국인 투자환경 개선과 투자 유치 노력 등을 계속 추진해왔고, 그 결과 EU 및 유로존 가입에 성공하게 되었다. 여러 지표를 통해 확인해 볼 때 슬로베니아의 EU와 유로존 진입은 기대 이상의 긍정적 효과를 보여주고 있다는 분석이 지배적이다. 하지만, 이러한 긍정적 효과와 함께, EU와 유로존 가입에 따른 일련의 부정적 효과들 또한 대두되고 있는 문제점을 안고 있다. 본장에선 슬로베니아의 EU와 유로존 가입 이후 나타나는 부정적, 긍정적 여러 효과들과 그 현황들에 대해 분석해보고자 한다.

4.1. EU와 유로존 가입에 따른 부정적 효과

슬로베니아가 EU에 가입한 이후 제기되는 문제점으로는 우선 슬로베니아 정부의 재정 지출 부담이 점차 커지고 있다는 점을 들 수 있다. EU 가입 반대론자들에 따르자면, EU는 기존 EU 가입국들로부터 일정 정도의 EU 분담금을 제공해주면서 정치, 경제, 제도적 코펜하겐 기준표를 슬로베니아에 맞추도록 혹은 향후 맞추어 가도록 요구하고 있는 데, 200만 명에 불과한 인구 숫자상 불이익으로 인해 실제에 있어 슬로베니아 정부의 추가 재정 부담이 크게 증대되고 있다고 반박하고 있다. 실제, EU의 요구 조건중 하나인 고속도로 건설 등 기간 산업시설 분야에 있어 대대적 개보수와 증설이 이루어지고, 그 비용이 매년 전체 국가 GDP의 약 4%에 달하고 있는 실정이다.[19] 더불어 이들 비판론자들은 슬로베니아와 같이 자본이 소규모인 국가들은 아직은 경제 체질이 약한 관계로 만약 역내 자유무역이 확대

19) 슬로베니아 재경부 *http: //www.sigov.si/mf.*

되고 정부의 보호막이 사라질 경우 보다 쉽게 서유럽 대자본에 의해 자본이 침식당할 우려가 높다는 점 또한 계속해서 제기하고 있다.[20]

더불어, EU 가입에 따라 슬로베니아 우수한 노동 인력과 고급두뇌들의 해외 유출문제가 심각하게 드러나고 있는 것 또한 부정적 문제들 중 하나라 할 수 있다. 국토의 50%가 알프스 고산지대에 해당하는 산악국가인 슬로베니아는 땅이 협소하고 인구가 적으며 부존자원이 희박한 관계로 주로 고급 인력 양성과 이를 통한 고부가 가치 산업에 많은 노력을 기울여 왔었다. 그 결과 2006년 통계에 따르자면 슬로베니아 근로자들의 1인당 노동 생산성은 38,592달러로, 슬로베니아와 함께 EU에 가입한 다른 동유럽 국가들 중 노동 생산성이 비교적 높다고 알려진 체코(29,176달러), 헝가리(28,507달러)보다 높으며, 기존 EU 회원국인 포르투갈(37,764달러)보다도 높은 것으로 나타나 있다. 더불어 노동력에 있어 중요한 조건인 외국어 회화 능력에 있어서도 슬로베니아 인구중 58%가 영어로, 50%가 독일어로 의사소통이 가능하다 답하고 있다. 이러한 수치는 그리스가 영어 49%, 독일어 9% 그리고 동유럽 국가중 비교적 외국어 교육이 잘 되어 있다는 체코가 영어 24%, 독일어 28%인 점에 비추어 보았을 때 매우 높은 수치라 할 수 있다.[21] 하지만, EU에 가입한 이후 자유로운 인적 이동이 보장됨에 따라 국내에서 힘들게 양성된 고급 두뇌들이 EU내 타국들의 다국적 기업 등으로 유출되는 현상이 심각하게 대두되면서, 국내 고부가 가치 산업 발전이 다소 어려움에 직면하고 있는 상황이다. 더불어 EU 가입조건에 따른 자유로운 자본 이동의 보장에 따라 슬로베니아 국내 자본들의 해외 유출 현상

---

20) 이러한 지적에 대해 슬로베니아 정부는 서유럽 다국적 기업들의 슬로베니아 시장 잠식이 그리 염려할 수준까지 이르지는 않을 것이라 자신하고 있다. 그 이유는 슬로베니아가 다른 국가들에 비해 인종, 문화, 관습적으로 다양한 면을 지니고 있고, 현지 사정에 밝지 않는 기업들일 경우 오히려 투자 대비 손실을 일으킬 가능성이 높기 때문이라는 점을 지적하고 있다. 이러한 이유와 함께 무엇보다도 슬로베니아 국내 시장이 협소한 관계로 만약 다국적 기업들이 이러한 문화적, 관습적 어려움을 이겨내고 투자한다 할지라도 그 비용만큼 단기간에 수익을 창출하기 어렵다 판단하고 있기 때문에 오히려 해외 기업의 일방적 시장 잠식은 그리 크지 않을 것이라 자신하고 있다. 슬로베니아 상공부 *http://www.gzs.si*

21) 슬로베니아 투자진흥원 "Quality Workforce of Slovenia" *http://www.investslovenia.org*

또한 조금씩 심화되고 있다는 점도 문제점으로 부각되고 있는 실정이다.

이와 함께 EU 가입에 따라 서유럽 국가들의 대규모 농장에서 재배된 저가의 농수산물이 대량 수입되고, 그 결과 소규모로 이루어진 슬로베니아 농업과 목축업이 심각한 경제적 타격을 받고 있는 점 또한 문제점이라 할 수 있다. 앞서 언급했듯 슬로베니아의 지형적 형태는 험준한 알프스 산악지대가 50%이상이며, 영토 또한 협소해 대규모 농업과 목축업 발달이 어려운 실정이다. 더불어 국내의 적은 인구와 시장의 협소함으로 인해 농축산업 시장 또한 그 규모가 작다고 할 수 있다. 실제 2000년에 실시된 농·목축업자들의 토지 소유 현황조사를 들여다보면, 슬로베니아 농가들 상당수가 매우 협소하고 작은 농지들을 보유하고 있는 것으로 분석되고 있다. 실제, 농가들 중 31.6%가 1-3ha, 21%가 3-5ha, 25.5%가 5-10ha 그리고 단지 2%만이 20ha 이상의 농지를 보유하고 있는 것으로 조사되었다.[22] 따라서 오랜 동안 슬로베니아 정부는 우리나라와 유사한 방법으로 농축업자들에 대한 다양한 보조금 지급을 지속해 왔으며, 수매가 조정 등을 통한 자국 농축 산업을 보호하여 왔었다. 하지만 이러한 행위는 EU 가입 조건 중 자유경쟁과 농업, 어업 분야의 일련의 조건들에 위배되는 것으로, 슬로베니아 정부는 유예기간 연장 등 이 문제에 대한 EU의 요구 조건 완화를 위해 다방면의 노력을 기울여 왔었다. 이러한 외교적 노력 외에도 슬로베니아 정부는 EU 가입을 앞두고 농축산물 생산량의 자율적인 조절을 유도하고자 노력했고, 일부 조항을 신설해 강제적으로 생산량을 제한하기까지 했었다. 하지만, EU 가입 이후 5년에 되어가는 현 시점에서 보았을 때, 이러한 노력들이 그리 효과를 발휘하지 못하고 있다는 점이 드러나고 있는 상황이다.[23]

한편, 슬로베니아의 유로존 가입과 EMU 가입으로 인해 나타나고 있는

---

22) The Economist Intelligence Unit Limited, "Country Profile 2005, Slovenia" *http://www.eiu.com*

23) 실제 통계에 따르더라도 과거 1992년 전체 GDP의 5.9%를 차지하였던 농목축업 분야가 EU에 가입한 년도인 2004년엔 전체 GDP의 2.8%로까지 줄어들었으며, 슬로베니아의 EU 가입 이후 이러한 수치는 매년 감소하고 있는 추세이다. The Economist Intelligence Unit Limited, "Country Profile 2005, Slovenia" *http://www.eiu.com*

문제점으로는 우선, EMU 진입과 유로화의 도입에 따라 슬로베니아의 경제권이 유럽중앙은행으로 이관되고 통화주권이 상실된 데 대한 일부 슬로베니아인들의 불만이 제기되고 있다는 점과 또한 이러한 정서를 이용한 국수주의적 정당 세력들이 정치적 기반 확대를 추구하고 있다는 점을 들 수 있다. 실제 이들 반대 세력들은 마스트리히트 조약에 명기된 EMU 가입에 대한 '선택적 거부권(opt-out clause)' 조항에 따라 EMU의 안정성이 위협을 받고 있다는 점을 제기하며, 세계 경제의 불안정이 발생할 경우 가입 이전보다 더 많은 경제적 시련과 위협을 안겨줄 수 있다고 지적하고 있다.[24)]

무엇보다도 이들 유로존 가입 비판 세력들은 EMU의 태생적 문제점과 한계점을 제기하고 있다. 즉, EMU의 출범 자체가 회원국들 간의 순수한 경제적 이익 도모와 연합 결성에서 출발하기 보다는, 향후 EU의 최종 목적인 유럽 국가들의 정치적 연합 국가를 목표로 한 정치적 결단에서 출발했기 때문에, 2006년 이후 제기되었던 일부 회원국들의 유럽헌법 부결의 경우처럼 언제든지 국내 정치적 사정에 따라 상황이 불안정하게 전개될 수 있다 비판하고 있다. 더불어 EU보다도 EMU의 안정성이 훨씬 더 떨어지는 관계로 향후 슬로베니아 같은 소국들은 동맹국내 큰 국가들에 비해 그 입지가 무척 약해질 수밖에 없다는 점을 문제 삼고 있다. 실제 이러한 지적에 대해 일부 학자들은 "향후 유로화 가입국의 정치적 환경에 변화가 발생할 경우 EMU 차원에서의 통화협력이 한계상황에 직면할 수 있다"는 점을 지적하고 있다. 이와 함께 "유럽 경제 침체에 따른 고용불안이 계속될 경우 다수의 유럽 국가와 국민들은 유로화 참여문제를 심각하게 재고할 것이며, EU 회원국 간 정부 구성 및 주요 현안 논의에 있어서 그리고 EMU 회원국과 유럽중앙은행 간 유로화의 운영을 둘러싼 정책논의에 있어서도 서로 간 대립이 확대될 수 있을 것이다"는 점을 지적하고 있다.[25)]

---

24) '선택적 거부권'을 택한 대표적인 국가가 영국과 덴마크이며, 이러한 문제점을 해소하기 위해 2004년 이후 신규로 가입한 유로존 국가들에게 유로화 채택이 선택사항이 아닌 필수사항으로 규정하고 있다. 자세한 내용은 유럽중앙은행, "The European Central Bank, the Euro system, the European system of Central Banks (April, 2008)" *http://www.ecb.int* 참조.

이외에도 유로존 비판론자들은 EMU 가입을 위한 '안정과 성장 협약'의 조건들이 각 국의 경제, 사회적 사정을 골고루 고려하지 않은 채 단순하고도 획일적으로 요구되어지고 있는 점을 비판하고 있다. 이들은 EMU 가입 국가들의 경제적 안정을 유지하고 신규 가입국들에게 새로운 경제 수치의 바로미터를 제공해 주기 위해 시행되고 있는 유로존 가입의 엄격한 규정들이 오히려 각 국의 국내 사정을 도외시한 채 일방적으로 적용되어, 지난 2006년 9월에 발생한 헝가리 사태와 같은 상황 초래를 낳았다고 언급하고 있다. 실제, 2006년 9월부터 헝가리에서 발생한 주르차니 총리 퇴진 운동과 헝가리 반정부 시위 격화의 실질적인 배경은 헝가리가 신속한 유로존 가입을 목표로 추진하였던 일련의 경제 개혁에 대한 헝가리 국민들의 항의에서 비롯되었다고 볼 수 있다. 즉, 헝가리 정부는 국내총생산(GDP)의 10%에 달하는 재정적자를 유로존 가입 조건인 전체 GDP의 3% 이내로 낮추고자 했고, 이를 위해 부가가치세와 공공요금에 대한 세금인상을 단행함과 동시에 그동안 무상으로 제공되어 온 교육 및 의료혜택을 대폭 삭감하는 '재정적자 해소를 위한 개혁 프로그램'을 단행하였다. 이와 함께 EU 가입을 위해 단행되어 왔던 여러 개혁조치들에 대한 국민적 피로감이 확대되는 가운데 정부의 통계 수치 조작문제가 불거지면서 일련의 소요사태로 확대되게 된 것이다.[26]

4.2. EU와 유로존 가입에 따른 긍정적 효과

하지만 EU와 유로존 확대 반대론자들을 중심으로 이러한 일련의 부정적

---

25) 방청록, "유로화의 출범과 EU 거버넌스(Governance)", 『유럽 연구』, Vol. 15, (한국유럽학회, 2002), p. 57.

26) EU 가입 후유증과 지나친 유로존 가입 욕심으로 인해 촉발된 2006년 헝가리 소요 사태는 헝가리의 여러 개혁들에 대한 국민적 피로감과 경제적 문제들을 확대시켰다. 2003년 388억 달러에 불과하던 외채가 불과 3년 뒤인 2006년 말에는 689억 달러로 두 배 가까이 불어났고, 공공부채 비율 또한 계속된 EU의 지원에도 불구하고 전체 GDP의 68.6%까지 증대되게 된다. 그리고 그 여파는 2008년 국제적 금융 위기 속에 2008년 10월 IMF를 비롯한 국제기구들로부터 총 251억 달러에 달하는 원조를 받아야 하는 상황에까지 이르게 되었다.

요소들이 제기됨에도 불구하고, 슬로베니아의 EU와 유로존 가입은 다음과 같은 분명한 긍정적 효과를 가져 다 주고 있는 것 또한 사실이다.

우선 EU에 가입함으로써, 슬로베니아는 이탈리아, 크로아티아 등 주변 국가들과의 외교적 현안 해결에 있어 그 선택과 발언의 폭이 넓어지게 되었다는 점이다. 앞에서 이미 언급했듯이, 제2차 세계대전 당시 빼앗긴 이탈리아인들의 토지 보상과 재산권 반환 문제를 둘러싼 이탈리아와의 갈등은 슬로베니아의 EU 가입에 있어 마지막까지도 커다란 걸림돌로 작용하여 왔었다. 여러 어려움을 딛고 EU에 가입함에 따라 현재 슬로베니아는 이탈리아와의 외교적 협상에 있어 예전보다는 보다 나은 협상력을 발휘하고 있으며, 순차적으로 토지 보상권 등 일련의 문제들을 하나씩 해결해 나가고 있는 상황이다. 또한 과거 같은 유고슬라비아 연방의 구성 공화국이었던 크로아티아와의 외교적 현안 문제 또한 EU라는 거대한 지원을 바탕으로 협상력을 발휘해 나가고 있다. 슬로베니아와 크로아티아 사이엔 각자의 국제 무역항을 중개 무역을 위한 허브항으로 개발시켜 아시아로부터 유럽으로 오는 물동량의 상당 부분을 차지하기 위한 치열한 무역 전쟁이 현재 진행 중에 있다. 크로아티아 아드리아 해안 지역의 리예카(Rijeka) 국제 무역항은 한때 수에즈 운하를 거쳐 유럽으로 향하는 상당한 물동량의 허브항으로 발달하였으나, 1991년부터 1995년까지 이어진 내전으로 인해 그 유리한 지리적 조건에도 불구하고 전략적 입지를 슬로베니아의 코뻬르 항에게 빼앗긴 상태이다.[27] 반면 지정학적으로 피란만이 슬로베니아의 유일하고도 중요한 선박 항로라는 점에서 슬로베니아로선 크로아티아의 요구와 사용세 증대를 절대 양보할 수 없는 상황이다. 코페르 연안의 피란(Piran)만 영유권을 둘러싼 다툼 외에도 양국은 사회주의 시절 양국 경계선에 건설된 크르쉬코(Krško) 핵발전소 소유권 문제를 둘러싸고도 현재 외교적 갈등이 진

27) 크로아티아는 이를 다시 차지하기 위해 1996년부터 자국의 영해인 피란(Piran)만을 지나 코뻬르 항으로 향하는 외국 선박들에 대해 보다 강화된 항만 사용세를 부과하고 있으며, 이에 대한 수위를 보다 높여가고 있는 실정이다.

행 중이다. 따라서 슬로베니아는 EU 가입을 서두르고 있는 크로아티아에 대해 이러한 외교적 현안 해결 없이는 결코 크로아티아의 EU 가입을 인정해 줄 수 없다는 메시지를 여러 차례 전달하여 왔으며, EU 가입을 가장 중요한 정책 목표로 내세우고 있는 크로아티아선 현재 슬로베니아와의 외교적 분쟁 해결에 난감을 표하고 있는 상황이다.

두 번째, 슬로베니아는 험준한 알프스 산악지대라는 지형적 어려움과 더불어 협소한 영토 그리고 인구 200만 명밖에 안 되는 작은 시장으로 인해 내수보다는 수출 시장 확대에 보다 많은 관심과 전력을 기울여 왔었다. 따라서 슬로베니아의 EU 가입은, 자신들의 협소한 국내 시장을 벗어나 보다 넓은 해외 시장으로의 활로를 개척할 수 있다는 측면에서 긍정적 효과를 보여주고 있다. 특히 규모가 작은 국가일수록 자유 무역에 따른 경제적 창출 효과(Trade creation effect)와 이익이 극대화 된다는 점을 보았을 때, 이러한 기대효과가 그대로 나타나고 있는 상황이다. 더불어 EU 국가들에 대한 수출입 비중이 매우 높은 슬로베니아의 경제 여건상 EU 가입은 또 다른 경제 도약의 기회로 자리 잡고 있다 하겠다.[28)]

통상 경제 통합을 할 경우 역내 국가 간에는 보호 장벽이 철폐되고 자유무역이 활발히 진행되게 된다. 이러한 자유 무역은 수출입과 중개 무역을 토대로 국가발전을 주도해 나가야 하는 소규모 국가들에게 보다 경제적 효과가 크다 할 수 있다. 따라서 이러한 점을 고려할 때, EU내 국가들 중 경제적 규모가 상대적으로 작은 아일랜드, 핀란드. 포르투갈 등이 동유럽으로의 EU 확대에 왜 적극적이었는지를 이해할 수 있을 것이다. 더불어 통화의 공통 사용이 경제 통합의 가장 높은 단계라는 점을 고려해 볼 때, 이들 국가들이 유로 체제의 설립과 그 확대에 있어서 보다 적극적인 자세를 보였던 이유 또한 설명될 수 있다. 1인당 GDP 비교에 있어서도 2008년에 말에 발표된 슬로베니아 통계청 자료에 따르자면 2006년 기준으로 EU 27개국을 100이라 가정했을 때, 슬로베니아는 88.1을 차지했으며, 이것은 다른 동

---

28) 슬로베니아 투자진흥원, *http://www.investslovenia.org*

〈표 1〉 슬로베니아의 주요 경제 지표[30]

경제지표	단위	2004	2005	2006	2007 (추정치)	2008 (전망치)
GDP	억달러	332	352	382	459	570
1인당 GDP	달러	16,490	17,500	19,020	22,850	28,410
경제성장률	%	4.4	4.1	5.7	6.1	4.5
재정수지/GDP	%	-1.3	-1.1	-0.8	0.3	0.1
소비자물가상승률	%	3.2	2.3	2.8	5.6	4.0
실업률(ILO기준)	%	6.3	6.5	6.0	5.7	-
외환보유액	백만달러	8,793	8,076	7,063	9,802	-
총외채잔액	"	14,600	18,400	21,400	-	-

유럽 국가인 체코가 78.9, 헝가리 65.0, 슬로바키아 63.9, 폴란드 52.5 그리고 기존 EU 국가인 포르투갈 74.7에 비해서도 높은 편이라 할 수 있다. 또한 이 자료에 따르자면, 불가리아, 루마니아를 제외한 EU내 25개국은 103.9 그리고 몰타, 키프러스를 제외한 유로존 13개국은 110.4를 차지하고 있다.[29]

세 번째 긍정적 효과로는 슬로베니아 기업들의 시장 경쟁력 향상과 기업 활동의 투명성 증대를 들 수 있다. EU 가입 이후 슬로베니아는 EU 선진 국가들로부터 보다 쉽게 새로운 기술 도입과 서비스 개발이 이루어질 수 있게 되었고, 더불어 해외로부터의 대규모 자본유입을 활발히 유도해 나가고 있다. 실제 2007년 말 슬로베니아 중앙은행이 발표한 2006년 기준 슬로베니아에 대한 외국인 직접투자(FDI: Foreign Direct Investment) 누계 액은 6,774.9백만 유로로, 그 내용을 들여다보면, 은행과 보험 분야에 21%, 할인마트 등 소매점 분야에 17%, 비즈니스 서비스 분야에 16%, 화학 13% 등의 순으로 나타났고, 주요 투자 국가들로는 은행 분야를 중심으로 투자한 오스트리아가 32%, 스위스 14%, 네덜란드와 프랑스가 9%, 독일 8% 이탈

29) 슬로베니아 통계청 "GDP, international comparison, 2006" *http://www.stat.si*
30) 한국수출입은행 해외경제연구소, 『2008 세계국가편람』, (서울: 한국수출입은행, 2008), pp. 498-499; 유럽연합 통계청 *http://epp.eurostat.ec.europa.eu*

리아 6% 순으로 나타나고 있다.[31] 이러한 외국인 직접투자액은 보다 확대될 것으로 예측되고 있는 데, 그 이유는 앞으로 슬로베니아 국영 기업들의 사유화 작업이 보다 본격적으로 이루어질 예정이며, 외국인 소유 회사들이 보다 늘어나고 있고, 기존 사유화 기업들도 해외 사업으로의 확장을 위해 외국 자본 투자를 적극적으로 유치하려는 움직임을 보이고 있기 때문이다. 더불어 슬로베니아의 EU 가입은 또한 기업 비교와 활동의 투명성을 증대시켜 자연스럽게 기업 간 경쟁 유도와 동종 업종 간 인수나 합병 등 구조조정에 따른 기업 체질 개선과 규모 확대를 구체화 시킬 수 있게 하고 있다.[32]

EU 가입에 따른 긍정적 효과들과 더불어 2007년 1월 슬로베니아의 유로존 가입은, 경제적 지표를 고려해 볼 때 매우 긍정적 효과로 나타나고 있음을 확인할 수 있다. 우선, 슬로베니아가 유로존에 가입함으로써 얻게 된 가장 확실한 효과는 수수료 지불 등 외환 거래비용 감소, 환율 변동에 따른 불안 요소 제거 그리고 외환 보유량 보존에 대한 고민 해결 등을 들 수 있다. 슬로베니아의 EMU 가입은 환율 변동에 대한 기업들의 불안 요소 제거와 환차손 등 위험 부담을 감소시켜, 기업들의 수출입 거래에 있어 장기 전망과 기업 전략에 커다란 도움을 준 것으로 평가받고 있다.[33] 2008년 11월 현재 세계 증시의 변동 폭이 확대되고, 달러화 대비 환율이 매우 불안정한 상황을 보이는 시점에서 유로화라는 세계 기축 통화 안에 자리한 슬로베니아 기업들은 환차손 및 여러 경제적 상황을 고려해야 하는 비(非)가맹국 국가들에 비해 환율 변동의 불확실성이 어느 정도 제거됨으로써 보다 안전하게 향후 경제 계획과 전략들을 수립할 수 있다 하겠다. 이런 점에서 슬로베니아의 유로존 가입은 슬로베니아 기업들의 대외 수출입과 장기 계획 수립

31) 조사에 따르자면 1996년 슬로베니아에 대한 외국인 직접투자 누계 액은 1,611.6백만 유로에 불과했으나, EU 가입이 확정된 2002년 한해에만 1,721.7백만 유로가 투자되었고, EU에 가입한 2004년엔 그 누계액이 5,579.6백만 유로로 급격하게 늘어났다. 슬로베니아 중앙은행 "Inward FDI into Slovenia", "Main investing countries into Slovenia" *http://www.bsi.si*

32) 슬로베니아 투자진흥원, "FDI inflows in Slovenia, 1996-2006", "FDI stock in Slovenia, in EUR million, 1996-1006" *http://www.investslovenia.org*

33) Susan Schadler (eds.), *op. cit.*, pp. 16-17.

에 유리한 혜택을 제공하고 있다 하겠다. 더불어 이것은 OECD로부터 0, S&P로부터 AA, 무디스(Moody's)로부터 Aa2, 그리고 피치(Fitch)로부터 AA 등급을 받는 등 해외 신용 평가기관들로부터 높은 신용 등급을 획득하는 실질적인 요인을 제공하였다고 볼 수 있다(2008년 6월 자료).[34]

실제 유럽중앙은행 집행 위원이었던 요세 마누엘(José Manuel González-Páramo)은 2006년 11월 사이프러스에서 가진 연설을 통해 유로존 확대 가능성과 유럽중앙은행의 역할 중요성을 언급하면서 "향후 슬로베니아가 유로존에 가입하게 됨에 따라 얻게 될 가장 큰 기대효과는 환리스크에 대한 두려움에서 해방되었다는 점, 그리고 튼튼한 재무정책 구조 속에 편입되었다는 점"을 들기도 했다.[35] 더불어 노벨 경제학상을 수상한 먼델(Robert Mundell)은 '경제통화동맹을 통해 만들어진 최적통화지대(Optimun Currency Area)'란 이론을 통해 "단일통화의 사용은 이종 통화 간 외환거래에 따른 비용을 제거하고, 효율적 재정 정책 수립과 함께 환리스크를 제거하여 결과적으로 기업의 생산 및 마케팅 활동 개선과 함께 소비자에겐 합리적 소비에 필요한 재화 및 서비스에 대한 보다 명확한 정보를 제공할 수 있다"라고 언급하고 있다.[36] 실제, 모든 국가들은 외환 시장에서 급격한 환율 변화를 막고, 환율 변동폭을 조정하기 위해 일정 정도의 외환 보유고를 지니고 있다. 해당 국가의 정치 경제적 상황에 따라 외환보유고 액수는 변동할 수 있으며, 따라서 비록 어느 정도가 적정량의 외환보유고인지에 대한 정의는 없지만, 일상적인 IMF의 권고에 따른다면 해당 국가 경상수입액의 3개월 치 정도를 권장하고 있다. 슬로베니아의 경우 EMU에 가입하기 직전인 2006년에 약 80억 유로 내외의 외환보유고를 지니고 있었다. 외환보유고를 유지하고 이를 보유하는 데에는 일련의 비용과 더불어 국제 환율 변동 폭에 따른 환차손 문제가 발생할 수 있지만, 2007년 슬로베니아가 EMU에 가입

---

34) 한국수출입은행 해외경제연구소, *op. cit.,* p. 499.

35) 유럽중앙은행 *http://www.ecb.int*

36) 김시홍 외, 『유럽연합의 이해』, (서울: 높이깊이, 2006), p. 116.

함으로써 이에 대한 부담감에서 벗어났다고 볼 수 있다.[37)]

다음으로는 아래 도표를 통해 확인할 수 있듯이 2007년 유로화 도입과 유로존 가입으로 인해 기업 비용이 절감되는 데 힘입어 슬로베니아의 수출입이 크게 확대되었다는 점이다. 슬로베니아는 알프스 산이 국토의 50%를 차지하는 지리적 험준함과 좁은 영토 그리고 인구 약 200만 명에 불과한 협소한 내수시장 등 경제 발전상 여러 불리한 여건들을 내포하고 있다. 따라서 규모가 작은 슬로베니아 기업들(SMEs: Small and medium-sized enterprises)은 이를 극복하기 위해 유고슬라비아 연방으로부터 분리한 직후 유럽내 지리적 위치를 활용한 중개무역 활성화와 더불어 전자제품 등 고부가 가치 산업을 중심으로 가공무역에 주력해 2007년을 기준으로 전체 기업 매출의 80% 가까이를 수출하는 수출 중심국가로 발전하였다.[38)] 통계에 따르자면 무엇보다도 수출증가는 일자리 창출과 소득 증가로 이어졌으며, 이것은 곧 국가의 경제 성장과 상당한 연관 관계를 이루어진다는 점에 비추어 보았을 때, 단일 통화의 사용은 적어도 2009년 유로존 위기가 오기 전까신 슬로베니아 국가의 경제 성장으로 이어졌다고 분석할 수 있을 것이다.[39)]

---

37) 슬로베니아 통계청 *http://www.stat.si:* 다만, 슬로베니아 또한 우리나라와 같이 자원과 원자재가 부족하고, 가공무역을 통한 수출 중심 국가인 관계로, 기름과 가스 등 에너지 가격이 상승할 경우 이에 대해 경제가 민감하게 반응할 수 있으며, 수출이 늘어난 만큼 수입이 늘어나는 구조를 지니고 있다는 측면에서 2008년 말 현재와 같은 세계 경제 위기가 경제 성장의 주요 악재로 작용할 수 있다고 볼 수 있다.

38) 슬로베니아 기업들의 해외시장은 문화적, 지리적 거리에 따라 크게 5개 그룹으로 나눌 수 있다. 그 첫 번째는 이탈리아, 오스트리아, 독일로 슬로베니아는 이들 국가들과 지리적 근접성과 더불어 역사적 요인에 따라 문화적, 언어적 친밀도를 매우 높게 지니고 있다. 두 번째 그룹은 세르비아, 크로아티아를 비롯한 과거 사회주의 유고슬라비아 연방 국가들과 러시아를 들 수 있다. 슬로베니아는 구 유고슬라비아 연방 국가들과 오랫동안 한 나라를 이루고 살았고, 이에 따라 슬로베니아 기업들의 토대와 사업망이 매우 잘 확보되어 있는 지역이다. 이와 함께 러시아 또한 구 유고슬라비아 연방 국가들과의 사업망 연계 차원과 슬라브 민족 차원의 문화적 유사성이 주요 요인으로 작용하고 있다. 세 번째 그룹은 다른 EU 회원국들과 준회원국들이라 할 수 있으며, 네 번째는 미국과 캐나다 그리고 마지막 다섯 번째는 여타 다른 국가들이라 할 수 있다. Mitja Ruzzier (eds.), "The internationalization of SMEs: developing and testing a multi- dimensional measure on Slovenian firms", *Entrepreneurship & Regional Development*, Vol. 19, (March, 2007), p. 172.

〈표 2〉 슬로베니아의 주요 대외거래지표[40)]

경제지표	단위	2004	2005	2006	2007 (추정치)	2008 (전망치)
경상수지	백만달러	-892	-682	-1,104	-2,181	-3,280
상품수지	"	-1,258	-1,258	-1,487	-2,326	-3,492
수출 (전년대비증가율)	" (%)	16,065 (12.5)	18,146 (10.5)	21,327 (10.0)	27,065 (9.0)	35,569
수입 (전년대비증가율)	" (%)	17,322 (13.4)	19,404 (7.0)	22,814 (10.4)	29,390 (8.7)	39,061
서비스수지	"	852	1,051	1,091	1,418	1,530
자본수지	"	579	706	-298	-2,635	-

비록 2000년대 이후 들어와 수출다변화 정책과 국제 유가 수급 문제에 따라 일부 조정이 있어왔지만, 가장 큰 비중을 차지하는 EU와의 무역 거래량은 1999년 이미 전체 수입 물량의 66%, 전체 수출 물량의 68.8%를 차지하고 있었다. 이러한 수치는 21세기 초에 들어와 비록 국제 유가의 상승과 수입 대상국의 확대로 인해 전체 수입 물량에 있어선 60%내외로 약간 조정되지만, 아래 도표에서 나타난 2007년 슬로베니아 통계청 자료에 따르더라도 EU 지역에 대한 수출 물량에 있어선 계속적으로 약 68%대를 유지해오고 있다.[41)] 또한 2008년 11월 슬로베니아 투자진흥원에서 밝힌 2006년 통계에 따르자면 슬로베니아의 전체 GDP 비중 중 69.2%가 수출이 그리고 69.9%가 수입이 차지하고 있을 정도로 수출입에 매우 높은 경제적 구조를 지니고 있다 하겠다. 이러한 수치는 독일이 전체 GDP중 수출이 44.9%, 수입이 39.6%, 오스트리아가 수출 57.6%, 수입 52.0%를 보이는 데 비해 슬로베니아가 수출입에 높게 의존하는 편이라는 것을 확인할 수 있고, 다른 동유럽 국가들 중 수출 75.3%, 수입 73.5%을 보이는 체코와 유사한 특징

39) 통계청 자료에 따르자면 2008년 1, 2분기 성장률 역시 5.4%, 5.5%의 성장세를 보이고 있으며, 고용율과 실업률은 유로존 평균보다 좋은 각각 66%와 6.1%의 수치를 보이고 있다. 슬로베니아 통계청 *http://www.stat.si*

40) 한국수출입은행 해외경제연구소, *op. cit.*, p. 499; 유럽연합 통계청 *http://epp.eurostat.ec.europa.eu*

41) 유럽연합 통계청 *http://epp.eurostat.ec.europa.eu*

〈표 3〉 슬로베니아 대외 수출 대상 국가(2006년 기준)[43]

수출 대상 국가	단위(백만 유로)
EU-25개국	11,480
독일	3,299
이탈리아	2,163
오스트리아	1,449
프랑스	1,138
폴란드	490
영국	470
체코	391
헝가리	385
스페인	323
기타 EU 국가	2,762
구 유고슬라비아 지역 국가	
크로아티아	1,464
세르비아	509
보스니아-헤르체고비나	485
기타 비EU 국가	2,519
전체	16,761

을 지니고 있다하겠다.[42] 따라서 EU 가입에 따른 단일 시장 형성과 유로존 가입에 따른 단일 화폐 사용은 수출입에 따른 비용 절감과 더불어 수출 상품의 가격 경쟁력 확보로 이어져 슬로베니아의 국가 산업 경쟁력을 더욱 높이고 있다 하겠다. 실제, 자유무역 이론에 따르더라도, 경제 산업적 규모가 작은 국가일수록 자유무역과 단일 통화 사용에 따른 무역창출효과와 경제적 이득이 매우 높은 것으로 알려져 있다. 실제 2015년 발표된 슬로베니아 통계청 자료에 따르자면 2014년을 기준으로 전체 슬로베니아 수출액은 22,935 백만 유로, 수입액은 22,580 백만 유로로, 2009년 유로존 위기 당시 수출액 16,269 백만 유로, 수입액 17,275 백만 유로에 비교하면 크게 증대

42) 슬로베니아 투자진흥원, "Exports and imports as a % of GDP, 2006" *http://www.investslovenia.org*
43) 슬로베니아 통계청 "Export by Country in million EUR, 2006" *http://www.stat.si*

되었다는 점을 확인할 수 있다. 즉, 슬로베니아에게 있어 유로존 가입은 실질적인 수출입액의 증가와 함께 경제 성장의 중요 동인을 제공하였다고 분석할 수 있을 것이다.44)

앞서 언급한 긍정적 효과 외에도 EMU 진입과 유로존 가입에 따라 나타나고 있는 슬로베니아의 효과들로는 동맹국 간 자본, 상품, 노동, 서비스의 자유로운 이동 활성화가 보다 촉진되었다는 점과 함께, 국제 통화로서 지위 강화와 역내 유동성의 개선 그리고 국제 화폐발행이득(international seignorage)의 창출 또한 긍정적 효과로 분류할 수 있다. 하지만, 무엇보다도 국제적 금융위기 발생시 유로존 가입국의 경우, 특히 국제적 위기에 크게 흔들리는 슬로베니아와 같은 수출 중심의 소규모 경제 발전 국가의 경우, 유로존 등 기축 통화의 미가입국들에 비해 보다 효과적으로 경제적 위기를 대처해 나갈 수 있다는 점을 가장 큰 장정중 하나로 꼽아볼 수 있을 것이다. 실례로 2009년 미국발 경세 위기에서 비롯된 전 세계적 금융 위기 속에서, 유로존에 미처 가입하지 못한 헝가리 등 동유럽 국가들이 IMF등 국제기구에 긴급 구제 금융지원을 요청하고 유동성 위기 상황에 직면했던 점을 고려해볼 때, 슬로베니아는 이처럼 유로존에 가입하지 못한 다른 동유럽 국가들에 비해 보다 안전하게 경제적 위기 상황을 대처할 수 있었다고 할 수 있다. 슬로베니아와 같은 소규모의 신흥 경제 발전국의 경우 이처럼 국제적 금융위기가 닥쳐왔을 때, 통화 동맹국 차원의 보다 효과적인 경제정책이 보다 절실히 요구되어지고, 정책의 효율성 또한 보다 효과적으로 수행될 수 있다 하겠다.

---

44) 슬로베니아 통계청 "Exports and imports (1000 EUR) by MEASURES, CLASSIFICATION BY BROAD ECONOMIC CATEGORIES and YEAR" *http://pxweb.stat.si/pxweb/Dialog/viewplus.asp?ma=H040E&ti=&path=../Database/Hitre_Repozitorij/&lang=1*

5. 결 론

우리나라와 EU는 2010년 10월 FTA 비준을 기초로 2011년 7월부터 양자 간 FTA가 발효되었으며, 미국과도 2012년 3월 이후로 FTA가 발효되어 현재에 이르고 있다. 특히 2004년 5월 동유럽 국가들이 EU에 가입한 이후, 우리나라 기업들은 동유럽 지역을 서유럽 시장 공략을 위한 전초기지로 활용하기 위해 본격적으로 동유럽 시작 진출을 시작하여 왔다. EU에 가입한 동유럽 지역은 2004년 이후로 매년 평균 5-11%라는 높은 경제성장률을 보이며 EU 전체 경제에 새로운 활력을 불어넣고 있다. 동유럽으로의 EU 확대는 기존 회원국에게 있어선 동·서 간 냉전이 사라진 전체 유럽의 대표 공동체화라는 정치적 이상과 역내 시장 확대, 역외 국가들과의 경쟁력 비교우위 획득이라는 경제적 이점을 안겨준 것이 사실이다. 반면 새로이 회원국이 된 동유럽 국가들에게 있어선 체제 전환 이후 발생할 수 있는 정치 사회적 혼란을 방지하고 국가 발전의 새로운 미래 비전을 제시할 수 있다는 정치적 이점과 더불어 새로운 경제 질서로의 편입과 경제성장의 지속성을 추구할 수 있다는 경제적 이점을 안겨주었다.동유럽 국가들 중 가장 모범적인 국가이자 대표적 성공 사례로 꼽히고 있는 슬로베니아는 2004년 5월 EU에 가입한 이래, 2007년 1월 동유럽 국가들 중 가장 먼저 까다로운 여러 조건들을 통과하고 새롭게 유로존에 가입하는 데 성공하였다. 이와 함께 2008년 1월 1일부터는 포르투갈에 이어 6개월 간의 EU 의장직을 넘겨받아 그 임무를 성공리에 수행했다는 평가를 받고 있다. 인구 200여만 명에 불과한 슬로베니아는 1991년 6월 사회주의 유고슬라비아 연방에서 독립한 이후 민족 간 분쟁 여파, 자본주의 경제 체제와 민주주의 정치 체제 도입이라는 새로운 난관에도 불구하고, 2015년 현재 2014년 기준으로 1인당 GDP가 18,093 유로(Euro), 전년도 대비 3% 성장에 달하는 새로운 강소국의 입지를 구축해나가고 있다.[45] 더불어 2007년 유로존 가입과정에서 확인되었듯,

---

45) 슬로베니아 통계청, "Gross Domestic Product and Economic Growth" http://www.stat.si/St

다른 동유럽 국가들보다도 건실하고 발전된 경제성장과 경제안정 그리고 확고한 정치적 민주주의 제도 수립 등 이제 EU내 새로운 발전 모델 국가로서 계속된 성장을 이어가고 있다.

하지만, 동유럽으로의 EU, 유로존 확대가 반드시 긍정적인 효과만을 가져다 준 것은 아니다. 제2차 세계대전 이후 지난 반 세기동안 형성된 인위적인 유럽 분단으로 인해 서로 간의 의견을 조율하고 EU의 미래 발전 모색에 의견 통일을 이루는 게 쉽지 않은 상황이기 때문이다. 더불어 동유럽의 EU 가입으로 인해 외형상 유럽 통합이 가시화 된 것으로 보이지만, 미래 EU를 정치적 연합체로 발전시키기 위한 기초 작업인 유럽 헌법을 둘러싼 갈등, 독일과 프랑스 등 EU내 주도권을 둘러싼 갈등 그리고 기존 회원국으로이 새로운 동유럽 노동 인력의 유입과 동유럽으로의 공장 이전 가속화로 인한 실업 문제의 확대 또한 현재 EU의 미래를 어렵게 하는 요인이 되고 있다. 이러한 어려움은 비단 기존 회원국들에서만 나타나고 있는 현상만은 아니다. 새롭게 EU에 가입한 동유럽 국가들은 그 가입 조건을 충족하고 계속 유지하기 위해서 그리고 새로운 국가 비전인 EMU 가입을 위해서 과거와는 다른 정치, 경제 질서와 기준을 강요받고 있으며, 이에 따른 사회, 문화적 변화 양상이 급격하게 전개되고 있는 상황이다.

슬로베니아 또한 이와 유사한 어려움과 새로운 도전들을 맞고 있으며, 더불어 세계 시장에 있어 유로화 가치에 따른 일련의 금리 불안정과 2009년 초 현재 보이듯 세계적 금융 위기 속에서 미래 경기에 대한 예측의 불투명성 또한 슬로베니아가 안고가야 할 숙제로 남아 있다. 무엇보다도 이미 여러 차례 확인되었듯 유럽헌법을 둘러싼 EU내 여러 불협화음과 경제통합 논쟁을 넘어서고 정치적 통합으로의 길로 가는 데 있어, 이제 신생 독립 국가로 나선지 그리고 주권의 맛을 향유한 지 얼마 되지 않은 슬로베니아가 과연 어떠한 선택을 하게 될지, 그리고 그 선택에 따른 국민적 저항과 혼란을 어떻게 극복해 나갈지가 향후 슬로베니아의 미래를 결정지을 것으로 보인다.

---

atWeb/en/field-overview?idp=29&headerbar=10

제2장 크로아티아

아드리아해의 보고, 크로아티아 관광산업의 현황과 그 특징

아드리아해의 보고, 크로아티아 관광산업의 현황과 그 특징

한 눈으로 읽어보는 키워드

지중해와 연결된 약 930여km의 아드리아(Adria) 해안선을 따라 고대 유적과 깨끗한 자연환경에 기초한 천혜의 관광자원을 보유하고 있는 크로아티아는 1980년대까지만 해도 이미 관광산업에 따른 외화 유입에 있어 오스트리아와 스위스 다음으로 유럽 내 세 번째 관광대국의 자리를 자시했었으며, 유럽 내 대표적 관광 대국들이 자리하고 있는 남부 유럽에서도 이탈리아, 스페인 다음으로 관광 수입과 관광객 수가 가장 많았던 국가이기도 했다. 더불어 크로아티아는 지리적으로도 서유럽과 중부 유럽 그리고 발칸유럽을 잇는 주요한 교통 요지에 위치해 있으면서, 고대부터 아드리아해를 중심으로 활발한 무역과 상업적 거래가 이루어져 왔던 곳으로, 외부 관광객의 유입에 있어 천혜의 입지조건을 지니고 있는 곳이기도 하다. 하지만, 1989년 중동부유럽에서의 사회주의 체제 붕괴와 뒤 이은 장기간의 내전은 크로아티아 관광 산업의 피폐와 관광객의 급속한 감소를 불러오게 하였다.

그러나 2000년 이후로 크로아티아 관광 산업은 다시 예전의 활발한 관광 대국으로서의 위치를 자리매김해 가고 있으며, 이에 따른 관광산업 활성화가 일어나고 있다. 특히 크로아티아는 가공되지 않은 자연의 미를 최대한 살려 이룩한 천혜의 관광 자원, 1,185개의 섬과 함께 북에서 남으로 길게 뻗어진 아드리아해와 최적의 입지조건, 고대 그리스와 로마시대로부터 내려온 다양한 민속 유산과 예술적 건축물 그리고 다양한 전통축제와 풍부한 해산물 요리를 결합한 여러 요소들이 함께 어우러져 예전의 관광 대국으로서의 활기를 되찾아가고 있다.

본장에선 21세기 새로운 관광 지역으로 부상하고 있는 중동부유럽의 여러 국가들 중 크로아티아 관광 산업의 특징과 그 내용을 소개하고자 한다. 특히 본 주제에선 크로아티아 관광 산업의 현황과 세계 관광 산업 속에서 크로아티아 위치를 살펴보고, 이를 토대로 그 주요 특징들을 환경 친화적 요소, 자연, 지리적 요소, 고대 문화와 민속유산, 전통 축제와 요리 등 크게 4가지 요소로 나누어 설명하고자 한다.

1. 서 론

지중해와 연결된 약 930여km의 아드리아(Adria) 해안선을 따라 고대 유적과 깨끗한 자연환경에 기초한 천혜의 관광자원을 보유하고 있는 크로아티아는 1980년대까지만 해도 이미 관광산업에 따른 외화 유입에 있어 오스트리아와 스위스 다음으로 유럽 내 세 번째 관광대국의 자리를 차지했었으며, 유럽 내 대표적 관광 대국들이 자리하고 있는 남부 유럽에서도 이탈리아, 스페인 다음으로 관광 수입과 관광객 수가 가장 많았던 국가이기도 했다.[1) 더불어 크로아티아는 지리적으로도 서유럽과 중부 유럽 그리고 발칸유럽을 잇는 주요한 교통 요지에 위치해 있으면서, 고대부터 아드리아해를 중심으로 활발한 무역과 상업적 거래가 이루어져 왔던 곳으로, 외부 관광객의 유입에 있어 천혜의 입지조건을 지니고 있는 곳이기도 하다. 하지만, 1989년 중동부유럽에서의 사회주의 체제 붕괴와 뒤 이은 1990년 다당제 선거 그리고 이로 인한 사회주의 유고슬라비아 연방의 분열과 장기간의 내전(1991-1995)은 크로아티아 관광 자원의 파괴와 관광 산업의 피폐 그리고 관광객의 급속한 감소를 불러오게 하였다. 더불어 1999년 이웃한 세르비아에서 발생한 코소보 전쟁은 내전 이후 관광 산업 인프라 구축과 활성화를 위해 노력하고 있던 크로아티아에게 또 다른 시련기를 안겨주기도 했다.

그러나 2000년 이후로 들어와 크로아티아 관광 산업은 다시 예전의 활발한 관광 대국으로서의 위치를 자리매김해 가고 있으며, 이에 따른 관광산업 활성화가 일어나고 있다. 특히 크로아티아는 가공되지 않은 자연의 미를 최대한 살려 이룩한 천혜의 관광 자원, 1,185개의 섬[2)]과 함께 북에서 남으

---

1) Lee, Seung-Woo, *A Study on Development Trends of Croatian Tourism: in terms of World Tourism Trends*, (Seoul: Graduate School of International and Area Studies, Hankuk University of Foreign Studies, 2003) 참조.

2) 하지만, 일반적인 수치와 달리 최근 크로아티아 수로학 연구소에서 밝힌 자료에 따르자면 크로아티아 섬은 모두 1,244개로 일반적인 섬 602개와 바위와 암초로 이루어진 642개의 섬으로 구성되어 있다. 크로아티아 관광부, "General Data on the Republic of Croatia" http://www.mint.hr/UserDocsImages/150701_Tourism014.pdf (크로아티아 수로학연구소(Hydrographic

로 길게 뻗어진 아드리아해와 최적의 입지조건, 고대 그리스와 로마시대로부터 내려온 다양한 민속 유산과 예술적 건축물 그리고 다양한 전통축제와 풍부한 해산물 요리를 결합한 여러 요소들이 함께 어우러져 예전의 관광 대국으로서의 활기를 되찾아가고 있다.

본 글은 21세기 새로운 관광 지역으로 부상하고 있는 중·동부유럽의 여러 국가들 중 그 중요성에도 불구하고 아직은 국내에 소개되지 않은 발칸유럽의 관광 대국, 크로아티아 관광 산업의 특징과 그 내용을 소개하는 데 목적을 두고 있다. 그동안 이 지역과 관련한 기존의 연구들은 민족주의와 소수 민족 문제 등 주로 국제 정치학적 관점에서 소개되어 왔던 게 사실이다. 따라서 그동안 거의 다루어지지 못하였던 크로아티아 관광 산업의 현황과 그 특징을 연구하고 이를 소개하려 했다는 측면에서 본 연구의 의의가 있다 하겠다. 또한 본 연구는 날로 관심이 높아가고 있는 중·동부유럽 지역의 관광 산업과 그 현황을 국내에 소개하고자 하는 여러 연구들의 주요 토대중 하나가 될 수 있을 것으로 기대된다. 더불어 실용적 학문 접근이라는 추세에 맞추어 세계 여러 나라의 관광 산업 특징과 발전 방향을 살펴봄으로써 국내 관광 산업의 활성화와 그 발전에도 일련의 도움을 줄 수 있을 것으로 기대 된다 하겠다.

본 글의 구성을 보면 우선 제2장에서는 크로아티아 관광 산업의 특징과 그 요소들을 소개하기 위한 전제 작업으로 크로아티아 관광 산업의 현황과 그 추세를 살펴보고, 현재 세계 관광 산업 속에서 크로아티아의 위치가 어떠한지를 분석해보고자 한다. 제3장에서는 크로아티아 관광 산업 발전 가능성을 토대로 그 주요 특징들을 환경 친화적 요소, 자연, 지리적 요소, 고대 문화와 민속유산, 전통 축제와 요리 등 크게 4가지 요소로 나누어 그 내용들을 설명하고 이에 따른 일련의 발전 방향을 소개하게 될 것이다. 마지막으로 제4장에선 크로아티아 관광 산업의 현황과 그 특징을 다시 한 번 요약 설명하고, 향후 전망을 제시함으로써 이 글의 결론을 대신하고자 한다.

Institute of the Republic of Croatia) 자료를 재인용)

2. 크로아티아 관광 산업의 현황

관광의 정의에 대한 이론은 분분하지만, 여러 학자들의 의견을 종합해 보면 "관광이란 생활환경의 변화를 바라는 인간의 기본 욕구를 충족시키기 위하여 자유 시간 내에 일상 생활권을 떠나서 다른 나라 또는 다른 지역으로 영리추구와 관계없이 일시적으로 공간을 이동하면서 그곳의 문물, 제도, 풍습 등을 관찰하고 풍광을 감상, 유람함으로써 휴식, 기분전환, 자기개발을 통하여 정신적, 육체적 상태를 새롭게 향상시키는 인간행동의 총체"라 정의내릴 수 있다.[3] 관광 상품의 주요 소재가 되는 것은 자연 경관, 역사, 문화적 유산, 축제 등이라는 점을 고려할 때 관광 산업은 일부 제조업과는 달리 환경오염이 적은 무공해 산업이라 말 할 수 있다. 또한 관광을 통한 외래 관광객 유치를 통해 외화의 수입과 더불어 국제사회에 자국의 문화들에 대한 이해를 넓힘으로써 자국의 긍정적 이미지와 영향력을 확대하는 데도 기여하기 때문에 세계 각 국은 관광을 국가 전략 산업으로 육성하고 있는 실정이다.

관광 산업의 중요성과 더불어 21세기에 들어와 세계 경제의 급성장이 가속화되고 항공사들의 고객 유치를 위한 가격 경쟁 그리고 인터넷을 통한 여행 자료와 여행지 정보가 용이해짐에 따라 관광객의 계속된 수적 증대와 이에 따른 관광 산업의 중요성이 높아지고 있는 실정이다. 특히 '세계 관광 여행 협회(WTTC: World Tourism Travel Council)'의 2008년 예측 자료에 따르자면 세계 전체 근로자중 관광 산업에 직접적으로 종사하는 비율이 약 8.4%(약 238,277천명)에 달하고 있으며, 2018년에는 이 비율이 9.2%까지 늘어날 것으로 예측하고 있다. 또한 2008년 전 세계 GDP에서 관광 산업이 차지하는 비율이 9.9%(US$ 5,890bn)에 이르고, 2018년에는 10.5%(US$ 10,855bn) 으로 계속 늘어날 것으로 예측되고 있다. 더불어 수출 기대효과 또한 2008년 전 세계 수출의 11%(US$ 2,103bn)를 차지하고,

3) 김광근 외, 『관광학 원론』, (서울: 백산출판사, 2002), p. 32.

2018년에는 전체 수출액의 10.3%(US$ 4,714bn)으로 성장할 것으로 내다보고 있으며, 이를 기초로 했을 때, 향후 10년 동안 매년 4%씩 세계 관광산업이 활성화 될 것으로 예측되고 있다. 특히 이러한 관광 산업이 활성화되고 세계에서 관광객이 가장 많이 차지하고 있는 지역으로는 2003년 기준으로 10위권 안에 유럽 국가가 총 6개국(1위 프랑스, 2위 스페인, 3위 미국, 4위 이탈리아, 5위 중국, 6위 영국, 7위 오스트리아, 8위 멕시코, 9위 독일, 10위 캐나다)이 들어가 있을 정도로, 유럽 지역이 강세를 보이고 있다. 실제 2008년 통계를 기준으로 볼 때 관광 산업은 EU 전체 GDP의 10.1%(US$ 1,876.6bn)를 차지하고 있고, EU 전체 노동 인구의 10.8%에 해당하는 일자리들을 제공하고 있을 정도로 거대한 시장을 형성하고 있다. 더불어 전 세계 관광 지역을 13개 권역으로 나누어 보았을 때, 상당부분에서 부동의 1위를 차지하고 있다하겠다.[4)]

우리가 여기서 한 가지 주목해야 할 점은 바로 1990년대 이후 특히 21세기에 들어와 유럽의 여러 지역들 중에서도 중동부유럽지역의 관광객 수가 급증하고 있다는 점이다. 이는 서유럽, 북유럽 국가들의 관광객 수가 매년 5%내의 성장에 그치고 있는 데 반해, 중동부유럽 국가들은 매년 10% 이상의 높은 성장률을 보이고 있다는 점에서도 확인이 되고 있다. 이러한 성장세를 주도하고 있는 국가들로는 지리적, 문화적 이점을 안고 있는 체코와 헝가리, 폴란드 그리고 크로아티아 등이 주도하고 있는 것으로 나타나고 있다.

본장에선 이처럼 날로 늘어가는 중동부유럽의 관광객 증가에 발맞추어 관광 산업의 현황과 그 특징 연구를 위한 기초 작업으로 21세기 이후 새로운 관광대국으로 급부상하고 있는 크로아티아를 주요 연구 사례로 선택하고자 했다. 특히 크로아티아의 경우, 과거 1990년대 독립과정상에서 발생했던 민족갈등과 분쟁 지역이라는 이미지를 거두어내고, 21세기에 들어와 매년 높은 성장세를 보이고 있다는 점에서 국제 관광 주체들로부터 주목을 받고 있다. 실제, '크로아티아 바다, 수송, 그리고 기간산업부(Ministry of

4) 세계 관광 여행 협회 *http://www.wttc.org*

the Sea, Transport and Infrastructure; Ministarstvo mora, prometa i infrastukture)'와 '크로아티아 관광부(Ministry of Tourism; Ministarstvo turizma)의 자료에 따르자면 2002년 8,320 천명, 2003년 약 8,877 천명, 2004년 약 9,412 천명, 2005년 약 9,995 천명, 2006년엔 드디어 1,000천명을 넘어서 약 10,384 천명 그리고 2007년엔 약 11,162천명의 관광객이 크로아티아를 여행하였다고 보고하고 있다. 그러나 이후 2009년 세계 경제 위기와 유로존 위기에 따라 관광객 수 또한 감소하여 한때 크로아티아 관광 산업은 큰 타격을 입어야만 했다. 하지만, 크로아티아 관광 산업은 이 지역의 아름다운 자연 환경과 세계적인 역사 유물 등 풍부한 관광 자원들을 기초로 바로 다시 회복되어 2010년 약 10,604 천명, 2011년 11,455 천명, 2012년 11,835 천명 그리고 2013년에 들어와 약 12,433 천명, 2014년 약 13,128 천명으로 예전보다 보다 많은 관광객 수 급증으로 이어지고 있다.[5)]

〈표 1〉 크로아티아 관광객수 현황

	관광객수(천명)							
	2002	2004	2006	2007	2010	2012	2013	2014
내국인	1,375	1,500	1,726	1,855	1,493	1,466	1,485	1,505
외국인	6,944	7,911	8,658	9,306	9,111	10,369	10,948	11,623
전체	8,320	9,412	10,384	11,162	10,604	11,835	12,433	13,128

출처: *http://www.mmtpr.hr* 년 간 보고서를 재구성

이것은 21세기에 들어와 크로아티아 관광객 수가 2009년 유로존 위기 때를 제외하고 매년 5-10%에 가까운 놀라운 성장세를 보이고 있다는 것을 의미한다.[6)] 더불어 이 수치는 인구 439만 명(2007)의 크로아티아에 비해,

5) 크로아티아 바다, 수송, 그리고 기간산업부/ 크로아티아 관광부 *http://www.mmtpr.hr*

6) 크로아티아 인구수에 비해 10배가 넘는 우리나라의 경우 2015년 통계에 따르자면 외국인 관광객 유치 기록이 약 12,115 천명으로 전체 중국인 약 5,518 천명, 일본인이 약 1,677 천명 등 대부분의 관광객들이 주로 아시아인에 집중되어 약 9,865 천명에 달하고 있다. 관광지식정보시스템, "입국관광통계" *http://know.tour.go.kr/stat/tourStatSearchDis.do;jsessionid=636216EE95*

그 10배가 넘는 인구를 지닌 우리나라의 2007년 외국인 관광객 유치 기록이 약 645만 명이라는 한국관광공사의 자료를 비교해 보았을 때, 전체 관광객중 1,000만 명에 가까운 89%가 외국인 관광객으로 유치되는 수치는 매우 높은 편이라고 할 수 있다. 이에 따라 세계적으로 유명한 관광 여행 출판사인 론니 플래닛(Lonely Planet)에선 2005년 세계에서 가장 인기 있는 관광지로 크로아티아를 꼽기도 했으며, 그러한 이유로 천혜의 자연 환경과 지리적 이점 속에 문화, 역사, 요리, 전통 축제가 서로 조화롭게 어우러져 관광 대국으로서의 기본적 토대를 갖추고 있음을 주장하였다.[7)]

그럼에도 불구하고 국내에는 아직 크로아티아의 숨은 매력들이 잘 소개되지 않고 있다는 점에서 아쉬움이 남는다 하겠다. 실제, 크로아티아에 들어오는 해외 관광객들의 국적을 토대로 한 '크로아티아 관광부'의 자료를 확인해 보았을 때, 크로아티아의 해외 관광객들 80% 가까이가 유럽에서 오고 있는 것으로 확인되고 있다. 2007년 통계를 살펴보았을 때, 가장 많은 관광객 수를 보이고 있는 국가는 독일로, 이 기간 동안 전체 외국 관광객중 16.7%인 총 1,554 천명의 관광객이 그로아티아를 방문한 것으로 나타나고 있다. 이후 2014년 약 1,989 천명에 이를 정도로 크로아티아의 최대 관광객을 그대로 유지하고 있다. 그 다음으로는 13.4%로 약 1,249 천명(2007년)이 입국한 이탈리아를 들 수 있지만, 남부유럽 국가들의 전반적인 경제적 어려움이 그대로 반영되어 2014년 통계에 따르더라도 약 1,061 천명으로 관광객 수가 줄어들었음을 확인할 수 있다. 한 가지 특이한 점은 관광객 수에 있어 유럽 내에서도 소규모 국가인 슬로베니아가 이들 국가들의 바로 뒤를 이어 세 번째로 많은 관광객이 크로아티아를 방문하고 있다는 점이다. 2007년 크로아티아를 방문한 슬로베니아인은 약 1,015 천명으로 전체 외국 관광객중 10.9%를 차지했으며, 2014년에도 약 1,101 천명의 관광객이 크로아티아를 방문하는 등 꾸준히 방문 숫자를 유지해 나가고 있다. 크로아

2E5BA4EC57F597AAD3AA39.know

7) 론니 플래닛 *http://www.lonelyplanet.com*

<표 2> 2007년까지 외국 관광객 국가별 현황

	외국 관광객(명)						
	2001	2002	2003	2004	2005	2006	2007
독일	1,299,729	1,481,659	1,551,844	1,580,844	1,572,090	1,544,801	1,554,794
이탈리아	1,059,810	1,099,427	1,205,532	1,231,901	1,252,684	1,235,413	1,249,343
오스트리아	686,844	690,366	708,506	740,960	742,498	790,083	839,717
프랑스	74,719	134,708	220,636	392,911	591,098	505,139	473,808
영국	106,960	132,160	152,519	208,359	255,500	266,777	267,159
스위스	46,026	60,607	82,883	103,686	113,909	129,737	134,312
체코	742,485	697,902	699,992	663,794	615,535	593,276	669,132
헝가리	279,825	318,015	356,139	403,443	453,395	402,782	381,202
폴란드	391,809	358,065	237,968	240,654	241,868	275,845	322,890
슬로바키아	202,905	191,176	198,957	176,294	184,891	217,988	280,586
슬로베니아	876,987	869,900	918,462	884,462	878,882	913,072	1,015,379
보스니아	172,490	173,214	177,661	163,104	170,581	188,774	222,135
미국	52,446	58,529	65,430	97,564	115,280	154,065	181,381
호주	10,323	15,602	20,258	28,138	40,825	57,550	70,489
일본	12,565	15,340	16,040	22,932	32,748	64,751	86,404
한국							13,792

출처: *http://www.mmtpr.hr* 년 간 보고서를 기초로 재구성

티아와의 지리적 근접성을 인정한다 해도, 슬로베니아 인구가 2014년 통계로 약 200만 명이라는 점을 고려해 보았을 때, 21세기 이후 매년 100만명 내외의 관광객이 크로아티아를 방문하고 있다는 점은 주목해야 할 점이다. 즉, 한번 왔다간 관광객들이 계속해서 다시 이곳 크로아티아를 찾고 있다고 분석할 수 있으며, 이 점은 향후 크로아티아의 관광 자원과 그 발전 가능성이 매우 높다는 것을 의미한다 하겠다.

유럽 외에 다른 지역에서 크로아티아를 방문하는 관광객으로 눈에 띄는 국가는 미국과 호주, 영국, 러시아, 프랑스 등 주로 장거리 여행객들이며, 이러한 결과는 크로아티아 관광부의 장기 투숙과 숙식을 필요로 하는 장거리 여행객 유치를 위한 노력의 결실이라 할 수 있을 것이다. 또한 우리가

〈표 3〉 2008년 세계 경제 위기 이후 외국 관광객 국가별 현황

	외국 관광객(천명)						
	2008	2009	2010	2011	2012	2013	2014
독일	1,545	1,579	1,525	1,661	1,852	1,932	1,989
이탈리아	1,167	1,200	1,018	1,150	1,050	1,107	1,061
오스트리아	813	881	810	892	945	968	1,019
프랑스	439	406	388	394	418	449	441
네덜란드	297	307	285	286	335		
러시아				182	196		
영국						389	429
체코	622	607	605	638	647	652	661
헝가리	370	323	297			326	366
폴란드	417	454	454	497	544	636	630
슬로바키아	299	306	310	335	337	337	355
슬로베니아	1,042	1,012	1,016	1,099	1,053	1,067	1,102
기타	2,399	2,254	2,398	2,788	2,988	3,175	3,570

주목할 만한 점은 크로아티아를 방문하는 한국인의 숫자가 최근 들어와 기하급수적으로 늘어나고 있다는 점이다. 실제 아름답고 깨끗한 크로아티아의 관광 자원과 그 역사적 유물들이 한국 내에 소개된 이후로 2007년 드디어 1만명을 넘어섰고 2013년엔 약 7만 5천명, 2014년엔 약 24만명 그리고 2015년에는 30만명을 넘어서 이제는 동유럽 여러 국가들 중 가장 많은 한국인 관광객들이 찾는 상황이 되고 있다. 또한 유럽 관광객이 상대적으로 많은 배경은 크로아티아가 유럽에 위치하고 있고, 또한 비용과 지리적인 면에서 유럽인들이 다른 대륙 사람들에 비해 보다 쉽게 크로아티아에 접근할 수 있는 이점과 관광 정보 수집이 용이한데서 기인한다고 볼 수 있다.

크로아티아는 내전 이후, 특히 2000년에 들어서면서 과거 내전의 상처들을 극복하고, 이를 치유하기 위한 여러 복구 계획들을 수립해 현재 많은 과시적 성과를 이루어 내고 있다. 또한 낙후된 숙박 시설과 제반 시설에 대한 보수 작업을 위해 유럽부흥개발은행 및 국제통화기금으로부터 차관을 들여

와 관광 산업 활성화에 많은 노력을 기울이고 있다. 더불어 크로아티아 정부는 자국 내 관광 시설 확장을 위한 외국인 투자 확대와 서비스 강화 및 교육 그리고 관광객들의 입출국 편리를 위한 항공, 도로, 항만 등 사회간접망 시설 확충에 노력중이며, 관광 회사들의 구조조정과 함께 세계적 호텔업계의 크로아티아 진출에도 많은 노력을 기울이고 있다. 이외에도 아드리아 해안의 자연 환경을 현재처럼 계속 보존하기 위한 조치로 '아드리아 해안 보호법'을 제정해 발효하였고, 기존 6월에서 9월에 집중되어 있는 아드리아 해안의 관광시즌을 보다 더 연장하기 위한 새로운 관광 설비(예를 들어 레저 스포츠, 온천 및 테마 관광 등)와 유흥시설들을 개발 중에 있다. 또한 크로아티아가 1000km에 가까운 기다란 아드리아 해안선과 함께 1,185개의 아름다운 섬을 지니고 있다는 점을 활용해 선박을 통한 여행 상품 개발과 인프라 구축 그리고 섬 내 관광 활성화에도 여러 심혈을 기울이고 있다 하겠다.

크로아티아에서 관광 산업이 미치는 영향은 다른 어떤 국가들보다 매우 높다고 볼 수 있다. 실제, 2014년을 기준으로 했을 때 크로아티아 관광산업은 국가 전체 GDP중 20%(약 740억 유로)를 차지하고 있고, 관광 산업에 직간접으로 취업하고 있는 근로자 비율만도 28%에 달하는 실정이다. 따라서 크로아티아에 있어 관광 산업은 크로아티아 경제에 있어 절대 빼놓을 수 없는 중요한 수입원이자, 국가 주요 전략 산업중 하나라 할 수 있을 것이다.[8) 이처럼 세계 관광 시장에서 차지하고 있는 크로아티아 관광 산업의 현황을 토대로 다음 장에선 4가지 요소를 기초로 크로아티아 관광 산업의 주요 특징들을 살펴보고 각 요소에 따른 발전전략들을 소개하고자 한다.

8) 유럽연합 '크로아티아' 부분 *http://europa.eu.int/comm/enlargement/croatia/index.htm*

3. 크로아티아 관광 산업의 특징과 그 내용

3.1. 환경 친화적 요소

크로아티아 관광 자원 보존의 역사는 우리보다 훨씬 앞선 19세기 말부터라 볼 수 있다. 이 당시 독일과 프랑스 등 서유럽 국가들 사이에서 처음으로 자연보호구역이 지정되었고, 이에 따라 오스트리아-헝가리 이중 제국의 지배 하에 있넌 크로아티아도 또한 자연보호에 대한 인식과 움직임이 확대되게 된다. 이러한 인식 확대와 움직임에 따라 점차적으로 조류, 산림 등을 보호하는 특별법이 만들어 졌으며, 특히 1910년 스웨덴에서 자연자원에 대한 첫 국립공원이 설립 된 이후, 이에 자극받은 크로아티아에선 석회암이 녹아 매년 다양한 형태의 호수 모양과 웅장한 계단식 호수를 보여주는 쁠리트비쩨(Plitvice) 호수 지역을 같은 이유로 보호하자는 주장이 제기되게 된다. 이어 크로아티아에선 국내 최고봉인 벨레비뜨(Velevit)산 유역과 벨리카 카뻴라(Velika Kapela)산 유역 그리고 쁠리트비쩨 호수 지역이 일시적이나마 국립공원으로 지정되게 된다.

제2차 세계대전 직후, 티토가 이끄는 사회주의 유고슬라비아 연방 하에서 크로아티아 지역에선 본격적인 휴양지 개발이 이루어졌고, 더불어 관광 자원 보존과 경제적 가치가 높은 지역으로 인정받기 시작하였다. 이에 따라 중앙정부의 직접 관리 하에 크로아티아 내 국립공원과 고대유적 그리고 유물 보존에 관한 중요 법령이 지정되게 된다. 뒤 이어 1946년에는 이를 관리 감독할 기구로 크로아티아 자연 보호 기구가 수도인 자그레브(Zagreb)에 설립되게 된다. 그 후 1949년(쁠리트비쩨 호수가 최초 국립공원으로 지정됨), 1960년, 1965년, 1976년 그리고 연방이 분열되고 독립 국가를 수립한 이후인 1994년에도 특정 지역 그리고 식물, 동물 종류에 한하여 보호구역이 계속 지정, 확장됨으로써 이들 자연에 대한 보호가 엄격히 시행되게 된다. 이러한 환경과 자연 보존 노력의 결과, 현재 크로아티아에는 약 8퍼센

트 가량의 국토가 법에 의거해 엄격히 보호되고 있는 상황이다.[9)]

크로아티아의 자연 환경은 산업화와 장기간의 내전 등 여러 차례의 자연 파괴 위기에도 불구하고 아직까지 그 보존과 보호가 잘 이루어져 오고 있다는 평가를 받고 있다. 그 결과 크로아티아 정부는 자국의 관광 산업 발전을 위해 내세우고 있는 대표적 특징과 요소로 환경 친화적 요소를 강조하고 있다. 이러한 특징과 요소를 살리기 위해 크로아티아 정부는 관광 자원을 개발하는 데 있어 최대한 자연 파괴를 억제하고, 원시 그대로 환경을 보존한 가운데 관광 산업의 활성화를 추구하겠다는 국가 전략을 수립해 놓고 있다. 더불어 크로아티아 관광산업의 핵심은 고유한 천연자원으로 오랜 동안 이어져 내려온 그 값어치들을 소중히 보존하고, 이를 바탕으로 무한한 관광자원을 자연 친화적으로 잘 개발해 나가자는 게 주 내용을 이루고 있다. 그 결과 내륙지역인 쁠리트비쩨 호수를 비롯, 아드리아해를 중심으로 한 크로아티아의 관광산업은 자연보호를 전제로 인간에 의해 창조된 '환경 친화적 관광산업'이 인간과 자연을 서로 상호 존립하게 할 수 있으며, 무엇보다도 훌륭한 경제적 가치를 창출해 낼 수 있다는 것을 보여주는 세계 관광의 대표적인 사례로 손꼽히고 있다.

특히 유럽의 대표적인 휴양지중 하나인 크로아티아 아드리아해 지역은 기괴한 석회암과 백운석으로 이루어진 해안선 그리고 수많은 만, 반도 등이 서로 다양한 대조를 이루고 있다. 무엇보다도 이러한 천혜의 자연적 요인들과 환경 친화적 요소들은 크로아티아 관광 산업 발전에 많은 혜택을 주면서 동시에 다각적인 관광 투자를 가능하게 할 것으로 예상되어 진다.[10)] 비록 크로아티아의 거의 모든 해변이 자갈과 조약돌로 이루어져 있어, 남유럽

---

9) 또 하나의 유럽 발칸 *http://san.hufs.ac.kr/~balkan*

10) 김철민, 『발칸유럽 사회와 문화』, (서울: 한국외국어대학교 출판부, 2008), p. 82; 아드리아 해안 지역에서 가장 큰 자연 호수들로는 30.7km²에 해당하는 비오그라드(Biograd) 인근의 브란스키 호수를 들 수 있으며, 그 뒤로는 쯔레스(Cres) 지역의 브란스키 호수가 5.8km² 그리고 바친스키(Bačinski) 호수가 1.9km²에 걸쳐 놓여 있다. 이들 중 가장 인기 있는 호수로는 쁠리트비쩨 호수(1.9km²)와 믈예트(Mljet) 호수(2.01km²)로, 현재 특별보호 구역(국립공원)이다. 크로아티아 관광 종합 정보 *http://www.hrvatska.com*

과 같은 대규모의 모래사장으로는 유명하지는 않지만, 휴양지로 가장 적합한 지중해성 기후와 함께, 평소 풍랑이 높지 않고 수온이 약 4-5개월 간 해수욕을 하기에 가장 적절한 온도인 섭씨 18°이상을 계속 유지하는 등 장기간의 여름 시즌을 통한 관광객 모집에 유리한 환경 조건을 지니고 있다. 더불어 어느 유럽의 해안보다도 해수의 투명도가 매우 높다는 장점을 지니고 있어, 이곳을 찾는 관광객들의 매력을 끌고 있다. 실제 크로아티아 정부는 환경조건을 크로아티아 관광산업 발전의 중요한 요소로 인식해, 1989년부터 해수질 평가는 물론 해수염도 조사를 매년 시행하고 있다. 이러한 조사작업에는 아드리아 거의 모든 해변에 해당하는 약 800여개의 해변에서 실행되고 있으며, 특히 해수욕 기간(5월부터 10월) 중에는 표본 해수를 수시로 축출해 정부 주도하의 실험실에서 이를 검사해 관리하고 있다. 이러한 해수염과 해수질 평가는 EU 표준에 따른 기준을 근거로 이루어지고 있으며, 이러한 조사는 세계보건기구(WHO)나 유엔 환경 계획 기구(UNEP)가 제시하는 기준치보다 보다 높고 엄하게 시행되고 있다.[11] 따라서 크로아티아 관광 자원의 주요 요소이자 특성인 '환경 친화적 관광 산업 육성'에 맞추어, 자연 환경 보호를 위한 여러 조치와 감시 그리고 중앙과 지방 정부의 계속된 노력이 이어진다면 유럽내 어느 관광지보다 많은 관광객들의 관심과 방문을 불러오게 될 것이다.

3.2. 자연과 지리적 요소

크로아티아는 2015년 통계로 428만명이라는 유럽내에서도 작은 인구를 지닌 국가이며, 자그레브가 수도로 전체 면적은 88,073㎢에 해당한다. 이 중 65%인 56,594㎢가 육지, 35%인 31,479㎢가 해안과 영해를 포함하고 있으며, 총 국경선 길이는 6,278km로 내륙 해안선이 1,880km, 섬 해안의 총 길이는 4,398km에 달하고 있다.[12] 이 국경선들은 북동쪽으로 세르비아

11) 또 하나의 유럽 발칸 *http://san.hufs.ac.kr/~balkan*

(241km), 북쪽으로 헝가리(329km), 북서쪽으로는 슬로베니아(501km)와 국경을 이루며, 초승달 모양으로 굴곡진 부분 전체(932km)가 보스니아-헤르체고비나와의 국경을 이루고, 남쪽 끝으로 몬테네그로(25km)와 그리고 기다란 아드리아 해를 경계로 이탈리아(930km)와 국경을 이루고 있다. 즉, 크로아티아는 지형적으로 내륙에 비해 상대적으로 해안을 중심으로 한 관광 산업이 발달할 수 있는 지리적 조건을 높게 지니고 있다는 점을 확인할 수 있다.[13)]

또한 크로아티아는 중부유럽과 동, 남부유럽 그리고 아시아를 잇는 주요한 교차로에 위치해 있다는 점에서, 관광객이 쉽게 입출국할 수 있는 좋은 입지조건을 지니고 있다 하겠다. 고대 이후로 오랜 시기동안 크로아티아의 기다란 아드리아 해안과 그 주변 지역은 지중해 무역 상권의 중요한 기착지로 발달해 왔으며, 이후에는 해상로의 발달에 따라 소아시아와 유럽을 잇는 중요한 상권 교역지로 그 역할을 수행해 왔었다. 또한 크로아티아에는 몇 개의 작은 공항을 포함하여 국제공항을 보유하고 있는 데, 그중 수도인 자그레브와 아드리아해의 대표적 관광 도시인 두브로브니크 (Dubrovnik) 공항의 수송량이 가장 많다고 볼 수 있다. 특히 두브로브니크 공항에는 여름 시즌을 중심으로 수도인 자그레브를 직접 거치지 않고 서유럽에서 바로 올 수 있는 직항편이 수립되어 있어, 아드리아해를 중심으로 한 크로아티아 관광 산업의 발전에 중요한 요소가 되고 있으며, 이외에도 여러 공항들이 주로 이들 아드리아 해안의 여러 도시들과 섬 등에 위치해 있다는 특징을 보이고 있다.[14)]

---

12) 크로아티아 관광부 “General Data on the Republic of Croatia” *http://www.mint.hr/UserDocs Images/150701_Tourism014.pdf*

13) 또한 자연적 특성으로 볼 때, 크로아티아는 사바(Sava)강과 드라바(Drava)강의 저지대, 카르스트(Karst)산 지역과 해안 지역으로 나눠진다. 사바강과 드라바강 사이의 산과 언덕들은 북쪽으로 확산되어 일반적으로 사바-드라바 지역으로 불리고 있다. 크로아티아의 강 중 62%가 흑해에 근원을 두고 있으며, 38%는 아드리아해에 근원을 두고 있다. 발전된 수로를 지닌 가장 넓고 긴 강들은 흑해로 흐르고 있으며, 그들 중 가장 중요한 강은 사바강이다. 드라바강 또한 크로아티아의 505km를 흐르며 중요한 역할을 하고 있다. 크로아티아를 가로 질러 흐르는 다뉴브 강은 총 188km에 이르고 있다. 김철민, *op. cit.*, 56.

〈지도〉 크로아티아 지도

지리적으로 크로아티아는 북극과 적도의 중간에 속하는 북위 45도 선상에 위치하고 있으며, 크로아티아 내륙은 온화한 대륙성 기후를 그리고 해안은 지중해성 기후를 보인다. 지형적으로 크로아티아는 험준한 디나르 산맥을 통해 내륙과 해안지역으로 나눌 수 있는 데, 이러한 지리적 특징에 따른 크로아티아의 잦은 날씨 변화는 다양한 식물들의 성장과 대규모 분포에 도움을 주고 있다. 크로아티아의 산림은 약 36%로, 북부 내륙 저지대의 오크 숲은 세계적으로도 매우 유명한 수림지역에 해당한다. 또한 디나르 산맥의 남부 지역, 즉 아드리아 해변과 섬들에는 지중해성 식물들이 주로 서식하고 있다. 더불어 이러한 지리적 특성은 잦은 날씨 변화를 불러와 다양한 식물들의 성장과 분포에 도움을 주고 있다. 크로아티아의 산림은 약 36%로, 특히 북부 내륙 저지대의 오크 숲은 세계적으로도 매우 유명한 수림지역이라 할 수 있다. 반면에 디나르 산맥의 남부 지역, 즉 아드리아 해변과 섬들에는

14) 크로아티아 관광 종합 정보 *http://www.crotour.hr*

지중해성 식물들이 주로 서식하고 있음으로써 관광객들에게 다양한 식물군에 대한 구경을 선사하고 있다.[15)]

이러한 크로아티아의 자연과 지리적 특징은 단순히 다양한 기후적 변화와 식물군의 분포만이 아닌 양 지역 간의 문화, 사회, 역사적 다양함을 낳게 해 주었다. 즉, 험준한 산맥 지대에 의해 내륙과 해안 지역이 나누어지는 이러한 지리적 특성으로 인해 양 지역 주민들 간에는 전혀 다른 이질적 역사 경험이 전개되었고, 사회, 문화, 경제적으로도 많은 차이점이 낳는 결과를 초래하게 된다.

실제 역사 속에서 크로아티아 내륙지역은 상대적으로 교류와 교통이 활발했던 해안 지역에 비해 고대 문화권에 다소 늦게 편입되었으며, 중세 시절에는 북쪽 중부유럽의 패권 국가였던 헝가리의 영향력 하에 그리고 오스만 터키의 유럽 원정 당시에는 그 주요 공략 대상으로 전략해 한동안 오스만 터키의 영향력 하에 놓여 있어야만 했었다. 이후에는 오스만 터키의 공격을 막아내 서유럽의 구원자가 되었던 합스부르크 제국의 오스트리아 영향력 하에서 그리고 1866년 합스부르크 제국이 '오스트리아-헝가리 이중제국'으로 국명을 바꾼 이후로는 다시 헝가리 영향력 하에서 이들 민족들의 사회, 문화, 경제적 영향을 받아야만 했었다. 반면, 크로아티아 해안 지역, 즉 아드리아 해안 지역은 험준한 디나르 산맥의 영향에 따라 내륙과 전혀 다른 역사적 경험에 놓이게 된다. 고대 그리스와 로마 시절을 거치며 이 지역에는 주요 해양 무역 도시들이 건설되었고, 한때 동, 서로마의 세력 각축장이 되기도 하였다. 이후 중세에는 해안 도시의 대부분 지역이 베네치아 공국의 영향력 하에 들어가 이탈리아 문화와 이후 르네상스 문화를 직접 경험하기도 하였다. 이러한 역사적, 사회, 문화적 차이점을 보여 왔던 양 지역이 하나의 정치적 실체로 등장하게 된 배경은 제1차 세계대전 이후 최초의 남슬라브족 통합국가인 '세르비아-크로아티아-슬로베니아 왕국'이 1918년 수립되고, 제2차 세계대전 후 사회주의 하에서 연방 내 6개 구성 공화국

15) 크로아티아 관광 종합 정보 *http://www.hrvatska.com*

중 하나의 공화국으로 성립되게 된 이후부터라 할 수 있다.

크로아티아는 그리 넓지 않은 면적임에도 불구하고 북에서 남으로 길게 뻗어진 험준한 산맥 지대로 인해 내륙과 해안 지대 간에는 전혀 다른 기후적 특징과 이에 따른 다양한 식물군과 원시림이 펼쳐져 있다. 따라서 이러한 요소들이 자연 친화적 관광 요소라는 특징과 함께 어우러진다면 여행을 위한 주요 테마 상품 중 하나로 자리 잡을 수 있을 것으로 기대된다. 더불어 이러한 자연, 지리적 특성에 따라 역사적으로 형성된 독특한 사회, 문화적 특징과 각 지역별로 다양하게 펼쳐지고 있는 축제 및 문화 상품 등을 연계해 개발한다면, 또 하나의 크로아티아 관광 산업 발전의 주요소로 자리 잡을 수 있을 것이다.

3.3. 고대 문화와 민속 유산

크로아티아, 특히 아드리아 해안 지역은 다양한 종류의 선사시대 문화를 잘 보여주고 있는 곳이기도 하다. 해안을 따라 거주하던 선사 시대인들은 신석기와 청동기 문화를 발전시켰고, 철기 시대 문화의 첫 개척자로 추정되는 데, 이후 그 문화는 이 지역에 토착하면서 문화, 예술적으로 뚜렷한 특성을 지니고 있던 일리리아(Iliria)인들에게 계승되어진 것으로 보인다. 이후 일리리아인들은 고대 그리스 문화의 영향을 받게 되지만, 로마제국의 영향력이 발칸유럽에 미치기 시작하면서 이들은 로마인들의 계속된 침략에 시달려야만 했었다. 이후 이 지역이 로마에 의해 지배된 후 로마인들은 새로이 길을 닦고 군사시설을 강화하였으며, 새로운 도시를 건설하는 등 그 지역 사회와 문화적 생활 방식에 큰 영향을 남겼다. 당시 세워진 여러 건축물들은 현재까지도 보존되어 이를 찾아오는 관광객들에게 고대 문화 탐방이라는 즐거움을 제공해 주고 있으며, 더불어 크로아티아 관광 산업에도 중요한 효과를 가져다주고 있다.

크로아티아의 문화 건축물은 9세기를 전후로 기독교(가톨릭) 신앙이 이

지역에 도입된 이후로 더욱 더 활발히 발전하게 된다. 특히 이러한 고대 건축물들은 내륙지방에 비해 상대적으로 문화적 혜택을 많이 받고, 문화적 교류가 활발히 이루어져 왔었던 해안 지역에서 다수 발견되어 지고 있다. 또한 크로아티아 해안 지대가 고대부터 이어져 내려오는 여러 유적물이 원형에 가깝게 보존될 수 있었던 배경에는 지리적인 특성으로 인해 이들 해안 지역의 도시들이 내륙의 도시들에 비해 상대적으로 외부의 침입을 적게 받고, 이에 따른 피해를 적게 입었기 때문이라 볼 수 있다. 그 결과 이스트라(Istra) 반도 내 뿔라(Pula)의 로마식 원형경기장과 달마티아(Dalmacija) 지역 내 스쁠리트(Split)의 디오클레티아누스(Diocletian) 로마 황제의 겨울 궁전 등 고대 로마 유적물 외에도 9세기에서 11세기 사이 유럽 내 기독교권에서 유행하였던 둥그런 아치 형태의 지붕 모양을 지닌 고대 건축물들이 오늘날까지도 매우 정교하게 발전, 보존되고 있다. 또한 이 시기 때 것으로 추정되는 크로아티아 무덤의 무기류와 귀걸이, 반지 등 장신구들의 모양은 비잔틴 제국의 정교 양식에 근거하고 있으며, 자다르(Zadar)의 대성당 등 11세기 이후 나타난 이 지역의 건축 양식에서는 주로 로마네스크 건축양식의 최첨단 기법들이 보여 지고 있다. 크로아티아 아드리아 해안 지역에서 로마네스크 양식을 보이는 또 다른 대표적인 건축물로는 두브로브니크 내 프란체스코 수도원(14세기)과 드라바(Drava)강과 사바(Sava)강 북부에 위치한 성당들의 일부, 그리고 13세기 초에 지어진 스쁠리트의 대성당 정문에서도 확인된다.[16)]

크로아티아 지역에 비석이 세워진 배경 또한 이 지역으로의 기독교 도입과 많은 연관 관계를 맺고 있다 하겠다. 크로아티아의 기독교 문화를 이해

16) 특히 발칸반도에 있는 기독교 전통의 중세 도시인 두브로브니크(5만명 인구 상주)는 아름다운 아드리아해를 끼고 있으며, 아드리아해의 진주란 별명을 지니고 있다. 중세 도시의 특징을 고스란히 간직하고 있는 두브로브니크의 매력은 대리석이 깔린 광장, 경사가 가파른 골목길, 중세 수도원과 교회 외에도 잘 보존된 성내외부와 쾌적한 기후 그리고 푸른 숲이 한데 어우러져 아름다운 장관을 만들어내고 있다는 점이다. UNESCO 지정지인 이곳은 중세 고성과 그 형태를 가장 잘 유지하고 있는 유명한 관광지로 세계에 알려져 있으며, 따라서 연일 세계의 주요 관광객들이 이곳을 찾고 있다.

할 수 있는 중세 비석들은 주로 아드리아 해안의 달마티아 지방에서 집중적으로 발견되고 있는 데, 이것은 내륙지방의 상당수 비석들과 무덤의 유물들이 터키의 침략과 함께 점차적으로 사라진 데 반해, 상대적으로 해안지역이 그 피해가 적었던 데서 유래한다 하겠다. 특히 10세기에서 12세기말에 세워진 것으로 추정되는 이러한 비석들에는 여러 영적인 인물들과 당시 사냥장면, 그리고 수차례 가진 외적들과 전쟁에서의 승리 장면 등이 새겨져 있어 중세 크로아티아의 생활상을 이해하는 데 도움을 주고 있다.

크로아티아의 중세 문화유산과 건축 양식 그리고 그 유물들을 살펴보다 보면, 내륙지역은 중부유럽의 영향을, 그리고 해안지역은 지중해, 특히 이탈리아 예술의 영향을 많이 받은 것을 확인할 수 있다. 특히 15세기에 들어와 베네치아 공국이 아드리아해를 통해 활발한 무역거래를 추진해 감에 따라 아드리아 상당 지역을 차지하고 있는 크로아티아 해안 도시들에게까지 그 영향이 미치게 된다. 당시 베네치아 공국의 영향은 크로아티아 해안도시들 특히 달마티아 지역의 성당, 시청, 저택, 시계탑 등에 베네치아풍의 고딕 양식을 기초로 한 건축법의 발달을 불러왔다. 또한 이러한 고딕 양식은 두브로브니크의 여러 수도원과 성벽 장식들에서도 보이고 있으며, 당시 유행했던 나무 무늬를 돌에 새기는 장식기법이 매우 발달하였다는 것을 확인할 수 있다. 이후 15세기에서 16세기로 접어들 무렵에는 이탈리아에서 비롯된 르네상스 운동의 영향 또한 아드리아 해안 도시의 건축과 조각술에도 상당한 영향력을 미치기 시작하였다. 특히 베네치아 공국과 가까웠던 크로아티아 북부지역의 도시들에선 르네상스 양식이 좀 더 현대화된 형태로 발전된 특정 건축분야들이 폭 넓게 소개되기도 했다. 17세기에 들어와 이곳에 소개된 바로크 양식은 당시 세워진 성당의 건축에 주로 영향을 미쳤는데, 특히 성당 내부 장식, 제단, 설교단에는 이러한 바로크 풍의 건축법이 유행했음을 확인할 수 있다.[17)]

---

17) 이 지역 건축물중 고딕양식의 대표적인 예로는 브디슬라비치(Budislavić)에 의해 제작된 트로기르(Trogir) 대성당의 성가대 석을 들 수 있으며, 르네상스 양식의 대표적인 건물로는 시베니

이러한 크로아티아의 고대 문화유산과 민속 유적들은 현대에 들어와 제 1, 2차 세계대전을 거치면서 일련의 피해를 보기도 했으나, 사회주의 유고슬라비아 정부 하에서 시행된 문화정책과 유산 보호 정책에 힘입어 원형을 나름대로 잘 보존할 수 있었다. 이후 1991년 크로아티아의 연방 이탈 움직임이 가시화되고, 이를 막으려는 세르비아와의 충돌이 확대되면서 두브로브니크를 포함한 아드리아 해안의 고대, 중세 유적물들이 일부 파괴되는 아픔을 겪기도 했다. 특히 이러한 내전의 여파는 이후 크로아티아 관광 산업과 그 활성화에 부정적인 영향과 그 이미지를 남기게 되면서, 21세기 새로운 관광대국을 꿈꾸고 있는 크로아티아의 여러 노력에 다소 장애물로 작용하였던 게 사실이다.

하지만, 역설적이게도 이러한 내전을 계기로 크로아티아의 고대문화, 민속 유산의 가치와 그 보존의 필요성이 전 세계적으로 알려지기 시작하였고, 이에 대한 연구가 활발히 진행되는 계기를 제공해 주기도 하였다. 현재 크로아티아는 앞서 언급한 자연친화적 관광 요소, 자연 지리적 요소와 더불어 아드리아해를 중심으로 크로아티아 전역에 펼쳐져 있는 고대문화와 민속유산이라는 천혜의 관광 자원을 바탕으로 관광 대국의 위치를 확고히 하려하고 있다. 하지만 무엇보다도 이러한 고대 건축물과 민속 유산의 가치를 높이고 이를 통한 관광객 유치를 더욱 확대하기 위해선, 이러한 요소들과 연계될 수 있는 각 도시별 혹은 테마별 축제, 그리고 해안 관광지라는 특성에 따른 다양한 요리 개발과 홍보가 절실히 요구된다 하겠다.

크(Sibenik) 대성당과 두브로브니크의 성 살바토르(St. Salvator)성당, 자다르의 성 마리아 성당 등을 들 수 있다. 그리고 바로크 양식은 18세기 당시 크로아티아 귀족들의 저택 설계에도 크게 유행되었는데, 아드리아 해안지역의 가장 대표적인 후기 바로크 양식의 건축물들은 주로 두브로브니크 성 내부의 귀족 저택들과 인근의 건축물들에서 확인할 수 있다. 특히 이 지역의 성당 건축물들과 성당 내 천장 벽화는 주로 이웃하고 있는 이탈리아, 오스트리아, 독일 양식의 영향을 받았다고 볼 수 있다.

3.4. 전통 축제와 요리

크로아티아의 전통축제는 오랫동안 크로아티아 관광산업에 뗄 수 없는 중요한 문화, 오락적 요소로 이어져왔으며, 크로아티아 전역에서 지방, 원시, 민족, 민속 문화 행사가 조직되어 그들 고유의 풍습, 춤, 종교, 민속의상 등을 선보이고 있다. 이러한 축제와 민속 행사 중 가장 특이할만한 점은 1960년대 이후 지속되어온 '자그레브 국제민속축제'의 성공이라 할 수 있다. 매년 열리고 있는 자그레브 축제에선 세계 민속 문화와 크로아티아의 민속 문화 그리고 그 전통들이 함께 어우러져 크로아티아 민속 문화를 전 세계에 알리는데 커다란 역할을 하고 있다. 이 외에도 크로아티아 원주민의 특색 있는 문화유산을 공연하는 연중 축제로는 브로드스코 꼴로(Brodsko Kolo, 6월), 쟈코보의 베조비축제 (Đakovački Vezovi, 7월), 빈코바치의 가을 축제(Vinkovačke Jeseni, 9월), 볼로데르의 가을 축제(Voloderske Jeseni, 10월) 등을 들 수 있다.

특히 크로아티아의 전통 축제들은 현지의 전통 음식과 매우 밀접하게 연결되어 있는데, 예를 들어 노동(추수, 타작, 세례 때 쓰이는 포도의 수확…)과 종교(주로 가톨릭, 성탄절, 부활절, 성지순례…) 그리고 인간의 삶에 있어 중요한 순간(결혼, 세례, 성탄절, 명명일, 장례식…)에 따라 다양한 요리들이 선을 보인다는 특징을 지니고 있다. 또한 크로아티아의 각 성일마다 고유 음식이 등장하고 있는데, 성지순례 일엔 돼지고기와 감자를 곁들인 스튜를, 성탄절 이브와 금요일에는 대구를, 새해에는 돼지고기를 준비한다. 더불어 크로아티아 전통 도너츠(흐로슈툴레, hroštule)는 우리나라의 떡처럼 모든 축제마다 빠질 수 없는 음식이며, 부활절에는 푸른 야채와 햄, 삶은 달걀을 곁들인 음식을 준비하고, 디저트로는 전통 케익이 제공되며 매운 양념이 가미된 소시지인 꿀렌(kulen)으로 추수 감사절을 기념하곤 한다. 거위 음식은 주로 성 마틴(St. Martin)의 날에 준비되며, 사르마와 칠면조 고기 등 가금류는 성탄절을 위해 준비하는 주된 음식들이다. 통상 크로아티아의 전통 결혼식 때엔 갖가지 많은 종류의 쿠키들이 준비되는데, 이 외에 대중들 사이에 가장 인기 있는 음식으로는 양고기, 돼지꼬치구이, 구운 생선, 오징어 요리, 바비큐, 향신료를 곁들인 햄, 생선스튜 등을 들 수 있다.[18)]

무엇보다도 전통 축제에 나오는 크로아티아 요리는 각 지역의 독특한 조리법에 따라 다양하게 구성되고 있는 게 특징이다. 이들 음식의 조리법은 옛 원시 슬라브족의 시기로까지 거슬러 올라가는 데, 험준한 산맥지대로 분리되어진 자연 지리적 특성에 따라 내륙 지역과 해안 지역 간 조리법이 일련의 차이점을 보이고 있는 게 또한 주요 특징 중 하나이다. 즉, 내륙지역의 조리법이 헝가리, 오스트리아, 터키의 접촉과 그 영향으로 인해 나름대로의 독특한 개성을 나타내고 있다면, 해안지역의 조리법은 지중해에서 흔히 볼 수 있는 이탈리아와 프랑스 혹은 그리스, 로마, 고대 일리리아의 영향을 받은 것으로 보인다. 크로아티아는 또한 다양한 고급와인 생산지로도 유명하며, 약 700여 가지에 이르는 와인들은 지역별 특성에 따라 잘 보전되어 오고 있다. 이러한 전통 와인 외에도 크로아티아산 브랜디, 과일 주스, 맥주, 광천수 또한 그 이름이 널리 알려져 있다. 또 하나의 특징으로는 이스트라 반도와 크바르네르(Kvarner) 지역의 조리법을 들 수 있는 데, 이 지역에선 크로아티아의 다른 지역과는 달리 내륙과 해안의 조리법이 서로 혼합된 독특한 특성들이 보이고 있다. 이 지역들은 고품질 생선과 해산물로도 유명하며(가시발 새우, 오징어류, 갑각류 등), 특히 이탈리아와 접경을 이루고 있는 이스트라 지역에는 고급 레스토랑들이 많아 관광객들의 발길을 끌고 있는 곳으로 유명하다.

크로아티아 관광 산업의 한 가지 중요한 특징으로는 이러한 고유의 전통 축제가 크로아티아인들 사이에 뿌리 깊게 자리 잡고 있는 종교(가톨릭)와 매우 깊은 연관 관계를, 그리고 크로아티아인의 일상 생활사와 밀접한 관련을 맺고 있다는 점이다. 크로아티아의 전통적 민속 풍습은 많은 다른 지방 특징들과 마찬가지로 가톨릭의 주요한 성일(사순절, 예수 수난 성지 주일

18) 김철민, *op. cit.*, 69.

에서 부활절까지)이나 성탄절에 확연하게 드러나는 데, 이때 행해지는 풍습과 의식의 내용은 주로 예수부활의 신비함 혹은 예수의 능력에 대한 찬미에 중점을 둔다는 특징을 지니고 있다. 특히 두브로브니크를 비롯해 아드리아 연안 도시들에서 행해지고 있는 이러한 전통 축제 중 예수 수난 성지주일에는 야자수 혹은 올리브 나무의 가지들을 꽃으로 장식하여 미신과 자연피해로부터 가정이 보호되기를 기원하는 전통을 지니고 있기도 하다. 무엇보다도 이날엔 그 해 첫 봄 꽃과 새싹을 교회에 장식하여 크로아티아 전체의 안녕을 기원하고 있는 데, 이 또한 이곳을 찾는 관광객들에게 주요한 볼거리를 제공하고 있다.[19)]

즉, 크로아티아 관광 산업의 또 다른 특징이라 할 수 있는 전통 축제와 요리 그리고 이들 요소들과 가톨릭과의 결합은 크로아티아에서만 볼 수 있는 독특한 문화, 관광 체험을 느끼게 할 수 있다는 측면에서 관광객들의 흥미로움을 충분히 끌 수 있을 것이다. 다만, 아쉬운 점은 현재 이러한 요소들이 전 세계 관광객들을 대상으로 하기보다는 크로아티아 국민들 자신들의 축제로 끝나거니 혹은 자신들의 신앙심을 확인하는 차원에 머무르고 있다는 점이다. 다시 말해 강력한 가톨릭 국가이자 국내 혹은 인근에 여러 가톨릭 성지와 유적들을 보유하고 있는 관광 자원적 특성을 고려해, 이러한 종교적 관광 자원들을 크로아티아의 전통 축제와 다양한 음식과 서로 유기적으로 연계시킬 수 있다면, 혹은 이를 연계하는 테마 상품을 집중적으로 개발하게 된다면 크로아티아는 보다 다양한 상품개발과 함께, 이에 관심을 가지는 보다 많은 관광객 유치를 확보할 수 있을 것으로 기대된다.

4. 결 론

크로아티아는 관광 대국으로 발전할 수 있는 천혜의 자연 환경과 지리적

---

19) *Ibid.*, 65.

조건 그리고 고대부터 보존되어 온 다양한 민속 유산과 문화적 잠재력을 지니고 있는 국가이다. 하지만, 1980년대 티토의 사망과 이후 전개된 과거 사회주의 유고슬라비아 연방 내에서의 민족 간 갈등으로 인해 새로운 관광 상품 개발에 주력하지 못하였고, 그 결과 크로아티아는 관광 경쟁력을 상실하게 되었다. 또한 연방 해체 와중에 겪었던 장기간의 내전으로 인해 그나마 유지하여 왔던 관광시장마저 상실하고, 관광 시설 파괴로 인해 관광객들로부터 외면을 받아야 했다. 특히 종전 이후에는 관광 시설물 복구를 위한 막대한 비용으로 인해 경제적 어려움을 겪어야 했으며, 내전이 종결된 이후에도 한 동안 분쟁과 민족 갈등 지역이라는 이미지로 인해 인근 지역의 국제 정세와 그 여파로 인한 영향력을 받았던 게 사실이다.[20]

하지만, 앞서 설명한 크로아티아 관광 산업 발전의 토대를 위한 4가지 기본 요소는 그 발전방향과 전략에 따라 향후 크로아티아 관광 산업의 미래를 좌우할 것으로 보인다. 이를 위해선 무엇보다도 자연 파괴를 최대한 억제하고, 원시 그대로의 환경을 보존해 관광객들에게 자연의 아름다움과 자연 그 자체를 전달해 주겠다는 환경 친화적 관광 산업 육성 정책의 지속성이 필요하다 하겠다. 또한 크로아티아는 지중해와 연결된 기다란 아드리아해라는 지리적 특징에 따라 오랜 동안 유럽 내에서도 매우 중요한 해상교통과 중계 무역의 역할을 하여 왔던 게 사실이다. 또한 해안지역과 내륙을 가르는 험준한 산맥으로 인해 아드리아 해안지역은 내륙지방에 비해 외세로부터의 침략을 상대적으로 덜 받을 수 있었으며, 그 결과 과거의 고대, 중세 문화 유적들의 보존이 오늘날까지도 가능하게 되었다. 비록 아드리아해가 전체 지중해 면적(138,000km²)의 5%에도 미치지 못하고 그 해수 깊이 또한 해수 면적의 3/4이 200m 정도 밖에 해당하지 못하지만, 그 천혜의 아름다움과 지리적 특성으로 인해 해안을 중심으로 한 관광 산업이 발달할

---

20) 종전 이후에도 지난 1999년 크로아티아와 관련이 없는 코소보 지역에서 민족갈등과 전쟁이 발발하자, 크로아티아는 이전 년도에 비해 50% 이상의 급격한 관광객 수 감소를 겪어야만 했었다.

수 있는 지리적 조건을 높게 지니고 있다 하겠다. 그리고 무엇보다도 크로아티아 관광의 매력은 자연의 아름다움에 대한 시각적 즐거움 외에도 고대 일리리안 문화, 그리스, 로마 그리고 중세 시대의 건축물과 민속 유산들이 현재까지도 보존되어 있어, 관광객들에게 고대, 중세 문화 탐방이라는 즐거움을 하나 더 제공해 줄 수 있는 지역이기도 하다. 이와 함께 이러한 크로아티아 관광 산업 발전의 주요소들을 보다 더 돋보이게 할 수 있는 요소가 바로 크로아티아에서의 다양한 민속, 전통 축제 그리고 아드리아 해에서만 맛 볼 수 있는 다양한 해물 요리라 할 수 있을 것이다.

앨빈 토플러를 비롯해 미래를 진단하는 학자들은 향후 21세기를 이끌어 갈 대표적 핵심전략산업으로 정보통신산업, 환경 산업과 더불어 관광산업을 꼽고 있으며, 이에 따라 세계 선진국은 물론 우리나라 또한 이들 두 분야와 함께 관광 산업의 활성화를 위해 부단한 노력을 기울이고 있는 실정이다. 미래 주요 산업중 하나인 관광산업의 중요성을 감안해 볼 때, 21세기 세계의 관광 지역으로 떠오르고 있는 중동부유럽의 관광 산업 그중에서도 대표적인 국가인 크로아티아를 사례로 그 지역 관광 산업의 현황과 그 특징을 살펴보려고 한 본장의 의미가 있다 하겠다.

제3장

보스니아-헤르체고비나

보스니아 무슬림의 기원과 민족적 특징

보스니아 무슬림의 기원과 민족적 특징

한 눈으로 읽어보는 키워드

보스니아의 다수 민족을 형성하고 있는 보스니아 무슬림은 보스니아 분쟁 이후 이 지역연구의 주 관심대상으로 떠올랐고, 이에 따라 유럽의 한 가운데 대규모 무슬림 집단이 형성된 배경과 그 민족 정체성 형성과정에 관한 의문점이 제기되었다.

보스니아 무슬림의 형성배경에 있어선 우선 보스니아 중세 왕국 하에서의 여러 종교집단의 특성과 종교정책 그리고 주변 역학관계에 따른 배경설명이 이루어져야 하며, 특히 오스만 터키 하에서 종교정책에 따른 보스니아 무슬림의 형성과정에 대한 설명은 매우 중요하다 할 것이다. 이와 더불어 보스니아 무슬림이 자신들의 민족정체성을 구축하고 발전시켜가는 과정을 설명함에 있어, 19세기 발칸유럽으로의 민족주의 유입과 이에 따른 당시 보스니아 제 민족들의 민족정체성 수립과정 그리고 사회주의 유고슬라비아 연방 하에서 티토의 민족정책 또한 본장에서 설명이 이루어 질 것이다.

오스만 터키의 보스니아지배 이후 형성된 보스니아 무슬림은 역사적 과정 속에서 민족정체성의 위기를 여러 번 맞이하면서도, 계속해서 자신들의 고유한 정체성을 유지하여 왔다. 19세기 민족주의시대에 들어와 주변 기독교 제 민족들로부터의 개종과 추방압력을 견디어야 했으며, 이후 1차, 제2차 세계대전 동안에는 보스니아 지역이 전쟁과 민족갈등의 주 무대였던 관계로 또한 어려움을 겪어야 했다. 사회주의체제하에선 초기 민족정체성 상실의 위기에도 불구하고, 티토의 민족정책과 외교정책의 전환에 따른 구 유고슬라비아 연방 내 하나의 민족 집단으로서 위치를 구축할 수 있었다. 하지만 이러한 보스니아 무슬림의 민족정체성은 이후 연방의 붕괴와 분쟁의 확대로 다시 위기를 맞이하게 된다. 비록 데이턴 합의안에 의한 평화정착에도 불구하고 보스니아 무슬림의 이 같은 민족정체성 위기와 현 상황의 극복은 현재로선 보스니아에서 분쟁을 종식시킨 미국을 중심으로 한 서구 각국들의 관심과 의지에 달려있다고 말할 수 있을 것이다.

1. 서 론

1989년 사회주의체제의 견고성으로 상징되던 베를린장벽이 붕괴된 이후, 1991년 6월 슬로베니아와 크로아티아는 사회주의 유고슬라비아 연방으로부터의 탈퇴와 독립을 선언하였다. 이러한 독립선언과 이에 대한 저항으로 대두된 유고슬라비아 분쟁은 이어 여러 민족이 혼재된 보스니아에까지 영향을 주어, 마침내 1992년 3월 보스니아 독립선언과 함께 보스니아분쟁이 일어났다. 이후 서구의 여러 학자들은 보스니아에서의 민족갈등이 국제문제로 확대되자 보스니아 분쟁원인과 배경 그리고 전개상황에 대해 많은 관심을 표명하였다. 또한 이전까지의 유고슬라비아 연방에 대한 정치, 경제적인 연구와 함께 이러한 분쟁요인을 설명하기 위한 문화, 종교적인 연구가 진행되었다. 이 글에서는 이러한 연구들과 더불어 보스니아에서 다수민족에 해당하며, 분쟁의 최대 피해자인 보스니아 무슬림의 형성배경과 민족정체성의 수립과정에 대한 연구의 필요성에 따라 이루어졌다.

실제로 이슬람사 전문가인 로이 모타헤데흐(Roy P. Mottahedeh)와 마크 핀션(Mark Pinson) 등은 보스니아 역사와 그 지역 내 무슬림에 대한 기존의 연구부족을 지적하고, 보스니아 무슬림에 대한 연구가 단순히 이슬람 세계의 부분지역 연구에서 벗어나야 함을 강조하고 있다. 이들에 따르자면 보스니아의 무슬림들은 터키나 여타 이슬람지역의 무슬림들과는 다른 인종적, 문화적 그리고 역사적 경험을 겪어왔으며, 이에 따라 보스니아 무슬림에 대한 독자적인 연구가 필요함을 제기하고 있다.

보스니아는 그 지리적인 위치로 인하여 고대시대에는 동·서로마의 분기점에 위치하여 있었다. 중세 이후 이러한 지리적 위치는 보스니아를 동·서교회의 치열한 영향력 확보 장으로 전락시켰으며, 이러한 동·서교회의 갈등과 대결은 빈번한 외세의 침입과 더불어 이 지역 보스니아인들의 기독교에 대한 신앙심약화와 지배체제에 대한 불신을 가중시켰다. 또한 이러한 상황은 당시 보스니아 지배계층과 평민들 사이에서 기존 종교에 대한 불신을 낳았다. 그 결과 발칸유럽의 여타 지역들보다 보스니아에서 당시 동서교회로부터 이단으로 취급되었던 보고밀교 혹은 보스니아교회가 더욱더 영향력을 확보하게 된 배경을 형성하여 주었다. 특히 이러한 역사적 배경으로 보스니아에서는 15세기 오스만 터키의 침입 때 헝가리, 세르비아 그리고 불가리아 등 타 지역의 중세왕조에 비해 실질적인 저항을 하지 않았다. 오히려 자신의 기득권을 유지하기 위해 상당수 기독교 귀족들을 중심으로 한 보스니아인들의 무슬림으로의 대규모 개종이 일어날 수 있었으며, 이렇게 해서 형성된 보스니아 무슬림집단은 이후 여러 번의 정체성 상실 위기 속에서도 자신들의 민족정체성을 유지할 수 있었다.

특히 19세기에 서유럽을 거쳐 발칸유럽에 전해진 민족주의는 기존의 단순한 종교집단에 불과하였던 보스니아 무슬림집단을 주변 남슬라브족들처럼 하나의 민족 집단으로 발전시키는데 일조하였다. 당시 서구제국 하의 남슬라브족들이 가톨릭으로 자신의 종교적 정체성을 확대시켜갔던 반면 오스만 제국 하의 남슬라브족들은 독립 정교회를 다시 복원함으로써 자신들의 민족정체성을 구축해 갈수 있었다. 특히 세르비아는 이후 자신들의 민족국가인 근대왕국을 수립함으로써 세르비아 민족주의를 확대시켜 나갈 수 있었다. 하지만 보스니아는 이러한 동서로마제국 갈등의 분기점에 위치하여 있었고 이러한 이유로 남슬라브 어느 민족도 자신들의 종교에 기초한 민족정체성을 강요하기 힘들었다. 또한 1878년 이후 실질적으로 보스니아를 병합한 가톨릭 국가인 오스트리아 제국의 관용적 종교정책은 보스니아 무슬림들이 자신들의 정치적 연합체구성을 통한 민족정체성 형성을 가능하게 하였다. 이에 따라 19세기 당시 주변 오스만제국 지배 하 국가들내 무슬림들과는 달리 보스니아 무슬림의 민족정체성은 그 유지가 가능할 수 있었다. 이후 이러한 보스니아 무슬림은 티토(Josip Broz Tito: 1892-1980)의 민족정책과 외교 정책 하에서 여러 이득을 얻게 된다. 하지만 티토의 죽음과 더불어 이후 일기 시작한 종교를 바탕으로 한 문화적 민족주의는 유고슬라비아 분쟁과 더불어 보스니아에서도 민족분쟁이 일어나게 함으로써 보스니아 무슬림들은 민족정체성의 위기를 다시 맞이하였다.

본 글의 구성을 보면 먼저 제2장에서는 보스니아의 무슬림이 형성하게 된 역사적인 배경을 공시적, 통시적 방법에 따라 전개하여 갈 것이다. 특히 보스니아 중세시대의 분석을 통해선 중세보스니아 역사와 더불어 보스니아 교회에 대한 여러 논증들을 살펴보고, 오스만 지배 하에서 종교정책의 결과 종교에 따른 민족구분설정이 무슬림의 형성에, 또 보스니아 민족정체성형성에 어떠한 영향을 미쳤는지를 알아볼 것이다. 제3장에서는 19세기 민족주의가 보스니아지역으로 도입된 이후 민족주의가 보스니아 무슬림의 민족정체성수립에 어떠한 영향을 미쳤는지를 살펴볼 것이다. 또한 종교를 기반으로 한 무슬림 민족주의가 보스니아 근대사에 어떤 식으로 투영되었는지도 살펴볼 것이다. 이와 더불어 사회주의 체제 하에서 티토가 자신의 민족정책을 추진함에 있어 보스니아 무슬림의 민족정체성 형성에 어떠한 영향을 미쳤는가도 논해볼 것이다. 제4장에서는 1990년대 탈사회주의 시대에 들어와 보스니아 무슬림의 현황과 향후 전망을 논함으로써 결론을 대신할 것이다.

2. 보스니아 무슬림의 역사적 형성배경

2.1. 중세 보스니아와 보스니아 교회

보스니아(*Bosna*/ Bosnia)라는 용어의 기원은 보스니아 북부에서 사라예보를 통과하는 보스나(Bosna)강에서 유래하였으며, 이 강을 중심으로 형성된 인종집단을 중세 보스니아 민족의 기원으로 보고 있다. 남슬라브의 여타 민족들과 더불어 발칸반도에 보스니아의 제 민족들이 정착한 시기는 6세기 말과 7세기 초이며, 초기에 이들 민족들은 작은 부족단위로 정착하였다. 7세기 당시 지역분할은 확실하지 않으나 현 보스니아지역에는 세르비아인들과 크로아티아인들이 상호 거주하였다. 또한 이들 민족들은 일정한 형태의 국가적 모습을 갖추었다기보다는 쥬파(Župa)라 불리는 작은 국가단위체들을 지닌 연합체성격을 지녔다.

10세기-12세기 대부분의 보스니아 역사는 주변의 외세 지배 하에 있었다. 따라서 이 당시 보스니아는 트브르트코 1세(Tvrtko I Kotromanić: 1353-1391)가 즉위하여 독립국가로서의 위상을 높이기 전까지 단지 지리적 개념(geografski pojam)으로 인식되었다. 하지만 이후부터 보스니아는 지리적 개념 외에도 정식 국가를 지칭하는 의미로 쓰이게 되었다. 보스니아 중세왕국 수립 이전의 역사를 살펴보자면, 우선 10세기초에 보스니아 일부는 중세 세르비아의 일부가 되었으며, 이어 960년에는 크레시미르(Kresimir) 2세가 통치하던 크로아티아로 합병되었다. 곧 이어 997년에 불가리아의 사무엘(Samuel)왕은 보스니아를 불가리아 복속국가로 만들었으나, 1018년 이후 보스니아는 불가리아를 병합한 비잔틴의 세력 하에 놓이게 되었다. 11세기 후반 잠시 보스니아의 일부영토가 크로아티아 지배 하에 들어간 이후 1137년에 들어와선 헝가리 지배를 받았다. 1167년에 들어와 다시 비잔틴 제국의 지배 하로 들어가고 이어 1180년에 들어와 헝가리가 이 지역의 종주권을 주장하게 되었다. 보스니아의 독립왕국의 성립을 향한 움직임은 이때 이후 헝가리 지배 하에서 자치권을 주장한 쿨린(Ban Kulin)을 통하여 이루어졌다.[1] 하지만 이러한 빈번한 외세의 지배에도 불구하고 어떠한 지배민족도 자신의 왕국과 지배종교에 대한 보스니아인들의 충성심을 유도해내지는 못했다. 그 이유는 이들의 지배기간이 짧았던 것과 더불어 지배세력이 너무 빈번히 바뀐 관계로 지배왕국에 대한 충성심을 유도할 충분한 시간을 지니지 못하였기 때문이다. 따라서 이러한 빈번한 외세의 침입과 간섭으로 인해 형성된 지배정치체제와 종교에 대한 충성심의 약화는 이후 보스니아 중세왕국 하에서 왕국과 종교에 대한 보스니아인들의 충성심 약화로 이어졌다.

---

1) Robert J. Donia and John V. A. Fine, *Bosnia and Hercegovina: A Tradition Betrayed,* (New York: Columbia Univ. Press, 1994), p. 15.

보스니아에 있어 최초 기독교 전파는 9세기 이후부터이며, 주로 로마와 콘스탄디노플로부터 온 선교사들에 의해 이루어졌다. 후에 가톨릭으로 발전되는 로마교회의 세력은 크로아티아와 달마티아(Dalmacija) 대부분의 지역에 퍼져있었고, 정교회로 이어지는 콘스탄티노플교회의 세력은 불가리아·마케도니아·세르비아 지역에 그 세력을 유지하고 있었다. 보스니아는 이러한 동·서교회의 접합 점에 위치하여 있었으며, 11세기 중엽까지 비록 로마교회와 콘스탄티노플교회의 관할권 논쟁에도 불구하고 이들 양 교회의 특징과 의식을 인정한 연합교회가 존재하였다. 하지만 이후 비잔틴제국의 세력약화와 더불어 로마교회의 영향력증대는 보스니아인들의 종교생활에 정교보다는 프란체스코(franciskan)를 중심으로 한 로마 가톨릭의 영향력확대를 낳았다. 이러한 가톨릭의 전파는 달마찌아해안을 중심으로 점차 보스니아 내륙으로 확대되었으며, 보스니아 중세왕국 형성 이전 북부와 중부지역의 보스니아가 헝가리의 종주권 하에서 달마찌아 지역과 더불어 가톨릭의 영향을 받게 되었다. 이에 반해 헤르쩨고비나 지역인 훔(Hum)지역은 1168년부터 1326년까지 네마니치(Nemanjić) 왕조의 세르비아 지배 하에서 정교회의 영향을 받았으며, 특히 1219년 세르비아 정교회가 독립교구로 인정됨과 동시에 훔지역 상당수의 교회들은 세르비아의 대교구 밑에 편입되었다. 하지만 실제 중세 보스니아인들의 신앙은 당시 빈번한 외세침입 등 시대적 상황과 맞물려 그리 깊지는 못하였다. 특히 당시 보스니아의 각 지역들에는 종교적 신앙심과는 별개로 고유 지방전통들과 더불어 자신들의 기득권을 지키려는 귀족들이 존재하고 있었다. 이러한 보스니아의 분권화 전통들은 중세를 거쳐 지속되었고, 따라서 이후에도 보스니아의 반(Ban)[2] 들이 중앙 집중적 국가통합을 이루는데 여러 어려움을 주었다.

2) 이 당시 반(Ban)의 사용의미는 보스니아지역 부족에 있어 지배족장 혹은 속국의 영주를 의미하였으며, 보스니아 중세왕국이 형성된 이후에는 독립왕국의 왕(王)을 의미하는 크랄리위(Kralj)로 칭호가 바뀌었다. 제1차 세계대전 이후 알렉산다르 카라조르제비치(Aleksandar Karađorđević)왕에 의해 재편된 행정구역에서 오늘날의 도(都)의 개념에 해당하는 9개의 바노비나(banovina)의 각 장(長)의 명칭에 '반'을 다시 사용하였으며, 현 유고슬라비아 지역의 지명과 행정명칭에 있어 그 자취가 남아있다.

중세 보스니아 무슬림들의 기원과 관련하여 여러 상반되는 주장들이 있는데 이러한 이유는 보스니아 지역에 존재했던 보스니아 교회와 보고밀교의 모호한 정체성 및 그들 사이의 상관관계에서 비롯된다. 보스니아 지역은 위에서 언급했던 것처럼 동·서로마 제국의 경계선이 관통하는 지역으로서 양 지역의 문화나 종교 중 어느 하나가 주도적인 세력으로 성장할 수 없었던 지역이었다. '보스니아교회(Crkva Bosanska)라고 부르는 독자적 성격의 종파가 나타나게 된 것도 이와 같은 지정학적, 문화적 고립의 결과라고 볼 수 있다.[3)]

19세기 말부터 시작된 중세 보스니아교회와 관련된 논쟁은 크게 두 가지 학설로 나누어 볼 수 있는데 이는 주로 학자들이 의존하고 있는 문헌과 보스니아 지역에 남아있는 스테차크(stećak, 복수형 stećci)라고 하는 중세의 묘비에 관한 해석의 차이에서 비롯된 것으로 보인다.[4)] 우선 이보 안드리치(Ivo Andrić)를 비롯한 유고연방지역의 많은 학자들, 그리고 드미트리 오볼렌스키(Dmitri Obolensky)와 프레드 싱글톤(Fred Singleton) 등의 학자들은 보스니아 교회를 이원론적이거나 신 마니교도적, 혹은 보고밀교(Bogumil/Bogomil)와 파타네리교(Patareni)라 주장하고 이를 이단으로 규정하고 있다. 오볼렌스키의 이론을 인용한 싱글톤의 주장에 의하자면 보고밀은 3세기 메소포타미아 지역에서 발생한 마니교(Manichaeism)로부터 13세기 프랑스 남부인 알비(Albi)지방의 알비주의파(Albigenism)까지 그 맥을 같이 하고 있으며, 신마니교(Neo-Manichaeism)로 불린다는 것이다.[5)] 또한 이보 안드리치는 보스니아의 보고밀 교도들은 스스로 보스니아 교회로 불리기를 즐겨했으며, 보스니아 왕국시절 보스니아의 정치, 종교생활에 있어 가장 중요한 영향을 미쳤던 보스니아의 세 가지 지배종교중의 하나로 주장하고 있

3) 김성환, "보스니아 무슬림의 종족 기원연구," 『동유럽연구』, Vol. 7, (한국외국어대학교 국제지역센터 동유럽·발칸연구소, 1998), p. 62.

4) *Ibid.*, p. 63.

5) Fred Singleton, *A Short History of the Yugoslav People*, (Cambridge: Cambridge Univ. Press, 1985), pp. 77-78.

다. 또한 불가리아에서 발생한 보고밀교는 10세기말 세르비아에 전파되었으나, 네마니치 왕조의 정교회 영향으로 인해 박해를 받았고, 이후 보스니아로 전파되어 내외적인 압력과 불화에도 불구하고 그곳에서 정착하는데 성공함으로써, 오랜 기간 동안 보스니아와 그곳 보스니아인 들에게 큰 영향

〈표 1〉 중세 보스니아 교회논쟁과 관련된 학설비교

	보고밀설	로마가톨릭설
중심학자들	이보 안드리치(Ivo Andrić)와 라데 미할뤼취츠(Rade Mihaljčić)를 비롯한 유고슬라비아 지역의 다수 학자들, 드미트리 오볼렌스키(Dmitri Obolensky) 프레드 싱글톤(Fred Singleton) ...	존 파인(John V. A. Fine), 마크 핀션(Mark Pinson), 로버트 도니아(Robert J. Donia), 노엘 말콤(Noel Malcom) ...
보스니아 교회기원	서유럽의 마니교와 알비주의의 확대로 볼 수 있으며 불가리아에서 발생하여 세르비아를 거쳐 보스니아에서 크게 확대 ➡보고밀교	13세기이후 비잔틴의 세력약화에 따른 로마 가톨릭의 보스니아 지역으로의 영향력 확대에 따라 형성 ➡로마 가톨릭의 일파
이론적 근거	* 보스니아 교회는 동·서교회의 공식적인 모든 의식과 물세례를 부정 * 지나친 금욕주의적 세계관 * 물질에 대한 부정적 시각으로 물질을 은혜의 수단으로 간주하는 기독교적 사상을 거부	* 서구의 신마니교와 파타네리교 등의 이교도와는 달리 성신과 삼위일체, 교회건물, 십자가, 종교예술 그리고 구약성경을 중시 * 가톨릭 세계와의 단절 등 여러 어려움에도 불구하고 가톨릭의 기본적인 교리들을 계속 유지 * 보고밀교로의 오해는 지역적, 역사적 상황으로 인해 체계적인 가톨릭 이론교육의 부족에서 발생
이론배경과 결과	보스니아 교회는 이단적인 보고밀교로 중세 보스니아인들에게 실질적이고 중요한 영향을 미침. ➡그 이단성으로 인해 오스만 침공시 주변 기독교 민족들보다 쉽게 대규모 이슬람으로의 종교 개종이 가능	보스니아 교회가 이단시된 배경은 주변 국가들 특히 헝가리의 이 지역에 대한 영토적 야심과 역사적, 지리적인 이유에서 비롯 ➡주변 기독교민족들의 보스니아 교회에 대한 배척과 핍박은 보스니아 교도들이 오스만 침공시보다 쉽게 반기독교적인 이슬람교로 개종하는데 영향을 미침

을 미쳤다는 것이다.[6)]

하지만 최근에 들어와 보스니아 교회를 보고밀교로 인정하는 이러한 주장에 대해 일련의 다른 의견이 조심스럽게 제기되고 있으며, 이러한 주장은 존 파인(John V. A. Fine)을 중심으로 마크 핀션 그리고 로버트 도니아(Robert J. Donia) 등에 의해 이루어지고 있다. 이들에 따르자면 보스니아 교회가 보고밀교라는 여러 학자들의 주장에도 불구하고, 중세 보스니아의 여러 증거는 보스니아 교회가 중세를 거치면서도 기본적인 가톨릭 이론을 유시했다는 것을 보여주고 있다고 강조하고 있다. 특히 서구의 신마니교나 파타네리교와는 다르게 보스니아 교회는 성신과 삼위일체, 교회건물, 십자가, 성인예배, 종교예술, 구약성경 등을 중시하였다는 점이다.[7)] 보스니아 교회가 보고밀교로써 이단시 되었던 이유로는 단지 보스니아에 대한 종주권을 확보하고자 했던 헝가리와 보스니아로의 세력 확대를 기도하던 세르비아의 의도였으며, 특히 13세기 헝가리 침공 이후 로마 가톨릭과의 관계 단절에 따라 종종 보스니아 교회는 이웃국가들로부터 이단으로 규정되어졌다는 것이다. 또한 이러한 보스니아 교회배척과 핍박은 오스만 터키가 보스니아를 지배한 이후 보스니아인들의 약한 종교적 신념과 더불어 이들 신도들이 상당수 무슬림으로 개종하는데 많은 영향을 미쳤다고 말하고 있다.

보스니아 교회의 성격과 관련하여 중요한 것은 후대의 학자들이 그것을 어떻게 규정하던 간에 당시 로마교회와 서유럽에서는 보스니아에 이단적 교파가 창궐하고 있다는 믿음이 보편적이었다는 사실이다. 이와 같은 시각의 이면에는 점차 독립적인 성향이 강해져가는 보스니아에 대한 지배권을 회복하고자 시도하는 헝가리의 보스니아에 대한 악의적인 선전의 결과일수도 있다. 어떠한 경우든 간에 1235-1241년에 있었던 헝가리의 보스니아에 대한 십자군 파견은 가톨릭교에 대한 보스니아인들의 반감을 강화시켰으며

---

6) 이보 안드리치 저. 정근재 역, 『보스니아 종교 문화사』, (서울: 문화과학사, 1998) 참조.

7) John V. A. Fine, "The Medieval and Ottoman Roots of Modern Bosnian Society", Mark Pinson (ed.), *The Muslims of Bosnia-Hercegovina*, (Cambridge: Harvard Univ. Press, 1994), pp. 5-8.

이후 보스니아에서는 상당기간 동안 가톨릭교와의 공식적인 관계가 중단되었다. 결과적으로 교회 건물들이 쇠락하거나 교육을 받은 성직자들이 충분하지 않았기 때문에 일반 주민들이 비(非)가톨릭교적인 의식을 행하였을 가능성은 충분하였다고 볼 수 있다.[8)]

하지만 14세기이후에 들어와 헝가리는 1102년 이후 지배해온 크로아티아 내 반(反)헝가리 움직임에 어려움을 겪어야 했고, 이에 대항하기 위해 보스니아의 지지를 필요로 하였다. 1318년 취임한 스트예판 코트르마니치(Stjepan Kotromanić) 영주는 이러한 주변세력들의 역학관계를 이용, 보스니아의 세력을 강화할 수가 있었다. 그는 우선 헝가리와 동맹을 맺고, 이어 크로아티아의 일부 영토를 차지하면서 국토를 확장하였다. 또한 이어서 1321년 세르비아 밀루틴(Milutin) 왕 사후 일어난 세르비아 내 왕위 다툼에 따른 혼란을 틈타 1326년에는 정교 영향권 하에 있던 훔 지역을 정복할 수 있었다.

당시 코트르마니치는 종교정책에 있어 다음과 같은 두 가지 원칙을 지니고 보스니아의 제 주민들을 통합시켜 나갔다. 우선 당시 보스니아가 지배하였던 지역들의 종교적 혼재와 반발을 감안하여 종교문제에 있어서 관용정책을 추진하였다. 자신의 종교정책을 강요하였던 주변 왕국들과 달리 보스니아의 이러한 정책은 종교에 대한 이들 지배귀족들의 의식과 성향을 반영하는 것이라 할 수 있다. 실제로 보스니아의 귀족들과 주민들은 종교에 있어 편협성보다는 자신들의 이익에 따라 자유로운 종교개종을 이루어왔다. 두 번째로 코트로마니치는 당시 로마 가톨릭에 의해 보스니아교회가 이단시 되는 것을 극복하고자 1340년대에 창시된 프란체스코 수도회의 포교를 지지하였다. 이에 따라 보스니아 지역에 가톨릭교회와 조직체가 확대되기 시작하였으며, 이러한 확대는 1463년 보스니아를 오스만 터키가 완전히 장악하기 이전까지 이어졌다. 실제로도 코트로마니치가 가톨릭을 수용한 이후 오스토야(Ban Ostoja)를 제외하고는 모든 보스니아의 통치자들은 가

8) 김성환, *op. cit.*, 1998, p. 65에서 재인용.

톨릭을 신봉하였다.

코트르마니치 이후 트브르트코 1세 시대에 보스니아 영토는 더욱 더 크게 확장되었다. 1371년 세르비아 네마니치 왕조가 단절된 틈을 타 1374년 세르비아 왕국하의 일부영토를 획득하였고[9)], 이어 여러 달마티아 도시들을 포함한 크로아티아 영토의 일부를 획득하였다. 이때 이후 봉신의 의미를 지니고 있던 반(Ban)의 칭호가 사라지고 대신에 왕을 의미하는 크랄뤼이(Kralj)라는 칭호가 붙었다. 이후 보스니아의 세력 확장에 따라 트브르트코 1세는 '세르비아, 보스니아, 덜마찌아, 그로아티아와 인근해안도시의 왕(Kralj Srba, Bosne, Dalmacije, Hrvatske i primorja)'으로 불리면서 보스니아 중세왕국의 최대 전성기를 이루었다.

1389년 제1차 코소보(Kosovo) 전투 이후 쇄락해져가던 이웃 세르비아 왕국이 1459년 스메데레보(Smederevo)전투에서 오스만 터키에 패배함으로써 오스만 터키 하로 완전히 복속되었다. 세르비아의 멸망과 더불어 15세기 중반 이후 보스니아는 오스만 터키의 압력이 계속해서 증대되었고[10)], 이러한 압력을 제거하는데 로마교황과 헝가리 등 이웃 가톨릭 국가들의 도움을 받아야 했었다. 하지만 교황은 원조의 조건으로 이단시 취급되어오던 보스니아 교회의 해체를 원했고, 이에 따라 보스니아의 스테판 토마셰비치 왕(Kralji Stefan Tomašević: 1443-1461)은 보스니아 교회의 성직자들을 개종시키거나 추방하였다. 이들 중 일부는 가톨릭으로, 또 일부는 훔으로 이주하여 정교도인이 되거나 터키 지배 하에서 이슬람으로 개종하였다. 그러나 이어 1465년에는 1527년까지 저항한 야이쩨(Jajce)지역을 제외하곤 보스니아의 대부분이 오스만 터키 지배 하에 들어갔다.

---

9) 1371년 세르비아 네마니치 왕조의 소멸에 따라 당시 세력을 확장하고 있던 보스니아의 트브르트코는 세르비아 왕조의 계승자임을 주장하였고, 이에 따라 자신의 이름에 세르비아 왕조의 후계자임을 상징하는 '스테판(Stefan)'이라는 이름을 덧붙임으로써 스테판 트브르트코(Stefan Tvrtko)로 불렸다. 이후 이 이름은 보스니아 중세왕국의 계승자들에게 계속 이어졌다.

10) 1451년 오스만 터키의 보스니아 침략으로 브르흐보스나(Vrhbosna)가 점령당하였다. 이곳은 이후 오스만 터키 지배 하에서 사라예보(Sarajevo)로 명칭을 바꾸고 새로운 상업과 무역의 중심도시로써 발전하게 되었다.

2. 오스만 터키 하 보스니아 무슬림 형성과정

오스만 터키의 보스니아지배는 우선 기존의 종교분포에 일대 변화를 가져다주었다. 보스니아 중세왕국에 의존하던 보스니아 교회는 왕국의 소멸로 인해 존립기반이 크게 흔들렸고, 미약한 조직과 신앙 속에서 유지해오던 가톨릭과 정교 등 기독교 세력들도 그 세력과 활동이 이전보다 훨씬 더 위축되었다. 이에 반하여 새로운 지배세력으로 부상한 오스만 제국의 종교정책에 따라 이슬람교로 개종한 무슬림들의 세력과 영향력이 크게 확대되었다.

오스만 터키 지배 이전 보스니아에는 크게 세 종교, 즉 로마 가톨릭, 정교회, 보스니아 교회가 존재하였다. 지역적으로 가톨릭은 보스니아의 서부와 북부지역에서 그리고 코트로마니치(Ban Kotromanić) 이후 도시를 중심으로 한 중부 보스니아에 퍼져있었고, 정교회는 훔 지역을 기반으로 세르비아와 국경지대인 남부와 동부에 주로 퍼져있었다. 그리고 보스니아 교회는 중부와 네레뜨바(Neretva)강을 따라 일부지역에 그 기반을 형성하였다. 하지만 이웃 국가들과는 달리 보스니아의 이들 종교들은 확실한 종교 신념 속에 성장, 발전했다기보다는 지형의 험준함에 따른 지역적 폐쇄성과 이웃 국가들의 영향 그리고 지방의 독특한 문화에 따라 선택·구분되었다. 더군다나 세 종교는 강한 조직력을 지니지 못했고 따라서 오스만 터키의 지배 이후 이들은 자신들의 종교를 버리고 보다 쉽게 이슬람을 선택할 수 있었다. 더구나 위에서 언급된 여러 가지 이유로 가톨릭과 정교로부터 이단으로 취급받아오던 보스니아 교회의 신도들은 현실적인 타개책으로 타 기독교들보다는 그 비율에 있어 더 많은 이가 이슬람교로 개종하였다.

이러한 보스니아인들의 무슬림으로의 개종은 자신들의 이득과 실리를 찾아 이루어졌다고 볼 수 있다. 보스니아 왕국 하에 있던 귀족들은 자신들이 가지고 있던 기득권을 유지하기 위해, 또 일반 평민들은 오스만 터키가 이슬람개종자들에게 제안한 세금혜택, 관리임용과 여러 사회적인 특혜를 위해 혹은 사회, 경제적으로 불이익을 받지 않기 위해 이슬람으로 개종하였다. 이보 안드리치는 이에 대해, 기존 보스니아왕국의 귀족들이 1528년 야이체가 함락된 이후 가속화된 오스만 제국의 이슬람화(Islamizacija) 정책에 무슬림으로 개종하여 이전의 토지와 권력을 계속 지킬 것인가? 혹은 이전의 종교와 왕국에 대한 믿음과 충성을 지킴으로써 아무 재산도 권력도 없는 기독교 농민계급으로 전락할 것 인가?라는 기로에서 전자의 선택을 선호하였다고 말하고 있다.[11] 또한 오스만 지배 하에서 비(非)무슬림인들은 무슬림인들과의 사회적 신분과 지위의 격차 외에도 의복이나 상호간의 관계 그리고 경제적인 면에 있어 여러 불이익을 감수해야만 했었다. 비무슬림인들은 허락 없이 자신들의 교회를 고치거나 증축할 수가 없었고, 모든 면에 있어 무슬림인에 대해 우선권을 양보해야 했으며, 폭이 넓은 혁띠 등 의복과 신발 등을 무슬림과 같이해서는 안 되는 등 여러 사회적, 경제적인 제약과 어려움을 감수해야만 했었다.[12]

오스만이 지배 하는 동안 보스니아의 무슬림들은 오스만제국의 중앙과 지방에서 충실한 공무원으로 또는 제국의 영토를 지키고 확대하는 역할을 수행하였다. 보스니아인들의 무슬림화에 있어 종교적인 이유와 약한 신앙심에 따른 보스니아 교회신도들과 일반 기독교도인들의 개종, 기존 보스니아 귀족들의 기득권유지를 위한 선택 그리고 하층민들의 신분상승을 위한 노력 외에도 또 하나 중요한 이유로는 제도상의 이유를 들 수 있다. 이러한 제도의 대표적인 사례로는 8세에서 12세사이의 기독교 아이들을 강제로 데려다 이슬람교로 전향시켜 능력에 따라 제국내 공무원과 술탄의 직속부대로 편입시킨 데브쉬르메(Devşirme)제도를 들 수 있다.[13] 이 제도는 이전 오스만 제국이 소아시아를 거쳐 세력을 확장하고 있을 시점에 전투 후 주어진 총독 전리품의 1/5중 우수한 인적자원을 선발하여 술탄(Sultan)을 위한 부대인 야니챠르(Janičar/ Janissary)를 창설한데서 비롯되었다. 이 부대

11) 그 예로 이들 귀족들이 협소한 보스니아 경작지하에서 자신들의 토지와 권력유지에 얼마나 집착하였는지를 잘 보여주고 있다. 이보 안드리치 저, 정근재 역, *op. cit.*, pp. 43-50.

12) *Ibid.*, pp. 56-57.

13) Fred Singleton, *op. cit.*, pp. 37-38.

의 창설배경은 오스만 제국의 구조적인 문제점과 맥락을 같이하고 있다. 오스만 제국 내에서 당시 술탄의 권한은 제국 내 모든 영토에 그 영향을 끼치지 못하였고, 따라서 속주의 총독이 그 권한을 대행하고 있었다. 결국 총독들의 반기 가능성이 다분히 내재되어 있었고, 따라서 술탄치하 친위부대의 필요성에 따라 활성화되었다. 하지만 이 부대는 실제 운영에 있어 전술적인 교육부재와 적군의 의도에 따른 모반가능성이 있었던 관계로, 이어 1385년을 기점으로 데브쉬르메 제도로 보완되었다.[14)]

페르디란드 쉐빌(Ferdinand Schevill)에 따르자면 당시 오스만 군대는 非정규군의 형태를 띠고 있었으나, 상비군으로 야니차르와 스파히(Spahi)들을 두고 있었다. 전자는 보병대로써 1만 2천여 명에서 1만 4천여 명에 달하였으며, 여러 전투에서 훌륭한 전과를 세웠다. 반면 후자는 기병대로써 1만여 명에서 1만2천여 명으로 구성되었으며 한명의 스파히(Spahi)가 4명의 기수와 함께 조직되어 전투에 참가하였다. 오스만 제국의 전체 보병과 기병의 수는 6-7만 명 선으로 당시 서구의 웬만한 정규군보다 훨씬 더 많은 수로 구성되어 있었다. 특히 기독교 용병으로 구성된 야니차르들은 15-16세기에 걸쳐 무라드 2세(Murad II: 1421-1451)시기에 들어와 수적으로 제국 내 그 중요성에서 매우 크게 성장하였으며, 이후에도 이들은 왕국과 제국의 운명에 중요한 영향을 끼쳤다.[15)] 특히 이들은 발칸유럽에서 로마교황의 지원을 받은 기독교 연합군과의 1444년 바르나(Varna) 전투와 이어 1448년의 제2차 코소보 전투에서 오스만 제국의 승리에 결정적인 역할을 하였다. 또한 그 대표적인 실례로 보스니아의 비쉐그라드(Višegrad)출신인 메흐메드

---

14) 이 제도는 1453년 이후 특히 활발하였으며, 면접에 통과한 이들은 소아시아의 '아나톨리아(Anatolia)'지역에 보내져 7년 동안 이슬람언어와 문화 그리고 양식을 습득한 후 짜리그라드로 보내져 군사훈련을 습득하고 의무적으로 이슬람교로 개종하였다. 김성진, 『발칸분쟁사』, (서울: 우리문학사, 1996), pp. 32-33; 하지만 대부분의 야니챠르들은 이슬람교 개종에도 불구하고 터키인이 아니었던 관계로 터키인들의 주 경계대상이 되었다. 또한 종교개종으로 인해 고향의 기독교 민족들에게도 배척당하였으며, 따라서 이들은 술탄에 대한 충성을 통해 신분과 생명을 보장받는데 주력할 수밖에 없었다.

15) Ferdinand Schevill, *The History of the Balkan Peninsula*, (New York: Arno Press and The New York Times, 1971), p. 186.

-파샤 소콜로비치(Mehmed-paša sokolović)는 술탄 바로 밑의 최고 행정 관료인 대(大)베지르의 직위(Veliki vezir/ Grand Vizier)에까지 임명되었다. 그는 후에 노벨문학상 수상작인 이보 안드리치(Ivo Andrić) 작품 '드리나강의 다리(Na Drini ćuprija)'의 소재가 되었던 드리나(Drina)강의 다리를 그의 고향인 비쉐그라드에 건설하여 세르비아와 보스니아 지역연결에 도움을 주었다. 또한 그는 1557년 세르비아 정교회의 총 본산지였던 페치 대교구(Pećka patrijaršija - 코소보에 위치)의 지위를 오스만 지배 전 상태로 격상시켜 주었다. 이러한 조치들이 비록 제국의 효율적인 지방통치와 종교정책에서 출발하였음에도 불구하고 일정부분에 있어선 세르비아와 보스니아 내 정교도인들과의 교류와 종교적 구심체가 되는데 도움을 주었다.[16]

오스만 터키의 보스니아 지배는 여러 가지 변화와 그에 따른 결과를 가져왔다. 우선 오스만 제국은 '민족성(nationality)'보다는 '종교(religion)'에 의해 제국 내 주민들을 구분하여 지배 하였다. 이러한 것은 당시 오스만 터키의 기록들이 이들 보스니아인을 단지 종교에 따라 구분하여 기록하였음을 볼 때 확인할 수가 있을 것이다. 이에 따라 보스니아인들은 자신이 선택한 종교에 따라 무슬림인, 정교도인 그리고 가톨릭인 혹은 보스니아 교회인 등으로 불렸으며 구분되어졌다.[17] 또한 이러한 종교에 따른 구분과 신분차이의 증대는 중세 보스니아인들 사이에 일련의 분열을 낳았고, 이러한 종교에 따른 분열은 이후 400여 년 간 오스만 터키의 보스니아 지배와 더불어 더욱 더 확대, 심화되었다.[18] 오늘날 일어나고 있는 보스니아 분쟁에 있어 제 민족들의 종교에 따른 갈등도 오스만 터키의 이러한 종교정책에서 일부

---

16) Ivan Božić et al., *Istorija Jugoslavije*. (Beograd: Prosveta, 1973), p. 33; 새로 재건된 페치 대교구에 그는 그의 형제인 마카리예(Makarije)를 임명하고 이어 그 직위를 두 명의 조카(안토니예: Antonije, 게라심: Gerasim)에게 잇게 하였다. Robert J. Donia and John V.A. Fine, *op. cit.*, p. 47.

17) John V. A. Fine, *op. cit.*, 1994, p. 12.

18) 오스만은 경계를 이루고 적대상태에 있던 서구의 가톨릭세력을 의식하여 보스니아에서 가톨릭보다 정교회에 더 우호적이었다. 그것은 정교회의 총 본산지인 콘스탄티노플(짜리그라드: Carigrad)이 오스만제국의 수도인 까닭도 있었다. 이러한 실례는 *Ibid.*, pp. 14-15 참조.

기인한 것이라 말할 수 있을 것이다.

이와 함께 보스니아에 대한 오스만 터키의 지배는 남슬라브 민족들 사이에 있어 종교 간의 경계선 다시 말해 슬로베니아와 크로아티아의 가톨릭 지역과 세르비아, 보스니아 등 이슬람, 정교회 지배지역과의 분리를 더욱더 명확히 하여주었다. 이러한 경계선과 분리는 오랜 동안 양 지역 간의 교류를 차단시킴으로써 이후 19세기 민족주의시대에 들어와 추진되던 남슬라브 제 민족들의 통합운동에 여러 어려움을 안겨주었다. 또한 오스만의 보스니아 지배는 종교적인 분리 외에도 보스니아가 서유럽과 발칸유럽 사이의 문화, 경제적 교류를 막아 결과적으로 오스만 제국의 지배지역이 서구 선진지역에 비해 경제적인 후진지역으로 전락되는 역할을 하였다. 즉 1699년 이후 보스니아를 경계로 서유럽의 합스부르크가 지배 하의 현 크로아티아, 슬로베니아와 달마찌아 지역 그리고 오스만 제국의 지배 하에 있던 보스니아, 세르비아 등의 양 지역사이에 인위적인 정치적 분리 외에도 문화적, 경제적인 교류차단이 심화됨으로써 로마제국의 분리 이후 증대되어 오던 양 지역 남슬라브민족들의 일련의 차이점들이 더욱 더 확대되어졌다.

또한 이와 더불어 오스만 터키의 보스니아지배는 現크로아티아의 크라이나(Krajina)지역과 동·서 슬라보니아(Istočna, Zapadna Slavonija)지역에 상당수 세르비아인들을 잔존하게 하는 결과를 낳음으로써 사회주의체제붕괴 이후 전개된 유고슬라비아 내전에 많은 영향을 미쳤으며, 현재에도 크로아티아 내 세르비아 소수민족문제로써 국제적인 관심을 받고 있다. 이는 오스만제국이 1529년에 이어 1683년 제2차 비엔나 포위 이후 이를 막아내던 합스부르크가와 맺은 협상(Sremski Karlovci, 1699)의 부산물에서 비롯된 것이다. 당시 합스부르크가는 오스만 터키와의 싸움으로 황폐화된 국경지역에 병력과 주민들을 증강시킬 필요성을 느끼고 있었다. 이에 따라 오스만 터키의 침입을 피해 흩어져있던 세르비아인들을 모아 사바(Sava)와 우나(Una)강을 따라 현재의 크로아티아와 보스니아의 국경선에 걸친 지역에 종교적 자유와 더불어 정착촌을 형성시켜 주었다. 반면 오스만 터키 지배지역의 보스니아의 무슬림들은 이러한 적대적 대치상황에서 타 지역의 무슬림들에 비해 상대적인 자율권과 세금 등의 혜택을 보장받을 수 있었다.

보스니아 역사가인 오브렌 블라고예비치(Obren Blagojević)에 따르자면 17세기에 있었던 제2차 비엔나전투에서의 패배는 오스만 중앙정부의 보스니아 지방에 대한 세력약화와 더불어 보스니아 지방 귀족들과 토호들의 세력이 중앙정부보다 더 강하게 되는 결과를 낳았다. 또한 이러한 보스니아 지방 무슬림들의 세력 강화는 특히 오스만의 셀림 3세 시기(Selim III: 1789-1806)에 있었던 일련의 개혁조치들에 대해 이 지역 무슬림 지주들이 대규모의 반란을 추진할 수 있었던 배경을 형성하여 주었다고 말하고 있다.[19] 결과적으로 이러한 오스만 제국의 특혜는 점차 이 지역 무슬림들의 독자적인 세력화를 증대시켰고, 또한 18세기 중엽 이후 날로 쇄락해져가는 국력을 만회하고자 실시하였던 마흐메드 1세(Mahmud I: 1730-1754), 셀림 3세와 마흐메드 2세(Mahmud II: 1808-1839) 등의 여러 개혁조칙들에 대해 이 지역 무슬림 지주들이 가장 강력히 저항할 수 있는 토대를 형성하여 주었다고 말할 수 있을 것이다.[20]

3. 보스니아 무슬림의 민족정체성 형성과정

3.1. 19세기 민족주의 시대의 보스니아 무슬림

18세기말 서유럽에서부터 시작된 민족주의는 19세기 중엽 이후에는 여러 제국들 지배 하 식민지상태에 놓여있던 동유럽과 발칸유럽 전역에 걸쳐 확대되었다. 이러한 민족주의의 여파로 보스니아는 세르비아, 크로아티아 등 이웃 민족들의 영토적 욕구와 맞물려 혼란의 시기를 맞이하였다. 이때

19) Obren Blagojević, *Ekonomska misao u Bosni i Hercegovini*, (Beograd: Srpska akademija nauka i umetnosti, 1993), pp. 21-22.

20) 당시 보스니아의 무슬림들은 의무병제도를 통한 근대식군 창설과 세금제도 개선 등 일련의 중앙 집중적인 개혁조치들이 자신들의 특혜와 이권을 약화 시킬 것이라 우려하였다.

보스니아 제 민족들에게 민족주의는 종교적 정체성에 따른 민족구분을 의미하였으며, 이는 또한 종교를 중심으로 한 민족들 간의 갈등과 미움을 낳았다. 이후 보스니아의 무슬림들은 1차 대전을 거치며 오스트리아지배로부터 유고슬라비아 왕국 수립 시까지 역사적 변동시기를 거치면서 자신들의 고유한 지위와 전통을 계속 유지하려고 노력하였다.

이러한 종교(religion)와 민족주의(nationalism)의 상관관계에 대해 페드로 라메트(Pedro Ramet)는 종교가 다음과 같은 여러 가지 이유에서 민족정체성 형성과 민족의식의 매개체가 된다고 주장하고 있다. 우선 종교는 여러 문화 요소들 중 가장 핵심적이며, 이를 매개로 민족은 정치의식을 가지게 된다. 둘째 종교는 자신과 같거나 혹은 다른 집단이라고 느끼는, 다시 말해서 '우리(we)'와 '그들(they)'을 구분 짓는 집단정체성의 매개체가 된다. 세 번째 민족적 종교집단들은 언제나 인쇄매체를 통하여 민족의 토착 언어로 문화를 유포하고 민족 언어, 민족문화의 발전에 앞장서 왔다. 네 번째 성직자들은 보다 많은 교육을 받았고, 많은 존경을 받았다. 이들은 또한 역사적으로 민족지도자 역할을 해왔으며, 오늘날까지도 그 비중은 여전하다. 마지막으로 다른 종교를 믿는 이민족과 접할 때 종교집단은 자신들의 종교만을 특유한 것으로 생각하며, 심지어 민족의 생존에 필수적인 것으로 여긴다는 점이다.[21] 문화적 민족주의(Cultural Nationalism)에 근거한 그의 이러한 주장은 한스 콘(Hans Kohn)이 주장하였던 바처럼 동유럽 지역에서 더 적절한 유용성을 지니고 있으며, 실제 19세기 이후 민족주의의 도래와 더불어 이들 지역에 있어 종교에 근거한 문화적 민족주의 경향은 주요 지배 이데올로기로 등장하였다.[23]

---

21) Pedro Ramet, *Religion and Nationalism in Soviet and East European Politics*, (Durham: Duke Univ. Press, 1989), p. 299.

23) 서유럽과 동유럽의 민족주의를 연구함에 있어 일련의 차이점을 발견하게 된다. 우선 서유럽의 민족주의가 사회계약, 일반의지, 법, 자유 그리고 평등을 그 기초요소로써 갖추고 있다면 동유럽의 민족주의는 선민의식, 신화, 독립, 미래 그리고 꿈 등을 기초요소로 지니고 있다. 또한 민족정체성에 있어서도 전자가 민족과 국가가 일치하는 민족-국가(nation-state) 개념을 형성하고 민족보다는 국가에 충성하는 양상을 보인다면, 후자는 민족과 국가가 일치하지 않

〈표 2〉 보스니아 무슬림의 민족정체성에 대한 개요

민족정체성 형성시기	19세기 민족주의가 보스니아 지역에 영향을 미치기 시작한 이후	
민족정체성 내용	* 기존의 '종교'에 의한 집단구분에 '민족'의 요소가 첨가 * 종교와 민족주의의 결합 ➡ 종교에 기반을 둔 문화적 민족주의(Cultural Nationalism)	
민족정체성 형성배경과 과정	19세기 민족주의시대	* 오스만 중앙정부의 개혁실패 ➡ 보스니아 무슬림들의 오스만제국에 대한 신뢰와 충성심 약화/ 자립적인 민족집단 구성의 필요성 인식 * 동·서제국 갈등의 분기점에 위치 ➡ 종교적 자치권확보가 가능/ 주변 남슬라브족의 민족주의 강요에 덜 영향 * 오스트리아의 보스니아 관용정책 ➡ 남슬라브족 통합 움직임에 대한 대안으로 보스니아 무슬림을 중심으로 한 보스니아니즘(bošnjaštvo) 구축추구/ 종교에 기초한 보스니아 무슬림 민족정당(MNO)출현 ➡주변 오스만 지배지역의 무슬림들과는 달리 민족정체성형성과 존립이 가능
	사회주의 유고슬라비아 연방하	* 티토의 민족정책(유고슬라비즘: Jugoslavizam)에 따라 민족정체성 유지 * 티토의 외교정책(비동맹 외교: Politika nesvrstavanja)의 영향으로 연방 내 민족(narod)지위 획득과 발전

19세기 이후 급격히 대두된 민족주의자들이 세 민족들에게 민족정체성(national identity)을 강요하였던 것처럼, 종교지도자들은 제 종교집단들에게 종교적 정체성(religious identity)을 인식시키려고 노력하여 왔다. 이러한 종교적 정체성의 인식은 곧 민족주의의 도입과 더불어 민족정체성으로 발전하였다. 보스니아 무슬림에 있어서도 종교가 민족정체성 형성에 중요한 영향을 미쳤으며, 이러한 민족정체성은 종교에 근간한 문화적 민족주의

으며 이에 따라 양자 간은 별개의 문제로 국가보다는 민족에 더 충성하는 양상을 보여주고 있다. 따라서 서유럽의 민족주의를 정치적 민족(political nation)의 성립에 바탕을 둔 정치적 민족주의(political nationalism)로 그리고 동유럽의 민족주의를 문화적 민족(cultural nation)을 근간으로 하는 문화적 민족주의(cultural nationalism)로 정의내리고자 한다. 동유럽의 여러 국가 중 유고슬라비아 지역 내 제 민족들도 이러한 문화적 민족주의에 근거한 여러 양태를 보여 왔으며 이글에서는 이러한 논리아래 유고슬라비아의 민족주의 양태를 문화적 민족주의로 규정하여 보스니아 무슬림의 민족정체성을 이해하고자 한다. 김철민, "티토의 민족정책: 유고슬라비즘(Yugoslavism/Jugoslavizam)의 적용과 실패", 『동유럽연구』, Vol. 6, (한국외국어대학교 국제지역센터 동유럽·발칸연구소, 1997), pp. 159-163.

로 표현할 수 있을 것이다. 즉 종교가 민족주의와 관련을 맺을 때 종교는 제 민족들의 현재와 미래를 결정지을 수 있는 중요한 역할을 수행하게 되었다는 것이다.

19세기에 들어와 보스니아 무슬림들에게 있어 가장 커다란 변화는 오스만 중앙정부의 개혁에서부터 비롯되었다. 오스만의 술탄은 당시 서구와의 경쟁에서 이기기 위해 우선 전근대적이고 개별적으로 흩어져 있는 군의 현대화와 조직화를 서두르고 방만한 행정조직의 개편을 시도하는 등 지방 분권화된 체제에서 중앙 집중적인 체제로의 전환을 꾀하였다. 이에 따라 기존의 행정, 군사체계의 개혁을 단행하고자 하였고, 이러한 중앙정부의 개혁조치는 이전까지 고도의 자치권을 누리고 있었던 보스니아 무슬림들의 불만을 야기하였다. 1830년에 들어와 이러한 무슬림들의 반발이 크게 확대되어 집단화되었고, 이어 보스니아 행정 관료 집단인 카페탄(Kapetan)들을 중심으로 중앙정부에 대한 폭동이 발생하였다. 이러한 폭동에 보스니아 대다수의 지방 행정 관료와 무슬림들이 동참하였으나, 1835년에 들어와 폭동은 진압되고 이어 기존의 군사, 행정제도 폐지와 더불어 중앙정부 통제하의 새로운 군사, 행정체계들이 수립되었다.

개혁과 이에 반발한 폭동과 진압 그리고 이로 인한 보스니아 무슬림들의 지위하락은 보스니아 무슬림들의 의식에 중요한 변화를 낳았다. 전장에서 언급한 것처럼 보스니아 무슬림들의 상당수는 보스니아 중세왕국시절 자신의 기득권 유지를 위해 혹은 이를 취득하기 위해 종교를 개종한 귀족들과 평민들 그리고 보스니아 교회 신도들이 주를 이루고 있었다. 따라서 오스만 제국 하에서 누렸던 기존의 기득권 축소는 보스니아 무슬림들에게 새로이 변모하는 오스만 제국에 대한 충성심을 약화시켰으며, 또한 이러한 변화는 보스니아 내 기독교인들 즉 세르비아 정교도인들과 크로아티아 가톨릭인들의 지위향상에 대한 욕구를 자극시켰다. 그리고 이러한 변화는 보스니아 무슬림들과 기독교인들 사이의 분쟁과 갈등을 더욱 확대시켰고, 1870년대 들어와 기독교 농민들의 무슬림 지주들에 대한 대규모 저항의 기폭제가 되었다. 특히 1875년부터 일기 시작한 대규모 농민저항은 오스만 중앙정부의 대대적인 진압을 낳았고, 이어 서구 열강들의 개입을 초래하였다.

1878년은 오스만 터키 지배 하에 있던 발칸유럽의 제 민족들에 있어 매우 중요한 해였다. 우선 발칸유럽 기독교인들의 수호자임을 빌미로 싸움에 나선 러시아는 오스만 제국과의 싸움에서 승리, 1878년 3월 산스테파노(San Stafano) 조약을 체결하여 불가리아 영토 확대와 더불어 대(大)불가리아를 수립하였고, 세르비아와 루마니아 그리고 그리스 등을 독립시켰다. 하지만 오스트리아를 비롯해 서구의 러시아 세력 확대에 대한 견제심리로 이어 6월에 베를린(Berlin)조약이 다시 수립되었다. 이 조약으로 기존 불가리아영토의 40% 축소와 세르비아, 몬테네그로, 루마니아 독립이 정식 인정되었고, 보스니아에 있어서 관할권은 오스트리아-헝가리 이중 제국 하에 그리고 형식적인 영유권은 오스만에 남겨졌다.[24)]

19세기 보스니아의 무슬림들은 이전까지 자신들의 적이자 지배대상이었던 기독교인들의 지배를 받아들어야만 하였으며, 특히 이웃 세르비아 근대왕국의 독립과 이로 인한 세르비아 민족주의 증대는 보스니아 내 세르비아인들을 자극하였다. 19세기 발칸유럽에 들어온 민족주의는 종교에 의해 사회적 신분과 지위가 결정되던 즉 기존의 '종교'에 의한 집단구분에 '민족'의 요소가 첨가되었고 이것은 곧 '종교에 의한 민족 집단의 구분'으로 이어지게 되었다. 이에 따라 이슬람을 믿는 보스니아인들은 무슬림 민족으로, 정교를 믿는 이들은 세르비아인으로 그리고 가톨릭을 믿는 이들은 크로아티아인으로 규정되어졌다.

19세기 이후 보스니아 무슬림들에게 있어 이러한 종교와 민족주의의 결합은 오스트리아-헝가리 지배 하에서 더욱 더 굳어지는데 이러한 이유에는

---

24) 1878년 산스테파노 조약과 베를린조약에 관한 더 자세한 내용과 시대적 배경이해는 Ferdinand Schevill, *op. cit*, pp. 393-406 에서 참조; 1866년 프러시아와의 싸움에서 패해 제국의 해체 위기에 직면한 합스부르크가는 이후 독립을 추구하려던 헝가리를 설득하여 왕위와 군사, 외교적인 사항을 제외한 모든 분야에 있어 고도의 동등권을 인정해줌으로써 오스트리아-헝가리 이중제국이 등장하게 되었다.

우선 당시 시대적 상황과 맞물린 오스트리아 정부의 보스니아 민족정책에 근거하고 있다. 당시 오스트리아 정부의 보스니아 정책은 보스니아 내 제 민족들의 민족주의 확대방지와 이를 위한 보스니아니즘(bošnjaštvo)의 구축노력을 들 수 있을 것이다. 우선 오스트리아 정부는 多민족으로 구성되어 있는 제국의 유지와 보스니아에서의 지배권 확대를 위해, 이웃 세르비아 근대국가의 성립과 더불어 확대되던 대(大)세르비아주의 확대를 막아야 할 필요성을 느끼고 있었다. 또한 당시 지배 하고 있던 달마찌아와 크로아티아 지식인들의 남슬라브족 통합 움직임의 일환인 일리리즘 운동(Iliriski pokret)을 저지해야만 했었다. 이를 위해 오스트리아 정부는 1878년 보스니아 점령 이후 산발적인 무슬림 보스니아 인들의 저항에도 불구하고, 보스니아 내 사회혼란을 방지코자 기독교농노들을 위한 농지개혁 외에는 별다른 사회변화를 추구하지 않았다.

또한 제국은 보스니아가 이웃민족들과 차별성을 지니고 있다는 점을 강조함으로써 보스니아를 주변 국가들의 영향으로부터 차단시키려 노력하였다. 이보 바나츠(Ivo Banac)는 이에 대해 특히 보스니아의 여러 책임자중 칼라이(Benjamin von Kállay) 지배시기(1882-1903)에 초점을 맞추어 오스트리아의 보스니아 민족정책을 논하고 있다. 그에 따르자면 칼라이 장관은 그의 지배기간 동안 계속해서 증대되는 크로아티아와 세르비아 민족주의의 압력에서 보스니아를 유지하고자 보스니아 민족성창출에 주력하였다. 하지만 이러한 정책은 주로 보스니아 무슬림을 중심으로 이루어졌는데, 이는 당시 보스니아 내 무슬림세력과 숫적 감소가 곧 크로아티아와 세르비아 민족주의의 확대로 이어질 것이라는 우려에서 비롯된 것이었다.[25] 이러한 정책들은 결과적으로 보스니아 무슬림들이 19세기 민족주의 시대에 들어와 이전 주변의 여러 오스만 지배지역들의 무슬림들과는 달리 자신의 정체성을 상실하지 않고 존립할 수 있게 된 한 중요요인으로 평가할 수 있다. 또한

25) Ivo Banac, *The National Question in Yugoslavia: Origins, History, Politics*, (Ithaca and London: Cornell Univ. Press, 1984), p. 360.

1890년대에 들어와 크로아티아인들의 가톨릭 개종강요 움직임과 특히 모스타르(Mostar) 근처 마을에서 일어난 한 무슬림소녀(Fata Omanović)의 가톨릭개종 사건 등[26)]은 기존 보스니아 무슬림들의 의식에 커다란 동요를 일으켰으며, 이러한 동요는 이어 종교와 민족주의가 결합된 무슬림 정치정당의 출현으로 이어지게 되었다. 또한 1903년 이후에는 오스트리아 정부의 자유화 방침에 따라 무슬림들에게 있어 그들의 문화적·종교적 자율권이 확대되었다. 따라서 1906년에는 무슬림 민족협회(MNO: Muslimanska narodna organzacija)가 출현할 수 있었다. 이 정치단체는 1910년 선거에서 무슬림들의 종교적 감정을 이용하여 보스니아 내 의회 다수당이 되었고, 1차 세계대전 후 1918년 세르비아-크로아티아-슬로베니아 왕국이 수립됨에 따라 이후 유고슬라비아 무슬림협회(JMO: Jugoslovenska muslimana organizacija)로 개칭되었다.[27)] 바브나(Babuna)에 따르자면 이러한 보스니아 무슬림들의 정치적 권리획득 노력은 보스니아 내 여러 지역문제 특히 경제(농업)문제와 더불어 종교, 교육문제에 있어 무슬림들이 기존에 누려온 특권을 유지하기 위한 방편으로 선택되어졌다고 볼 수 있다.[28)]

1908년 보스니아를 완전히 복속시킨 오스트리아는 1910년 보스니아 의회선거를 실시하여 제국 내 소수민족들의 지배권을 확실히 하고자 하였다. 당시 제국은 여러 민족으로 구성되어 있는 제국을 유지하기 위해 피지배 민족들에게 지역 내 대표로 뽑힌 의원들을 통해 제국의 국정운영의 일정부

---

26) 19세기 이후 무슬림을 자극했던 일련의 사건들에 관한 내용은 Mark Pinson, "The Muslims of Bosnia-Hercegovina Under Austro-Hungarian, 1878-1918", Mark Pinson (ed.), *The Muslims of Bosnia-Hercegovina*, (Cambridge: Harvard Univ. Press, 1994), pp. 98-110에 나타난 내용들을 참조.

27) 보스니아 무슬림들의 정치적 정당설립노력과 더불어 보스니아 내 기독교 민족들도 교회와 교육시설의 확대, 자치권 획득노력을 계속하였다. 이에 따라 세르비아인들은 세르비아 민족협회(SNO: Srpska nacionalna organizacija)를, 크로아티아 민족주의 움직임은 크로아티아 민족연합(HNU: Hrvatska nacionalna unija) 등과 크로아티아 가톨릭연맹(HKU: Hrvatsko katoličko udruženje)을 결성하였다. Robert J. Donia and John V.A. Fine, *op. cit.*, pp. 97-100.

28) Aydin Babuna, "The Emergence of the First Muslim Party in Bosnia-Hercegovina", *East European Quarterly*, Vol. 30, No. 2, (June, 1996), p. 149.

분에 있어 참여를 허용하고 있었다. 하지만 또한 피지배 민족들에게 있어 제국이 주최하는 선거에 참여한다는 것은 곧 제국을 자신의 지배국으로 인정하는 것을 의미하고 있었다. 이에 따라 보스니아 무슬림은 이러한 제국의 의도에 저항하려는 움직임을 보였고 결국 다른 여타 민족 집단들보다 늦게 정치적 정당을 결성하게 되었다. 따라서 보스니아 무슬림의 민족정체성 형성과 발전도 늦게 이루어 질 수밖에 없었다.[29]

하지만 이러한 오-헝 제국의 보스니아 병합은 당시 제1, 2차 발칸전쟁들(1912, 1913)을 통해 자신감을 얻은 세르비아 근대왕국을 중심으로 大세르비아주의를 확대하려는 유고슬라비아 지역 내 세르비아인들을 자극하였다. 이어 1914년 6월 사라예보(Sarajevo)를 방문 중이던 합스부르크왕가의 페르디란드(Franc Ferdinand)황태자 부처가 '청년 보스니아(Mlada Bosna)'의 비밀 당원이자 세르비아 민족주의자인 가브릴로 쁘른찌쁘(Gavrilo Prncip)에 의해 암살됨으로써 제1차 세계대전이 발발하였다.

1917년 7월에 들어와 대전 후 새로운 국가와 정부형태를 논의하기 위해 남슬라브족들 사이에서 회담이 열려 세르비아 왕조(Karađorđević 왕조)를 기초로 모든 면에 있어 세르비아, 크로아티아 그리고 슬로베니아 민족의 동등한 권리를 인정한 '크르프(Krf/ Corfu) 협정'이 체결되었다. 이 협정을 기초로 남슬라브족들은 1918년 제1차 세계대전 후 최초의 통합국가인 '세르비아-크로아티아-슬로베니아 왕국(1929년 이후 '유고슬라비아 왕국' <Kraljevina Jugoslavija>이라 개칭됨)'을 수립하였다. 당시 슬로베니아와 크로아티아는 영토적인 면에서 증대되어가는 이탈리아 위협으로부터 자신들을 보호해줄 방어막이 필요하였으며, 세르비아의 입장에서는 이러한 남슬라브족의 통합을 통해 대세르비아주의의 확산을 유도하려 하였다. 하지만 이러한 통합을 통해 정치·경제적 근대화를 꾀하려고 노력했음에도 불

---

29) 1910년 치러진 선거에서 보스니아 세르비아계는 전체 의석 중 31석을, 무슬림계는 24석을 그리고 크로아티아계는 16석(크로아티아 민족연합은 12석/ 크로아티아 가톨릭연맹은 4석)을 차지하였다. Obren Blagojević, *op. cit.*, p. 59.

구하고, 양차대전 중간기의 유고슬라비아는 제 민족들 간의 종교·민족적 갈등과 이해차이로 인해 국가적 통합을 이루지 못하였다.[30)]

이러한 정치적 상황들과 맞물려 양차 대전기의 보스니아 무슬림은 자 민족을 대변해줄 정치적 보호막이 없는 가운데 자신의 민족정체성 유지에 여러 어려움을 겪었다. 이러한 이유는 주로 유고슬라비아 지역 내 제 민족 특히 세르비아와 크로아티아 민족사이의 갈등으로 인해 더욱 더 가중되었다. 제2차 세계대전 당시 현 크로아티아와 보스니아 상당지역을 지배하였던 크로아티아의 극단적 민족주의 정부인 우스타샤(Ustaša) 정부는 종교정책에 있어 독일의 지원을 바탕으로 지배 지역 내 비(非)가톨릭인 특히 세르비아 정교도인에 대한 종교개종과 추방 그리고 학살을 주도하였다. 하지만 당시 보스니아 주도세력에 해당하였던 무슬림들에 있어선 보스니아 내 지배권 강화를 위해 유화정책을 취하였다.[31)] 이러한 크로아티아 민족주의자들과 보스니아 무슬림의 결합은 체트니크(Četnik)를 비롯한 세르비아 민족주의자들에게 있어 무슬림 탄압에 대한 빌미를 제공하였고, 실제 제2차 세계대전 이후 1960년대 초까지 세르비아 민족주의자들의 강세 속에서 보스니아 무슬림들은 자신의 민족정체성의 위기를 맞이해야만 했었다.

3.2. 사회주의 체제 하에서의 보스니아 무슬림

유고슬라비아 지역에서 제2차 세계대전의 양상은 다음과 같은 세 가지 형태로 복잡하게 전개되었다. 우선 독일·이탈리아 점령군對 유고슬라비아 저항군, 두 번째 세르비아와 크로아티아 극단적 민족주의자들 간의 갈등 그리

30) 김철민, *op. cit.*, 1998, pp. 157-158.

31) 당시 우스타샤 정부는 새로 생긴 크로아티아 독립국가(NDH: Nezavisna država Hrvatske)를 두 개의 종교(가톨릭, 이슬람교)를 가진 국가라고 선언하였으며, 크로아티아의 수도인 자그레브(Zagreb)에 무슬림계를 위한 사원도 건립되었다. Robert J. Donia and John V.A. Fine, *op. cit.*, p. 142; 이러한 양 민족 집단 간의 관계는 이후 유고슬라비아 연방 하에서 정교회에 비해 가톨릭세력과 이슬람세력 간의 활발한 교류를 낳았고, 이어 보스니아내전에 있어서도 데이턴 합의안에 의한 크로아티아계와 무슬림계 간 연합의 배경이 되었다.

고 세 번째 티토를 중심으로 사회주의체제를 수립하려는 파르티잔(Partizan)들과 세르비아 중심의 구(舊)왕정체제 복구세력인 체트니크와의 싸움으로 나눌 수 있다. 당시 제2차 세계대전 동안 티토를 중심으로 한 파르티잔들의 주 활동 본거지는 산악지대가 험준하고 독일의 직접적인 지배력이 상대적으로 약화였던 보스니아와 몬테네그로(Crna Gora)지역을 중심으로 전개되었으며, 특히 보스니아는 위와 관련된 모든 양태들이 종합되어 나타난 지역이었다.

티토는 제2차 세계대전 당시 유고슬라비아 내 복잡한 민족문제를 해결하기 위해 형제애와 일치(bratstvo i jedinstvo)를 당강령으로 채택하는 등 유고슬라비아 내 제 민족들의 통합을 유도하였다. 또한 티토는 유고슬라비아에 민족정책을 적용함에 있어 제 민족들의 문화적 민족주의를 억제하는 것과 이를 대신할 새로운 민족주의 창출을 유도하고자 하였다. 또한 유고슬라비아 내에서 어떠한 자 민족도 민족적 이익만을 추구하는 것을 허용하지 않았고, 상이한 문화적 민족으로 구성된 보스나-헤르쩨고비나 공화국의 형성을 통해 이곳에 자신의 민족정책인 유고슬라비즘(Jugoslavizam)을 적용하고자 하였다. 이것은 자치권을 지닌 공화국이란 정치적 실체를 두고 공화국내 민족들을 대상으로 정치적 민족주의를 적용하였음을 의미한다. 이렇게 해서 형성된 정치적 민족을 보스니아인(Bosnci) 혹은 유고슬라비아인(Jugosloveni)이라 부를 수 있을 것이다.32)

1948년 스탈린과의 불화에 따른 코민포름(Kominform/ Informbiro)으로부터의 축출은 이후 유고슬라비아의 경제정책과 외교정책에 중요한 전환점을 제공하여 주었다. 우선 경제정책에 있어서 티토는 노동자 자주관리제도(Radničko samoupravljanje)를 바탕으로 사회주의적 경제체제에 자본주의 경제체제의 요소를 도입하였고, 동시에 기존의 소련중심의 대외경제의존을 여러 서구지역으로 분산하려 하였다. 하지만 무엇보다도 보스니아 무슬림들의 민족 정체성에 중요한 영향을 미쳤던 것은 비동맹 외교정책(Politika

32) 김철민, *op. cit.*, 1997, p. 167.

nesvrstavanja)으로 표현되는 외교정책의 전환에서 비롯되었다. 특히 1961년 베오그라드 비동맹회의 이후 유고슬라비아 연방 내에서 보스니아 무슬림의 민족적 지위는 크게 향상되었으며, 이러한 이유의 일부에는 당시 비동맹 국가들의 다수가 이슬람국가였음을 들 수가 있다. 이전까지 유고슬라비아 내 민족구분에 있어 여러 논란에도 불구하고 보스니아 무슬림은 하나의 인종집단으로서 인정받지 못하여 왔었다.[33)] 하지만 1961년 이후 부터 조금씩 보스니아 무슬림들의 민족지위에 대한 인식이 확대되었고, 이후 1968년 2월에 들어와서 보스니아 공산당 중앙위원회는 보스니아 내 무슬림을 기존의 인종집단(etnička grupa)에서 하나의 독립된 민족(narodnost)으로 격상시키는데 합의하였다. 이어 1971년 초에 있었던 인구조사에서 보스니아 무슬림은 연방 내 하나의 분리된 민족으로써 자신을 등록할 수 있게 되었다.

실제로 민족구성에 따른 인구조사에서 보스니아 무슬림은 다양한 명칭으로 불렸다. 1948년 인구조사에서 민족을 구분지음에 있어 보스니아의 무슬림은 '확정되지 않은 무슬림(Neopredeljeni muslimani)'로 불렸고, 이후 1953년 인구조사에선 '확정되지 않은 유고슬라비아인(Jugosloveni neopredeljeni)'로 불렸다. 하지만 1961년 인구조사부터는 '인종집단으로써의 무슬림(Muslimani <etnička pripadnost>)'로 불리는 등 보스니아 무슬림을 하나의 인종집단으로써 인식하기 시작하였고, 이어 1971년 인구조사에서는 마침내 '민족개념 속의 무슬림(Muslimani u smislu narodnosti)'으로 격상되었다.[34)] 이후 1981년 인구조사부터 유고슬라비아연방의 주민들은 자신의 민족 정체성(national identity)을 24개 인종집단중의 하나로 밝혔는데, 이러한 24개 인

33) 민족지위에 있어 보스니아 무슬림에 관한 논란은 1946년 의회기록에 있어서 보스니아 출신 세르비아 공산당원인 라돌류브 촐라코비치(Rodoljub Čolaković)가 "보스니아-헤르쩨고비나에 존재하는 무슬림들은 비록 여전히 민족적으로 공식화되지 못함에도 불구하고 분리된 슬라브 인종집단으로서 세르비아 민족이나 크로아티아 민족과 같이 동등하게 취급되어져야 한다."라고 말했던 데서도 찾아볼 수 있다. Ivo Banac, "Bosnian Muslims: From Religious Community to Socialist Nationhood and Postcommunist Statehood 1918-1992", Mark Pinson (ed.), *The Muslims of Bosnia-Hercegovina*, (Cambridge: Harvard Univ. Press, 1994), p. 144.

34) Branko Petranović and Momčilo Zečević, *Jugoslavija 1918/1988: tematska zbirka dokumenata*, (Beograd: RAD, 1988), p. 1198.

종집단은 법적으로 narod(nation), narodnost(nationality/natioal minority) 그리고 etnička grupa(ethnic group/ national minority) 등 세 부류의 민족 단위로 구분되어졌다.[35] 이러한 법적 구분에 있어 보스니아의 무슬림은 여타 공화국내 주요 민족들과 더불어 narod로써 분리되었다. 민족으로의 지위향상은 단순한 민족적 지위 향상 외에도 다른 의미에 있어 중요한 의미를 지니고 있었다. 즉 유고슬라비아 연방 하에서 민족개념을 구분함에 있어 narod의 개념은 모국(母國)/ 모민족(母民族)이 연방 내에 있는 민족을 의미하고 있었으며, 실제로 6개 narod(세르비아인, 크로아티아인, 보스니아 무슬림, 슬로베니아인, 마케도니아인, 몬테네그로인) 중 보스니아 무슬림을 제외하고 여타 민족들은 자신이 주 민족인 공화국들을 지니고 있었다.

보스니아 무슬림의 민족지위 획득에 대해 보스니아를 대세르비아주의 연장선상에서 인식하고 있던 일부 세르비아인들의 계속되는 비난에도 불구하고, 1960년대 티토의 외교정책과 맞물려 보스니아 무슬림의 민족지위는 향상되었고, 민족정체성 구축에도 많은 도움을 주었다. 또한 1966년 당시 부통령이자 세르비아의 극단적 민족주의자였던 알렉산다르 란코비치(Aleksandar Ranković)의 티토관저 도청사건과 그로인한 실각은 유고슬라비아 연방 내 제 민족들의 문화적 민족주의에 중대한 영향을 미쳤다. 크로아티아 문화협회(Matica Hrvatska)를 중심으로 언어와 종교 등 문화적 평등과 자치권 강화에서 비롯된 크로아티아의 민족주의 운동은 점차 크로아티아의 유엔(UN) 가입 움직임과 더불어 독립국가 추진 움직임으로 전개되었고, 코소보 내 알바니아인들의 코소보 자치공화국 수립을 위한 시위가 확산되었다. 이와 더불어 보스니아 무슬림들도 이러한 문화적 민족주의 움직임에 동조하여 무슬림 문화협회(Matica Muslimanska) 설립을 요청하고, 보스니아에 있어 보스니아 무슬림을 위한 독자적인 무슬림 공화국을 형성

35) 하지만 이러한 법적 구분은 민족들 간의 불평등성을 부각시킨다는 이유로, 특히 narod와 narodnost의 구분을 두지 않았고 두 집단 모두 '민족'으로서 불렸다. 김성환, "유고슬라비아 지역의 언어상황", 『동유럽연구』, Vol. 4, (한국외국어대학교 국제지역센터 동유럽·발칸연구소, 1995), p. 24.

시켜 줄 것을 요청하였다.36)

하지만 이러한 유고슬라비아 연방 내 제 민족들의 문화적 민족주의 움직임은 1971년 12월 티토의 지시 아래 연방군이 크로아티아의 수도인 자그레브에 진입하여 크로아티아 문화협회를 포함 모든 문화적 민족주의를 주장하였던 세력들을 검거함으로써 둔화되었다. '크로아티아의 봄' 혹은 '자그레브의 봄' 사건으로 불리는 이러한 문화적 민족주의 운동에 대한 탄압은 보스니아 무슬림들에게도 또한 영향을 끼쳤다. 보스니아 무슬림공화국을 위한 더 이상의 움직임과 발언이 금지되었으며, 이러한 문화적 민족주의 운동의 약화는 상대적으로 보스니아 내 여타 주요 민족들인 세르비아인들과 크로아티아인들에 비해 정치적 배경이 약화였던 보스니아 무슬림들에게 많은 어려움을 안겨주었다. 하지만 문화적 민족에 바탕을 둔 보스니아 무슬림들의 이러한 정치적 민족국가수립에 대한 의지는 이후 1980년 5월 티토의 사망과 함께 다시 전개되었다.

'역사적·문화적으로 상이하고 다(多)민족으로 구성된 유고슬라비아연방을 유지하기위해 티토는 자신의 카리스마와 권위를 바탕으로 자기 자신과 유고슬라비아를 동일시하였으며, 따라서 티토의 사망은 유고슬라비아연방의 위기를 가져왔다. 또한 그의 민족정책으로 대표되는 유고슬라비즘도 위기를 맞이하였다. 티토는 유고슬라비즘의 구축을 위한 장으로 다민족으로 구성된 보스니아를 선택하였고, 이러한 정책의 일환으로 보스니아에 있어 제 민족들의 동등성과 조화를 우선시하였다. 따라서 티토의 사망과 이에 따른 유고슬라비즘의 위기는 곧 이어 보스니아 제 민족들 사이의 긴장과 갈등으로 이어졌다.

티토 사망 이후 유고슬라비아연방의 제 공화국 민족들과 소수민족들을 중심으로 문화적 민족주의 움직임이 다시 확대되었고, 이러한 움직임과 더불어 보스니아의 무슬림들도 자신들의 민족정체성 생존을 위한 움직임을

36) Pedro Ramet, *Nationalism and Federalism in Yugoslavia 1963–1983*, (Indiana: Indiana Univ. Press. 1984), p. 153.

전개하였다. 이러한 운동의 대표적인 예로는 1983년 8월에 알리야 이제트베고비치(Alija Izetbegović)를 포함한 13명의 보스니아 무슬림 대표들을 중심으로 전개된 보스니아 이슬람 국가 건설 시도를 들 수가 있다 ('The Islamic Declaration'). 이들 보스니아 무슬림 대표들은 비록 보스니아를 직접적으로 언급하지는 않았지만 자신들의 선언문에서 이슬람교적인 질서를 우선시하고 이러한 질서가 구축될 수 있는 국가로 무슬림이 다수 인구를 차지하는 지역이나 국가가 이에 해당함을 언급하였다. 또한 이러한 이슬람 국가에서 소수인 非무슬림인들은 종교의 자유와 모든 보호를 받을 수 있을 것이라고 주장하였다. 하지만 이들은 보스니아를 완전한 이슬람국가로 전환시키려 했다는 죄명으로 감옥에 투옥되었다. 이렇게 계속된 보스니아 무슬림들의 민족국가 수립노력과 자질은 낭시 보스니아 내 세르비인들과 크로아티아인들을 또한 자극하였고, 1980년대 후반기에 들어와 코소보를 비롯하여 점차 확대되어가던 연방 내 제 민족들의 문화적 민족주의 움직임과 더불어 1990년대 이후 유고슬라비아내전과 보스니아내전에 중대한 영향을 끼치게 되었다.

4. 결 론

'보스니아 무슬림의 형성배경은 보스니아 중세왕조의 종교정책과 주변세력들과의 관계 그리고 오스만 터키의 보스니아 지배와 함께하고 있다. 보스니아의 무슬림은 15세기 발칸유럽에 오스만의 지배가 이루어진 이후 동·서유럽 간의 첨예한 세력 갈등과 주변 국가들과의 잦은 접촉에도 불구하고 자신들만의 독특한 역사와 전통을 지니고 발전해 왔다. 중세부터 근대에 들어와 여러 정체성 상실의 위기에도 불구하고 이러한 상황이 가능한 이유에 대해서 저스틴 맥카리(Justin Mccarthy)는 오스만 지배시절 중앙정부로부터 보스니아가 지리적으로 최 변방에 위치하였기 때문이라고 설명하고 있다.[37] 이와 더불어 보스니아 무슬림이 하나의 민족으로써 자신의 정체성을 인식하고 발전시켜 나가는데 19세기에 등장한 민족주의도 큰 작용을 하였다. 또한 이외에도 보스니아 무슬림들이 비록 자신의 민족국가가 존재하지 않았음에도 불구하고 민족정체성을 계속 유지할 수 있게 해준 배경으로는 19세기와 20세기초 당시의 역학구도에 따른 오스트리아의 보스니아 지배정책 그리고 사회주의 유고슬라비아연방 하에서 티토의 민족정책을 들 수 있다.

19세기 민족주의가 발칸유럽에 확대될 무렵 오스만 터키 지배 하의 여러 지역들이 1878년 산스테파노 조약과 베를린 협정에 의해 독립국가로 발전해가면서 터키적 요소를 배격하고 자 민족중심의 민족주의를 확내 빌진시켰던데 반해, 당시 보스니아는 이러한 주변 국가들처럼 민족국가로써 발전해 나갈 시기를 놓쳤다. 1878년 베를린 협정에 의거 보스니아의 관할권은 오스만 지배 하에, 그리고 행정권을 비롯한 대부분의 권한은 오스트리아 정부에 있었던 관계로 당시 보스니아는 단일한 민족국가를 수립할 수가 없었다. 또한 종교 등 다양한 문화적 요소로 어울려진 보스니아는 새로운 지배세력인 오스트리아 종교정책의 결과 보스니아 내 제 민족들이 제 각각 자신들의 고유한 문화적 전통을 유지할 수 있었고, 보스니아의 무슬림들도 또한 이러한 일련의 정책에 따라 자신들의 민족 정체성을 구축할 수가 있었다.

또한 사회주의 유고슬라비아연방 하에서 티토의 민족정책과 더불어 보스니아의 무슬림은 자신들의 민족정체성을 인정받을 수 있었다. 하지만 티토의 죽음과 이어 구(舊)유고슬라비아 연방 내에서 진행된 문화적 민족주의로의 복귀는 1991년 6월 슬로베니아와 크로아티아의 연방탈퇴에 따른 유고슬라비아내전과 이어 이러한 여파에 따른 보스니아 내전을 야기하였다. 1992년 3월 이후 확대된 보스니아 내전은 1995년 11월 데이턴 평화합

---

37) 실제로 당시 이스탄불로부터 사라예보까지의 거리는 오스트리아-헝가리 이중제국의 수도인 비엔나로부터 거리의 4배에 해당하였다. 또한 이러한 지리적 원인과 함께 오스만제국의 근대화된 도로와 철도망의 부족 그리고 적절한 중앙군사력의 결핍이 이 지역 무슬림의 자치 확대와 고유성을 유지할 수 있게 하였다고 보고 있다. Justin Mccarthy, "Ottoman Bosnia 1800 to 1878", Mark Pinson (ed.), *The Muslims of Bosnia-Hercegovina*, (Cambridge: Harvard Univ. Press, 1994), pp. 70-72.

의안(DPA: Dayton Peace Agreement)에 의해 귀결되었다.[38] 보스니아 내전동안 보스니아 무슬림들의 민족정체성은 보스니아 내 세르비아 극단적 민족주의자들과 크로아티아 민족주의자들에 의해 많은 상처를 입어야 했다. 내전 이전 보스니아 전역에 걸쳐 흩어져 지내던 보스니아 무슬림들은 이제 데이턴 합의안에 의거해 1국가 2체제하에서 크로아티아와 함께 연방을 구성하고 그 구역 내로 자신들의 주거지를 한정지은채 향후 세르비아가 주도하고 있는 스르프스카 공화국과 함께 다시 이전의 다민족 보스니아로 돌아가야만 한다.

하지만 이러한 일련의 위기 속에서도 보스니아 무슬림은 지난 수차례의 총선거를 통해서 보이듯 다시 자신들의 민족정체성 구축을 위해 노력하고 있다. 우선 내전을 통해 많은 무슬림의 학살과 이주 그리고 제 민족들의 위협 속에서도 보스니아 총선거에서 여타 민족들에 비해 무슬림 지도자를 중심으로 한 무슬림계의 단결을 보여주었고, 이러한 총선결과는 보스니아 연정에 있어 보스니아 무슬림이 새로이 형성되는 보스니아 연방국가에서 주도적인 위치를 차지하는데 큰 힘을 제공하고 있는 게 사실이다. 하지만 이러한 일련의 희망에도 불구하고 2015년 현재 국제 사회 내의 갈등과 발칸유럽의 정세 불안정으로 여전히 보스니아 내 무슬림의 지위는 위협받고 있으며, 정체성의 위기를 겪고 있다. 이러한 이유는 비록 데이턴 합의안에 의해 보스니아에 평화가 찾아오고 보스니아 총선거를 통한 정치적 독립 국가로써 나아가고 있음에도 불구하고, 지난 수 차례 보스니아 총선에서 보이듯이 여전히 보스니아 내 제 민족들 사이에 문화적 민족주의가 팽배해 있기 때문이다. 또한 보스니아 내 세르비아인, 크로아티아인들과 연계된 주변 국가들(세르비아, 크로아티아)의 계속된 영토적 욕구와 위협은 미국을 비롯한 서구의 보스니아에 대한 지속적인 관심과 더불어 향후 보스니아 무슬림의 민족정체성 유지와 발전에 중요한 영향을 미칠 것으로 보인다.

---

38) 합의안에 관련된 자세한 내용은 김철민, *op. cit.*, 1998, pp. 173-181 참조.

제4장

세르비아

세르비아니즘과 코소보

세르비아니즘과 코소보

한 눈으로 읽어보는 키워드

1991년 6월 사회주의 유고슬라비아연방의 구성국이었던 슬로베니아와 크로아티아가 독립을 선언 한 이후 촉발 된 유고슬라비아내전은 곧 이어 1992년 3월 보스니아 독립선언을 계기로 보스니아 내전으로 확대되게 된다. 이후 이 지역 내 내전은 미국과 서구의 힘(Power)을 내세운 현실주의 전략으로 형성된 '데이턴 협정(Dayton conterence)' 등으로 진전을 본 이후 현재에 이르고 있다.

하지만 역사적·문화적 갈등으로 발칸유럽의 또 다른 대표적 분쟁지역이었던 세르비아의 코소보(Kosovo)는 1999년 코소보 전쟁을 겪은 이후로 아직까지도 계속 국제분쟁의 대표 지역으로 남아있는 상황이다. 코소보의 갈등과 분쟁은 그동안 국제적 관심을 많이 받아 왔는데, 그 이유는 이 지역이 역사적·문화적으로 주변 여러 민족들과 밀접한 연관관계에 있으며, 무엇보다도 국제열강들의 이해관계가 첨예하게 대립되어 왔던 지역이기 때문이다.

코소보 내 세르비아인들과 알바니아인들 간의 유혈충돌로 확대된 코소보 내 민족갈등은 1987년 이후 슬로보단 밀로쉐비치(Slobodan Milošević)의 등장을 낳았고, 그는 그동안 억눌려왔던 세르비아니즘의 재건과 확대를 선언하였다. 이에 따라 1989년 코소보 자치권이 폐지되었고, 연방성립의 기초로 여겨져 왔던 유고슬라비즘의 소멸과 더불어 유고슬라비아 연방이 붕괴되게 된다. 그리고 연 이은 코소보 내 양 민족 간의 유혈 충돌 속에 마침내 1999년 3월 코소보 내 알바니아인들의 인권수호를 전제로 내세운 NATO군의 코소보와 세르비아 본토에 대한 공습이 이루어졌고, 이후 발칸지역은 보스니아 분쟁 이후 다시 한 번 국제적인 관심지역으로 떠오르게 된다. 이러한 연구 배경을 바탕으로 본장에서는 코소보 민족갈등을 세르비아니즘의 확대와 이에 대한 저항이라는 관점에서 분석하고자 한다.

1. 서 론

1991년 6월 사회주의 유고슬라비아연방의 구성국이었던 슬로베니아와 크로아티아가 독립을 선언 한 이후 촉발 된 유고슬라비아내전은 곧 이어 1992년 3월 보스니아 독립선언을 계기로 보스니아 내전으로 확대되게 된다. 이후 이 지역 내 내전은 미국과 서구의 힘(Power)을 내세운 현실주의 전략으로 형성된 '데이턴 협정(Dayton conference)' 등으로 진전을 본 이후 현재에 이르고 있다.

하지만 역사적·문화적 갈등으로 발칸유럽의 또 다른 대표적 분쟁지역이었던 세르비아의 코소보(Kosovo)는 특히 1989년 세르비아로부터 강제적으로 자치권을 상실한 이후 코소보 내 알바니아인들의 시위와 저항 그리고 세르비아 경찰들의 탄압과 진압이 20세기 말까지도 계속해서 이어져 왔다. 코소보의 갈등과 분쟁은 그동안 국제적 관심을 받아 왔는데, 그 이유는 이 지역이 역사적·문화적으로 주변 여러 민족들과 밀접한 연관관계에 있으며, 무엇보다도 국제 열강들의 이해관계가 첨예하게 대립되어 왔던 지역이기 때문이다.

또한 코소보는 보스니아-헤르체고비나(Bosnia-Hercegovina)와 함께 다민족다문화로 규정된 사회주의 유고슬라비아연방을 지탱해 온 대표적인 상징 지역이었다. 보스니아-헤르체고비나 공화국이 티토가 사회주의 유고슬라비아연방 유지를 위해 적용하려 했던 정치적 민족주의(political nationalism) 즉 유고슬라비즘(Yugoslavism/ Jugoslavizam)의 시험무대였다면, 코소보는 사회주의 유고슬라비아연방 내 유고슬라비즘과 한 축을 이루었던 문화적 민족주의(cultural nationalism)인 세르비아니즘(Serbianism/ Srpskizam)을 억제시키는 상징지역으로써의 역할을 수행하여 왔던 것이다.[1)]

세르비아인들은 제2차 세계대전당시 유고슬라비즘과 세르비아니즘 간의

---

1) 정치적 민족주의(political nationalism)와 문화적 민족주의(cultural nationalism)에 대한 이해와 개념 정리는 본 책 제 3장 각주 23) 참조.

대결에서 세르비아니즘이 패한 이후 형성된 티토의 사회주의 유고슬라비아연방 하에서 세르비아니즘의 부활과 확대를 계속해서 추진하여 왔다. 하지만 이러한 세르비아니즘의 확대 노력은 유고슬라비즘을 통해 연방을 계속 유지하려했던 티토와 크로아티아, 슬로베니아 공화국 등의 적극적인 저항으로 그 실효를 보지 못하게 된다. 이렇게 잠재되어 오던 세르비아니즘은 1980년 5월 티토의 사망 이후 다시 시작된 코소보 내 알바니아인들의 폭동과 더불어 확대되게 된다. 코소보 내 세르비아인들과 알바니아인들 간의 유혈충돌로 확대된 코소보 내 민족갈등은 1987년 이후 슬로보단 밀로쉐비치(Slobodan Milošević)의 등장을 낳았고, 그는 그동안 억눌려왔던 세르비아니즘의 재건과 확대를 선언하였다. 이에 따라 1989년 코소보 자치권이 폐지되었고, 연방성립의 기초로 여겨져 왔던 유고슬라비즘의 소멸과 더불어 유고슬라비아연방이 붕괴되게 된다. 그리고 연 이은 코소보 내 양 민족 간의 유혈 충돌 속에 마침내 1999년 3월 코소보 내 알바니아인들의 인권수호를 전제로 내세운 NATO군의 코소보와 세르비아 본토에 대한 공습이 이루어졌고, 이후 발칸지역은 보스니아 분쟁 이후 다시 한 번 국제적인 관심지역으로 떠오르게 된다.

이 글에서는 코소보 민족갈등을 세르비아니즘의 확대와 이에 대한 저항이라는 관점에서 분석하고자 한다. 코소보 민족갈등을 연구하기 위한 본장의 구성은 우선 제2장에선 코소보 민족갈등에 대한 이해를 위해 세르비아니즘의 형성배경과 그 내용을 살펴볼 것이다. 세르비아니즘은 중세 세르비아의 발전과 그 영광에 기초하고 있으며, 이후 세르비아인들의 발칸유럽 내 세력확대와 더불어 민족적 위기 때마다 중요한 민족적 구심점으로 작용하여 왔다. 제3장에서는 이에 대한 이해를 기초로 특히 사회주의 유고슬라비아연방 하에서 있어왔던 코소보를 둘러싼 여러 차례의 세르비아니즘 확대 노력과 이에 대한 티토와 연방 내 여타 민족들의 저항 그리고 이러한 코소보 갈등이 사회주의 유고슬라비아연방에 끼친 영향과 전개과정에 대해 살펴 볼 것이다. 이와 함께 1999년 3월 NATO군의 공습으로 시작된 코소보 전쟁의 배경과 이러한 공습이 이 지역 내 민족들과 주변 민족들 그리고 국제질서의 변화에 가져다 준 의미에 대해서 논의해 볼 것이다. 마지막으로 제4장에선 코소보 민족갈등에 대한 전반적인 이해정리와 함께 코소보 전쟁 종결 이후에도 계속되고 있는 이 지역 내 민족갈등을 둘러싼 향후 전망을 논함으로서 결론을 대신하고자 한다.

2. 코소보 민족갈등에 대한 이해: 세르비아니즘의 형성배경과 내용

세르비아니즘은 중세 세르비아 왕국과 당시 최대 전성기였던 스테판 두샨 왕(Kralj i Car Stefan Uroš 4 Dušan: 1331-1355)시절의 영토, 문화적 확대 등 역사적 당위성에 기초하고 있다. 이러한 역사적 당위성을 기초로 세르비아니즘은 19세기 나폴레옹 혁명전쟁 이후 발칸유럽에 근대 민족주의 사상이 전파되면서 세르비아 민족들 사이에 하나의 이데올로기로 정착되게 된다. 이후 1877년 러시아-터키 전쟁의 여파로 형성된 1878년 산스테파노(San Stefano)조약과 베를린(Berlin)조약에 따라 세르비아 근대 민족국가가 수립되면서부터 세르비아니즘은 세르비아 민족주의 표출의 한 형태로써 발전되기 시작했다.

세르비아 남부 산악지대인 라쉬카(Raška) 공국[2]을 중심으로 발전한 중세 세르비아 왕국은 대족장(Veliki župan) 스테판 네마냐(Stefan Nemanja: 1166-1196)시기에 들어와 국가적 기틀을 마련하게 된다. 그는 1186년 이웃 제타(Zeta)공국을 복속하고 국가와 정교회의 강력한 유대관계를 이루어 냄으로써 현재의 코소보-메토히야(Kosovo-Metohija)지역을 중심으로 세르비아 중세왕조의 기틀을 마련하였다.[3] 이후 그의 아들인 스테판 네마니치

2) 라쉬카 공국과 중세 세르비아 왕국의 기원에 관한 자세한 내용은 Vujadin Rudić and Milomir Stepić, "Ethnic Changes in the Raška Region", Dušanka Hadži-Jovančić, (ed.), *The Serbian Question in Balkans*, (Beograd: Faculty of Geography University of Belgrade, 1995) 참조.

3) 코소보란 지명은 원래 오스만 터키의 발칸 지배시절 이 지역을 포함해서 부르던 오스만 행정구

(Stefan Nemanjić: 1196-1228)시대에 들어와 비잔틴의 그늘에서 벗어난 세르비아 독립왕국이 건설되었고(1217), 이어 그의 동생인 성 사바(Sv. Sava)의 노력으로 1219년 세르비아 정교회는 불가리아의 오흐리드(Ohrid)교구로부터 벗어나 독립교구로 발전하게 된다.[4] 그때 이후 코소보는 세르비아인에게 있어 유대인들에게 예루살렘이 지니는 의미와 맞먹는 성스러운 종교적 의미를 지니게 되었다. 세르비아니즘의 원천인 중세 세르비아 네마냐 왕조시절, 왕국의 중심이 이 지역에 위치하고 있었으며, 세르비아인의 정신적 구심점인 세르비아 정교회의 첫 번째 교구가 개설된 장소도 바로 이 지역이기 때문이다[5].

이후 세르비아의 후대 왕들은 이러한 종교, 정치적 안정을 바탕으로 내부적 갈등과 분열을 해결하고, 이웃 불가리아와 비잔틴 제국의 압력으로부터 세르비아 민족의 정체성을 지켜나갈 수 있었다. 특히 세르비아 역사상 가장 위대한 왕으로 칭송 받는 스테판 두샨 시기에 이르러 세르비아 중세 왕조는 최대의 전성기를 맞이하게 된다. 서로마와 비잔틴제국, 소아시아의 중간 교역로에 위치하고 있던 세르비아는 이웃 국가들과의 활발한 중개무역을 통한 부의 축적과 안정된 정치력 그리고 강력한 군사력을 바탕으로 왕국의 영토를 현재의 수도인 베오그라드에서부터 마케도니아, 그리스 남부지역까지 넓혀갔다. 이어 세르비아 독립 정교회 교구를 쥐짜에서 코소보의 페치(Peć)로 옮기고, 1354년에는 비잔틴 법전을 기초로 세르비아 민족

역의 명칭인 코소보 비라예트(Kosovo Vilayet)라는 행정 지역 명칭에서 유래한다. 권혁재, "코소보(Kosovo)분쟁에 관하여". 『동유럽 연구』, Vol. 7, (한국외국어대학교 국제지역센타 동유럽 · 발칸연구소, 1998), p. 3; 코소보는 원래 주도인 쁘리쉬티나(Priština)를 근거지로 한 코소보(Kosovo)지방과 페치(Peć)를 중심으로 한 메토히야(Metohija)지방이 합쳐져 코소보-메토히야(Kosovo - Metohija)로 불리거나 이를 축약해 코스메트(Kosmet)로 불렸다. 하지만 1968년 코소보가 자치주로 승격된 이후 알바니아인들은 세르비아인들과는 상반되게 코소보-메토히야(Kosovo - Metohija)라는 지역 명칭보다는 자치주를 의미하는 코소보(Kosovo)라는 명칭을 더 선호하고 있다.

4) 이에 따라 성 사바는 세르비아 독립 정교회의 초대교주가 되었고, 초대교구는 세르비아 남부도시인 쥐짜(Žica)에 세워졌다.

5) 권혁재, *op. cit.*, p. 4.

의 전통과 관습을 가미시킨 독자적인 세르비아 법전을 완성시켰다[6].

하지만 1355년 46세의 나이로 두샨이 사망하자, 세르비아 왕국은 왕권 다툼으로 인한 내부 분열과 오스만 터키의 침입으로 쇠락하게 된다. 특히 1363년과 1371년에 걸친 오스만 터키와의 전투에서 스테판 우로쉬(Stefan Uroš: 1355-1371) 왕을 비롯한 그 형제들이 모두 사망한 뒤, 세르비아는 오스만 터키의 조공국가로 전락하게 된다. 중세 세르비아 왕국의 쇠락 속에 라자르 흐레베리야노비치(Lazar Hrebeljanović: 1371-1389) 왕자는 헝가리, 알바니아 등 당시 주변 기독교 민족들과 연합을 이루어 1389년 현 코소보언덕에서 무라드 1세(Murad 1: 1359-1389)가 이끄는 대규모 오스만 터키군과의 전투를 벌였다. 하지만 세르비아의 성축일인 6월 28일 비도브단(Vidovdan/ 성 바이터스(Vitus)의 날)에 있었넌 이 전투에서 라자르 왕자의 사망과 함께 세르비아의 연합군은 패배하게 된다.

1389년의 코소보 전투가 세르비아 민족의식과 세르비아니즘 형성에 미친 영향은 매우 컸다. 코소보 전투 이후 이와 관련된 여러 전설들은 훗날 세르비아 민중들에게 민담과 구전문학을 통해 계속해서 전해 내려왔고[7], 오스만 터키 등 외세의 침입이 있을 때마다, 코소보 전투와 그 신화는 세르비아 민족의 저항정신을 고취시켜 왔다.[8] 이에 대해 스타노예 스타노예비치(Stanoje Stanojević)는 이후 코소보는 세르비아 역사에서 제1, 2차 코소보전투와 함께 웅장했던 세르비아 중세왕조의 몰락과 이민족의 세르비아 지배가 시작되는 치욕의 역사로 기록되었고, 훗날 세르비아 민족의식과 세

---

6) 김철민, "제2차 세계대전과 유고슬라비아: 유고슬라비즘과 세르비아니즘의 충돌", 『동유럽 연구』, Vol. 8, (한국외국어대학교 국제지역센타 동유럽 · 발칸연구소, 1999), p. 27.

7) 이에 관련된 모음집으로는 Stojan Novaković, *Kosovo: srpske narodne pesme o boju na Kosovu,* (Beograd: Vukova Zadužbina, 1995) 참조.

8) 이러한 세르비아니즘 형성의 역사적 배경은 NATO군의 코소보 공습이 민심 이반에 따른 밀로쉐비치 퇴진의 가속화를 가져 올 거라는 서방의 예상과는 달리 공습이후 오히려 세르비아인들이 밀로쉐비치를 중심으로 더욱 더 굳건히 항전하게 하는 계기를 만들어 주게 된다. 오히려 이번 공습으로 밀로쉐비치는 세르비아 민족들 사이에 중세 코소보전투에서의 라자르 왕자처럼 묘사되어졌고, 외세에 저항하는 민족 영웅으로 부각되어졌다.

르비아니즘의 출발점으로 인식되게 된다고 말하고 있다.[9)]

500여 년 간 오스만 터키의 지배 하에서도 세르비아인들은 오스만 제국의 종교정책인 밀레트(millet) 제도로 인해 자신들의 종교와 문화를 유지할 수 있었다. 밀레트 제도에 따라 제국내 기독교인들은 밀레트-이-럼(Millet i rum)으로 분류되었는데, 당시 오스만 터키는 이처럼 '민족성(nationality)'보다는 '종교(religion)'에 의해 제국 내 주민들을 구분하여 지배하였다.[10)] 특히 1766년 오스만 제국의 압력에 의해 폐지되기 전까지 세르비아 정교회는 종교뿐만 아니라 세르비아 민족의 역사와 언어 등 모든 면에 있어 민족의식의 유지와 고취에 주요 역할을 담당하게 된다. 그중 보이보디나의 프루쉬카 고라(Fruška Gora) 지역을 중심으로 한 여러 정교회 사원들은 근대 세르비아 민족 정체성 유지와 민족문화의 융성 그리고 무엇보다도 세르비아니즘의 토대를 구축하는데 중요한 역할을 수행하였다.

19세기 초 세르비아는 오스만 제국의 지배를 벗어나 근대국가로 독립하려는 움직임을 전개하게 된다. 18세기 이후 쇠락해져 가던 오스만 제국을 재건하기 위해 술탄들은 여러 개혁정책들을 시도하였으나, 기독교 용병부대이자 당시 제국의 주요 세력이었던 야니챠르(janjičar)들의 기득권 축소에 대한 강한 반발로 별 실효를 거두지 못하였다. 술탄들의 개혁정책 실패와 뒤이은 야니챠르들의 폭정과 수탈로 어려움을 겪던 세르비아 농민들은 마침내 1804년과 1815년에 걸쳐 러시아 등 주변 외세의 지원을 업고 제1, 2차 독립전쟁을 일으키게 된다.[11)] 세르비아에 이어 1821년에는 루마니아의

---

9) Stanje, Stanojević, *Istorija srpskoga naroda*, (Beograd: Izdavačka knjižarnica napredak, 1996), pp. 192-193.

10) John V.A. Fine, "The Medieval and Ottoman Roots of Modern Bosnian Society", Mark Pinson (ed.), *The Muslims of Bosnia-Hercegovina*, (Cambridge: Harvard Univ. Press, 1994), p. 12; 제국 정부는 해당 밀레트의 수장(종교 지도자)에게 징세나 치안 유지와 같은 제국의 업무를 대행하고 그와 같은 업무가 정상적으로 이루어지는 한 일정한 자치권을 부여하였다. 이와 같은 한 사회의 내부 집단을 종교에 따라 분리한 밀레트 제도는 오스만 터키의 사회적 계층을 회교도와 비회교도로 이분하는 결과를 낳게 되었다. 김성환, "보스니아 무슬림의 종족 기원연구", 『동유럽 연구』, Vol. 7, (한국외국어대학교 국제지역센터 동유럽 · 발칸연구소, 1998), p. 69.

11) 카라조르제 페트로비치(Karađorđe Petrović)가 이끈 제1차 세르비아 혁명(Prvi srpski ustanik,

몰다비아와 왈라키아 그리고 그리스에서도 역시 독립전쟁이 시작되었다. 당시 남진(南進)정책을 추진하고 있던 러시아는 이들을 도와 오스만 제국과의 전쟁에서 승리하여 1829년 아드리아노플(Adrianople)조약을 맺었고, 이 조약에 따라 세르비아는 근대국가 수립의 기초가 된 자치정부를 수립하게 된다.

이후 세르비아는 여러 정치적 어려움과 외세의 간섭을 이겨내고 마침내 1878년 근대 독립국가로 성장하였다. 하지만 당시 세르비아는 외세로부터 독립은 인정받았으나, 세르비아니즘의 주요 영토적 목표였던 코소보와 보스니아 지역 그리고 몬테네그로를 통한 아드리아해로의 해상통로 확보가 당시 동진(東進)정책을 추진하고 있던 오스트리아의 방해로 실패하게 된다. 20세기를 전후해 양국은 식민지 획득을 위한 동진 정책과 세르비아니즘의 확대를 둘러싼 갈등을 계속해서 겪어야 했고, 이어 이러한 갈등은 제1차 세계대전으로 이어졌다.

근대 세르비아니즘은 1844년 일리야 가라샤닌(Ilija Garašanin)에 의해 처음으로 제창되었는데, 그는 중세 두샨왕조의 영토적 당위성을 기원으로 한 대(大)세르비아(Velika Srbija) 국가 건설을 세르비아 근대국가의 모델로 설정함으로써 세르비아니즘의 이론적 기틀을 마련하였다. 그는 이를 위해 세르비아를 중심으로 코소보를 비롯해 이웃한 몬테네그로와 보이보디나, 크로아티아 그리고 보스니아 지역을 통합할 것을 주장하게 된다. 이러한 주장은 민족주의의 파급과 함께 이들 지역에 거주하고 있던 세르비아인들의 커다란 호응을 얻었고, 이어 세르비아의 지도력 하에 남슬라브족의 통일이 가능하리라는 생각들이 확대되어갔다. 특히 가라샤닌이 제창한 세르비아니즘은 근대왕국의 기틀을 다졌던 미하일로 오브레노비치(Mihailo Obrenović:

1804-1813)은 마흐므드 2세(Mahmud Ⅱ, 1808-1839) 시기 이후 시작된 강력한 진압과 더불어, 나폴레옹의 러시아 원정에 따른 러시아군의 후퇴로 실패하게 된다. 이후 1815년 나폴레옹 혁명전쟁이 실패로 돌아가자, 러시아와 오스트리아 등 주변의 열강들은 발칸지역에 대한 관심을 다시 가질 수 있었다. 이후 1815년 밀로쉬 오브레비치(Miloš Obrenović)는 주변 외세의 지원을 바탕으로 오스만 제국에 대한 제2차 세르비아 혁명(Drugi srpski ustanik, 1815-1830)을 일으켰다.

섭정기 1839-1842; 1860-1868) 시기에 들어와 더욱 더 이론적으로 정교해졌고, 그는 군사력 증대를 통해 오스만 제국으로부터의 완전 독립과 영토확장을 위해 오-헝 제국 내 슬라브인들에게도 이러한 세르비아니즘 확산을 추진하게 된다. [12]

이러한 생각은 페테르 카라조르제비치(Peter I Karađorđević: 1903-1918) 시기에 들어와 더욱 더 구체화된다. 오브레노비치가의 견제로 45년 간을 프랑스 등에서 망명생활을 해야 했던 페테르는 근대 세르비아 국가에 서구적이고도 근대적인 개혁을 시도하였다. 그는 가라샤닌에 의해 이론화 된 세르비아니즘을 기초로 발칸유럽 내 강력한 세르비아 왕국을 건설하고자 했다. 이를 위해 그는 시민 자유와 민주화 그리고 최초의 입헌정부 수립 등으로 내치를 다지고, 외부적으로는 주변 외세들과 견주면서 제1, 2차 발칸전쟁(1912, 1913)을 통해 대규모 영토 확장을 이루는 등 중세 두샨왕 이후 세르비아니즘 확대를 통한 '세르비아의 르네상스기'를 구축하게 된다.

하지만 20세기 초 발칸전쟁은 영토와 민족구성 그리고 문화와 역사가 서로 복잡하게 얽혀있던 이 지역 내 민족갈등을 자극시켰고, 이러한 갈등은 열강들의 이해관계와 얽혀 1914년 6월의 사라예보 총격사건을 계기로 세1차 세계대전을 불러일으키게 된다.

제1차 세계대전은 세르비아인들에게 엄청난 인적, 물적 피해 외에도 세르비아니즘의 확대억제라는 결과를 낳았다. 당시 대전에서 승리한 연합군은 발칸유럽의 안정과 주변 민족 간 갈등을 방지하기 위해 세르비아니즘의 확대를 견제하고자 했다. 이런 일환으로 연합군은 세르비아 왕조 하에 세르비아 본토와 보스니아 지역을 영토적 토대로 독립 국가를 건설하려던 세르비아 망명정부의 의도를 저지하게 된다. 그리고 이들에게 일리리즘(Illyrism/ ilirizam)을 토대로 남슬라브 민족들의 평등에 기초한 연방창립을 주장하던 슬로베니아, 크로아티아 세력과 협상하도록 했다. 이에 따라 양측

12) 김철민, "제2차 세계대전과 유고슬라비아: 유고슬라비즘과 세르비아니즘의 충돌", 『동유럽 연구』, Vol. 8, (한국외국어대학교 국제지역센터 동유럽 · 발칸연구소, 1999), pp. 27-28.

은 최초의 남슬라브족 통합국가에 대한 합의문인 '크르푸 협정'을 이끌어 내게 된다.[13] 이에 대해 슬라벤코 테르지치(Slavenko Terzić)를 비롯한 다수의 세르비아 민족주의 학자들은 이러한 평등에 기초한 남슬라브족 통합국가건설은 발칸유럽에서 세르비아니즘 확대를 견제하려는 연합군 측의 일방적인 압력과 일리리즘을 빌미로 내세운 슬로베니아, 크로아티아의 일시적인 현실타개책에 불과하다고 비판하고 있다.[14]

프랑스를 비롯한 연합군의 압력 속에 1918년 12월 마침내 세르비아 출신의 알렉산다르 카라조르제비치(Aleksandar Karađorđević: 1918-1934)를 왕으로 인정하는 '세르비아-크로아티아-슬로베니아 왕국(Kraljevina SHS)'이 선포되게 된다. 하지만 최초의 남슬라브족 통합국가인 이 왕국은 그 출발부터 많은 대내외적 어려움을 안고 있었다. 그 이유는 왕국을 구성한 양측의 인식이 전혀 다르게 해석되었기 때문이다. 즉 크로아티아와 슬로베니아인들은 남슬라브족의 주요 3민족으로 이루어진 신생 왕국을 19세기 이후 자신들이 추구하여 왔던 민족 간의 평등과 일리리즘에 기초한 연합국가로 인식하였던데 반해, 세르비아인들은 이 신생 왕국을 근대 세르비아 국가 이후 계속해서 추진해 온 세르비아니즘의 완성으로 인식하였기 때문이다.

하지만 제2차 세계대전 이전까지 전개된 양측 간의 첨예한 갈등은 제2차 세계대전 이후 티토를 중심으로 한 파르티잔의 등장으로 새로운 국면을 맞이하게 된다. 제2차 세계대전을 거치면서 티토는 다양한 민족과 문화 그리고 종교로 구성된 유고슬라비아 내 민족들을 단결시키기 위한 통합 이데올로기를 제시하려 했고, 이러한 대안으로 나온 것이 민족 간의 '형제애와 일

---

13) Fred Singleton, *A Short History of the Yugoslav Peoples*, (Cambridge: Cambridge Univ. Press, 1985), p. 127.

14) 테르지치는 또한 이로 인해 제1차 세계대전에서 막대한 손실(대전에서 이전 2,900,000명의 인구 중 43%인 1,247,000명 〈민간인 845,000명/ 군인 402,000명〉 이 사망)을 감수하며 연합군 편에 가담해 싸웠던 세르비아가 이를 보상받기보다는 오히려 구축군 하에서 저항하였던 슬로베니아와 크로아티인들이 이익을 보게 함으로써 결과적으로 이 지역에 대한 세르비아니즘 구축에 손해를 입혔다고 주장하였다. Slavenko Terzić, "The Right to Self-Determination and the Serbian Question", Dušanka Hadži-Jovančić (ed.), *The Serbian Question in Balkans*, (Beograd: Faculty of Geography, Univ. of Belgrade, 1995), p. 41.

치(bratstvo i jedinstvo)'를 기초로 한 민족정책인 유고슬라비즘이었다. 이러한 유고슬라비즘은 과거 크로아티아와 슬로베니아 지식인들이 주장하였던 남슬라브족 통합과 일리리즘 운동에 기초하고 있었다.[15] 이와 함께 대전 당시 체트니크(četnik)를 중심으로 세르비아니즘을 재건하려 했던 세르비아인들의 희망은 제2차 세계대전 이후 티토의 파르티잔군이 승리함으로써 그 의미를 상실하게 된다.

사회주의 유고슬라비아연방의 기초는 티토가 연방건설에서 내세웠던 유고슬라비즘의 유지와 세르비아니즘 등 문화적 민족주의에 대한 확대방지에 있었다. 하지만 이러한 티토의 저항에도 불구하고 세르비아니즘은 계속해서 부활과 그 확대를 추진하여 왔고, 그 우선적인 대상에는 코소보에 대한 지배권 강화가 있었다.

3. 코소보 민족갈등의 양상과 전개과정

3.1. 사회주의 유고슬라비아연방 하에서 코소보 민족갈등의 양상

오스만 터키의 침략 이전 이 지역은 알바니아인들과 세르비아인들이 서로 혼재되어 같이 살았으며, 세르비아인들은 주로 세르비아 정교회를 그리고 알바니아인들은 정교회와 가톨릭을 서로 공유하고 있었다. 하지만 1389년 6월 기독교 연합군과 오스만 터키군과의 제1차 코소보 전쟁 이후 이 지역이 터키의 지배 하로 들어가자 터키의 이슬람화 정책에 따라 많은 사람들 특히 그 지역 알바니아인들 다수가 이슬람교로 개종하게 된다.[16] 이후 15세기 초까지 지속된 세르비아인의 코소보 지역 이주는 오스만 터키의 발칸지배와 함께 중단되고, 코소보 지역에 거주하던 많은 세르비아인들과

15) 김철민, *op. cit.*, 1999, p. 44.

16) 여기에는 물론 당시 가톨릭과 정교회로부터 이단으로 몰려있던 보스니아의 보구밀(Bogumil) 교도들과 보스니아 교회의 신봉자들 그리고 파타레니(Patareni) 교도들도 포함되어 있었다.

다른 슬라브인들은 헝가리나 트란실바니아(Transylvania) 지역으로 이동하기 시작하였다.[17)]

제1차 세계대전 이후 코소보 지역은 최초의 남슬라브족 국가인 '세르비아-크로아티아-슬로베니아 왕국'에 의해 강제적으로 합병되게 된다. 하지만 이후 이를 벗어나고자 했던 두 차례에 걸친 알바니아인들의 독립혁명은 세르비아 군대에 의해 무자비하게 진압되었다. 제2차 세계대전 중 독일과 이탈리아는 유고슬라비아왕국을 해체하여 구축군들의 보상물로 전락시켰으며, 이런 과정 속에 코소보 지역은 대전 초기 신생 알바니아 국가에 편입되었다가 이후 이탈리아의 지배 하에 들어가게 된다. 하지만 제2차 세계대전 종전 무렵에는 티토의 파르티잔군이 코소보 지역을 점령함으로써 이 지역은 이후 세르비아의 영향력 하에 다시 놓이게 되었다. 이와 함께 알바니아 공산당을 이끌면서 공산화 운동을 주도하였던 엔베르 호자(Enver Hoxa)가 알바니아 공산화를 지원하겠다는 티토의 약속을 조건으로 코소보 지역에 대한 영유권을 포기함으로써 코소보 내 알바니아인들의 지위가 다시 한 번 크게 위축되게 된다. 이후 1944년을 비롯해 여러 차례 독립을 위한 코소보 알바니아인들의 시위가 일어났고, 그때마다 이러한 독립시위는 세르비아인을 주축으로 한 파르티잔군에 의해 진압되었다. 그리고 이후 코소보는 사회주의 유고슬라비아 연방 하에서 세르비아의 한 지방 혹은 연방의 한 주로 남게 된다.

이때 이후 세르비아는 코소보 지역에서의 역사성과 민족 정체성 보존을 이유로 이 지역에 대한 지배권을 확대시켜 간다. 이런 과정 속에 코소보 내 세르비아인들과 알바니아인들 사이에는 끝임 없는 갈등과 분쟁이 일어났다. 특히 세르비아인들과 알바니아인들 사이의 분쟁은 사회주의 유고슬라비아 연 방하에서 나름대로 연방 내 민족정책의 전환을 가져왔던 역사적인 사건들과 맞물려 이전의 역사에서보다는 좀 더 첨예한 대립양상으로 확대되어 갔다. 즉 코소보 내 갈등과 분쟁은 단순히 세르비아와 알바니아 양 민

17) 권혁재, *op. cit.*, p. 10.

족들 간의 대결이 아닌 사회주의 유고슬라비아연방을 구성하고 있는 모든 민족들과 중요한 연관성을 지니고 있었다.

사회주의 유고슬라비아 연방 하에서 코소보 지역의 갈등과 분쟁을 둘러싼 역사적 단계는 크게 네 가지 사건들로 나누어 설명할 수 있을 것이다. 우선 첫 번째 사건은 사회주의 연방 성립 이후 세르비아 민족의 대변인이자 특히 코소보 내에서 세르비아니즘의 확대를 위해 노력하여 왔던 알렉산다르 란코비치(Aleksandar Ranković)의 1966년 티토 관저 도청사건을 들 수 있다. 이 사건 이후 연방 내에선 란코비치 지도하에 자행된 여러 테러의 대상자들중 하나였던 코소보 내 알바니아인들의 지위향상에 대한 논의가 일어났고, 1968년 마침내 코소보는 세르비아의 한 지방에서 떨어져 나와 본격적인 자치권을 얻게 된다. 두 번째 사건으로는 티토의 사후를 대비하고 다민족 국가인 유고슬라비아연방을 유지하기 위한 일환으로 채택된 1974년 신헌법(Novi ustav)을 들 수 있다. 세르비아의 강력한 저항에도 불구하고 신헌법에 따라 코소보는 집단대통령제(Predsedništvo)하에서 하나의 구성국으로 연방 내 대표권을 행사하게 된다. 세 번째 사건으로는 1980년 5월 티토의 사망 이후 일어난 코소보에서의 공화국 지위요구 시위이다. 이 시위에서 코소보 내 알바니아인들은 연방 내 분리된 코소보 공화국(Republika Kosova) 탄생과 주민족(narod)으로써의 지위를 요구하였다. 사회주의 유고슬라비아 연방 내 코소보와 관련된 중요한 사건의 마지막은 80년대 이후 확대되고 있던 코소보 내 알바니아인들 시위와 진상조사차 1987년 코소보에 내려온 슬로보단 밀로쉐비치의 코소보 언덕에서의 연설 그리고 1989년 3월 코소보 자치권 폐기를 들 수 있다. 1987년 밀로쉐비치는 코소보 내 세르비아인들에게 강력한 민족주의 발언을 함으로써 세르비아인들 사이에 세르비아니즘 확대의 주역으로 급부상하게 된다. 이를 기회로 1989년 세르비아 대통령에 당선된 이후 그는 코소보와 보이보디나에 대한 모든 자치권을 폐지하고 사회주의 유고슬라비아연방 내 세르비아니즘 확대를 선언함으로써 연방붕괴의 시발점을 제공하게 된다.

이처럼 사회주의 유고슬라비아연방 하에서 제기되었던 코소보에 관한 일련의 사건들은 주로 세르비아의 세르비아니즘 확대와 이에 대한 주변 타 민족들의 저항에서 비롯된 것이다. 즉 코소보 내 알바니아인들의 민족적 지위와 자치권의 확대는 세르비아인들의 입장에선 세르비아의 기득권 억제와 영향력의 감소를 의미하였다. 반면 코소보 문제는 여타 공화국내 민족 특히 연방 내 세르비아의 독주와 영향력 확대를 견제하고자 했던 크로아티아인들과 슬로베니아인들에게 있어선 사회주의 유고슬라비아 연방 하에 있는 모든 민족의 평등과 연방유지의 필수조건인 세르비아니즘 확대의 억제로 인식되었기 때문이다.

우선 코소보 내 민족정책과 지위 상승의 전환점을 일으킨 사건으로 1966년 당시 연방 부통령이자 비밀경찰의 총수였던 알렉산다르 란코비치 사건을 들 수가 있을 것이다[18]. 1960년대 이후 전개된 일련의 개혁정책들은 연방 내 여러 지역에서 민족주의 움직임을 확대시키고 있었다. 자신이 이끄는 비밀경찰(UDB-a)을 통해 이러한 일련의 시위와 민족주의 활동들을 조사하고 있던, 란코비치는 특히 코소보-메토히야(Kosovo-Metohija) 지방에서의 알바니아 민족주의자들의 활동에 많은 관심을 가져왔다. 이 지역이 세르비아인들에게 중요한 성지라는 이유와 더불어 계속해서 증대되는 알바니아 인구수와 민족주의 확대 그리고 이에 따른 세르비아인들의 영향력 감소를 막기 위해 란코비치는 조직적인 알바니아인 탄압과 테러를 자행하게 된다. 하지만 이러한 비밀경찰의 지나친 간섭과 탄압은 알바니아인들뿐만 아니라 당과 군내에서 반발을 일으켰고, 이에 따라 티토의 지시 아래 군 정보국에서 직접 란코비치와 비밀경찰들의 활동을 감시하기 시작하였다. 이러한 조

18) 사회주의 유고슬라비아연방에서 60년대를 거치며 일어난 활발한 경제개혁은 곧 이어 정치개혁의 요구를 불러왔다. 60년대를 거치면서 계속된 일련의 개혁조치들은 란코비치를 비롯해 이에 반대하는 반개혁세력들의 불만을 야기하게 되었다; 쁘레챠니(prečani) 출신인 란코비치는 1961년 시장 사회주의(market socialism) 요소 도입을 위한 개혁과 1965년 은행과 가격통제 완화를 위한 개혁에 반대함으로써 티토와 여러 개혁가들로부터 견제를 받아왔다. David A. Dyker, "Yugoslavia: Unity out of Diversity?", Archie Brown & Jack Gray (eds.), *Political Culture and Political Change in Communist States*, (New York: Macmillan, 1979), p. 94.

사과정에서 군정보국은 란코비치가 당 고위관료들과 심지어 티토의 관저까지 도청하고 있다는 사실을 발각하게 된다. 이어 1966년 7월 이스트라(Istra) 반도 인근의 휴양지인 브리오니(Brioni)섬에서 이를 논의하기 위한 당 고위회의가 열렸고, 여기서 란코비치는 사조직을 통한 비밀경찰 운영과 도청 남용 등의 죄목으로 제2차 세계대전 중 얻었던 각종 직위와 함께 모든 공직을 박탈당하게 된다. 얼마 후 그는 연방의회와 당에서도 축출되게 되나, 세르비아인들의 정서를 감안하여 감옥에 투옥되지는 않았다.[19)]

이러한 란코비치 사건은 세르비아 민족주의자들의 활동과 세르비아니즘의 확대를 크게 위축시켰다. 반면 란코비치의 퇴진과 비밀경찰기구에 대한 숙청은 코소보 내 알바니아인들에게 커다란 힘을 부여하여 주게 된다. 1968년 6월 베오그라드 학생데모대에 대한 탄압과 더불어 동년 11월 코소보 알바니아인 데모대 구호 중에 등장한 '코소보 공화국'이라는 용어는 세르비아인들의 공포를 격화시키는 계기가 되었다.[20)] 1966년 코소보에서의 반(反)알바니아 정책을 쓴 란코비치의 퇴각 이후 계속된 정치적 완화 분위기 속에서 코소보 내 알비니아인들은 자신들에 대한 세르비아인들의 차별 문제를 부각시키려 노력했다.[21)] 이 결과 코소보는 마침내 1968년 헌법수정을 통해 그 지역명칭을 이전의 단순한 세르비아내 코소보-메토히아 혹은 이를 줄여 쓴 코스메트(Kosmet)라는 명칭에서 '코소보 사회주의 자치주(SAP Kosovo: Socijalistička autonomina pokrajna Kosovo)'라는 명칭으로 승격되었다. 이와 함께 그들의 알바니아 국기사용 허가와 알바니아어 사용 그리고 알바니아 역사교육의 인정 등 폭넓은 자치권을 획득하게 된다.[22)]

---

19) 이후 그는 1983년 사망할 때까지 베오그라드에 머무르면서 어떠한 정치적 활동도 재기하지 않았다. 그는 세르비아 민족이익의 대변인으로서 특히 코소보 지역에 있어 세르비아인들의 영웅적 민족주의자로 자주 인용되었고, 1983년 9월 조용히 치러진 그의 장례식에서 그의 이상과 행동에 동조하였던 수천 명의 세르비아인들이 묘지에 헌화하였다는 사실이 밝혀졌다.

20) Ivo Banac, "The Fearful Asymmetry of War: The Causes and Consequences of Yugoslavia's Demise", *Daedalus*. (Spr, 1992a), pp. 147-148.

21) 이러한 알바니아 시위대들의 요구에 중앙정부는 적극적인 대처보다는, 오히려 이들과의 정치적 협상을 추진하여 시위 주동자들을 주요 정책 입안자로 임명함으로써 코소보에서 세르비아의 영향력이 급속히 감소되게 된다.

이러한 코소보를 둘러싼 알바니아 민족주의의 발효는 세르비아인들의 민족정서를 더욱 자극하였고, 이후 세르비아니즘을 기초로 코소보에서의 기득권과 역사적 정통성을 지키려는 세르비아인들과 이 지역을 자 민족이 중심이 된 순수한 알바니아 자치국가로 만들려는 알바니아인들 간의 민족 갈등이 더욱 더 심화되게 된다.

사회주의 유고슬라비아연방 하에서 코소보를 둘러싼 두 번째 사건은 1974년 신헌법의 형성이라 할 수 있다. 1966년 란코비치 사건과 1971년 일어난 크로아티아 '자그레브 봄(Proleće Zagreba)' 사건을 거치면서 세르비아와 크로아티아의 문화적 민족주의 움직임을 저지한 티토는 자신의 사후에도 유고슬라비아연방의 존속을 위해 1974년 신헌법을 제정하였고, 여기에서 집단 대통령제 도입과 이를 뒷받침 할 여러 제도들이 정비되게 된다.

우선 집단 대통령제는 1970년 10월 21일 자그레브에서 티토가 집단 대통령제를 각 공화국의 평등한 권리에 바탕을 둔 유고슬라비즘의 기초임을 역설하였던 데서 기초하고 있다. 1963년의 신헌법을 보완하고 1967년, 1968년 헌법수정과의 연관선상에서 발표한 1971년 헌법수정시 연방수준에 기초하여 각 공화국에서 2명씩, 자치주에서 1명씩, 모두 14명의 집단 대통령이 등장하였다. 이러한 일련의 헌법수정들은 1974년 신헌법 제정시 그 기초를 형성하고 있다. 1967년부터 1974년까지 7년에 걸쳐 이루어진 이러한 신헌법의 주 내용은 1963년 헌법 때처럼 티토의 파르티잔 동지이자 탁월한 사회주의 이론가인 슬로베니아의 에드바르드 카르델리(Edvard Kardelj)의 주도적 역할에 의해 이루어졌다. 하지만 1971년 '자그레브의 봄'으로 비유되는 크로아티아에서의 시위에 대한 집단대통령들의 대처능력에 한계를

22) 이때 이후 코소보주는 보이보디나 자치주와 같은 동등한 정치적, 경제적 그리고 민족적 지위를 누리게 되었다. 이어 이웃 알바니아 공화국에서 사용하는 붉은 바탕위의 검은 독수리 문장인 알바니아 국기가 코소보의 지방기로 사용하는 게 허락되어졌다. 또한 헌법수정에 따라 베오그라드 대학교의 부설학교를 대신하여 코소보의 주도인 쁘리쉬티나(Priština)에 알바니아에서 지원하는 쁘리쉬티나 대학교가 설립되었고, 여기에서는 알바니아어와 문학, 그리고 민족 문화와 역사가 알바니아 수도 티라나(Tirana)에서 직접 파견된 알바니아 교수들에 의해 가르쳐졌다.

느낀 티토는 1972년 10월 의장직(Predsednik Predsedništva)을 역임하게 된다. 이것은 티토의 퇴임 이후를 겨냥한 조치로 1974년 헌법 이후 각 공화국과 자치주에서 한 명씩 대표가 나오고, 1979년부턴 윤번제로 돌아가며 의장직을 역임하는 것으로 보완되었다.[23)]

1974년 헌법은 동년 5월에 치른 제10차 당대회와 함께 다음과 같은 특징을 지니고 있다. 첫 번째 특징은 지나친 분권화와 자유화가 유고슬라비아 연방의 발전을 해칠 수 있다며 레닌의 이념인 '민주 집중제(Demokratski centralizam)'로 다시 복귀할 것을 천명하였다는 점이다. 두 번째는 '노동자 자주관리(Radničko samoupravljanje)'에서 '자주 관리된 사회주의적 사회(Samoupravno socijalističko društvo)'로의 확대를 들 수 있다. 이것은 슬로베니아와 크로아티아의 입장을 반영한 것으로 각 공화국과 지방의 권리를 최대한으로 보장한다는 조치였다. 세 번째는 각 공화국과 자치주의 평등이 보장되면서 각자 한 명의 대표를 뽑아 연방의 대표의장직을 잇게 하는 집단대통령제의 실제적인 도입이다. 네 번째 유고슬라비아연방을 지탱하는 축으로 '당(SKJ)'과 '군(JNA)'의 역할을 강조하였다는 점이다(김철민, 1997: 170).

406항과 300여 페이지에 달하는 1974년의 신헌법은 세계에서 가장 복잡하고 긴 헌법으로 기본적으론 유고슬라비아연방의 유지라는 전제 하에 기존의 '연방(federation)'에서 일종의 '연합(confederation)'의 형태에 더 비중을 둔 헌법이었다. 즉 연방정부는 1974년 헌법과 이후 이를 보완하여 1976년에 발표한 '조합법(Zakon o udruženom radu)'에 의거 국방, 외교와 더불어 거시경제만 책임짐으로써 각 공화국들에게 상당한 자율성이 부여되게 된다. 또한 세르비아 내 코소보와 보이보디나에도 공화국과 동등한 자치권을 부여함으로써 세르비아니즘 확대와 세르비아 영향력 억제에 초점을 맞추었다. 하지만 1968년 코소보 자치권 부여 이후, 더욱 확대된 코소보의 자치권은 세르비아인들의 민족적 피해의식을 일으켜 훗날 티토 사망 이후

23) 김철민, *op. cit.*, 1997, p. 169.

1974년 헌법존속에 대한 격렬한 논쟁을 일으키게 하였다.[24] 이러한 논쟁결과 1989년 밀로쉐비치는 세르비아 대통령 당선 이후 1974년 헌법이 세르비아인들에 대한 지나친 억압과 피해의식을 불러왔다고 주장하며, 일방적으로 폐지할 것을 선언하게 된다. 또한 이와 함께 그는 코소보의 모든 자치권을 회수함으로서, 이후 이를 저지하려는 크로아티아와 슬로베니아 공화국들과의 갈등과 함께 연방붕괴의 원인을 제공하였고, 코소보 내 분쟁 심화의 배경을 낳았다.

1980년 5월 4일 오랫동안의 투병 끝에 티토가 81세의 나이로 사망하였다. 33명의 국가원수와 16명의 정부대표가 그의 장례식에 참여하였고 이는 세계에서 그의 정치적 위상과 국제적 중요성을 잘 보여주는 것이었다. 하지만 유고슬라비아연방 내에는 그의 카리스마와 권력에 상응할만한 인물을 찾을 수 없었다. 권력이양의 원활함을 위해 티토가 사망하기 몇 달 전부터 실질적인 집단대통령제하의 연방통치가 실행되고 있었지만, 티토의 죽음과 함께 유고슬라비아연방은 심각한 경제문제와 더불어 코소보 내 알바니아인들의 폭동으로 시련을 겪게 된다. 실제로 이러한 문제들은 유고슬라비아연방의 운명을 결정지을 중요한 사안이었다.

구(舊)유고슬라비아 정부는 이 두 문제를 해결하기 위해 여러 처방을 제시하였으나, 연방 내 모든 민족들로부터 공감대를 지니고 이를 추진할 인물이 부재하였다. 결국 계속된 단기 처방으로 만족해야 했고, 점차적으로 문화적 민족주의를 지향하는 세력들이 힘을 얻기 시작하게 된다. 특히 코소보 내 알바니아인들의 독립 요구와 이를 위한 연이은 폭동은 세르비아인들을 자극하였고, 이에 따라 연방을 유지하려는 세력들을 더욱 더 어렵게 하였다.[25]

---

24) 1974년 헌법으로 인한 세르비아의 불만은 1977년 7월 당시 세르비아의 당 서기였던 드라고슬라브 드라자 마르코비치(Dragoslav Draža Marković)에 의해 표면화되기 시작했는데, 그는 1974년 헌법에서의 민족 간 평등이 세르비아의 불평등을 기초로 이루어졌다고 비판하였다. 하지만 티토의 1974년 헌법에 대한 세르비아의 적극적인 반대운동은 1980년 티토의 죽음 이후에서야 비로소 본격적으로 대두되게 된다. Ivo Banac, *op. cit.*, 1992a, pp. 148-149.

25) 60년대 이후 유고슬라비아 중앙정부에서는 코소보 내 알바니아인들의 경제·사회적 불만과 민족적 지위 요구를 완화하기 위해 이들에게 경제발전과 그 토대를 위한 자금지원에 주력하였

1968년 이전까지 베오그라드 대학의 부설학교로 세르비아 공화국과 연방으로부터 자금을 지원 받았던 쁘리쉬티나 대학교는 1968년 자치주 승격 이후 알바니아 민족 중심의 교육이 허락되는 대신에 학교 운영상의 어려움을 겪어야 했다. 특히 1970년대 말에 들어와 어려워진 연방경제로 말미암아 쁘리쉬티나 대학의 상당수 졸업생들이 적절한 직장을 확보하지 못하게 된다. 또한 이러한 고등실업자가 증대와 더불어, 경제적 어려움과 정부 지원의 축소 그리고 세르비아와 알바니아 민족 간의 빈부(貧富)차 확대는 사회불안을 야기하였다. 이렇게 되자 코소보 내 세르비아인들은 경제적으로 좀 더 나은 세르비아 본국으로 이주하기 시작하였고, 이러한 추세는 1961년 인구통계지표에서 23.6%를 차지하였던 세르비아인이 1981년 조사에선 13.2%로 줄어들었음을 볼 때 확인할 수가 있다.[26] 이에 대해 세르비아의 밀리보르 요바노비치(Milibor Jovanović)는 1987년 1월 당 연설에서 인구비례에 따른 코소보 문제의 심각성을 문제 삼으면서 1981년부터 1986년 사이 세르비아인과 몬테네그로인의 인구통계를 제시하였다. 이 통계에 따르자면 코소보 내 이들 민족들은 1981년 조사에 비해 약 8.7%, 인구수로는 20.456명이 감소하였다는 점을 확인할 수 있다.[27] 즉 연방성립 이후 점차적으로 코소보에서 세르비아인들의 슬라브적 요소는 계속 반감되어 갔고, 이것은 과거 이 지역이 세르비아인들에게 있어 신성시된 지역(세르비아 정

다. 실제 코소보에 할당된 자금 중 상당수는 코소보 지역 경제성장을 위한 하부조직과 훈련원 양성에 투자되게 된다. 하지만 연방주의자들의 생각과는 달리 오히려 이렇게 교육받은 알바니아 지식인들과 중산층들은 80년대 이후에 들어와 더욱 더 알바니아 민족주의를 부르짖었으며, 곧 이어 코소보의 쁘리쉬티나(Priština) 대학교는 알바니아 민족주의 운동의 중심지가 되었다.

26) 코소보에서 알바니아인의 인구증가, 그리고 세르비아인과 몬테네그로인의 인구감소는 심각한 문제를 낳았다. 1981년 당시 이 지역 인구는 제2차 세계대전 이후 117.7%가 증가하였다. 알바니아인들이 1948년 이후 146.2%(1,227.424명으로 전체 코소보인구의 77.5%를 차지) 증가한데 반해 세르비아인과 몬테네그로인은 18.3%(236,667명으로 코소보 전체인구의 14.9%만을 차지) 증가에 멈추었다. 세르비아인과 몬테네그로인들이 1948년 코소보 전체인구의 27.5%를 차지한 것에 비한다면 현격한 저하를 볼 수 있다. 김철민, *op. cit.*, 1997, p. 171; 민족구성에 따른 인구분표의 변화는 Branko Petranović & Momčilo Zečević, *Jugoslavija 1918/1988: tematska zbirka dokumenata*, (Beograd: Rad, 1988), p. 1250 참조.

27) *Ibid.*, p. 1293.

교회의 본산지)이라는 관점에서 볼 때 매우 자존심이 상하는 부분이었다. 반면 알바니아인들의 입장에선 자신들이 다수의 민족을 차지하고 있음에도 불구하고, 코소보에 남아있는 세르비아인들의 대다수가 이 지역에서 공무원, 군, 경찰, 당 관료, 의학 그리고 법조계 등 주요 상위그룹에서 활동하는 데 대한 피해의식이 확대되어 왔다. 이러한 코소보 내 알바니아인들의 피해의식과 불만은 80년 티토의 죽음 이후 이 지역에 남아있던 세르비아인들에 대한 폭행과 테러의 급증을 불러왔다.

티토 사망 이후 일어난 코소보 내 알바니아 폭동으로 상당수의 시위주동자들이 체포되었고, 이어 이들에게 민족주의자라는 죄목으로 장기간의 투옥이 결정되게 된다. 하지만 이러한 결정은 그동안 쌓아온 쁘리쉬티나 알바니아 대학생들이 불만을 촉발시켰다. 1981년 3월 마침내 학생기숙사의 빈약한 주거조건과 학생들의 취업문제에 항의하는 쁘리쉬티나 대학생 시위가 일어났고, 이어 알바니아 노동자들과 일반 시민들이 이에 가세함으로서 상황은 급변하기 시작했다. 이들 시위대는 코소보 내 세르비아인들과 몬테네그로인들에 대한 테러를 공개적으로 자행하면서, 이들 민족들이 코소보를 떠날 것을 요구하였다. 그리고 동등한 시민권과 부의 평등 그리고 정치범 석방 등을 주장하게 된다. 하지만 이러한 시위대의 요구는 곧 이어 코소보 자치 공화국 수립과 더불어 마케도니아 내 알바니아인들과의 연합 그리고 이웃 알바니아로의 합병 등의 요구로 확대되었고, 이러한 요구는 세르비아인들과 주변 국가들을 자극시켰다.

이들 시위대에 대한 세르비아 경찰의 강력 진압 속에 일부 알바니아인들이 사망한 사건이 발생하게 된다. 유고슬라비아정부는 곧 이어 11명의 알바니아 시위대가 사망하였고 57명이 체포되었다고 공식 발표를 하였다. 하지만 이러한 유혈진압소식은 코소보 내 알바니아인들 더욱 자극하였고, 곧 이어 코소보에서의 폭동이 전역으로 확대되게 된다. 상황이 이렇게 되자 연방정부는 이를 진압할 연방군대를 파견하였고, 코소보 전역에 계엄령을 선포하였다. 이어 유고슬라비아연방의 여타 지방들을 잇는 모든 교통과 통신이 두절되고, 주도인 쁘리쉬티나에는 야간 통행금지가 발효되면서 5인 이상의 집회가 금지되었다.[28] 세르비아 공화국은 코소보 데모대의 요구를 지지하는 일부 연방기구들과 공화국들을 맹렬히 비난하였고, 이후 이러한 코소보 문제는 계속해서 세르비아인들의 피해의식을 확대시켰다.

마지막으로 사회주의 유고슬라비아연방 하에서 코소보를 둘러싼 사건으로는 1987년 코소보 언덕에서 밀로쉐비치의 세르비아니즘 재천명과 이에 따른 그의 정치적 부상 그리고 1989년 코소보 자치권 폐지를 들 수 있다. 1985년 5월 세르비아 민족주의의 주요 대변단체였던 '세르비아 과학예술 아카데미(SANU: Srpska akademija nauka i umetnosti)'에서 유고슬라비아 현실에 대한 통렬한 비판과 함께 티토를 반(反)세르비아주의자로 규정하였다. 이 단체에서는 또한 세르비아 경제가 슬로베니아와 크로아티아 공화국들에 의해 예속 당하고 있고, 티토에 의해 만들어진 1974년 신헌법이 철저히 세르비아를 억압, 분할하기 위한 전략적 차원에서 만들어졌다고 주장하였다. 그리고 공화국으로의 분리를 요구하는 코소보 내 알바니아인들에 대한 강력한 진압촉구와 더불어 코소보와 크로아티아 내에 있는 세르비아 소수민족들의 권익보호를 요구하였다. 이러한 티토의 과거 정책들에 대한 비판과 세르비아의 요구소건들은 다분히 세르비아니즘의 위기인식과 티토체제 하에서 세르비아인들이 희생자였다는 인식에서 비롯된 것이다.

계속되는 세르비아 민족주의 확대 속에 1987년 8월 24일과 25일에 걸쳐 코소보 내 알바니아 폭동을 진상조사차 내려 온 밀로쉐비치는 코소보 언덕에 모여든 세르비아 민중들을 향해 세르비아 민족주의에 대한 그의 이상을 역설하게 된다. 이 사건은 민족적 피해의식 속에 사로잡혀 있던 세르비아인들에게는 알렉산다르 란코비치 이후 새로운 세르비아니즘 대변자의 탄생을

28) 코소보에서의 위기가 진정되자 언론과 정부 그리고 당내에서 이를 둘러싼 논쟁이 확대되었다. 결국 이러한 논쟁에서 연방유지를 위해 어떠한 민족주의적 시위나 요구를 인정하지 않겠다는 공식발표가 있었고, 시위 주동자와 이를 지지했던 여러 단체들과 대학교수 그리고 행정 공무원들에 대한 대대적인 숙청이 진행되게 된다. 마케도니아에서도 알바니아 시위를 지지한 사람들을 중심으로 이와 유사한 숙청작업이 진행되었다.

의미하였으나, 연방 내 다른 민족들에게는 세르비아니즘의 확대로 인한 공포를 확산시키는 계기가 된다. 세르비아를 제외한 여타 공화국들의 강력한 비난 속에서 밀로쉐비치는 몬테네그로와 보이보디아 그리고 코소보에서 연일 관제데모를 유도하였고, 이어 이들 지역에 기존 정치세력대신 세르비아니즘 확대에 동조하는 세력들을 확대시켜 갔다.

1988년 이후 밀로쉐비치의 의도에 의해 추진되던 1974년 신헌법에 대한 개정작업이, 1989년에 들어와 세르비아 단독으로 입법화되면서, 코소보와 보이보디나에 대한 자치권이 폐지되게 된다. 코소보 자치권에 대한 폐지는 곧 이어 코소보 내 알바니아인들의 강력한 저항을 낳았다. 계속된 저항과 이에 대한 강력한 진압 속에 1990년 2월에는 다시 30여명의 알바니아인들이 사망하는 사건이 발생하게 된다. 더욱 더 거세진 알바니아인들의 저항 속에 세르비아 공화국은 코소보 내 모든 공공기관을 폐쇄하고 언론을 장악하였으며, 이어 자체적인 민병대를 조직해 코소보 내 세르비아인들을 보호하였다.

당시 코소보에서의 이러한 상황은 연방의 다른 공화국 특히 세르비아니즘의 확대에 부정적인 입장을 강하게 표출하고 있던 크로아티아와 슬로베니아의 연방 탈퇴 움직임을 가속화시키는 계기가 된다. 슬로베니아에선 개혁 공산주의자로 이후 자유선거에서 초대 대통령이 된 밀란 쿠찬(Milan Kučan)을 중심으로 연방탈퇴와 함께 점진적 서구화를 통한 유럽연합 가입을 요구하는 시위가 확산되고 있었다. 크로아티아에서도 과거 티토의 동지이자 강력한 크로아티아 민족주의자였던 프란요 투즈만(Franjo Tudjman)을 중심으로 세르비아가 주도하는 사회주의 유고슬라비아연방에서 탈퇴하여 순수한 크로아티아 민족국가를 수립하려는 움직임이 확대되고 있었다. 코소보에서의 계속된 유혈진압과 밀로쉐비치의 세르비아니즘 확대 천명에 대해 슬로베니아와 크로아티아의 여러 신문과 잡지 그리고 지식인들 사이에선 이를 비난하는 장과 글들이 계속해서 제기된다.

1990년 1월 공산당대회에서 향후 유고슬라비아의 정치체제 구성을 두고 세르비아 주도하의 연방유지를 주장하던 세르비아 공화국과 연방의 정치체제를 유럽연합과 같은 느슨한 연합체제로 전환할 것을 주장하던 슬로베니아, 크로아티아 공화국사이에 격론이 일어났다. 이어 유고슬라비아연방유지의 한 축이던 유고슬라비아 공산당의 기능이 정지되었다. 그리고 유고슬라비아연방을 구성하는 6개 공화국 모두에서 전후 최초의 복수정당제 자유선거가 실시되었고, 이 선거에서 각 공화국마다 유고슬라비아 공산당이 대패하고 민족주의 정당들이 출현함으로서 사회주의 이념을 기초로 형성된 사회주의 유고슬라비아연방은 사라지게 된다.

결국 사회주의 유고슬라비아연방 하에서 계속된 이러한 코소보 내 갈등과 분쟁 그리고 1989년 자치권 박탈은 여타 공화국들에게 유고슬라비즘의 기초인 연방 내 민족들의 평등과 자치권 확대라는 전제하의 연방존속에 회의를 낳았고, 이어 구성 공화국들의 연방탈퇴과정에 나타난 유고슬라비아 내전과 보스니아 내전 그리고 1999년 3월의 코소보 전쟁이 발발하게 되는 원인을 제공하여 주었다.

3.2. 코소보 전쟁(1999)의 배경과 의미

사회주의 유고슬라비아연방에서 민족들 간의 갈등이 첨예하게 대두되고 있을 즈음 코소보 알바니아인들은 1991년 코소보의 독립을 묻는 투표를 실시하게 된다. 이후 알바니아 자치의회는 코소보의 독립을 선언하고 1992년 의회와 대통령 선거를 실시, 이브라힘 루고바(Ibrahim Rugoba)를 코소보의 새 대통령에 임명하지만 세르비아에 의해 이 모든 행위는 불법으로 간주되었다. 1989년부터 1992년까지 주 유고슬라비아 미국대사를 역임하였던 와렌 지메르만(Warren Zimmermann)은 1989년 코소보 자치권 폐지 이후 1999년 코소보 전쟁 전까지 코소보를 가장 잘 묘사하는 단어는 '단절(division)'이었다고 정의 내리고 있다. 실제1989년 이후 밀로쉐비치가 이끄는 정부의 모든 조직에서 알바니아계는 철저히 축출되었고, 알바니아계

도 자신들이 배제된 어떠한 조직에도 협력하려 하지 않았다.[29)]

1995년 보스니아 분쟁을 종결짓는 데이턴 합의안(Dayton Aggrement)이 이루어질 당시 코소보의 알바니아계는 자신들의 향후 거취문제가 논의될 것으로 기대하였으나, 이러한 기대는 협상 당사자 중 한 명이었던 밀로쉐비치의 강력한 반발로 인해 의제에 오르지도 못하였다.[30)] 보스니아 평화안이 실시된 이후 미국과 서구의 이 지역에 대한 관심은 감소하였고, 이러한 틈을 이용, 밀로쉐비치는 좀 더 치밀하고 계획적으로 코소보 내 알바니아인들에 대한 탄압을 진행시켜 갔다. 또한 알바니아인들도 이러한 탄압에 저항하기 위해 코소보 독립을 위한 민족운동(LKÇK: Levizja Kombetare per Çlirimin e Kosoves)이라는 지하단체를 좀 더 확대시켜 만든 준군사조직인 코소보 해방군(UÇK: Ushtria Çlirimtare e Kosoves)을 창설하기에 이른다.[31)]

양측 간의 유혈충돌과 계속된 보복으로 민간인들에 대한 인명피해가 속출하였고, 이내 코소보 내 알바니아계는 UN에 코소보 내 민족갈등을 중재해 줄 것을 요청하게 된다. 1989년 자치권 폐지 이후 확대된 코소보에서의 민족갈등과 유혈충돌 사태는 1998년 2월 28일 코소보에서 순찰 중이던 세르비아 경찰 4명이 코소보 독립을 추진하는 코소바르(Kosovar)[32)]에 의해 살해됨으로써 좀 더 복잡한 양상으로 확대되게 된다. 곧 바로 코소보 내 알바니아인들에 대한 세르비아 경찰의 보복과 진압이 이어졌으며, 이에 저항

---

29) 알바니아계는 코소보에서 행해지는 세르비아계 주도의 모든 선거를 거부하였고, 선출된 코소보 내 어떤 세르비아계 권력도 인정하려하지 않았다. 이후 알바니아계는 행정관서는 물론 학교, 대학, 병원 그리고 의료기관에서 조차도 축출되거나 거부되어지게 된다. Warren Zimmeramnn, "The Demons of Kosovo", *The National Interest*, Vol. 52, (Sum., 1998), p. 6.

30) Kofos Evangelos & Thanos Veremis, "Kosovo: Efforts to Solve the Impasse", *The International Spectator*, Vol. 33, No. 2, (1998), pp. 134–135; Richard Caplan, "International diplomacy and the crisis in Kosovo", *International Affairs*, Vol. 74, No. 4, (1998), p. 750.

31) 당시 코소보 내 알바니아계는 1996년 이웃 알바니아에서의 폭동으로 인해 유출된 각종 무기를 대거 유입하였고, 이를 기초로 세르비아 경찰부대에 대한 군사저항의 기틀을 마련하게 된다.

32) 코소보 내 알바니아계의 입장을 옹호하고 있는 노엘 말콤(Noel Malcom)의 코소보에 관한 역사(*Kosovo: A Short History*, New York: New York Univ. Press, 1998.)라는 책에 의하자면 코소바르(Kosovar)란 용어는 코소보의 원주민 혹은 코소보의 독립과 자치권 재획득을 바라는 세력들을 뜻하는 의미로 사용하고 있다.

하는 코소보 알바니아 반군 간의 격돌로 유혈 충돌이 확대되어, 이내 코소보 내 세르비아인과 알바니아인들 사이의 민족갈등은 국제적 관심사로 부각되게 된다. 이에 따라 1998년 6월 보스니아 평화안 발표 이후 해제되었던 세르비아에 대한 경제금수조치가 다시 취해졌고, 코소보에서의 세르비아 경찰부대 퇴각을 조건으로 한 군사대응이 논해지기 시작했다. 이후 밀로쉐비치는 이러한 국제적 압력에 굴복, 공습 예고 하루 전날인 1998년 10월 13일 경찰부대를 세르비아 본토로 철수시킨다는데 합의하였다.

하지만 1999년 초에 들어와 코소보에서의 유혈충돌이 다시 재현되자, 서구는 코소보 문제를 해결하기 위한 6개국의 접촉그룹(미국, 영국, 독일, 프랑스, 이탈리아, 러시아)을 결성하게 된다. 코소보 평화를 위한 회담이 프랑스 파리인근의 랑부예에서 여러 차례 이루어졌다. 1999년 2월 6일부터 23일까지 지속된 랑부예 협상에서 세르비아와 알바니아 대표단은 이 안의 주 내용이 많은 문제점을 지니고 있다며 협상을 거부하였다. 협상안의 내용 중 가장 걸림돌이 되었던 것은 크게 두 가지 항목이었다. 첫 번째는 '코소보의 독립 문제를 3년 뒤에 논의'하자는 안이고 두 번째는 '코소보 지역에 NATO군을 중심으로 한 국제 평화 유지군의 주둔'이라는 문제였다. 알바니아계는 코소보의 독립을 더 이상 미룰 수 없다며 첫 번째 안에 반발하였고, 세르비아는 자국 영토에 외국 군대를 주둔할 수 없다는 이유로 두 번째 안에 대해 강력히 반발하였다.

미국과 서구의 계속된 압력과 군사적 위협 속에 코소보 알바니아계 대표단은 3월 18일 랑부예에서 결정된 평화안에 대한 무조건적 서명을 하였던데 반해, 세르비아 대표단은 자국 영토에 대한 외국군대의 주둔이 유고슬라비아 국가의 '주권'을 침해할 수 있다며 평화안에 대한 서명을 거부하게 된다. 미국과 NATO는 평화안 협정을 거부한 세르비아에 대한 군사적 대응을 선언하고 마지막으로 홀부르크 특사를 협상 차 세르비아로 보내었다. 하지만 마지막 협상이 결렬된 것을 확인한 미국은 UN안보리의 결의 없이 3월 23일 NATO군에게 세르비아와 코소보에 대한 공습을 지시 내리게 된다.

미국을 위시한 NATO군의 코소보와 세르비아 본토에 대한 공습은 79일 동안 지속되었다. 하지만 공습이 오랜 기간 동안 지속되는데 대한 미국과 NATO의 부담감이 확대되었고, 또한 세르비아 측에서도 공습으로 인한 경제적, 인명피해가 확대되어 갔다. 결국 러시아의 적극적인 개입에 따라 세르비아는 6월 10일 세르비아군의 즉각적인 철수와 UN평화유지군의 코소보 주둔을 원칙으로 하는 코소보 평화안에 동의함으로써 79일 간의 코소보 전쟁은 종결되게 된다.

하지만 코소보 분쟁의 당사자인 세르비아인들과 알바니아인들이 향후 코소보의 진로를 바라보는 큰 시각차로 인해 코소보 전쟁 종결 이후에도 이 지역 문제 해결을 위한 양측 간의 합의가 쉽지 않으리라 예상할 수 있다. 1989년 이후 확대된 코소보 내 민족 갈등을 해결하기 위해 양측은 합의점을 도출하기 위한 다방면의 노력을 하여왔다. 하지만 계속된 논의 속에서도 양측 모두를 만족시킬 수 있는 해결방안이 없다는데 코소보 전쟁이 끝나 1주년이 지난 현재에도 그 문제의 심각성이 존재하고 있다.

이러한 양측 간의 서로 다른 견해는 코소보 전쟁이 있기 얼마 전인 1997년 8월에 실린 세르비아의 대표적인 잡지 '시대(Vreme)'의 여론조사에서도 분명히 보이고 있다. 이 여론조사에 따르자면 코소보의 알바니아인들은 '코소보의 독립'이라는 항목에 98%의 적극적인 긍정을 보낸 반면 세르비아인들은 단지 2%만이 이를 찬성하고 있다. 또한 세르비아가 주장하고 있는 '코소보 자치권의 취소'에 대해 세르비아가 73%의 찬성을 보내고 있는 반면, 알바니아인들은 92%가 반대 입장을 보였다. 현재 서방의 일각에서 코소보 민족갈등의 평화안으로 거론되고 있는 '인구교환을 통한 코소보 분할'에 대해선 이 당시 조사에 따르자면 세르비아인들은 84% 그리고 알바니아인들은 92%의 반대 입장을 보였다.

〈표 1〉 코소보 문제에 대한 1997년 8월 2일자 『Vreme』 여론조사결과

결정 모델	찬 성		반 대	
	세르비아인	알바니아인	세르비아인	알바니아인
1974년 헌법에 기초한 자치주회복	3%	25%	78%	71%
모든 자치권 취소	73	2	11	92
알바니아국가에 속한 코소보	1	60	96	34
인구교환을 통한 코소보 분할	6	3	84	92
신유고슬라비아연방하에서 공화국지위로써 코소보	4	24	90	69
코소보 독립	2	98	87	1
국제특별지역으로써의 코소보	1	51	81	37
새로운 대안합의때까지 국제적인 보호하의 코소보	2	68	82	23

이러한 양 민족 간의 첨예한 견해 차이와 함께 코소보에서의 분쟁이 결코 이들 양 민족 간의 문제로만 끝나지 않는다는데 문제의 심각성이 존재하고 있다. 코소보 내에서의 민족 간 분쟁 확대는 곧 바로 발칸의 주변 국가들 특히 1990년대 이후 극단적 알바니아 민족주의로 치닫고 있는 이웃 알바니아와 인구 200만 중 알바니아 민족이 적게는 22%-30%를 차지하는 이웃 마케도니아에서 연일 코소보 알바니아인들의 세르비아로부터의 독립을 요구하는 시위 발생을 낳고 있다.[33] 또한 이러한 발칸유럽 알바니아인들의 민족주의 연대움직임은 주변 국가들, 즉 세르비아와 그리스 그리고 불가리아 터키 등과의 외교적 연결 고리를 따라 거대한 국제문제로써 확대될

33) 마케도니아인 들과 알바니아 소수민족과의 민족갈등 원인중 하나는 알바니아인들이 다수 거주하고 있는 서부 마케도니아지역에 대해 일리리다(Ilirida)라는 명칭으로 자치권을 부여해줄 것을 요구하는데서 비롯된다. 하지만 마케도니아 정부는 이러한 알바니아인들의 요구를 이웃 코소보에서의 사례를 들어 거절하고 있다. 마케도니아 정부는 이러한 알바니아 민족주의자들의 요구가 코소보를 비롯해 이웃 알바니아 국가와 통합한 대(大)알바니아(Great Albania)국가로 가려는 의도에서 비롯되었다고 판단하고 있기 때문이다. 이에 대한 자세한 내용은 본 책 '제6장, 마케도니아: 마케도니아 민족 정체성을 둘러싼 문화 갈등과 그 양상' 편을 살펴볼 것.

가능성을 다분히 내포하고 있다.

세르비아 정부와 국방부는 특히 티토의 죽음 이후 1980년대 들어와 가열되어 가던 코소보에서의 알바니아인들 자치권 요구확대와 공화국으로의 승격요구가 코소보분쟁의 원초를 제공한 주된 요인이었다고 주장하여 왔다. 이와 동시에 코소보 분쟁 이후 격화된 코소보에서의 알바니아인들 독립요구가 세르비아뿐만 아니라 발칸유럽의 주변 국가들에게도 분쟁 확대로 이어질 거라 경고하였다.[34] 즉 코소보에서의 알바니아 독립요구는 이후 마케도니아 특히 이들이 다수 거주하고 있는 서부 마케도니아에서의 알바니아인들 독립요구로 이어질 것이고 또한 그리스 서·북부와 세르비아 남부 그리고 몬테네그로 동부에 거주하는 알바니아인들을 자극하게 될 것이라는 점이다. 실제 발칸유럽에 대(大)알바니아 국가를 수립하려는 알바니아 민족주의자들의 의도에 대해 발칸의 여러 국가와 민족들은 세르비아의 이러한 주장에 공감하고 있으며, 이러한 점이 코소보 분쟁에 적극적인 참여를 바랬던 서구의 요구에도 불구하고 그리스와 마케도니아 등이 소극적인 자세로 나왔던 한 이유이기도 하다.

이러한 폭발성을 알고 있던 미국과 서유럽은 코소보 민족갈등에 신속한 대응을 취하게 된다. 하지만 미국이 주도했던 NATO군의 코소보 공습은 미국이 공습이유로 내세웠던 소수 민족의 인권 문제가 아닌 스캔들로 인한 클린턴 행정부의 위기 탈출용이라는 비난과 함께, NATO창설 50주년을 맞이하는 시점에 유럽 내에서 미국이 주도하는 NATO의 역할과 위상에 대한 제고가 필요하였다는 측면이 더 큰 비중을 차지하였다고 볼 수 있다. 따라서 코소보 공습 이후에도 미국은 러시아와 중국을 대표하는 공습 반대국가들로부터 이러한 공습이 인권을 가장한 주권침해 행위였다는 비난을 계속해서 받아야 했다.

이러한 공습의도 때문이었는지 모르나 전쟁이 끝나 공습 1주년을 맞는 현재의 코소보는 여전히 코소보를 여전히 자신의 종교적 성지이자 중세국

---

34) 세르비아 행정부 *http://www.mup.sr.gov.yu.*

가 발원지로 중요시 여기는 세르비아인들과 미국과 국제적인 지지를 바탕으로 독립 국가를 건설하려는 알바니아인들과의 긴장과 분쟁이 계속 이어지고 있다. 비록 올 초 미국의 클린턴 대통령이 발칸유럽 순방 길에 코소보의 평화와 안정을 지켜줄 것을 약속했으나, 얼마 뒤 2월에는 코소보 북부 세르비아 공화국과 인접하고 있는 코소보스카 미트로비차(Kosovska Mitrovića) 마을에서 양 민족들 간의 유혈 충돌이 발생하였다.

코소보 전쟁이 끝난 이후 세르비아인들이 대거 세르비아 본토로 이주함에 따라 대부분의 코소보 지역이 알바니아 민족들 관할로 넘어갔으나, 코소보 제3의 도시이자 세르비아의 군사, 경제적 전략도시인 코소보스카 미트로비차만큼은 북부의 세르비아인들과 남부의 알바니아인들 사이에 여전히 긴장상태에 놓여 있었다. 코소보 전쟁 종결 이후에도 현재까지의 양 민족 간 충돌로 이 지역에서만 100여명의 사상자가 발생하고 있다. 또한 1000여명의 알바니아인들이 다시 자신의 근거지를 버리고 알바니아인들이 다수 거주하는 남부 코소보로 이주해야 했다. 이후 이처럼 코소보스카 미트로비차에서 발생한 양 민족 간의 충돌은 현재 코소보 전역으로 확대될 조짐을 보이고 있다.

하지만 무엇보다도 문제는 이러한 양 민족 간의 충돌을 막아야 할 다국적군으로 구성된 코소보 평화유지군(KFOR)이 제대로 그 역할을 수행하지 못한다는데 그 심각성이 있다 하겠다. 실제 코소보 평화유지군은 이 지역에서 세르비아인들에 대한 폭탄테러가 발생한 후 일어난 알바니아인들에 대한 세르비아 측의 보복과 살해에 이바르(Ibar)강을 경계로 양 민족을 분리하는 것 외에 별 다른 조치나 사건 수습을 취하지 못하고 있다. 오히려 3월에 들어와선 이러한 양 민족 간의 테러와 보복소식이 코소보 전역에 알려지면서 이바르 강을 경계로 양 민족들이 집결하면서 평화유지군은 중간에서 양측의 공격을 받아야 했다. 곧 이어 NATO군은 이 지역에 2000여명의 추가병력을 파견하기로 하고, 양 민족의 지도자들에게 자제를 촉구하였으나 아직까지 양 민족 간의 긴장이 지속되고 있는 상황이다.[35)]

이처럼 코소보에서의 민족갈등은 1999년 미국이 주축이 된 NATO군의 공습 종결에도 불구하고 현재까지 끊이지 않고 있으며, 향후에도 이러한 문제 해결이 매우 어려울 것으로 보인다. 이러한 배경으로는 크게 다음과 같은 4가지 문제를 들 수가 있다. 첫째는 서구 강대국들의 이해관계 충돌로 인해 이 지역의 문제해결이 쉽지 않으리라는 전망이다. 실제 공습 이후에도 이전처럼 이 지역을 들러 싸고 러시아와 중국을 비롯한 공습 반대세력과 미국과 서유럽 국가들을 중심으로 한 공습 옹호세력들 간의 대결 양상이 계속해서 확대되고 있다. 러시아는 발칸유럽에서의 영향력을 계속 유지하기 위해 세르비아를 지지하고 있으며, 중국도 또한 초강대국으로서의 미국을 견제하기 위해 세르비아의 주장에 동조하고 있다. 반면 미국은 NATO의 신(新)전략개념 즉 기존의 방위개념에서 공격개념으로 전환을 위한 시험무대로서의 코소보의 중요성과 향후 여타 지역에서 다시 등장할지도 모를 소(小)패권주의에 대한 견제 그리고 발칸유럽에서 러시아를 대신해 미국의 영향력을 증대시키기 위해 코소보에 대한 세르비아 영향력 확대를 억제시키려 하고 있다. 여러 논란에도 불구하고, 코소보 분쟁 및 독립을 둘러싼 미국의 발칸유럽 전략(이해영역 확대 및 견고화)은 실제 러시아의 그루지야 침공 즉 러시아 소수 민족을 위한 러시아의 그루지야 침공의 정당성을 제공하였다. 더불어 2008년 겨울에 일어났던 우크라이나를 통한 에너지 무기화, 이후 전개된 2013년 우크라이나 사태 개입과 크림 반도 병합 등을 확인할 수 있듯이 과거 '이해 영역(Interest sphere)'들에 있어 러시아의 완충지대(buffer-zone)를 구축하는 명분 또한 제공하였다고 볼 수 있다. 따라서 점차 신냉전 시대로 접어들고 있는 21세기 현재 코소보의 향후 미래는 이러한 양대 세력 간의 대결 양상과 그 결과에 따라 결정되어질 것으로 보인다.

두 번째로는 세르비아인들의 주권 침해와 세르비아니즘에 대한 피해의식을 어떻게 극복해 나가냐는 문제이다. 밀로쉐비치와 세르비아인들은 계속해서 이번 코소보 공습이 주권을 가진 한 국가에 대한 주권침해 행위였

---

35) 코소보 평화정책 *http://www.inti-crisis-group.org/projects/kosovo*

음을 강조하여 왔다. 또한 코소보 공습 이후 세르비아니즘 확대의 대표지역이었던 코소보에 대한 피해의식은 세르비아인들에게 큰 상처를 남겨주었다. 특히 공습이 끝나고 코소보의 독립 문제가 본격화 되고 있는 현재 알바니아인들의 세르비아계에 대한 역보복 문제는 세르비아 내 세르비아 민족주의를 자극하고 있으며, 또한 이러한 결과는 처음 미국과 NATO가 공습 이유로 내세웠던 소수 민족의 인권 문제가 형평성을 잃었다는 지적을 낳고 있다는 점이다. 더불어 러시아와 세르비아 등의 강력한 반대에도 불구하고, 코소보 독립이 국제사회에 인정되게 될 경우 코소보 내 세르비아 소수민족에 대한 지위를 어떻게 규정하고 이를 보장해 줄 것인지에 대해 국제사회의 역할이 매우 중요한데 반해 세계적 금융 위기의 여파로 인해 이에 대한 관심이 매우 줄어들고 있는 게 사실이다.

세 번째는 모순적이지만 EU 집행부가 공식적으로 코소보의 독립을 승인했음에도 불구하고, EU내 일부 국가들이 자국 내 소수 민족 문제들을 들어 이를 반대하고 있는 점을 통해 확인할 수 있듯, 상당수의 서유럽, 발칸유럽 국가들과 세르비아가 또 다른 유럽 내 '이슬람 중심 국가' 등장에 대한 거부감이라는 공동의 목표를 지니고 있다는 점이다. 세르비아는 계속해서 알바니아인이 중심이 된 코소보 독립은 곧 이어 주변 마케도니아 내 알바니아인과 알바니아 국가의 통합을 불러 올 것이고, 이것은 발칸유럽의 불안정을 가져올 것이라 주장하여 왔다. 이러한 주장에 대해 비록 NATO의 일원으로 참전하였으나, 전통적, 문명적으로 반(反)이슬람적 성향을 띠고 있는 서유럽 국가들, 특히 발칸유럽 내 상당 국가들은 코소보 독립 문제에 대해 부정적인 시각을 지니고 있다는 점이다.

네 번째 문제로는 과거 1999년 코소보 공습이 UN을 배제한 미국과 NATO의 독자적인 결정이라는 측면에서 이 지역 문제를 해결할 주체의 혼선을 들 수 있다. 즉 보스니아 정부가 한 국가의 주권 수호 차원에서 스스로 서구의 지원 공격을 요청했던 보스니아 분쟁 때와는 달리, 1999년 코소보 전쟁은 UN과 안보리 등 여러 국제기구들의 반대를 무릅쓴 미국과

NATO의 일방적인 공습이었다는 측면에서 국제법상의 문제를 낳았다. 현재 미국과 NATO는 향후 코소보의 처리 문제에 관련한 이행을 공습시 배제하였던 UN에 떠넘기고 있다. 하지만 코소보 평화 구축을 수립하려 했던 UN은 코소보에서 수차례 발생한 민족 간 갈등 및 충돌을 제대로 조정하지 못하였고, 이후 계속된 코소보 독립 문제를 둘러싼 합의를 수년 동안 주도했음에도 불구하고 결국 실패하였다. 이러한 UN의 실패는 곧 바로 코소보 알바니아 정부의 일방적 독립 선언으로 이어졌고, UN의 반대에도 불구하고 과거 코소보 전쟁 개입 당시처럼 미국 및 이를 따르는 서방 세력들의 일방적 승인으로 이어지고 있는 실정이다. 실제 코소보 공습 이후 국제 분쟁의 해결에 있어 UN의 위상이 보다 추락하고 있고, 따라서 UN의 해결 주체 자로써의 능력 한계와 이를 악용하려는 국세 세력들 간의 갈등으로 인해, 이후 발생할 수 있는 코소보 내 여러 민족갈등 및 독립 문제 합의 또한 수월하지 않을 것으로 예상된다.

3.3 코소보 전쟁 후 코소보와 코소보 평화 협정의 이행 현황

코소보의 평화 협정은 1999년 3월 24일 코소보와 세르비아 본토에 NATO군이 무력 공격을 하기 이전부터 비롯되었다고 볼 수 있다. 1998년 2월 28일 코소보 지역을 순찰 중이던 세르비아 경찰 4명이 알바니아 무장단체인 코소보 해방군에 의해 살해당한 후 코소보 해방군에 대한 세르비아 군의 대대적 소탕 작전이 개시되게 된다. 뒤 이어 보스니아 내전 이후 또 다시 새로운 발칸유럽 분쟁이 대두될 것을 우려한 미국과 유럽의 요청에 따라 세르비아에 대한 UN의 제재 조치가 다시 취해지게 된다. 당시 코소보는 1998년 6월에 들어서면서 이미 지역의 40% 이상이 알바니아 무장 세력인 코소보 해방군에 의해 장악되어 있었고, 이를 수복하려는 세르비아측의 군사 공격이 뒤를 잇고 있었다. 따라서 미국의 압력과 NATO군의 무력시위가 계속 진행되고 있었지만, 자신들의 성지이자 민족정신의 구심체였던 코소보를 알바니아인에게 빼앗길지도 모른다는 우려를 지니고 있던 세르비아로선 서방의 요구를 일방적으로 받아들이기가 매우 어려운 상태였다.[36] 따라서 세르비아는 한편으로는 코소보 내 알바니아인에 대한 군사 공격중지, 알바니아 지도자들과의 대화 재개 그리고 국제 감시단 입국 허용 등을 담은 서방측의 '코소보 평화안'에 합의하려는 자세를 보이면서도, 다른 한편으로는 계속해서 코소보 내 알바니아인에 대한 반격과 잃어버린 코소보 지역을 장악하기 위한 군사 작전을 구사하는 이중적 전략을 추진하게 된다.

NATO의 군사적 압력 결정과 UN의 제재 조치에도 불구하고 세르비아군의 코소보 내 알바니아 반군들에 대한 탄압이 지속되게 되자, UN 안보리는 1998년 9월 23일 '코소보 결의안'의 필요성을 역설하게 되었고, 10월부터는 코소보 공습을 시사한 미국 그리고 NATO와의 실질적 평화 협상이 전개되게 된다. 하지만 여기서도 세르비아는 그 합의를 깨트렸고, 이에 대해 미국 등 서방은 세르비아에 대해 코소보 사태 해결을 위한 본격적인 회담을 제안하게 된다. 그 결과 1999년 2월 6일부터 2월 20일까지 프랑스 파리 인근의 랑부예에서 '코소보 평화 회담(일명, 랑부예 회담)'이 개막되었고, 세르비아측 대표와 코소보 알바니아계 대표 그리고 미국을 비롯한 6개의 관계그룹(Contact Group: 프랑스, 영국, 이탈리아, 독일, 러시아)이 회담에 참여하였다. 당시 미국 등 서방측은 시한으로 정한 2월 20일까지 세르비아가 '코소보 평화안'을 받아들이지 않을 경우, NATO군의 코소보 주둔을 추진할 것이라는 내용을 통보하게 된다. 이에 대한 세르비아측의 강력 반발 속에 회담은 동년 2월 23일 그리고 그 뒤에는 3월 15일까지 연기되었고, 이런 가운데 또 다시 코소보 내에서 세르비아군과 코소보 해방군 간의 격렬한 무력충돌이 다시 발생하게 된다.

미국은 다시 랑부예 평화 협정을 보다 다듬어 기존의 조건에 '코소보 독

36) 코소보 문제를 국제사회에서 해결할 것을 요구하는 미국과 UN의 계속된 압력 속에서 세르비아는 1998년 4월 '코소보 문제 해결을 위한 외국의 중재안 수용'에 대한 내용을 국민투표에 부치게 된다. 그 결과 투표자의 97%가 코소보 문제에 대한 외부 세력의 개입을 반대한다는 입장을 밝혔다. Warren Zimmeramnn, *op. cit.*, p. 8.

립 논의를 3년 뒤로 유예 한다'는 내용과 '코소보에 NATO군을 파견해 평화 유지를 담당 한다'란 내용을 더 첨가해 알바니아계와 세르비아측에 통보하게 된다. 계속된 미국의 압력 속에 알바니아계는 1999년 3월 18일 이안에 서명하게 되지만, 세르비아는 주권 문제를 내세워 'NATO군 대신 UN군으로 구성된 평화유지군을 파견시킬 것'을 요청하였고, 이러한 요청은 미국에 의해 거부당하게 된다.[37] 이어 1999년 3월 23일 NATO 사무총장의 세르비아 공습 명령이 지시되었고, 3월 24일 새벽 마침내 세르비아에 대한 NATO군의 공습이 감행됨으로써 '코소보 전쟁'이 시작되게 되었다.

처음 단기간에 끝날 것이라는 예상과는 달리 코소보 전쟁이 장기전으로 돌입하게 되자, 미국 등 서방 선진 7개국(G7: 미국, 독일, 영국, 프랑스, 이탈리아, 일본, 캐나다)과 러시아 등 G8 외부장관들은 1999년 5월 6일 코소보 전쟁의 평화를 위한 원칙에 합의하였고, 6월 2일 러시아와 EU측 특사는 세르비아의 밀로쉐비치를 만나 이러한 뜻을 전하였다. 뒤 이어 6월 3일 세르비아는 G8이 제시한 '코소보 평화안' 즉 러시아를 포함한 약 5만 명의 NATO 평화유지군이 코소보를 5개 구역으로 나누어 평화 유지 업무를 수행할 것이라 발표하였고, 유고슬라비아 의회에서 이러한 내용이 승인되게 된다. 이후 1999년 6월 10일, 양측은 코소보에서의 세르비아군 즉각 철수, 추후 UN 평화유지군의 코소보 주둔을 원칙으로 하는 코소보 평화안에 서로 합의하였고, 이에 따라 79일 간의 코소보 전쟁은 종결되게 된다.

이후 코소보 평화 문제는 1999년 6월 10일 UN 안전보장이사회에서 결의한 '1244 결의(SCR 1244: Security Council Resolution 1244)'를 기초로, '코소보 UN임시행정임무(UNMIK: The UN Interim Administration Mission in Kosovo)' 부서와 NATO가 주도하는 '코소보 평화유지군

37) 미국과 NATO는 세르비아의 수정된 제안 즉, NATO군 대신에 UN군 파견 요청이 자신들의 평화안을 거부한 것으로 받아들였고, 이어 세르비아에 대한 군사적 대응이 선언되게 된다. 미국은 마지막 평화 제스처로 홀부르크 특사를 세르비아에 파견하였으나, 밀로쉐비치와의 협상이 별 다른 성과를 얻지 못했다는 것을 확인한 후, UN안보리의 결의 없이 1999년 3월 23일 NATO군에게 코소보와 세르비아 본토에 대한 공습을 지시 내리게 된다.

(KFOR: Kosovo Force)'이 코소보 평화 정착을 위한 UN 감시 역할과 평화 활동을 진행하고 있는 상황이다. 이들은 무엇보다도 코소보 거주민들의 평화적이며 안정적인 삶을 보장할 의무 이행과 더불어, 20여만 명에 달하는 추방자들과 망명자들의 방해 없는 귀환 보장 그리고 세르비아로부터 코소보에 대한 보다 폭 넓은 자치권을 부여하도록 유도할 임무를 지니고 있다.

UNMIK는 '주권 국가(세르비아)내의 또 다른 주권 정부'란 독특한 형태를 띠며 코소보의 여러 행정 제반 업무를 수행하고 있는 데, UN의 'SCR 1244'에 따라 현재 코소보의 행정, 입법, 사법의 실질적인 권한은 UNMIK의 'UN 사무총장 특별 대리인(SRSG: Special Representative of the Secretary-General)'에게 주어져 있다. 2009년 4월 현재는 2008년 2월 코소보가 일방적으로 독립을 선언한 이후 미국과 여러 서구 국가들의 승인에도 불구하고, 독립 선언에 대한 러시아와 세르비아 측의 강력한 반발에 따라 UN에서 공식 인정이 이루어지지 않고 있는 가운데, 2008년 12월 UNMIK의 통제를 받는 것을 원칙으로 한 EULEX(EU's Rule of Law mission in Kosovo)의 공식적인 활동이 시작된 상황이다. 이에 따라 코소보에서의 UNMIK의 권한과 그 역할은 2009년 초 현재까지도 이어지고 있는 상태이다.[38)]

1999년 6월 10일 UN 안보리 제410차 회의를 통과한 'SCR 1244'의 주 내용과 그 실천의 의문점에 대해선 다음과 같이 크게 3분야로 나누어 분석해볼 수 있을 것이다.

우선, 코소보 평화 협정의 가장 핵심이라 할 수 있는 'SCR 1244'의 주 내용을 살펴보자면, UN은 안보리 결의에서 코소보의 평화를 위한 정치적 해결을 환영한다는 표현과 함께, 코소보 내에서의 모든 폭력 중단, 세르비아의 군과 경찰 그리고 세르비아 민병대의 즉각적인 철수, 기타 난민의 안전귀환 보장, 코소보 내 알바니아인과 세르비아인의 화해와 화합 추구, 코

---

38) 코소보의 평화 구축과 경제재건 그리고 다민족 독립 국가 및 사회를 건설하기 위해 설립된 EULEX는 500명의 코소보 현지인들과 미국, 노르웨이, 스위스, 크로아티아, 터키 그리고 EU 27개국에서 파견된 14,000명의 인원으로 구성되어 있다. 코소보 UN 임시 행정임무 사이트 *http://www.unmikonline.org*

소보의 정치, 경제, 사회의 발전 추구 등을 주장하였다. 하지만 한 가지 아쉬운 점은 코소보 평화 정착에 대한 여러 원론적이고 미시적 의견들에 대한 합의는 이루어졌지만, 가장 중요하고 거시적 문제라 할 수 있는 '코소보의 최종 지위에 관한 문제' 즉, '향후 코소보의 미래'에 대해선 다소 애매하면서도 모순적인 결론을 내리고 있다는 점이다. 그러한 점은 다음 내용으로 요약해 볼 수 있는 데, UN 안보리는 그 결의를 통해 '코소보에 대한 세르비아의 주권과 영토 통합'을 인정하면서도 동시에, 다른 한편으로는 '코소보의 실질적 자율성과 자치 행정을 존중 할 것'이라는 점을 밝히고 있다. 이처럼 상반되는 결의내용은 코소보를 둘러싼 코소보 내 알바니아인과 세르비아인들 간의 주장을 모두 수용하고자 선택한 대응 논리로써 보여 지고 있다. 그 결과 코소보의 미래에 대한 이처럼 모호한 결론은 현재까지도 코소보의 향후 지위를 둘러싸고 일어나는 분쟁의 불씨를 제공하고 있다 하겠다.

두 번째, 'SCR 1244'에선 '국제 평화와 안보를 위협할 경우 국제기구 혹은 강제력을 지닌 국제 평화유지군을 조직할 수 있다'는 'UN 헌장의 제7장'을 언급하면서, 코소보의 평화 정착을 위한 UNMIK와 KFOR의 신설을 추진할 것을 결의하였다. 여기서 UNMIK에게는 코소보 내 민주적인 자치 정부 창출을 돕고, 경제 재건을 지원하며, 코소보 내 치안을 담당할 경찰부대 창설 원조, 코소보 난민 및 이주민의 안전 보장 등의 임무가 주어졌다. 더불어 다국적군으로 조직된 KFOR의 임무에는 강제적 평화 정착과 정전, 세르비아군의 코소보로부터의 완전 철수와 그 이행 감시, 코소보 해방군 등 알바니아 무장단체의 해산 및 무기해제, UNMIK 업무 수행 지원, 코소보 내 치안 및 질서 유지, 국경감시 등이 주어졌다. 또한 이들의 업무는 최초 1년을 기간으로 하며, 별도의 안보리가 결의가 없는 한 그 임무는 지속된다고 언급하고 있다.

하지만 이 또한 알바니아인, 세르비아인 양측 간의 극복하기 어려운 민족갈등과 문제들로 인해 현실적인 장애를 겪고 있는 게 사실이다. 그러한 예로 1999년 코소보 전쟁 종결 이후에도 계속해서 발생하고 있는 코소보스카 미트로비차 지역의 충돌을 들 수 있다. 1999년 코소보 전쟁이 끝난 직후 세르비아인들은 알바니아인의 보복을 피해 대거 세르비아 본토로 이주하였다. 이에 따라 대부분의 코소보 지역은 알바니아 민족들 관할로 넘어갔으나, 코소보의 제3의 도시이자 세르비아의 군사, 경제적 전략도시인 코소보 북부 미트로비차에서 만큼은 현재까지도 이바르 강을 경계로 북부의 세르비아인들과 남부의 알바니아인 사이에 여전히 긴장상태가 지속되고 있는 상황이다. 특히 KFOR의 강력한 치안 유지 노력 속에서도 이 지역에서는 코소보 전쟁 종결이후 현재까지 양 민족 간 충돌이 빈번하게 발생하여 왔으며, 2015년 현재까지 약 천여 명의 사상자가 발생한 것으로 확인되고 있다.[39] 이러한 원인은 양 민족 간의 충돌을 막고 치안을 유지해야 할 KFOR가 제대로 그 역할을 수행하지 못한데서 비롯된다 하겠다. 실제 KFOR는 2000년 3월 세르비아인들에 대한 알바니아 폭탄 테러 발생 그리고 2004년 3월 수백 명의 사상자 발생 등 양측 간에 일어난 보복과 살해에 대해, 이바르 강을 경계로 양 민족을 분리하는 것 외에는 별 다른 조치나 사건 수습을 취하시 못히고 있는 실정이다. 오히려 양 민족 간의 테러와 보복소식이 코소보와 세르비아 전역에 알려지면서 이바르 강을 경계로 양 민족주의자들이 집결하였고, 이에 따라 KFOR가 중간에서 양측으로부터 공격을 받는 상황에까지 이르기도 하였다.

세 번째는 코소보의 평화 정착을 위한 기타 내용들로 우선 가장 첨예한 문제이자 아직까지도 커다란 불씨를 안고 있는 코소보 전범 수사 및 체포를 위한 국제 구(舊)유고슬라비아 전범재판소(ICTY: International Criminal Tribunal for the Former Yugoslavia)와의 협조, 두 번째는 과거 1998년 3월 31일 발효된 SCR 1660의 제8항인 코소보와 세르비아에 대한 무기 금수 조치에 대해 UNMIK와 KFOR는 예외가 적용된다는 규정, 세 번째는 코소보 주변 국가들의 경제발전 및 안전화 프로그램에 적극 참여한다는 내용, 그리고 마지막, 네 번째로는 매 3개월에 한 번씩 안보리에 대해 UN 사

39) *http://www.sok-kosovo.org*

무총장이 코소보 평화 진척 상황을 보고해야 한다 등의 내용이 들어가 있게 된다. 그러나 이 문제 또한 그 실천에 있어 다소 어려운 점들이 여전히 상존해 있는 실정이다. 비록 2001년 11월 17일 최초의 자유선거를 통해 온건파 알바니아계인 이브라힘 루고바가 이끄는 '코소보 민주 연맹'이 승리한 후 정부 구성이 추진되고,[40] 뒤 이어 2004년 10월 23일 코소보의 미래를 결정지을 수 있는 코소보 총선거가 시행되었으나, 이러한 선거들은 코소보의 장래를 둘러싸고 발생한 갈등들로 인해 세르비아계의 반발 혹은 불참 속에 파행적으로 치러지면서 코소보의 미래를 어둡게 하고 있다. 더불어 2004년 10월 치러진 두 번째 선거에서 이브라힘 루고바 대통령이 이끄는 새로운 코소보 정부는 2006년부터 본격적으로 코소보의 독립을 추진해 나갈 것을 이미 공표하였으나, 2005년 4월 새 총리로 인준된 라무쉬 하라디나이(Ramushi Haradinaj) 총리가 지난 코소보 전쟁 당시 코소보 해방군을 이끌고 세르비아계에 대한 학살을 주도한 혐의로 ICTY에 회부되어 사임함으로써 이 역시 코소보의 미래와 평화정착에 어려움을 안겨주고 있다 하겠다.

2009년 현재 코소보의 상황은 그 독립 인정 여부를 둘러싸고 발칸유럽 내 여러 국가들 간 그리고 국제 역학 구도 내 많은 갈등과 긴장을 증폭시키고 있는 실정이다. 2007년 12월 UN이 주도하였던 코소보 독립문제 논의가 실패로 돌아간 것을 확인한 코소보 정부와 하심 타치 총리는 미국의 지원을 바탕으로 2008년 2월 17일 마침내 일방적인 코소보 독립 선언을 단행하게 된다. 러시아와 세르비아의 강력한 반대와 국제사회의 우려에도 불구하고, 코소보 정부는 이어 2008년 6월 코소보 독립 헌법을 발표하였으며, 7월에 들어와선 독립 국가의 주권을 상징하는 독자적 여권을 발행하는 등 독립 국가를 위한 발 빠른 행보를 진행 하여 왔다. 실제, 2012년 9월 코소보를 관리 감독해왔던 국제조정기구(ISG: The International Steering Group)

40) 120석의 의원을 뽑는 이 선거에서 이브라힘 루고바가 이끄는 '코소보 민주연맹'은 총 47개의 의석과 투표자의 45.65%(359,851명)의 지지를 받는 데 성공하였다. 코소보 내 125만 명 유권자중 총 64.30%(788,303명)가 선거에 참여하였고, 이 통계는 지난 2000년 지방선거에 비해 약 13%가 증가한 수치였다. 코소보 총선 http://www.osce.org/kosovo/elections

가 코소보에 대한 국제 사회의 관리 감독 기간 종료와 함께, 코소보의 완전한 주권을 선언했다. 그리고 2015년 현재, 코소보를 인정한 국가는 110개국에 이르고 있는 데, UN 회원국 193개국 중 108개국이, EU 회원국 28개국 중 23개국, NATO 회원국 28개국 중 24개국, 이슬람 협의체(OIC: Organization of the Islamic Conference) 53개국 중 35개국이 코소보를 독립 국가로 인정하고 있는 중이다. 한국은 코소보가 독립을 선언한 지 얼마 뒤인 2008년 3월 28일 코소보를 독립 국가로 인정했다. 하지만, 러시아와 중국 그리고 세르비아와 비슷한 민족 문제를 안고 있는 유럽내 일부 국가들 또한 코소보 독립을 인정하지 않고 있는 중이다. 게다가 최근에 들어와서는 우크라이나 크림 반도 사태와 관련하여, 미국 등 서방 국가들은 코소보 사태와 우크라이나 사태 간의 차별성 부각노력에도 불구하고 과거 자신들이 결정한 코소보의 부메랑을 되돌려 맞고 있는 상황이기도 하다. 즉, 코소보의 향후 미래와 평화 협정에 따른 평화 정착 문제는 미국과 러시아 간 국제 역학구도 변화와 우크라이나 등 동유럽 주변 지역을 둘러싼 향후 국제 정세의 변화에 따라 상황이 언제든지 급변할 가능성이 높다는 점에서 국제 사회의 관심이 보다 높은 필요하다 할 것이다.

4. 결 론

사회주의 유고슬라비아 연방 하에서 제 민족들의 역사적 불신과 오랫동안의 반목 그리고 무엇보다도 세르비아니즘의 확대와 이에 대한 저항이 유고슬라비아 내전과 보스니아 내전을 일으켰듯이 코소보에서의 분쟁 또한 이러한 상황과 매우 비슷하게 전개되어 왔고, 현재 진행 중이다. 특히 발칸유럽의 평화에 있어 코소보의 중요성은 코소보 분쟁이 하나의 단순한 지역분쟁이 아닌 보스니아 분쟁에서 그랬던 것처럼 국제질서의 새로운 변화와 또 다른 시험대를 제공할 가능성이 높다는 점에 있어 그 중요성이 더해지고 있다.

이번에 제기된 코소보 공습으로 미국을 비롯한 서구는 향후 코소보의 진로를 둘러싸고 스스로의 딜레마에 빠질 것으로 보인다. 즉 세르비아의 요구대로 코소보를 유고슬라비아 연방 내에 존속시키기도 어렵게 되었고, 알바니아인들의 주장대로 코소보를 독립시키기에는 뒤에 이어질 발칸유럽 내 더 많은 민족갈등과 분쟁을 감수해야만 하기 때문이다. 이런 이유로 코소보의 독립 문제가 3년 뒤로 유예되었으나, 중요한 것은 분쟁 당사자인 양측이 이 합의안에 대한 해석의 차이가 너무도 크다는 점이다. 세르비아인들은 이번 합의안에 따라 코소보를 알바니아인들로부터 지키게 되었다고 생각하고 있고, 알바니아인들은 향후 코소보의 독립에 대한 믿음과 의지를 더욱 더 확실히 지니게 되었기 때문이다.

평화와 합의 이후에도 현재까지 민족적 갈등을 겪고 있는 보스니아에서의 경험을 비추어 보았을 때 이 지역에서의 분쟁과 민족갈등이 단순히 국제적인 외교력이나 세르비아에 대한 일방적인 경제제재로 간단하게 해결될 수 있는 문제가 아니라는 것을 예측할 수 있다. 또한 다시 재발할 수도 있는 군사적 개입을 통한 강제적인 평화는 이번 코소보 전쟁을 보듯이 미국과 서구 여러 국가들에게 너무 많은 부담감을 안겨주게 될 것이다. 분쟁 당사자 간의 실질적인 문제해결이 없이 한쪽에 대한 외부의 일방적인 군사개입은 비록 당장의 사태를 종식시킬 수는 있어도 이 지역에 결코 영구적인 평화를 제공해 줄 수 없기 때문이다.

현재 국제사회는 1998년부터 일어난 미국발 국제 금융 위기 이후 새로운 국제 역학구도의 변화가 가속화될 것으로 예측된다. 즉 사회주의 체제 붕괴 이후 노려왔던 미국 중심의 슈퍼파워 체제(Superpower system)가 약화되고, 그 뒤를 이어 중국, 러시아 등 새로운 세력들의 등장으로 양극(Bipolar system), 혹은 다극 체제(Multipolar system)로 넘어가면서 과거와는 또 다른 신냉전 시대로 접어들 가능성이 높다하겠다. 이런 국제 역학 구도의 급격한 변화 속에서 코소보의 미래는 더욱 더 불안정한 상황을 맞이할 것으로 보인다. 따라서 현재 코소보의 평화와 안정을 구축하기 위해선 무엇보다도 첫째, UN 등 서방 각국이 현재까지 취해 온 세르비아니즘에 대한 일방적이고도 강압적인 군사 압력보다는 코소보 내 민족들 간의 지속적인 협상유도를 구축해야 할 필요성이 제기되고 있다. 그리고 둘째, 세르비아니즘에 대한 코소보 내 양 민족들 간의 피해의식을 극복시켜주려는 노력과 더불어 다민족 사회를 위한 기초적 제반 여건을 보다 빨리 형성시켜 주어야 할 것이다. 그리고 마지막으로 코소보에서의 민족갈등이 지역 내 양 민족들만의 문제가 아닌 주변 여러 민족들 즉 그리스, 불가리아, 알바니아 그리고 마케도니아에게도 중요한 파급 효과를 지닌다는 점에서, 비록 2008년 2월 일방적 독립이 선언되었음에도 불구하고 2015년 현재까지 UN 등 국제사회의 공식적인 승인이 이루어지지 못하고 있는 코소보에 관한 향후 지위와 문제에 있어 이들 민족들과의 협조와 대화채널을 가동시켜 주는 것이 발칸유럽의 평화를 위한 좀 더 나은 조치가 될 것이다.

향후 계속될 수도 있는 미국 등 서방의 압력에 세르비아는 비록 거짓된 변화조짐은 보여줄지 몰라도 자신들의 성지이자 중세 왕조의 발원지이며 세르비아니즘의 대표적 지역인 이곳 코소보를 결코 쉽게 포기하지는 않을 것으로 보인다. 또한 세르비아가 독립을 원하는 알바니아인들의 생각을 바꾸게 하거나 그들의 독립에 대한 희망을 버리라고 하는 것도 알바니아인들에게는 받아들여질 수 없는 제안이다. 이러한 점이 바로 발칸유럽이 결코 꺼지지 않는 세계의 화약고로 불리는 이유이다.

제5장

몬테네그로

세르비아로부터의 독립, 몬테네그로의 역사와 향후 전망

세르비아로부터의 독립, 몬테네그로의 역사와 향후 전망

한 눈으로 읽어보는 키워드

1980년 5월 티토가 사망하고, 1989년 11월 베를린 장벽이 붕괴된 이후 20세기말에 유고슬라비아지역에서 발생한 여러 내전들과 민족분쟁들 또한 그 배경 중 하나에는 세르비아 민족주의의 일환인 세르비아니즘이 자리 잡고 있었다. 특히 세르비아니즘의 확대로써 해석되는 코소보 지역 내 민족 갈등과 그 여파로 인해 1999년 3월 발생한 79일 간의 코소보 전쟁은 수많은 인종학살의 비극을 낳았고, 이러한 여파는 곧 바로 세르비아와 연방을 이루고 있던 몬테네그로의 독립 문제를 야기하게 하였다.

실제, 1992년 4월 세르비아 공화국과 함께 신(新)유고슬라비아 연방을 구성하였던 몬테네그로는, 보스니아 내전의 주범으로 세르비아가 지목된 이후로 같은 연방에 소속해 있다는 이유로 수년 동안 국제사회로부터 가혹한 경제 금수조치를 받아야만 했었다. 또한 코소보에서 발생한 세르비아인과 알바니아인 간의 민족 갈등을 계기로, 1999년에 일어난 코소보 전쟁에서 미국을 위시한 NATO군의 무차별적인 군사 공격과 국제사회로부터의 고립을 강요당해야만 했다. 이후, 과거 오랜 세기 동안 세르비아와 밀접한 관계를 유지해 왔던 몬테네그로는 세르비아와의 연방을 파기하고 독립의 길을 선택하기로 결정하였고, 여러 우여곡절 끝에 마침내 2006년 5월 국민투표에서의 승리를 배경으로 동년 6월 독립을 확정짓게 된다. 하지만, 독립 국가로서 발전을 추진하고 있는 몬테네그로는 현재 진행되고 있는 코소보의 독립 문제와 마케도니아 내 알바니아 소수 민족들의 독립 움직임 그리고 보스니아 내 세르비아계의 본토 세르비아로의 편입 문제 등의 향후 전망에 따라 새로운 위기와 기회를 맞이할 것으로 보인다. 본 글에서는 발칸유럽 분쟁의 또 하나의 불씨가 되고 있는 몬테네그로의 독립사와 향후 전망에 대해 설명해 나가고자 한다.

1. 서 론

20세기말 수 차례의 내전과 전쟁을 겪기 이전, 유고슬라비아 지역은 '다양한 종교와 문화 그리고 민족의 모자이크 지역'으로써 국제사회에 알려져 왔었다. 하지만, 1990년 사회주의 유고슬라비아 연방의 기능이 사실상 정지되고 난 후 발생한 유고슬라비아 내전(1991. 06-1995. 11)과 보스니아 내전(1992. 03-1995. 11) 그리고 미국을 중심으로 한 NATO군과 세르비아군 간의 코소보 전쟁(1999. 03-06)은 이러한 모자이크와 조화로움에 큰 상처를 입혔다. 극단적 세르비아 민족주의의 한 형태라 할 수 있는 '세르비아니즘(Serbianism/ Srpskizam)'은 유고슬라비아 지역의 내전들과 전쟁의 주요인으로써 그리고 발칸유럽 내 민족 살능의 꺼지지 않는 불씨로써 국제사회에 자주 지목되어 왔으며, 현재까지 이에 대한 연구가 국내외 일부 학자들을 중심으로 진행되어 오고 있다.[1)]

20세기말 유고슬라비아 지역에서 발생한 약 10년 동안의 계속된 갈등과 분쟁에도 불구하고, 발칸반도는 아직도 세르비아니즘의 그늘과 어두움 속

---

1) 미국 독립전쟁(1775-1781)과 프랑스 혁명(1789)을 사상적 토대로 서유럽에서 시작된 민족주의는 19세기 나폴레옹 전쟁을 따라 유럽 전역으로 확산되었고, 이어 19세기 중엽에는 세르비아와 몬테네그로를 포함한 발칸유럽에도 영향을 미치기 시작하였다. 하지만 18세기 이후 산업혁명을 통한 사회·경제적인 발전과 더불어 단일 민족으로 구성된 독립국가 혹은 거대한 식민지를 바탕으로 형성된 제국 등의 다양한 방식으로 자신들의 민족-국가(Nation-State)를 수립하고 있던 서유럽 민족들과는 달리, 발칸유럽의 대부분 지역은 19세기 중엽까지도 여전히 오스트리아-헝가리 이중제국(후에 합스부르크 제국) 혹은 오스만 터키제국의 지배 하에서 피지배 식민지 상태로 놓여있었다. 이러한 시대적 상황과 현실의 차이점은 19세기 이후 등장한 민족주의가 동·서유럽 사이에 분명한 차이점을 보이며 발전하게 되는 계기를 마련하게 된다. 그 결과 서유럽에서의 민족주의가 민족(Nation)과 국가(State)를 동일시하고 민족(Nation)보다는 국가(State)에 더 충성을 요구하는 특징을 보이며, 그 기초요소로서 사회계약, 일반의지(General will) 그리고 법과 국가적 실체 등 정치적 요소를 중요시 여기는 '정치적 민족주의(Political nationalism)'의 특징을 지니게 되었다면, 세르비아를 비롯 동유럽에서의 민족주의는 민족(Nation)과 국가(State)를 별개의 존재로 인정하고, 국가(State)보다는 각각의 민족(Nation)에 대한 충성을 더 강조하며, 그 기초요소로서 선민의식, 신화, 독립, 영토 그리고 미래와 꿈 등 문화적 요소를 더 중요시 여긴다는 점에 있어 '문화적 민족주의(Cultural nationalism)' 로 정의 내릴 수 있을 것이다. 민족과 민족주의에 대한 개념 그리고 동·서유럽 민족주의의 특징과 그 이론 정리에 관해선 김철민, "티토의 민족정책: 유고슬라비즘(Yugoslavism: Jugoslavizam)의 적용과 실패", 『동유럽 연구』, Vol. 6, (한국외국어대학교 국제지역센타 동유럽·발칸연구소, 1997) 참조.

에서 벗어나지 못하고 있다. 그 대표적인 사례가 바로 1999년 이후로 불거져 나오기 시작한 '몬테네그로(Montenegro/ Crna Gora) 독립문제'라 말할 수 있다. 1992년 4월 유고슬라비아의 구성 공화국 중 하나로 세르비아와 같이 연방을 구성하였던 몬테네그로는, 중세 이후로 세르비아로의 편입과 독립이라는 반복된 역사를 경험하여 왔던 지역이다. 몬테네그로가 2006년 5월 마침내 세르비아의 그늘로부터 독립해 나감에 따라, 발칸유럽은 현재 그 복잡한 연결 고리와 함께 몬테네그로에서의 민족 간 갈등 양상이 확대되고 있는 상황이다.

따라서 본인은 본 연구를 통해, 이 지역 연구가들의 많은 관심에도 불구하고 그동안 국내에 전혀 소개되지 않았던 '몬테네그로 독립문제'를 세르비아니즘과 세르비아로부터의 독립을 향한 역사적 노력이라는 시각으로 분석해보고자 한다.

본 글의 구성을 보면, 우선 제2절에서는 몬테네그로 독립을 둘러싼 세르비아인들과 몬테네그로인들 간의 분쟁을 이해하기 위한 기초적 이론 작업으로 세르비아니즘의 형성배경과 그 특징에 대한 연구가 이루어지게 될 것이다. 제3절과 제4절에서는 앞서 연구된 세르비아니즘에 대한 이론적 논의를 바탕으로 몬테네그로 정체성을 둘러싼 세르비아인과 몬테네그로인들 간의 갈등과 그 연관 관계를 정리하게 될 것이다. 이중 통시적 분석 방법에 바탕을 둔 제3절에서는 과거 몬테네그로의 역사를 크게 중세와 근대 독립왕국 시기로 나누어, 몬테네그로 정체성 논쟁을 확인해보고, 각 시기별로 제기된 몬테네그로 독립에 대한 의지와 몬테네그로 지역으로 세르비아니즘을 확산시켜가려는 세르비아인들의 모습을 살펴보게 될 것이다. 제4절에서는 몬테네그로 독립 움직임의 배경과 향후 전망에 대해 연구하게 될 것이다. 특히 본장에서는 1999년 이후로 몬테네그로 독립을 추진해 가는 과정과 그 내용들을 살펴보면서, 향후 독립을 추진해 가는 데 있어 반드시 짚어봐야 할 여러 요소들을 통해 몬테네그로 독립 문제의 향후 전망을 예상해 볼 예정이다. 마지막으로 제5장에서는 본문에서의 논의를 바탕으로 유고슬라비아 지역에서의 세르비아니즘의 의미와 몬테네그로 독립 문제를 다시 한 번 고찰하고 그 의미를 살펴봄으로서 결론을 대신하고자 한다.

2. 세르비아니즘의 형성배경과 이론적 특징

1990년대 초부터 말까지 계속해서 이어진 유고슬라비아 지역의 내전과 전쟁 그리고 몬테네그로 독립문제 대두는 국제사회에 이 지역을 주요 국제분쟁 지역 중 하나로 인식하게 했다. 그 결과 서구의 여러 학자들을 중심으로 유고슬라비아 지역 내 민족갈등 원인과 분쟁 배경 그리고 그 전개상황에 대한 연구가 활발하게 진행되게 된다. 무엇보다도 이들 서구 학자들은 유고슬라비아 지역에서 발생하고 있는 여러 분쟁과 갈등의 주요 요인 중 하나로 극단적 세르비아 민족주의의 한 형태인 '세르비아니즘'을 지목하여 왔다. 반면에 세르비아의 현지 학자들은 서구의 이러한 주장에 대해 일련의 다른 의견을 제시하고 있는 데, 이들의 주장에 따르자면, 세르비아 민족에게 있어 세르비아니즘은, 어느 국가나 민족에게나 그러하듯 국가가 위기에 처했을 때마다 민족의 생존권을 지켜주기 위한 주요 이념으로써 발전된 것이라는 점이다.[2] 본장에선 세르비아니즘에 대한 양측 간의 주장과 이해를 전제로, 특히 민족 정체성과 민족국가 유지라는 차원의 세르비아적 시각을 기초로 한 세르비아니즘의 형성배경과 그 이론적 특징들을 분석해 보고자 한다.

앞선 장인 '세르비아'편에서도 언급이 되고 있지만, 세르비아니즘은 중세 세르비아 왕국 당시 최대 전성기였던 스테판 두샨 왕(Kralj i Car Stefan Uroš 4 Dušan: 1331-1355)시절의 영토, 문화적 확대에 기초한 역사적 당위성을 그 기원으로 하고 있다. 이러한 기원을 기초로 세르비아니즘은 나폴레옹 혁명전쟁의 여파로 19세기 중엽 이후 발칸유럽에 유입된 민족주의가

2) 특히 유고슬라비아 지역은 다양한 인종적, 문화적, 종교적 그리고 역사적 배경을 지닌 민족들이 제1차 세계대전 이후 서로 한 국가를 구성했던 지역으로, 이에 따라 독특한 문화적, 사회적 특징을 보여주고 있다. 따라서 이러한 특징과 배경을 이해하지 못하면 세르비아니즘을 비롯해 유고슬라비아 지역 내 갈등과 분쟁의 주요 요인들을 결코 이해하기 어렵다고 볼 수 있다.

세르비아 민족들 사이에 하나의 이데올로기로 정착되고 이와 함께 세르비아 근대 민족국가가 수립되면서 세르비아 민족주의 표출의 한 형태로써 발전되기 시작했다.[3)]

중세 세르비아 왕국은 몬테네그로와 인접한 현재의 세르비아 남부 산악지대를 중심으로 형성된 '라쉬카(Raška) 공국'을 계승하여 발전하게 된다. 라쉬카 공국의 대족장(Veliki župan)이었던 스테판 네마냐(Stefan Nemanja: 1166-1196)는 비잔틴의 지원을 받아 1186년 몬테네그로 아드리아 해안지대를 근거지로 하고 있던 두클리아(Duklja, 후에 제타(Zeta) 공국으로 불림)공국을 복속하고 국가와 정교회 간의 강력한 유대관계를 이끌어 냄으로써 세르비아 중세왕조의 기틀을 마련하는데 성공하였다. 제1차 세계대전 이후로 몬테네그로 지역이 세르비아가 주도하던 남슬라브족 통합 국가의 일원으로 편입된 이후, 세르비아 역사학자들은 라쉬카 공국이 제타 공국을 복속한 이후 형성된 세르비아와 몬테네그로 간의 정치, 문화적 밀월관계, 그리고 발칸유럽 정착 초기 세르비아인과 몬테네그로인 간의 혈통과 정체성의 밀접한 관련성을 밝혀내고자 노력하여 왔다. 세르비아의 이반 보쥐치(Ivan Božić)와 시마 치르코비치(Sima Ćirković) 등은 비잔틴 제국의 황제인 콘스탄틴 7세(Constantine VII: 913-959)의 기록을 근거로, 크로아티아 아드리아해 연안과 두브로브니크(Dubrovnik) 그리고 특히 몬테네그로의 코토르(Kotor)만, 즉 과거 제타 지역에 정착해 있던 자훔랸(Zahumljan), 트라불리얀(Travuljan), 코나블랸(Konavljan) 부족 등이 세르비아 부족의 일파였음을 주장하고 있다.[4)]

세르비아는 네마냐의 아들인 스테판 네마니치(Stefan Nemanjić: 1196-1228) 시대에 들어와 독립왕국을 건설하였고(1217), 이어 네마니치의 동생인 성

---

3) 김철민, "제2차 세계대전과 유고슬라비아: 유고슬라비즘과 세르비아니즘의 충돌", 『동유럽 연구』, Vol. 8, (한국외국어대학교 국제지역센타 동유럽·발칸연구소, 1999), p. 26.

4) Sima Ćirković and Ivan Božić, "O Jednom shvatanju i jednoj kritici istorije Crne Gore", *Jugoslovenski istorijski časopis I–II*, (1977), pp. 108–112; Ivan Božić, Sima Ćirković, Milorad Ekmečić and Vladimir Dedijer, *Istorija Jugoslavije*, (Beograd: Prosveta, 1973), pp. 22–23.

사바(Sv. Sava)의 노력으로 1219년 세르비아 독립 정교회를 구축하게 된다. 세르비아 독립 정교회의 초대교주가 된 성 사바가 현(現) 코소보 지역의 쥐짜(Žica)에 독립교구를 세운 이후 코소보는 세르비아인에게 유대인들에게 예루살렘이 지니는 의미와 맞먹는 성스러운 종교적 의미를 지니게 되었다. 영토적인 면에서 세르비아니즘의 구현은 세르비아 역사상 가장 위대한 왕으로 칭송받는 스테판 두샨왕 시기, 중세 세르비아 왕국의 광활한 영토에 기초하고 있다. 당시 서로마와 비잔틴제국, 소아시아의 중간 교역로에 있던 세르비아는 이웃 국가들과의 활발한 중개무역을 통한 부의 축적과 안정된 정치력 그리고 강력한 군사력을 바탕으로 왕국의 영토를 현재의 수도인 베오그라드에서부터 마케도니아, 그리스 남부지역으로까지 넓힐 수 있었다. 하지만 1355년 46세의 나이로 두샨이 사망한 이후 세르비아 왕국은 왕권 다툼으로 인한 내부 분열과 오스만 터키의 침입으로 쇠락하게 된다. 특히 1389년 6월 현 코소보 언덕에서 무라드 1세가 이끄는 대규모 오스만 터키군에 의해 세르비아의 라자르(Lazar Hrebeljanović: 1371-1389) 왕자가 이끄는 세르비아 연합군이 패배하고 난 후 세르비아 중세 왕국은 몰락의 길을 가게 되었다.

이후 1878년까지 지속된 약 500여 년 간의 오스만 터키 지배 하에서도 세르비아인들은 세르비아 정교를 중심으로 민족 정체성과 민족의식을 계속 유지할 수 있었다. 근대 이후 오스만 터키의 쇠락 속에 무슬림 지주들과 관료들의 폭정에 저항하기 위해 시작된 세르비아의 제1, 2차 봉기(Srpski ustanak, 1804-1813; 1815-1830)는 점차 이 지역에 보급된 민족주의(Nationalism)에 의해 영향을 받았고, 이에 따라 처음 사회적 봉기로 시작된 반(反)터키 저항 운동은 점차 독립된 민족-국가(Nation-State) 건설을 위한 민족주의 운동으로 확대 발전되게 되었다. 이후 세르비아는 여러 정치적 어려움과 외세의 간섭을 이겨내고, 마침내 1878년 3월 산 스테파노(San Sefano) 조약과 동년 6월 베를린(Berlin) 조약에 의해 근대 독립국가로 성장하게 된다.[5)]

---

5) 당시 세르비아는 이들 조약들로 인해 비록 독립은 인정받았으나, 세르비아니즘의 주요 목표였

세르비아니즘의 이론적 기초와 그 실천방향은 1844년 일리야 가라샤닌(Ilija Garašanin)에 의해 처음으로 제창되었다. 그는 중세 세르비아 왕국 시대의 영토적 당위성을 기초로 한 '대(大)세르비아(Velika Srbija)' 국가 건설을 세르비아 근대국가의 모델로 설정하였고, 이를 위해 이웃한 몬테네그로를 비롯해, 당시 합스부르크 제국(1866년 이후 '오스트리아-헝가리 제국'으로 개칭)의 지배 하에 있던 남슬라브족 거주 지역들 모두를 통합할 것을 주장하였다. 또한 그는 세르비아니즘의 구현을 위해 영토 확대 대상지역에 거주하는 세르비아인들 또한 적극적으로 동참해 줄 것을 호소하였다.[6] 이러한 그의 주장은 19세기 당시 민족주의에 심취되어 있던 세르비아인들 사이에 커다란 반향을 불러 일으켰고, 이들 사이에 세르비아의 지도력 하에 남슬라브족의 통일이 가능하리라는 생각들이 점차 확대되는 계기를 마련해 주게 된다. 특히 이러한 이상은 서구적이고 근대적인 시각을 지니고 있었던 페테르 카라조르제비치(Peter I Karađorđević: 1903-1918) 시기에 들어와 더욱 더 구체화 되었다. 페테르는 자신의 임기동안 세르비아를 발칸유럽에서 가상 강력한 근대왕국으로 발전시켰고, 시민 자유와 민주화 그리고 이를 기초로 한 최초의 입헌정부를 수립함으로써 '세르비아의 르네상스기'를 이루게 된다. 또한 오스트리아의 보스니아 병합(1908) 등 주변 외세들의 견제 속에서도 제1, 2차 발칸전쟁(1912, 1913)을 통해 대규모 영토 확장을 이루어 냄으로써 세르비아니즘 구현에 기여했다는 평가를 받게 되었다.

제1차 세계대전 이후 세르비아는 마침내 몬테네그로를 완전 병합하는데 성공하였고, 자신이 주도하는 최초의 남슬라브족 통합 국가인 '세르비아

던 보스니아 지역과 몬테네그로를 통한 아드리아해로의 해상통로 확보가 오스트리아의 방해로 실패하는 아픔을 겪어야 했다. 그 결과 양국은 20세기를 전후해서 적대관계를 형성하였고, 이러한 감정싸움은 마침내 제1차 세계대전으로 이어지게 된다. Ljubodrag Dimić, *Srbi i Jugoslavija: Prostor, društvo, politika*, (Beograd: Stubovi kulture, 1998), p. 25.

6) Michael Boro Petrovich, *A History of Modern Serbia, 1804–1918 Vol I*, (New York and London: Harcourt Brace Jovanovich, 1976), pp. 231–232; 가라샤닌이 주창한 세르비아니즘의 주 핵심 내용은 Mihailo Vojvodić, *Srbija i Balkansko pitanje (1875–1914)*, (Novi Sad: Matica Srpska, 2000), p. 243–254 참조.

-크로아티아-슬로베니아 왕국(Kraljevina Srba, Hrvata i Slovenaca; 1929년 이후 '유고슬라비아 왕국(Kraljevina Jugoslavija)'으로 개칭됨)'을 또한 건설함으로써 세르비아니즘의 이상을 완성하게 된다. 하지만 세르비아는 새로운 통합 왕국을 세르비아니즘의 구현이라 평가한 반면, 왕국 내 주요 구성 민족인 크로아티아인과 슬로베니아인은 남슬라브족의 평등 국가라는 점을, 그리고 세르비아의 압력과 회유에 의해 강제 복속당한 몬테네그로인들 사이엔 또 다른 지배자를 맞이했다는 역사적 평가를 낳게 하였다.

3. 역사 속에 비친 몬테네그로와 세르비아

3.1. 중세 두클리야(제타) 공국과 세르비아

몬테네그로인이 발칸유럽에 들어 온 시기는 5세기와 6세기경으로 추정되며, 이들은 일단의 남슬라브족들과 함께 다뉴브 강을 건너 당시 비잔틴 제국 지배 하에 있었던 현 지역에 정착하게 된다. 세르비아 역사학자들의 주장대로 현재까지의 기록에 따르자면 발칸반도 이주 초기, 몬테네그로인은 다른 남슬라브족 특히 세르비아인과 거의 구별되는 않은 채 같은 민족의 일파로 인식되고 있음을 확인할 수 있다. 아바르(Avar)족과 함께 연합해 비잔틴 제국이 차지하고 있던 발칸유럽 지역을 장악하는 데 성공한 남슬라브족은 산악지대가 많은 발칸유럽의 지리적 특성상 점차 느슨한 정치적, 사회적 구조를 지닌 부족 공동체로 나눠지게 되었다.[7] 몬테네그로의 중세 역

7) 산악지대가 많은 발칸유럽으로 이주하였던 남슬라브족은 광활한 평야 지역으로 이주하였던 여타 다른 슬라브족들과 달리 세월의 흐름과 함께 각 부족 공동체들 간에 느슨한 정치적, 사회적 구조만을 지니게 된다. 그 이유는 발칸 지역의 지리적 험준함에 따른 것으로, 이로 인해 남슬라브족은 작은 집단 구성체로 독자적인 부족을 형성하여갔고, 다음 세대가 등장하기 전에 각 부족 공동체들 간의 교류와 문화 전달이 단절되었으며, 점차적으로 관습, 언어, 정치 조직 간의 차이점들이 커져가게 된다. 이러한 단절과 차이점 확대는 곧 이어 남슬라브 민족들 간의 정치적 분열과 군사력의 약화로 이어지게 되었다. 이에 따라 9세기 말에 접어들게 되면서 남슬라브족의 분화가 확대되기 시작하였고, 이러한 분화에 따라 남슬라브족들은 시기를 거치면서 크게 불가리아족, 세르비아족, 크로아티아족 그리고 슬로베니아족이라는 4개의 남 슬라브족 공동체

사 또한 이러한 지리적 험준함과 남슬라브족의 분열에 따라 시작되었다고 볼 수 있다.

다른 남슬라브족과 함께 발칸반도로 이주해 들어 온 몬테네그로인은 7세기 이후에 들어와 코토르(Kotor), 부드바(Budva), 바르(Bar), 울찐(Ulcinj) 등 현재의 몬테네그로 아드리아 연안을 중심으로 자신들의 부족 국가들을 수립하게 된다. 몬테네그인은 정착 초기 다른 남슬라브족처럼 고대 원시 슬라브족의 부족 종교를 지니고 있었으나, 점차 시간이 흐르면서 이 지역 원주민인 로마인의 사회와 문화에 점차 동화되어 갔고, 그 결과 12세기 이후로 로마인들의 신앙인 기독교를 자신의 종교로 수용하게 되었다.[8)]

여러 논의가 필요하겠지만, 세르비아로부터 분리 독립을 주장하는 몬테네그로 내 분리 독립파는 몬테네그로가 1918년 세르비아의 지배 하로 들어가기 이전까지 약 1000년 간 고유한 정체성을 지니고 발전하였으며, 그 역사는 9세기에 성립된 '두클리야 공국'에서부터 비롯되었다고 주장하고 있다. 비록 10세기 무렵 당시 비잔틴 제국의 영향력 하에 있었지만, 두클리야 공국의 영토는 현재 몬테네그로 지방의 대부분을 비롯해, 남으로는 알바니아 상당 지역인 남부 아드리아 해안까지 그리고 서쪽으로는 현재의 헤르체고비나 지방을 포함하고 있었다. 두클리야 공국은 몬테네그로 왕조의 시조인 보이슬라브(Vojislav)가 1042년 몬테네그로 해안가 바르에서 치른 비잔틴 제국과의 싸움에서 승리를 거둔 이후 본격적으로 독립 국가로서의 기틀을 잡아가게 된다. 이후 두클리야의 번영은 보이슬라브의 아들인 미하일로(Mihailo: 1046-1081)와 그의 아들 보딘(Bodin: 1081-1101) 치하에서 절정에 이르렀다. 미하일로는 왕권을 넘겨받은 이후 비잔틴과의 평화 관계를 유

로 나누어지게 된다. 김철민, "세르비아 민족의 기원과 민족 정체성에 관한 연구", 『동유럽발칸학』, Vol. 5, No. 1, (한국동유럽발칸학회, 2003), pp. 317-318.

8) 이때 당시 몬테네그로인들은 아드리아 해안 지역을 장악하고 있던 로마 교회(후에 가톨릭으로 발전)의 영향력 하에 놓여 있었다. 비록 비잔틴 제국의 콘스탄티노플 교회(후에 '정교' 로 발전)와 인근 마케도니아와 불가리아 지역에서 비롯된 보고밀교가 한때 영향력을 발휘하기도 했지만, 기록에 따르자면 이후로 상당 기간 동안 몬테네그로인은 가톨릭 신앙에 매우 충실하였다고 볼 수 있다. 몬테네그로 역사 개요 *http://www.montenet.org/history*

지함과 동시에, 안정된 국력과 발달된 경제력을 바탕으로 1077년 로마교황 그레고리 7세(Gregory Ⅶ)로부터 독립 왕국을 인정받게 되었다. 미하일로의 뒤를 이은 보딘은 1089년 로마 교황 클리멘트 3세(Clement III)로부터 가톨릭 대주교 관직을 획득하는 등 종교를 통한 국가 지배권 강화를 추진함으로써 왕국의 안정과 황금기를 이루게 된다. 하지만 로마 교회와의 밀접한 관계 수립은 곧 이어 비잔틴 제국의 강력한 견제를 불러왔고, 보딘 사후 일어난 권력 투쟁으로 국력의 약화가 발생하게 된다. 그 결과 1186년 비잔틴 제국의 지원을 받은 라쉬카 공국의 스테판 네마냐에 의해 정복당함으로써, 세르비아의 지배를 받게 되었다. 이후 두클리야 공국은 중세 세르비아 왕국 하에서 이 지역 제타 강의 이름을 따 '제타 공국'으로도 불리게 된다.

스테판 네마냐는 제타 공국을 시배한 이후 제타 공국의 모든 도시들을 파괴하였고, 보고밀교 추방과 더불어 가톨릭을 믿고 있던 몬테네그로인들에게 세르비아 정교로의 강제 개종 그리고 세르비아인으로의 동화 작업을 추진하게 된다.[9] 라쉬카 공국은 스테판 네마냐의 아들인 스테판 네마니치 시기에 들어와 중세 세르비아 독립 왕국으로 발전하였고, 세르비아 통치 하에서 몬테네그로인들은 아드리아 해안지역을 활용, 활발한 무역거래를 통해 상업적, 경제적 발전을 이룩하게 된다. 하지만, 이러한 역사적 사실에 대해 몬테네그로 분리 독립의 정당성을 주장하는 세력들은, 당시부터 몬테네그로인들은 세르비아로부터 독립하기 위한 여러 저항 운동을 추진하였고, 그 결과 '세르비아와 그리스의 왕이자 황제'로 불렸던 세르비아의 두샨 왕이 1355년 사망한 직후, 독립을 얻을 수 있었다고 주장하고 있다. 하지만, 이러한 주장에 대해, 세르비아 역사학자들은 두샨왕 사후 비록 왕권 다툼과 오스만 터키의 유럽 원정으로 다소 지배권이 약화되었지만, 이 시기 동안 제타 공국은 세르비아의 영향력에서 결코 벗어나지 못했다고 주장하고 있다.[10]

---

9) 19세기 몬테네그로의 가장 유명한 역사가중 한명인 빠블레 로빈스키(Pavel Rovinski)는 당시 스테판 네마냐의 몬테네그로인 정체성 말살 작업을 비판하고 있는 데, 그에 따르자면 네마냐가 당시 두클리야의 모든 종교 서적, 역사서, 지리서, 문학서 등 종류의 구분이 없이 불태워 버렸다고 비난하고 있다. *Ibid.*

제2대 몬테네그로 독립 왕국은 1356년 발쉬치(Balšić, 시조인 발샤 1세(Balša I)에서 유래됨) 왕조에서부터 비롯되게 된다. 세르비아의 정치적 혼란을 틈타 왕국을 재건하였던 발쉬치 왕조는 점차 세력을 확대해 두샨왕 당시 중세 세르비아 왕국의 수도였던 스코프예(Skopje, 오늘날 마케도니아 수도), 그리고 뻬치(Peć)와 쁘리즈렌(Prizren) 등 코소보를 비롯해 과거 라쉬카 공국의 지배 지역들을 하나씩 점령하여 갔으며, 서쪽으로는 두브로브니크(Dubrovnik)를 포함 헤르체고비나 지역까지 그 세력을 확장하여 갔다. 이 당시 발쉬치 가문은 중세 세르비아의 네마니치 왕조와 여러 경로에 걸쳐 가족 관계를 형성하고 있었는데, 세르비아 주장에 따르자면 몬테네그로는 이러한 혼인 관계를 통한 정통성 인정에 주력하였다고 언급하고 있다. 실제 기록에 따르더라도 당시 발쉬치 왕조는 중세 세르비아 왕국의 전통을 계승하겠다고 나선 보스니아 왕국과 여러 차례 전쟁을 치러야 했으며, 1377년에는 현 세르비아의 밀레쉐보(Mileševo)에서 세르비아의 왕으로 등극한 보스니아의 트브르트코 I세(Tvrtko I)의 왕위 계승을 부정하기도 하였다.[11] 한때 왕국의 발전을 이루었던 발쉬치 왕조는 1389년 코소보 전투에서 세르비아를 도와 오스만 터키와 벌였던 전투에서 패배하여 커다란 위기를 초래하게 된다. 곧 이어 1419년 발샤 3세(Balša III)가 추진하였던 아드리아해 상권 획득을 둘러싼 베니스와의 전쟁에서 패하면서 제타 공국의 발쉬치 왕조는 몰락의 길을 가게 되었다.

---

10) Sima Ćirković and Ivan Božić, *op. cit.*, p. 113.

11) 발쉬치 왕조는 비록 과거 두클리야 공국의 뒤를 이은 제타 공국의 지배자였지만, 또한 동시에 자신들을 과거 라쉬카 공국의 영주로, 세르비아 네마니치가의 먼 인척으로 생각하고 있었다. 따라서 문자에 있어서도 자신들이 주로 쓰는 라틴문자와 함께 세르비아에서의 키릴문자를 혼용해서 사용하였고, 종교에 있어서도 비록 가톨릭을 국가적 종교로 인정하고 있었지만, 세르비아가 믿고 있는 정교에 대해서도 여러 관심과 주도적 역할을 수행하고 있었다. 이러한 예는 발쉬치 왕조가 1375년 세르비아의 라자르 왕자와 함께 세르비아 정교회 총대주교를 선출하기 위해 소집한 교회 성직자단 회의를 주도한 데서도 확인될 수 있다; 이에 대해 세르비아니즘이 확산되고 있던 근대, 세르비아의 민족주의 학자인 쥬라 다니취치(Đura Daničić)는 위의 경우를 해석하는 데 있어, 제타 공국의 세르비아에 대한 의존과 종속성이 높았다고 강조하고 있다. Đura Daničić, *Istorija srpskog naroda*, (Beograd: Državna štamparija, 1876), pp. 11–13.

한 동안 외세의 침입과 권력내분에 시달렸던 제타 공국은 중세 몬테네그로 왕국의 제3대 왕조인 쯔르노예비치(Crnojević) 왕조의 출현과 더불어 안정을 되찾게 된다. 쯔르노예비치 왕조는 해안지대를 중심으로 발전을 이룬 다른 왕조들과는 달리 몬테네그로 북부 산악지대인 로브첸(Lovčen) 지역에서부터 시작되었다. 하지만 중세 몬테네그로의 마지막 왕조였던 쯔르노예비치 왕조는 그리 오랜 기간 유지되지 못하였다. 우선 시조인 스테판 쯔르노예비치(Stefan Crnojević: 1427-1465)와 그의 아들 이반 쯔르노예비치(Ivan Crnojević: 1465-1490), 그리고 오스만 터키의 공격에 끝까지 저항하다 전사한 이반의 아들 쥬라즈 쯔르노예비치(Djuradj Crnojevic: 1490-1496)를 마지막으로 중세 몬테네그로의 역사는 끝이 나게 된다.

하지만 비록 짧은 기간의 통치였지만 쯔르노예비치 왕조가 몬테네그로 역사에 남긴 영향은 매우 컸다고 볼 수 있다. 우선 쯔르노예비치 왕조의 시작과 함께 제타 공국은 오늘날 명칭인 쯔르나 고라(Crna Gora/ 몬테네그로(Montenegro))란 지명으로 불리게 되었다. 두 번째로는 이 시기 주변의 남슬라브족 국가들이 모두 오스만 터키의 지배 하로 넘어갔음에도 불구하고, 쯔르노예비치는 1482년 수도를 스카다르(Skadar) 호수의 쟈블략(Zabljak)에서, 보다 수비가 용이한 험준한 지역인 로브첸 산악지대(로브첸스키 돌라쯔(Lovcenski Dolac, 오늘날 쩨티녜(Cetinje)의 전신)로 옮겨 오스만 터키의 공격에 끝까지 저항하였다는 점이다. 이러한 역사적 사실은 훗날 외세의 침략과 지배가 있을 때마다 몬테네그로인들 사이에 저항 정신과 독립 추진에 대한 원동력을 제공하였으며, 현재 분리 독립의 정당성을 주장하고 있는 세력들 또한 이러한 역사를 상기시키며, 세르비아로부터의 독립을 주장하고 있다. 그리고 세 번째로 발칸유럽 국가들 중에선 최초로 1493년 베네치아에서 인쇄 도구와 인쇄기를 도입하고, 납으로 된 글자체와 필체 장식을 위한 주조물을 만들어 냄으로써, 이후 약 100여 년 간 세르비아와 보스니아에서 키릴 문자로 인쇄된 서적들의 출판에 상당한 영향을 미쳤다는 자부심을 안겨주었다.

비록 일부 반론이 있기는 하지만, 세르비아 역사가들의 주장에 따르자면, 쯔르노예비치 왕조가 재건한 중세 왕국은 당시 오스만 터키에 의해 사라져 버린 세르비아 네마니치 왕조의 국가 전통과 문화유산을 그대로 계승하고자 노력했던 것으로 보인다. 그러한 실례는 당시 관직명과 교구 운영에 있어서 과거 세르비아 왕국의 관직명들이 그대로 채택하고, 세르비아 제국 시절을 본 따 '황제와 총대주교구의 법원'을 설치했음을, 그리고 모든 법률 조항에 있어 과거 두샨왕 시절 제작된 '두샨 법전'의 조항들을 그대로 적용시켰다는 점을 들 수 있다. 이를 기초로 세르비아 역사학자들 가운데 상당수는 1496년 쯔르노예비치 왕조의 붕괴와 중세 몬테네그로 왕국의 종말은 세르비아 민족이 이룬 중세 국가의 마지막 형태가 사라졌음을 의미하고 있다고 주장하고 있다.[12)]

3.2. 근대 몬테네그로 독립 왕국과 세르비아니즘

발칸유럽의 다른 남슬라브족과 마찬가지로 몬테네그로인 또한 오스만 터키 지배 하에서 터키의 계획적이고 철저한 약탈 경제 정책으로 인해 사회, 경제적 어려움이 가중되게 된다. 과거 아드리아 해안 상권을 이용해 이룩한 왕성한 상업과 무역 활동 그리고 이를 통한 부의 축적의 가능하였던 몬테네그로인은 이들 분야를 경시하고 농업, 임업, 공공 건설 사업에 치중하였던 오스만 터키의 정책에 따라 일련의 암흑기를 맞이하게 되었다. 또한 오스만 터키의 국력이 쇠락해진 17세기말 이후로 세금 부담이 지나치게 커지면서 몬테네그로인과 오스만 터키 간의 충돌이 빈번하게 발생하였고, 이에 따라 몬테네그로인은 상황이 허락하는 한 베네치아 등 서구 국가들과 오스만 터키 간의 충돌시 서구 국가들을 지원해 아드리아의 또 다른 주요 지역인 '라구사(Ragusa) 공국(오늘날 두브로브니크 일대)'의 경우처럼 이들로부터 자치권을 보장받으려 했다.

---

12) Sima Ćirković and Ivan Božić, *op. cit.*, p. 115.

이러한 노력은 페테르 1세(Peter I Petrović Njegoš: 1782-1830)와 페테르 2세(Peter II Petrović Njegoš: 1830-1851)에 의해 그 결실을 이루게 된다. 페테르 1세는 당시 여러 외세의 영향력 하에 흩어져 있던 몬테네그로 부족들을 한 데로 통합하고자 노력하였고, 국가 수립과 통치에 필요한 근대식 법률체계를 정비하고, 사법, 행정의 규율을 정한 사법 행정법(1798)과 과거의 관습법에서 벗어나 법률에 근거해 법을 집행할 수 있도록 만든 법률집(1803)을 새로이 구축하여 놓았다. 페테르 1세는 몬테네그로가 포함된 세르비아 중심의 남슬라브족 통합 왕국을 구상하였고, 따라서 강력한 세르비아니즘의 구현을 위해 제1차 세르비아 봉기(Prvi srpski ustanak: 1804-1813)를 통해 세르비아 자치 국가를 건설하려던 카라조르제 뻬트로비치(Karađorđe Petrović)의 봉기군과 유기적 연결 관계를 구축하게 된다. 이를 위해 페테르 1세는 러시아의 지원을 기대하며 당시 프랑스군이 점령하고 있던 코토르만(Boka Kotorska)과 두브로브니크를 탈환한 후 몬테네그로, 헤르체고비나, 코토르만, 달마티아(Dalmacija) 지역 등을 중심으로 한 '슬라브 세르비아 왕국'을 건설하겠다는 그의 의지를 표방하였으나, 나폴레옹의 러시아 침공과 함께 그의 바람은 수포로 돌아가게 된다.

이러한 페테르 1세의 남슬라브족 이상에 대해 미오미르 다쉬치(Miomir Dašić)는 1918년 이룬 남슬라브족의 통합 정신이 바로 몬테네그로의 페테르 1세로부터 출발하고 있다고 주장하고 있다. 그는 "페테르 1세가 세르비아인과 크로아티아인 그리고 슬로베니아인, 몬테네그로인의 조화와 형제애, 단합을 강조하였던 애국적인 시인이자 훌륭한 정치가였다"라고 언급하면서, 이러한 페테르 1세의 정신이 이후 약하게나마 니콜라 시기까지 이어지게 되어, 1918년 몬테네그로가 포함된 최초의 남슬라브족 통합국가가 수립될 수 있었다고 말하고 있다.[13] 무엇보다도 이러한 그의 주장은 그 사실여

13) Miomir Dašić, "O Jugoslovenskoj ideji u Crnoj Gori do stvaranja Jugoslavenske države 1918", Djordje O, Pljević (ed.), *Jugoslovenska država 1918-1998*, (Beograd: Institut za savremenu istoriju, 1999), p. 487.

부를 떠나 1918년 수립된 남슬라브족 통합 왕국을 그리고 이 왕국으로의 몬테네그로 편입을 세르비아니즘의 확산이라는 차원에서 인식하고 있다는 점에서 현재 몬테네그로 독립을 주장하고 있는 독립 세력들로부터 일련의 비판을 받고 있는 상황이다.

자신들의 독립 근대 왕국을 건설하고자 했던 몬테네그로인들의 바람은 현대 몬테네그로 국가와 몬테네그로 왕조의 설립자이자 유명한 시인이기도 했던 페테르 2세 시기에 들어와서부터라 볼 수 있다. 반면 세르비아인들은 이 당시 가라샤닌이 제창한 세르비아니즘의 이상에 크게 호응하고 있었고, 이러한 그의 이상을 몬테네그로인들에게도 확산시키고자 여러 노력을 기울이고 있던 시점이었다. 페테르 2세는 오스만 터키의 견제와 프랑스의 간섭 그리고 계속되는 세르비아니즘의 확산 속에서도 몬테네그로인들의 결속과 단결을 이끌어내, 1842년 마침내 오스트리아 등 주변 강대국들로부터 독립 국가로서의 인정을 받을 수 있게 된다.[14] 이어 그의 왕권은 그의 조카인 다닐로(Danilo I Petrović: 1852-1860)에게 계승되었으나, 1860년 암살에 의한 사망으로 인해 왕위는 니콜라(Nikola Petrović: 1860-1916)에게 승계되게 된다.

니콜라는 1862년부터 시작된 수차례의 오스만 터키 공격을 잘 막아내었고, 1878년 3월 '산스테파노(San Stefano) 조약'과 동년 6월 '베를린(Berlin) 조약'의 결과 비록 국제적으로 인정은 받지 못했지만, 몬테네그로는 독립 국가를 위한 토대를 구축할 수 있게 되었다. 베를린 조약의 결과 몬테네그로의 면적은 과거보다 2배 더 확장되었고(4,400km² -> 9,475km²), 오랜 숙원이던 바르나, 울찐 등 해안지대를 확보할 수 있게 된다. 이때 이후 수도인 쩨티녜를 중심으로 몬테네그로는 경제, 사회적 발전을 이루게 되어, 1899년에 들어와서는 75개의 공립학교와 26개의 사립학교가 설립되게 되었다. 또한 러시아의 지도 아래 근대식 군대가 창설되었고, 오스트리아의 원조 아래 쩨티녜에서 코토르까지 최초의 근대식 개념의 도로와 철도가 설

14) Michael Boro Petrovich, *op. cit.*, p. 232.

립되게 된다.[15] 니콜라 하의 몬테네그로와 세르비아 간의 관계는 같은 남슬라브족으로서 선린관계를 유지하고 있었다. 하지만 세르비아 정국 주도권을 둘러싼 오브레노비치(Obrenović) 왕조와 페트로비치(Petrović) 왕조간의 계속된 유혈 사태는 곧 바로 몬테네그로와 세르비아 간의 불협화음을 초래하게 하였다.[16] 특히 세르비아를 중심으로 몬테네그로 및 발칸유럽 내 남슬라브족 국가들을 통합해 나가겠다는 취지 아래 세르비아니즘의 확대를 강력히 추진하던 밀란 오브레노비치(Milan Obrenović: 1868-1889) 시기 이후로 양국은 다소 불편한 관계가 수립되었고, 1910년 마침내 몬테네그로는 니콜라 왕을 중심으로 하는 독립 군주국가임을 선포하게 되었다.[17]

4. 몬테네그로 독립 움직임의 배경과 향후 전망

4.1. 몬테네그로 독립 움직임의 주요 배경과 진행과정

20세기 초 몬테네그로는 비록 니콜라왕의 독립 왕국 선포에도 불구하고, 복잡한 발칸유럽의 정세와 더불어 매우 혼돈의 시기를 맞이하고 있었다. 몬테네그로는 1912년과 1913년에 치른 제1, 2차 발칸전쟁에서의 승전에도 불구하고, 1918년 제1차 세계대전 종결 이후 세르비아 주도의 최초 남슬라브족 통합국가인 '세르비아-크로아티아-슬로베니아 왕국(Kraljevina SHS)'

15) Milija Komatina, *Crna Gora i srpsko pitanje*, (Beograd: Zavet, 1999), p. 131.

16) 이러한 불협화음의 또 다른 배경에는 니콜라 왕이 세르비아 오브레노비치 왕조의 정적인 카라조르제비치 가문의 페테르 카라조르제비치(Peter I Karađorđević: 1903-1918까지 세르비아 왕위를 역임)를 자신의 장녀 조르카(Zorka)와 결혼시켰던 데서도 그 요인을 찾을 수 있다.

17) Milija Komatina, *op. cit.*, pp. 37-38; 세르비아니즘의 확대 움직임 속에 치러진 당시 취임식에서 니콜라왕은 몬테네그로 민족의 독자성과 독립된 민족 정체성을 그들의 중세 역사 속에서 찾을 것을 천명하였다; "우리는 과거 제타 왕국의 보이슬라브, 미하일로 그리고 보딘의 자손이다. 시간은 단지 이 땅위에 존재하였던 것을 파괴할 수 있었지만, 이 안에 꿈틀대고 있는 자유에 대한 의지와 충성스러운 산악인들의 뜨거운 심장을 파괴할 수는 없었다. 우리는 오랜 역사의 토대 위에 왕국 건설의 부활을 시작하였고, 오늘날 이 왕국은 여기 천상의 햇빛 아래 반짝이는 우리의 고대왕국에 그 뿌리를 두고 있다." 몬테네그로 역사 개요 *http://www.montenet.org/history*

하로 편입되는 아픔을 겪게 된다. 이후 몬테네그로는 제2차 세계대전 이전까지 세르비아의 직접적인 지배 하에 놓이게 되었지만, 제2차 세계대전에서 티토를 중심으로 한 파르티잔 세력이 승리한 이후, 사회주의 유고슬라비아 연방 하에서 6개 구성 공화국(슬로베니아, 크로아티아, 보스니아-헤르체고비나, 세르비아, 몬테네그로 그리고 마케도니아 공화국)중 하나인 몬테네그로 공화국으로 새롭게 등장할 수 있었다.

1989년 베를린 장벽 붕괴로 상징되는 사회주의 체제의 몰락 이후 유고슬라비아 연방의 해체 위기와 더불어 몬테네그로는 매우 불확실한 위치에 놓이게 된다. 특히 1990년에 있었던 다당제 선거가 실시된 이후 사회주의 유고슬라비아 연방은 해체의 길로 들어서고 있었고, 이에 따라 몬테네그로도 자신의 진로를 결정해야만 했다. 당시 몬테네그로는 세르비아의 압력과 불확실한 국제적 상황으로 인해 세르비아와 함께 1992년 신(新)유고슬라비아 연방 형성에 가담하게 된다.[18] 하지만 신(新)유고슬라비아 연방에 가담한 이후 몬테네그로는 연방 구성국이었던 세르비아가 중심이 된 유고슬라비아 내전(슬로베니아 내전과 크로아티아 내전)과 보스니아 내전 그리고 이후 1999년 3월에 일어난 NATO와의 코소보 전쟁 등으로 인해 세르비아와 함께 미국과 서유럽 국가들로부터 경제적, 정치적 그리고 외교적 고립을 강요받아야만 했다. 결과적으로 서구로부터의 고립은 몬테네그로인들에게 세르비아와의 연방 형성과 그 유지에 대한 의구심을 증폭시켰고, 이러한 국내 분위기 속에서 1999년 8월 몬테네그로의 새로운 대통령으로 선출된 밀로 쥬카노비치(Milo Đukanović) 대통령과 그 수뇌부는 몬테네그로인들이 세르비아니즘의 희생자임을 상기시키며, 독립을 위한 실질적인 논의에 들어가게 된다.

몬테네그로 독립문제는 당시 세르비아의 실질적 권력자였던 슬로보단

18) 유고슬라비아 연방이 해체되는 과정 속에서 당시 몬테네그로는 몬테네그로가 세르비아와 함께 새로운 연방을 구성해 나갈지를 묻는 국민투표를 단행하게 된다. 전체 선거인단의 66%가 참여하였던 이 선거에서 찬성 96%, 반대 3%라는 압도적인 표차로 몬테네그로 국민은 세르비아와 운명을 같이 할 것을 결정짓게 된다. Milija Komatina, *op. cit.*, p. 18.

밀로쉐비치(Slobodan Milošević)의 세르비아니즘의 확대에 반발하였던 몬테네그로 대통령 밀로 쥬카노비치를 중심으로 제기되었다고 볼 수 있다. 우선 쥬카노비치 대통령은 세르비아 정부에게 국명을 '유고슬라비아 연방'이 아닌 '몬테네그로-세르비아 연합 국가'라는 명칭으로 변경할 것과 현행 연방 헌법을 폐지할 것, 그리고 연방 정부 협의 체제를 각 공화국 간 각료 간 협의체제로 전환 할 것 등 실질적인 새로운 형태의 연방 정부구성을 제안하였다. 이후 몬테네그로의 요구는 세르비아와의 느슨한 연방형태 유지를 전제로 한 독자군대 편성권과 독자적 외교권 그리고 독자 통화권 발행 등으로 확대되게 된다.

2000년 7월에 들어와 쥬카노비치 대통령은 연방정부에 본격적으로 연방 분리 구상을 제안하였고, 몬테네그로가 신(新)유고슬라비아 연방의 존재를 더 이상 인정하지 않을 것이라는 점과 그해 9월에 치러질 연방 선거에 불참할 것 그리고 몬테네그로의 향후 국가 목표를 EU와 NATO에 가입하는 것을 주요 골자로 하겠다는 등의 성명서를 발표하였다. 하지만 세르비아의 그늘로부터 벗어나 독립을 이루려던 몬테네그로의 의도는 2000년 10월 세르비아에서 반(反)밀로쉐비치 민주화 혁명이 일어나, 민주인사인 보이슬라브 코슈투니짜(Vojslav Koštunica) 연방 대통령이 등장하게 되자 난관에 봉착하게 된다.[19] 유고슬라비아 연방의 새로운 대통령으로 취임한 코슈투니짜 대통령은 "세르비아와 몬테네그로는 하나의 운명 공동체이며 더욱 더 강력한 통합이 필요하다"는 점을 강조하였고, 이어 이러한 선언이 발칸유

---

19) 2000년 9월 24일 치러진 유고슬라비아연방의 대선과 총선 투표에 대해, 선거 위원회가 발표한 결과와는 달리, 세르비아 민주야당(DOS)의 코슈투니챠(Koštunica) 후보 진영에선 자체 집계 결과 결선 투표 없이 1차 투표에서 밀로쉐비치를 이겼다고 선언하게 된다. 이어 밀로쉐비치의 퇴진과 민주화를 요구하는 시위대의 물결이 베오그라드에 집결하였고, 총 파업이 유고슬라비아 전역에서 시작되게 되었다. 계속된 시위와 민주화 요구 속에 가장 큰 후원자였던 러시아로부터도 지원 약속을 받아 내지 못하자, 밀로쉐비치는 국영 TV에서 자신의 패배를 인정하고 정권 이양을 선언하게 된다. 선언 내용은 '라디오, 텔레비전 세르비아' 사이트인 *http://www.rts.co.yu* 참조; 뒤 이어 10월 7일, 민주 인사인 코슈투니챠가 마침내 국회 의사당에서 대통령 취임식을 갖고 정권 인수 작업에 착수하기 시작하였고, 곧 이어 유럽연합은 1999년 코소보 전쟁 이후로 발효된 유고슬라비아연방에 대한 석유금수조치를 해제해 주고, 몬테네그로 문제를 비롯한 모든 중요 현안들에 있어 새롭게 등장한 민주 정권에 대한 지지를 분명히 전달하게 된다.

럽의 안정을 추구하고자 했던 미국과 서방의 지지를 얻게 됨에 따라 몬테네그로 독립문제는 다소 어려움을 겪게 된다.

하지만 세르비아의 민주화 혁명 성공과 대외적인 압력에도 불구하고, 몬테네그로의 독립을 향한 움직임은 계속 지속되었다. 특히 몬테네그로는 우선적으로 세르비아가 주도하고 있던 연방으로부터의 경제 독립을 추진해 나갔는데, 그 결과 2000년 11월 몬테네그로의 공식 화폐가 연방의 공식화폐인 '디나르(Dinar)화' 대신에 독일의 마르크화로 지정되게 된다(2002년 1월 이후 공식화폐는 유로(Euro)화로 변경). 이어 2001년 4월에는 몬테네그로 독립을 둘러싼 양대 세력(분리 독립파와 연방 유지파) 간 총선 결과 근소한 차이지만 분리 독립 세력이 승리함으로서 독립 추진에 힘을 실어주게 된다(총선 결과, 분리 독립파지지 세력 42.1%를, 연방 유지파 지지 세력은 40.7%를 차지). 하지만 총선 직후, 몬테네그로 독립추진에 대한 미국과 EU의 반응은 "이러한 시도가 발칸유럽의 안정을 해칠 수 있다"는 메시지를 계속해서 보냈었고, 마침내 EU 대표단이 동년 4월 몬테네그로를 직접 방문, 몬테네그로 독립 반대에 대한 공식적인 의견을 분명히 하게 된다. 이러한 국제사회의 강력한 반대에 밀려 몬테네그로 정부는 2001년 7월 13일 이전에 치르기로 했던 '몬테네그로 독립을 묻는 국민 총선'을 철회한다는 발표를 해야만 했다.

2001년 7월 세르비아 총리이자 세르비아의 실질적인 정치 구심점이었던 조란 진쥐치(Zoran Žindjić)는 "몬테네그로의 독립추진이 세르비아니즘을 자극해 코소보 사태와 같은 심각한 위험을 초래 할 수 있다"는 점을 경고하였다. 동시에 "몬테네그로가 연방 내에 계속 존속하기를 강력히 희망한다."는 메시지와 함께, "국방, 외교, 통화 등에 대한 권한만을 연방정부에 이양하고 나머지 조세와 여러 권한들에 대해선 몬테네그로 정부가 독자적으로 주도할 수 있다."는 새로운 형태의 연합을 제안하게 된다.[20] 하지만 이러한 제안이 발표된 직후 몬테네그로 정부는 몬테네그로 독립 여부를 묻는 국민

20) 세르비아-몬테네그로의 대표적 신문인 '보르바(Borba)' *http://www.borba.co.yu* 참조.

투표를 다시 실시할 것임을 발표하는 것으로, 세르비아 정부의 제안을 거절하였다.

여러 차례의 회담과 논의 끝에 2003년 3월 연방 정부 및 세르비아와 몬테네그로 정부 간 합의문이 발표되었는데, 주 내용은 3년 동안 세르비아와 몬테네그로가 연합한 연방을 계속 존속할 것과 이후 양 공화국이 몬테네그로 독립을 묻는 국민투표를 실시할 것 그리고 국명을 '유고슬라비아 연방공화국(SRJ)'에서 '세르비아-몬테네그로 연합 공화국'으로 변경할 것 등이었다. 이어 이 합의문에 따라 하나의 국가연합 체제라는 틀 속에서 국방과 외교, 무역, 재정, 인권부문 등 5개 내각은 연방 정부 내 합동행정기구에, 나머지 모든 권한은 각 공화국이 독자적으로 운영하는 느슨한 연합 국가 탄생이 결정되었다. 또한 그 내용에 따라 국제적으로는 UN 등 국제기구에서 하나의 의석을 갖는 단일 국가로 활동하며, 현행 조약과 협정에 대한 과거 유고슬라비아연방의 권리와 책임을 승계한다는 원칙이 수립되게 된다. 그리고 마침내 2003년 4월 세르비아와 몬테네그로 공화국 의회에서 양국 지도부들 간의 몬테네그로 연방 존속 안에 대한 협정이 승인되게 되었다.

4.2. 독립 국가로의 몬테네그로

새로운 연합 국가를 구성하는 데 양국이 합의한 직후, 2003년 3월 세르비아가 주도하고 있던 세르비아-몬테네그로 의회는 몬테네그로의 독립 의지를 약화시키고 유화책을 제시하기 위한 일환으로, 몬테네그로 출신의 법률가 스베토자르 마로비치(Svetozar Marović)를 전체 의석 126석 중, 찬성 65, 반대 47, 기권 14표로 새로운 연합 국가의 연합 대통령으로 선출하는 등 빠른 속도로 연합 국가 체제를 구축해 나가기 위해 노력하였다. 하지만, 세르비아의 이러한 구애와는 달리 몬테네그로는 2003년 5월 치룬 몬테네그로 대통령 선거에서 과거 밀로 쥬카노비치 대통령의 측근이자 몬테네그로 독립을 강력히 주장하였던 필립 부야노비치(Filip Vujanović) 전 총리의 승리를 통해 독립에 대한 강력한 의지를 표명하였다.

연합 국가를 계속 유지해 나가려는 세르비아의 여러 노력들을 뿌리치고 세르비아의 영향력으로부터 벗어나 21세기 새로운 독립 국가를 건설하려는 몬테네그로의 독립 의지는 양국 간 연방 합의 기간이 종결되기로 약속한 3년 뒤인 지난 2006년 5월 마침내 그 결실을 이루게 되었다. 하지만, 비록 몬테네그로가 세르비아의 그늘로부터 벗어나 독립 국가를 이루었음에도 불구하고, 향후 이를 지속해 나가는 데에는 여러 어려움들이 상존할 것으로 보인다. 그러한 분석을 내리는 배경에는 몬테네그로와 세르비아 그리고 발칸반도를 둘러싼 일련의 장애요소들이 독립 국가로서의 몬테네그로의 발전과 그 유지에 어려움을 주고 있기 때문이다. 따라서 독립 국가로서의 몬테네그로의 향후 방향은 아래 요소들의 향배에 따라 결정되어질 것으로 보인다.

우선, 독립 국가로서의 유지와 발전에 어려움을 주고 있는 가장 큰 장애 요소는 몬테네그로인들이 독립 국가 유지에 대한 단합된 의지가 어느 정도까지인지, 그리고 어디까지 보여줄 수 있을 것인가? 라는 문제이다.

몬테네그로는 지난 2003년 5월 대통령 선거에서 몬테네그로의 독립을 주장하는 부야노비치 전 총리가 대통령에 당선되었지만, 그 전개 과정이 그리 매끄럽지 못했다고 볼 수 있다. 당시 대통령 선거 투표율은 전체 유권자의 48%, 득표율은 65%에 불과하였는데, 그동안 부야노비치 후보는 2002년 12월과 2003년 2월에 치러진 두 차례 대통령 선거에서 최다 득표율을 기록하긴 했으나, 두 차례 선거 모두 헌법상 최저 투표율인 50%를 밑돌아 무효처리가 되었었다. 따라서 여러 논란 속에 치러진 2003년 5월 선거에선 쥬카노비치의 주도 아래 조정된 새로운 선거법 즉, 최저 유효 투표율 조항을 삭제하고 최다 득표자가 대통령으로 선출되도록 한 헌법 개정을 통해 선거가 치러지게 되었다. 더불어 독립을 향한 일치된 목소리가 나오지 못하는 현상은 국제사회의 일련의 반대에도 불구하고 치러진 2006년 5월 몬테네그로 독립을 묻는 국민투표에서도 또한 나타나고 있다하겠다. 여기선 총

48만 5,000여명의 유권자 중 86.3%가 참여해, 독립 저지선인 55%를 넘은 55.5%, 즉 23만 661명의 찬성을 이끌어 냄으로써 몬테네그로는 독립을 이루는 데 성공하였다.[21] 하지만, 비록 독립에는 성공하였지만, 선거 결과에서 보이듯, 세르비아계를 포함한 44.5%의 몬테네그로인들이 독립을 반대했다는 것은 향후 주변 국가들에 의한 압력이 가해질 경우, 몬테네그로의 독립 국가로서의 지위가 견고히 유지되기 어려울 것이라는 점을 내포하고 있다 하겠다.

두 번째로는 고대 이래로 약 1500년 가까이 지녀 온 몬테네그로인과 세르비아인 간의 정치, 경제, 사회, 문화적인 밀접한 교류 관계와 그 저변에 깔려 있는 독립에 대한 국민들의 우려를 어떻게 해결해 나갈 수 있는가 하는 짐이다.

실제, 앞서 오랜 역사를 통해 확인하였듯이 민족, 문화, 종교적으로 몬테네그로인은 세르비아인과 매우 밀접하고도 거의 유사한 연관 관계를 지니고 있다. 또 산업 기지와 생산능력이 취약해 주력 산업으로 관광업을 육성시키고 있는 몬테네그로는, 2008년 통계에 따르자면 외국 관광객의 60% 이상이 바로 세르비아인이라는 점, 그리고 세르비아로부터 들어오는 생활 필수품을 포함한 상당량의 농산 가공물, 공산품에 대한 경제 의존의 한계를 어떻게 극복할 수 있을지도 의문으로 남고 있다.[22] 이와 함께 사회주의 시기 이후로 상당수 몬테네그로인들이 베오그라드를 비롯한 세르비아 본토 여러 지역에 이주해 와 그들의 가족을 두고 있으며, 세르비아 사회 곳곳에 그들의 자리를 구축해 놓고 있는 상황이다. 따라서 향후 세르비아의 국력이

21) 독립을 추진하려는 몬테네그로와 이를 저지하려는 세르비아 간의 갈등으로 인해, 미국과 EU는 발칸유럽의 안정을 위한다는 이유를 들어 중재에 나섰고, 이에 따라 몬테네그로가 독립을 위해선 일반적인 투표율 과반수가 아닌, 55%이상의 지지표를 얻어야 한다고 규정하였다. 하지만, 독립을 저지하기 위한 세르비아 및 국제사회의 일련의 노력에도 불구하고 몬테네그로는 이러한 투표하한선을 0.5% 넘겨 독립에 성공할 수 있었다. 이후 세르비아가 선거 결과를 인정하고 국제사회의 승인을 얻음에 따라, 마침내 2006년 6월 3일 몬테네그로는 독립을 선포하게 된다.

22) 몬테네그로 종합 *http://www.visit-montenegro.com*

다시 회복되게 될 경우 가장 최우선 관심 지역인 몬테네그로에 대한 영토 편입 움직임이 재개될 될 경우, 몬테네그로 독립에 대한 이들의 태도 또한 어떻게 변하게 될지 또한 중요한 관심 요소라 할 수 있다.[23)]

세 번째로는 세르비아의 정체, 경제적 이해득실 차원에서 그 가치가 매우 높은 몬테네그로의 지정학적, 지경제학적 가치를 언제까지 방치할 것인가 라는 점이다.

과거 역사를 통해 보자면, 세르비아는 근대 이후 국력 팽창과 국가 발전을 위한 일환으로 아드리아 해안 지역 장악을 위해 수많은 노력을 기울여 왔었다. 하지만 오스트리아 등 주변 강대국들의 반대에 부딪쳐 결국 그러한 의지를 실현시키지 못하였던 경험을 지니고 있다. 약 200여km의 아드리아 해안선을 지니고 있는 몬테네그로의 독립은 세르비아를 결국 내륙국가로 전락시켰음은 물론 그동안 국제 무역항인 바르를 통해 들어오던 모든 물품들에 관세가 매겨져 상당한 물류비용을 감당해야 하는 어려움에 처하게 하고 있다. 따라서 2008년 2월 일방적으로 독립을 선포한 코소보가 세르비아인에게 있어 민족 성지라는 '민족 정서적 중요성'을 지니고 있다면, 몬테네그로 지역은 세르비아에게 있어 '전략적, 경제적 중요성'이 매우 높은 지역이라 할 수 있다. 따라서 향후에도 몬테네그로의 이러한 중요성을 인식하고 있는 세르비아가 계속해서 이를 방관하고 있을지, 아니면 과거 역사 속에서 보여 왔듯 다시 한 번 역사적 고리를 반복해 나갈지 또한 관심을 가지고 들여다 볼 부분이다 하겠다.

네 번째로는 안정된 국가로서의 몬테네그로의 독립 지속 여부는 자신들의 노력과 의지보다는 주변을 둘러싼 발칸유럽의 안정 혹은 불안과 밀접한 관련을 맺고 있다는 점이 몬테네그로 정부의 커다란 고민이라 할 수 있다.

---

23) 1991년 인구조사에 따르자면, 몬테네그로 총 인구 비율은 몬테네그로인이 61.7%(약 381,000명), 세르비아인이 9.3%(약 57,000명), 무슬림이 14.5%(약 89,000명), 알바니아인이 6.5%(약 40,000명), 기타 인구가 8%(약 49,000명)를 차지한다. 이외에도 세르비아에 거주하는 몬테네그로인이 139,299명(이 중 74,096명이 수도인 베오그라드에 거주)이고, 44,838명이 보이보디나에, 그리고 20,365명이 코소보에 거주하고 있다. 김철민, 『발칸유럽 사회와 문화』, (서울: 한국외국어대학교 출판부, 2008), p. 136.

즉, 현재 불안정한 평화를 유지하고 있는 발칸유럽의 안정이 계속 유지되어 나갈 수 있을지, 혹은 이러한 균형적 메커니즘이 깨진 후 또 다른 발칸유럽 내 분쟁으로 재현되게 될 지에 따라 향후 독립 국가로서의 몬테네그로의 운명이 결정되어 질 것으로 보인다. 몬테네그로의 독립 추진과 독립 선언이 세르비아로부터의 분리 독립을 강력히 주장하여 왔던 세르비아 내 코소보 지역의 알바니아인들의 독립 의지를 자극하였던 것처럼, 만약 2008년 2월 일방적으로 독립을 선언해 2009년 현재 국제사회의 주요 논란이 되고 있는 코소보의 독립 문제가 UN에서 정식으로 승인되게 된다면, 이것은 곧 바로 몬테네그로 내 엄청난 혼란을 안겨줄 것으로 보인다. 즉, 국제사회의 코소보의 독립인정은 곧 바로 보스니아 내 세르비아계가 장악하고 있는 스르프스카 공화국의 독립 추진 움직임 가속화와 함께 마케도니아 내 알바니아인들의 분리 독립 운동을 일으킬 것이며, 더불어 이러한 흐름은 자연스럽게 몬테네그로 내 민족 간 갈등으로 이어지게 될 것이라는 점이다.

5. 결 론

1918년 제1차 세계대전 이후 최초의 남슬라브족 통합 국가인 '세르비아-크로아티아-슬로베니아 왕국'이 수립되고 이 국가가 1929년 '유고슬라비아 왕국'으로 개명된 이래로 사회주의 시기를 거치며 지난 74년 동안 발칸유럽의 역사 속에서 주요 국가로 역할을 다해 왔던 '유고슬라비아'라는 이름은, 2003년 3월 맺어진 세르비아와 몬테네그로 양국 간의 합의에 따라 역사 속으로 사라지게 되었다. 그 기간 동안 세르비아는 가장 큰 인구수와 오래된 독립의 역사 그리고 우월한 정치, 군사력을 바탕으로 연방 내 국가들 가운데서 주도적인 역할을 수행하고자 했고, 실제 수행해 왔던 게 사실이다. 세르비아가 이처럼 주도권을 장악하고자 했던 그 기본 바탕에는 무엇보다도 과거 중세 두샨왕 시절의 영토 확장에 기초한 세르비아니즘이 자리 잡고 있었다고 볼 수 있다.

1980년 5월 티토가 사망하고, 1989년 11월 베를린 장벽이 붕괴된 이후 20세기말에 유고슬라비아지역에서 발생한 여러 내전들과 민족분쟁들 또한 그 배경 중 하나에는 세르비아 민족주의의 일환인 세르비아니즘이 자리 잡고 있었다. 특히 세르비아니즘의 확대로써 해석되는 코소보 지역 내 민족갈등과 그 여파로 인해 1999년 3월 발생한 79일 간의 코소보 전쟁은 수많은 인종학살의 비극을 낳았고, 이러한 여파는 곧 바로 세르비아와 연방을 이루고 있던 몬테네그로의 독립 문제를 야기하게 하였다.

실제, 1992년 4월 세르비아 공화국과 함께 신(新)유고슬라비아 연방을 구성하였던 몬테네그로는, 보스니아 내전의 주범으로 세르비아가 지목된 이후로 같은 연방에 소속해 있다는 이유로 수년 동안 국제사회로부터 가혹한 경제 금수조치를 받아야만 했었다. 또한 코소보에서 발생한 세르비아인과 알바니아인 간의 민족 갈등을 계기로, 1999년에 일어난 코소보 전쟁에서 미국을 위시한 NATO군의 무차별적인 군사 공격과 국제사회로부터의 고립을 강요당해야 만했다. 이후, 과거 오랜 세기동안 세르비아와 밀접한 관계를 유지해 왔던 몬테네그로는 세르비아와의 연방을 파기하고 독립의 길을 선택하기로 결정하였고, 이를 위한 여러 경제, 정치적인 조치를 단행해 나감으로써 2006년 6월 마침내 독립 국가를 선포하게 되었다. 하지만, 향후 몬테네그로의 독립 유지와 발전이 어떻게 전개되고 지속될 지에 대해선 다양한 의견들과 논의가 제기되고 있는 게 사실이다. 무엇보다도 이러한 독립국가로서의 발전과 유지가 자신의 노력과 의지에 의해서가 아닌 자신을 둘러싼 주변 발칸유럽의 향후 전개에 따라 결정되어질 것이라는 점이 독립 몬테네그로서의 지속 어려움과 한계점을 안겨준다 하겠다. 특히 2008년 2월 일방적 독립 선언 이후 현재 UN과 국제사회의 승인을 기다리고 있는 코소보의 독립 여부 그리고 이후 이어질 보스니아 및 마케도니아의 민족 갈등 재현 여부가 향후 독립 몬테네그로의 운명을 결정지을 것으로 보인다. 즉, 현 시점에서 몬테네그로의 독립 문제를 둘러싼 세르비아와 몬테네그로 간의 긴장은 수면 아래 속에서 여전히 이 지역 분쟁의 주요 불씨를 그대로 안고 있다고 볼 수 있다. 다시 말해 이 지역이 지니고 있는 오랜 동안의 역사, 문화, 종교적 연결 고리에 따라 그 파급효과가 매우 밀접하게 연결되어 있다 하겠다. 이러한 점이 바로 세르비아로부터의 독립을 향한 몬테네그로의 역사와 향후 전망을 분석해보고자 한 본 연구의 의미라 할 수 있을 것이다.

제6장 마케도니아

마케도니아 민족 정체성을 둘러싼 분화 갈등과 그 양상

마케도니아 민족 정체성을 둘러싼 문화 갈등과 그 양상

한 눈으로 읽어보는 키워드

유고슬라비아 지역의 민족들에게 있어 민주화 이후 10여 년은 한 마디로 "연방의 해체와 분열 그리고 이에 따른 민족 간 문화갈등과 분쟁의 연속이었다"라고 특징지을 수 있다. 1991년 슬로베니아에서의 내전을 시작으로 유고슬라비아 내전이라 칭하는 크로아티아 내전(1991-1995), 그리고 보스니아 내전(1992-1995)과 코소보 전쟁(1999)을 겪으면서 1990년대를 보낸 유고슬라비아 지역의 민족들은 이어 21세기가 시작하고 난 이후에도 계속된 민족, 문화갈등의 그늘 속에서 마케도니아 내전(2001)을 경험해야만 했다.

1991년 독립을 선언한 이후 마케도니아는 대외적으론 그리스 등 주변 국가들과의 계속된 언어, 영토, 민족 정체성 논쟁 그리고 대내적으론 알바니아 소수민족과의 내전과 문화 갈등으로 인해 현재 세계에서 붕괴 가능성이 가장 높은 국가로 국제사회에 인식되고 있다. 세르비아 민족주의자들은 여전히 마케도니아를 과거 세르비아 영향력이 강하였을 때 애용하였던 지명인 '바르다르 마케도니아(Vardar Macedonia)'라 부르며, 언제라도 영향력을 행사하려는 움직임을 보이고 있다. 한편 불가리아는 마케도니아 민족과 마케도니아어를 자민족의 일파와 자국어의 방언으로 선전하면서 마케도니아에 대한 종주권을 행사하려고 하고 있다. 이보다 더 적극적인 자세를 보이는 그리스의 경우는 1995년 합의 이후에도 여전히 마케도니아 독립과 관련한 국가명칭 사용과 여러 상징물 사용 문제로 정치적 긴장관계를 지속하고 있다. 본장에선 이러한 문제제기를 바탕으로 민주화 10년을 전후로 나타난 유고슬라비아의 문화갈등에 대한 특징 그리고 그 지역사례중 하나인 마케도니아를 중심으로 대내외적 문화갈등의 양상과 의미를 분석하고자 한다.

1. 서 론

사회주의체제 붕괴의 한 결과물로써 터진 보스니아내전은 국제질서에 있어 힘(power)의 논리를 중시여기는 미국의 현실주의적 외교논리와 발칸유럽에 대한 미국의 영향력 확대정책이 맞물려 1995년 11월 마침내 '데이턴 협정(Dayton conference)'으로 평화안이 가결되어 오늘에 이르고 있다. 또한 발칸유럽의 또 다른 대표적 분쟁지역인 세르비아의 코소보는 세르비아로부터 강제적으로 1989년 자치권을 상실한 이후 코소보 내 알바니아인들의 계속된 시위와 저항 그리고 세르비아 군·경찰들의 이에 대한 보복과 진압이 계속되어 오다 1999년 코소보 전쟁과 평화 협정(SCR 1244) 체결 그리고 2008년 2월 일방적으로 독립 선언을 했지만, 2015년 현재까지 아직 UN에서 승인을 받지 못한 채 여전히 코소보 내 알바니아인과 세르비아인들과의 갈등이 내재되어 있는 상태이다.

발칸유럽의 이러한 분쟁들과 함께 국제적인 관심을 끌고 있는 또 다른 지역으로는 마케도니아를 들 수가 있다. 그 이유는 분쟁이 전개된 여타 발칸유럽의 지역들과 마찬가지로 마케도니아도 역시 주변 여러 국가·민족들과 역사적, 전략적 그리고 민족적으로 복잡한 연관관계를 지니고 있기 때문이다. 특히 마케도니아가 1991년 9월 구(舊)유고슬라비아 연방으로부터 탈퇴를 공식 선언하고 '마케도니아 공화국(the Republic of Macedonia)'이라는 국호를 기치로 독립 국가를 공포한 이후 그리스와의 갈등이 불거지기 시작하면서부터 또 다른 분쟁 지역의 대두 가능성을 두고 이 지역에 대한 연구가 활발히 진행되었다. 비록 1995년 9월 양국 정부가 관계정상화를 비롯한 국교정상화에 합의하였음에도 불구하고 마케도니아를 둘러싼 갈등은 현재까지도 여타 주변 국가들과의 연계 고리를 따라 여전히 잠재되어 있는 게 현실이다.

본장은 이러한 문제제기를 바탕으로 마케도니아를 둘러싼 민족갈등의 배경과 그 요인을 분석하고자 한다. 이를 위해 마케도니아 민족갈등에 대한 이론적 논의를 기초로 19세기 민족주의가 이 지역에 도래한 이후 계속 논쟁되어 왔던 마케도니아 민족 정체성 등을 둘러싼 주변 민족들과의 갈등의 역사적 전개과정을 살펴 볼 것이다. 또한 현재 첨예하게 진행되고 있는 갈등의 양상들로써 독립 선언 이후 확대된 마케도니아와 그리스와의 갈등 그리고 마케도니아 내 알바니아 민족문제를 제시할 것이다.

마케도니아를 둘러싼 갈등을 연구하기 위한 본 글의 구성은 우선 제2장에선 고대부터 마케도니아 독립 이전까지의 마케도니아 민족 정체성을 둘러싼 민족 갈등의 역사적 전개과정과 요인들을 살펴볼 것이다. 또한 제3장에서는 마케도니아의 갈등 양상을 우선 대외적 갈등으로 그리스 및 주변 국가들과의 갈등 양상을 소개할 것이고, 대내적 갈등 양상에 대해선 코소보 분쟁과 함께 급격히 증대되고 있는 마케도니아 내 알바니아 급진 민족주의자들과 이를 둘러싼 갈등을 연구하고자 한다. 마지막으로 제4장에서는 마케도니아를 둘러싼 민족갈등이 갖는 배경과 의미를 정리해보고 향후 전망에 대해 논함으로써 결론을 대신하고자 한다.

2. 마케도니아 민족갈등의 역사적 전개과정

2.1. 고대·중세 마케도니아

'마케도니아(Macedonia/ Makedonija)'라는 명칭은 고대 이 지역에 살았던 부족들을 가리키는 말로 '키 큰 사람들'이라는 뜻을 가진 그리스 말에서 유래되었다. 이후 이러한 명칭은 점차 이 지역에 거주하는 부족들을 가리키는 것 외에 이 지역을 칭하는 지리적인 개념으로 확대되었다.[1] 마케도니아 지역에 거주하는 마케도니아인은 초기 역사의 대부분을 주변세력 특히 그

1) Demetrius Andreas Floudas, "A Name for a Conflict or a conflict for a Name: an Analysis of Greece's Dispute with FYROM", *Journal of Political Military Sociology*, Vol. 24, No. 2, (1996), p. 286.

리스의 지식과 사회·문화의 영향을 받으며 성장하였다. 당시 마케도니아인들은 왕국을 수립하기 이전 이 지역에 작은 연합부족의 형태로 흩어져 살았으나, 필립 2세(Philip Ⅱ: BC 359-336) 시기에 들어와 펠로폰네소스 전쟁 이후 그리스 도시국가들의 분열과 성공적인 군사 활동을 통해 발칸반도 남부의 대부분 지역을 차지할 만큼 성장하였다.[2] 또한 필립 2세의 아들인 알렉산더 대왕(Alexander the Great: BC 336-323)은 발칸반도 장악 이후 마케도니아인과 그리스 원정대를 이끌고 페르시아 제국과 이집트를 점령하여 유럽과 아시아 그리고 아프리카에 걸친 광활한 제국을 건설하였다. 하지만 알렉산더 대왕의 죽음 이후 마케도니아 왕국은 분열을 거듭하여 167년 로마의 지배 하에 들어갔고, 이어 395년 로마황제인 테오도시우스(Theodosius)의 죽음 이후 그의 아들들에 의해 동·서로마로 분리 된 이후 마케도니아는 다시 동로마제국의 지배 하에 들어갔다.

로마와 동로마제국의 지배를 거치면서 마케도니아에 거주하였던 상당수의 주민들은 기독교로 개종하였고, 이러한 마케도니아인들의 기독교 개종은 AD 6세기 이후 이 지역으로 이주해 마케도니아인들과 혼재되어 거주하기 시작한 슬라브족들(불가리아, 세르비아)[3]에게 영향을 미치기 시작하였다. 이주한 슬라브족들은 점차 발칸유럽에 새로운 정착촌을 건설하여 갔고 비잔틴 제국은 마케도니아를 둘러싸고 세력을 확대하려는 이들 슬라브족들과 서로 빈번한 충돌을 해야만 했다.

864년 불가리아의 보리스(Boris) 왕은 동로마교회 즉 정교를 받아들여 지역 내 슬라브족을 통합하려 했고, 이어 시메온(Simeon: 893-927) 왕 시

2) Stoyan Pribichevich, *Macedonia: Its People and History*, (Harisburg: Pensylvania State Univ. Press, 1984), p. 40.

3) 초기의 원시 슬라브인들은 매우 느슨한 정치적·사회적 구조를 지니고 있었다. 공동소유(Zadruga)를 원칙으로 군사조직도 가족·씨족의 사회적 구조에 의존하였고, 또한 부족체계에 있어서도 미숙한 사회적 평등을 기초로 쥬판(Župan)이라 불리는 족장과 벨리키 쥬판(Veliki Župan)이라 불린 대족장을 중심으로 형성되어 있었다. 또한 중앙 집중적인 강력한 국가형성이 늦었던 관계로 초기 슬라브인들은 정치적 분열과 군사적 약화 속에서 주변 민족들로부터 지배를 받아야 했다. Ferdinand Schevill, *The History of the Balkan Peninsula*, (New York: Arno Press & The New York Times, 1971), pp. 73-74.

기에 들어와 불가리아는 904년 마케도니아를 점령하는 것을 비롯 알바니아, 세르비아의 전체 영토와 크로아티아 일부지역을 점령하여 발칸유럽에 제1 불가리아제국을 건설하였다.[4] 하지만 제1 불가리아제국은 시메온 왕 이후 점차 비잔틴제국의 영토회복 노력에 따라 마케도니아 대부분의 동부지역을 상실하였다. 이후 서부 마케도니아 지역을 장악하고 마케도니아의 왕으로 추대되어 아드리아 해안과 그리스 북부지역을 차지하였던 사무엘(Samuel: 996-1014) 왕조차 1014년 클레이돈(Kleidon) 전투에서 동로마의 바실 2세(Bassil Ⅱ) 황제에 의해 패함으로써 제1 불가리아 제국은 막을 내리게 되었다. 1018년에 바실 2세가 마케도니아 오흐리드(Ohrid)[5]에 있는 사무엘성을 장악한 이후 마케도니아는 비잔틴 제국의 영향 하에 완전히 복속되었고, 이것은 13세기 세르비아 중세왕조가 이 지역으로 세력을 확대하기 이전까지 이어졌다. 이후 1185년 비잔틴제국의 쇠락과 더불어 제2 불가리아제국이 다시 건설되었으나 발칸유럽으로의 오스만 터키 진출에 따라 국가 재건에 어려움을 겪어야 했다. 특히 1389년 세르비아를 주축으로 한 기독교 연합군에 가담해 싸웠던 코소보전투에서 오스만 터키에 패한 이후, 1393년 수도인 터노보(Turonvo)의 함락과 더불어 제2 불가리아 제국은 사라지게 된다.

중세 세르비아도 역시 고대 그리스 문화와 유적이 남아있고, 발칸유럽의 슬라브인들에게 기독교의 성지로 일컫는 마케도니아 지역에 많은 관심을 보였다. 특히 세르비아는 중세 세르비아의 최대 전성기를 이루었던 스테판

---

4) 불가리아 제국을 세운 지배 계급은 카스피해에서 발칸유럽으로 진출한 훈족의 한 일파인 불가르(Bulgar)족에서 기원하고 있다. 7세기말 이 지역에 진출한 불가르족은 이후 9세기 경에 들어와서는 이 지역의 다수를 이루고 있던 남슬라브족에 동화되었고, 현재는 이름에서만 그 흔적을 찾을 수 있다. Stoyan Pribichevich, *op. cit.*, p. 79; 불가르족의 정교수용은 이후 정교 교도들이었던 남슬라브족들과의 통혼을 가능케 했으며, 정교의 보급에 따른 남슬라브어의 확대를 낳게 된다.

5) 마케도니아에 속해있는 오흐리드(Ohrid)는 중세 불가리아의 발원지이자 초대 독립교구관구가 있던 곳으로 발칸유럽의 슬라브족들에게 기독교(정교)를 전파하는데 주요한 역할을 수행하였던 곳이다. 이후 불가리아가 마케도니아 지역에 대한 역사적 이유를 들어 자 국가로의 편입과 마케도니아인을 둘러싼 민족정체성 논쟁의 배경을 제공한 지역이다.

우로쉬 두샨(Kralj i Car Stefan Uroš 4 Dušan: 1331-1355) 시기에 이 지역을 장악한 이후 계속해서 마케도니아에 대한 관심을 지니게 된다. 1346년 현 마케도니아의 수도인 스코프예(Skopje)에서 '세르비아와 그리스의 왕'으로 추대된 두샨은 이후 수도를 오흐리드로 확정짓고 계속된 정복사업으로 국경을 북으로는 헝가리, 남으로는 비잔틴제국까지 넓혔다. 당시 두샨은 마케도니아에 남아있던 비잔틴의 전통과 학자들로부터 영향을 받아 10여 년에 걸친 작업 끝에 비잔틴 법전에 기초하여 세르비아 민족의 전통과 관습을 가미한 두샨 법전(Zakonik)[6]을 창시하였다. 하지만 두샨의 죽음 이후 세르비아 중세왕국은 계속된 국론 분열로 세력이 약화되었다. 이후 마케도니아의 마리짜(Marica)강에서 일어난 오스만 터키 군과 세르비아 군을 중심으로 한 기독교 연합군 간의 싸움은 유럽으로 진출하려는 터키 군에게 마케도니아의 지역적 중요성을 일깨워준 전투였다. 이 전투에서 패한 세르비아 중세왕조는 마케도니아 지역을 오스만 터키에게 넘겨주고 이후 1389년에 있었던 코소보전투에서의 패배로 이후 대략 500여 년 간 터키 지배로 넘어가게 된다.

중세 마케도니아의 종교와 문화는 비잔틴 문명 하에서 발전하였으며, 중세 짧았던 마케도니아의 문화 발전은 19세기 이후 마케도니아 민족국가를 수립하려던 마케도니아 민족주의자들을 자극하였다. 하지만 이러한 의도는 1878년 3월 산 스테파노(San Stefano) 조약과 동년 6월 베를린(Berlin) 조약을 통해 오스만 터키로부터 독립한 이후 이 지역에 대한 역사적 당위성을 들어 영향력 확대를 추구하려했던 주변의 불가리아, 그리스 그리고 세르비아의 역사가들과 민족주의자들로부터 공격을 받았고 현재와 같은 갈등이 계속해서 이어지고 있다.

불가리아 민족들에게 있어 마케도니아는 최초의 불가리아 정교회 독립

---

6) 이 법전은 이전 야만적이었던 슬라브 민족의 여러 생활상을 급진전시키는데 주요한 역할을 하였다. 특히 이 법전에는 비잔틴 문명의 영향과 정치, 사회적 구조에 대한 이야기가 잘 기술되어 있으며, 이를 통해 중세 세르비아가 봉건국가와 농업국가의 형태를 띠었음을 확인할 수 있다. Ferdinand Schevill, *op. cit.*, p. 156.

교구 수립과 중세 불가리아제국의 진원지라는 역사적인 이유로 매우 중요시 여겨지는 지역이었다. 특히 19세기 민족주의 시대 도래 이후 마케도니아 등 과거의 영토에 대한 회복을 목적으로 하는 영토적 민족주의에 바탕을 둔 불가리아 민족주의는 발칸유럽에 계속된 긴장을 조성하였다. 또한 세르비아 민족에게 있어서도 마케도니아는 코소보와 더불어 중요한 역사적 상징성을 지니고 있다. 19세기 근대 국가 수립 이후 급속히 확대된 대(大)세르비아주의[7]는 세르비아 민족주의자들 사이에 그 모델로 두샨 왕조 시절의 영토적 범위가 강조되어져 왔다. 그리고 이웃 국가인 그리스도 오스만 터키로부터 독립하기 이전부터 종교(그리스정교)의 교세확대를 무기로 이 지역에 그리스의 영향력을 확대하여 왔다. 이와 함께 터키로부터 독립한 이후에도 계속 그리스는 고대 마케도니아 왕국에 대한 정통성을 기초로 마케도니아 지역에 대한 영토회복을 추진하여 왔다. 이러한 불가리아와 세르비아 그리고 그리스 민족주의자들의 주장은 이후에도 마케도니아 지역을 둘러싸고 일어난 제1, 2차 발칸전쟁(1912, 1913)과 제1차 세계대전을 통해 잘 표출되었다.

2.2. 근대 마케도니아

마케도니아인에게 있어 오스만 터키의 지배는 터키에 대한 종속과 문화적 박탈을 의미하였다. 터키인들은 마케도니아 귀족층을 무너뜨리고, 기독교 농노들을 노예화했으며, 마케도니아의 정교회 슬라브 성직자들을 콘스탄티노플의 그리스 정교회에 예속시켰다. 17, 18세기에 들어와 터키의 세력약화와 더불어 지방에 대한 중앙정부의 리더십과 관심의 축소 속에 다른 여타 지방들과 마찬가지로 무슬림 지주들의 마케도니아 농민들에 대한 착

---

7) 실제로 세르비아인들 사이에 현재 전해 내려오는 민중 서사시 중에는 두산 왕 시절의 영토회복에 대한 동경과 19-20세기 초 세르비아 근대왕국 수립 이후 마케도니아로의 영토 확장을 고취하는 노랫말이 담긴 서사시들이 널리 불리고 있다(Tamo daleko...).

취가 확대되어 갔다. 이와 더불어 당시 오스만 터키의 세력약화를 틈타 분리 독립하려는 움직임을 보이고 있던 발칸유럽 내 정교권 민족들을 서로 분열시키려는 오스만 터키의 일련의 종교정책들은 마케도니아인들을 더욱 자극하였다. 이러한 정책에 따라 1776년에는 세르비아 페치(Peć) 독립교구가 폐지되었고 이어 1777년에는 불가리아 독립자치교회와 오흐리드 교구가 폐지되어 이들 모두가 콘스탄티노플에 있는 그리스 정교회 관할로 소속되었다. 따라서 마케도니아를 비롯한 이들 지방들의 교회에선 슬라브식 예배가 금지되었고 그리스 사제에 의한 예배의식이 치러졌다. 또한 학교와 수도원 등 모든 문화생활 면에 있어서도 그리스의 영향력이 확대되면서 그리스어와 문화가 가르쳐졌다.[8] 하지만 오스만 터키의 민족정책과 정치적 압력에 따라 진행된 마케도니아에 대한 그리스의 영향력 증대는 이때 이후 그리스 문화침투에 대한 마케도니아 민족주의자들의 강한 저항을 나았다.

마케도니아에서의 이러한 저항들과 때를 같이 하여 불가리아인들도 19세기 이후 민족에 대한 자아의식을 정립하기 시작하였다. 불가리아 전역에서 농민들을 중심으로 한 저항운동이 전개되었고, 이러한 농민과 민족주의자들의 저항에 1870년에 들어와 오스만 터키의 술탄은 그리스 정교회에서 벗어난 불가리아 독립 정교회를 허용해 주었다. 이후 불가리아 민족주의 창출과 확대에 동조하는 수많은 정교회 성직자들과 교사들은 마케도니아에 학교들을 수립하였고, 이 지역에 과거 불가리아의 역사와 문화를 확대시켜 갔다. 마케도니아 내 불가리아인들의 활약상과 성과는 세르비아인들과 그리스인들 그리고 이들의 정부와 교회를 놀라게 했고, 이후 마케도니아 지역을 둘러싼 대(大)불가리아, 대(大)세르비아 그리고 대(大)그리스주의 사이의 거친 경쟁이 일어났다.[9]

1877년부터 시작된 러시아-터키 간의 전쟁에서 러시아가 승리함으로써

8) Glenn E. Curtis, *Yugoslavia: a country study*, (Washington, D. C.: Federal Research Division, Library of Congress, 1992), p. 25.

9) *Ibid.*, pp. 25-26.

터키인들은 불가리아인 거주지에서 쫓겨났고, 이후 맺은 산스테파노 조약(1878, 3)에 따라 마케도니아를 포함한 대(大)불가리아 국가가 형성되었다. 하지만 동진(東進)정책을 추진하려 했던 오스트리아와 유럽 내 세력균형(Balance of power)을 추구하고 있던 영국 그리고 프러시아의 개입으로 러시아는 발칸유럽을 둘러싸고 서구와 다시 조약에 임해야 했으며, 그 결과 1878년 6월에 베를린 조약이 이루어졌다. 베를린 조약에 따라 오스만제국은 불가리아에게 넘겨주었던 마케도니아와 동(東)루멜리아(Eastern Rumelia)지역을 다시 차지할 수 있었다. 하지만 이러한 수정된 조약내용은 불가리아인들을 격분시켰으며, 이후 오스만 터키의 세력 약화 속에 불가리아와 주변 민족들 사이에 이들 지역을 둘러싼 영토 분쟁과 갈등이 계속해서 확대되었다.[10)]

1890년대에 들어와 불가리아와 그리스 그리고 세르비아인들의 마케도니아 지역을 둘러싼 영토경쟁이 차츰 확대되고 있었고, 이와 더불어 마케도니아 민족주의적 비밀 단체들이 급격히 증가했다. 이러한 당시 마케도니아 단체들은 크게 오스만 터키로부터 독립한 불가리아와의 합병을 추구하였던 친(親)불가리아파와 발칸 슬라브 연방 안에서 완전히 독립한 마케도니아를 지향하는 마케도니아 자치 국가파 등으로 나뉘어 갈등하고 있었다.[11)] 우선 전자를 대표하는 세력으로는 1878년 6월 베를린조약에 의해 마케도니아 지역이 다시 오스만 터키에 넘어간 이후 터키인들의 보복과 지배를 피해 불가리아로 피신한 마케도니아 피난민들이 불가리아와의 합병을 기치로 수립한 '마케도니아 해방 최고 위원회(S.C.L.M.: Supreme Committee for Liberation of Macedonia)'를 들 수 있다. 그리고 후자는 1896년에 순수한

10) 러시아와 터키와의 전쟁 이후 맺어진 1878년 3월 산 스테파노(San Stefano)조약으로 불가리아의 영토 확대와 더불어 대(大)불가리아가 수립되었으나, 서구의 러시아 세력 확대에 대한 견제심리로 이어 6월에 베를린(Berlin)조약이 다시 수립되었다. 이 조약으로 기존 불가리아영토의 40% 축소와 세르비아, 몬테네그로, 루마니아 독립의 정식인정, 보스니아에 있어서 관할권은 오-헝 제국 하에 그리고 영유권은 터키에 넘겨졌다. Ferdinand Schevill, *op. cit.*, pp. 393-406 참조.

11) Janusz Bugajski, *Ethnic Politics in Eastern Europe*, (New York: M. E. Sharpe, 1994), p. 99.

마케도니아 민족국가를 수립하려는 취지로 수립된 '국제 마케도니아 혁명위원회(I.M.R.O.: Internal Macedonian Revolutionary Organization/ V.M.R.O.: Vnatrešna makedonska revolucionerna organizacija)'를 들 수 있다.

1902년 마케도니아인들은 1878년 베를린 조약의 부당성과 터키의 지배에 저항하는 대대적인 폭동을 일으켰고, 이러한 저항은 터키의 무자비한 진압에도 불구하고 1903년에 들어와선 '국제 마케도니아 혁명위원회'를 중심으로 마케도니아 전 지역으로 넓게 확대되었다. 이후 오스만 터키의 술탄은 열강들의 요구대로 마케도니아를 다섯 개 지역으로 나누어 영국, 프랑스, 이탈리아, 오스트리아와 러시아 군대들이 그 지역의 치안을 담당하는데 동의해야 했다.[12] 이후 1912년부터 1913년 사이에 일어난 2차례의 발칸전쟁은 마케도니아 지역에 대한 오스만 터키의 통치를 종식시켰다.

제1차 발칸전쟁은 1912년 10월 몬테네그로가 터키에 대한 공격을 시작으로 발칸연맹을 구성하고 있던 불가리아, 세르비아 그리고 그리스가 전쟁에 참여함으로써 시작되었다. 전쟁초기부터 터키군은 모든 진영에서 후퇴해야 했으며, 특히 세르비아는 아드리아 해안을 따라 현 알바니아 지역을 장악함으로써 국가적 숙원이었던 해양으로의 진출을 모색하게 되었다. 하지만 서구 열강들 특히 보스니아를 거쳐 발칸유럽으로의 계속된 진출을 꾀하고 있었던 오스트리아는 세르비아의 세력 확대를 견제하기 위해 현재의 지역에 알바니아 독립국가를 수립하여 주었으며, 이것은 훗날 발칸유럽의 대표적인 분쟁들 중 하나인 세르비아인들과 알바니아인들 사이 민족갈등의 원초를 제공하게 된다. 이후 1913년 5월 서구 열강들의 개입으로 제1차 발칸전쟁이 종결되었으며, 연합국 중 세르비아와 그리스가 마케도니아를 양분해 감으로써 상대적인 영토적 이득을 획득하게 되었다. 하지만 근대 이후 줄기차게 마케도니아에 대한 종주권을 주장하여 왔던 불가리아는 이러한 열강들의 결정에 불만을 느꼈고 마침내 1913년 6월 그리스와 세르비아에 대해 마케도니아 지역을 탈환하기 위한 제2차 발칸전쟁을 일으켰다. 제2차

12) Glenn E. Curtis, *op. cit.*, p. 26.

발칸전쟁에선 불가리아의 침략에 대항하였던 세르비아와 그리스 연합군에 루마니아가 불가리아 북부 도부르자 지역에 대한 탈환을 목적으로 가담하였고, 이어 터키도 잃었던 영토를 일부나마 획득하기 위해 연합군에 가담하였다. 이 전쟁에서 불가리아는 대패하였으며, 그 결과 8월에 맺은 부카레스트 조약에 따라 마케도니아 지역은 물론 제1차 발칸전쟁에서 얻었던 영토들조차도 포기해야만 했다.[13)]

제1, 2차 발칸전쟁의 결과 마케도니아 지역은 주변 발칸국가들에 의해 최종 분할되었다. 그리스는 전체 마케도니아 지역 중 주로 에게-마케도니아(Aegean-Macedonia)로 불리는 남부 지역을 차지하였고,[14)] 세르비아 근대왕국은 북부와 중부 마케도니아를 남부세르비아라는 이름아래 세르비아 왕국으로 편입시켰다. 하지만 발칸전쟁 이전 이 지역에 종주권을 행사하여 왔던 불가리아는 단지 동부 마케도니아의 작은 부분만을 얻는데 만족해야 함으로써,[15)] 이후 계속해서 마케도니아 지역을 둘러싼 민족갈등의 배경을 이루게 된다.

2.3. 사회주의 유고슬라비아 연방 하에서의 마케도니아

제1차 세계대전이 종결되었을 때 불가리아는 패전국이 되면서 이전에

---

13) 발칸전쟁에 관련한 자세한 내용은 Fred Singleton, *A Short History of the Yugoslav Peoples*, (Cambridge: Cambridge Univ. Press, 1985), pp. 112-113 참조.

14) 플라우데스(Demetrius Andreas Floudas)는 자신의 장에 바로스(Varos)의 장("The Macedonian Question of our Neighbours", *On Scientific Truth about Macedonia*, (Athens: National Technical Univ. of Athens, 1993), p. 31)을 인용하면서 제2차 발칸전쟁에서 그리스가 차지한 51.5%의 마케도니아 영토는 그리스인들에게 있어 전략적 요충지 획득과 더불어 고대 마케도니아 왕국의 역사적 핵심지역 차지라는 면에 있어 중요한 의미를 내포하고 있다고 말하고 있다. Demetrius Andreas Floudas, *op. cit.*, p. 288.

15) 또한 세르비아 왕국은 마케도니아 영토의 38.4%를 차지하였으나, 이후 세르비아 세력억제와 대소견제라는 티토의 정치적 의도에 의해 마케도니아 공화국으로 분리되었고, 이어 사회주의 유고슬라비아연방에서 이탈하여 독립한 마케도니아 공화국이 수립되었다. 반면 불가리아는 단지 동부 마케도니아의 10.1%를 얻는데 만족해야 했으나 이 영토도 제1, 2차 세계대전을 거치는 동안 세르비아에 상당 영토를 넘겨주어야 했다. *Ibid.*, p. 288.

차지하였던 마케도니아 지역조차도 세르비아에 넘겨주어야 했다. 이후 세르비아가 주도한 신생 남슬라브 통합국가인 세르비아-크로아티아-슬로베니아 왕국(Kraljevina SHS, 1929년 이후 유고슬라비아 왕국으로 개칭됨) 하의 마케도니아인들은 세르비아 동화정책과 이주로 인해 정체성 상실의 위기를 맞이해야 했다. 반면 불가리아 소피아에 근거지를 둔 '국제 마케도니아 혁명위원회'를 중심으로 마케도니아 지역 독립을 위한 움직임이 전개되었고, 이들은 그들의 목적을 위해 유고슬라비아와 그리스에서 각종 테러와 파괴활동을 자행하였다. 하지만 이러한 그들의 의도는 제제2차 세계대전에서 불가리아가 패하고 이 지역이 유고슬라비아 사회주의 연방에 완전히 편입됨으로써 좌절되게 된다.

1944년 유고슬라비아의 지도자인 티토는 6개의 공화국으로 새로운 사회주의 연방 국가를 창설하였다. 특히 그는 마케도니아와 관련하여 제2차 세계대전 이전까지 세르비아 남부의 바르다르 바노비나(Vardarska Banovina) 행정구역에 해당하였던 대부분의 지역을 분리하여 '마케도니아 인민 공화국(SR Makedonija)'이라는 새로운 이름으로 자체적인 공화국을 형성시켜 주었다. 이에 따라 그때까지 단지 지리적 용어로써만 널리 알려졌던 '마케도니아'라는 지역적 명칭은 공화국이라는 개별적인 틀로써 등장하게 된다. 또한 그때까지 서부 불가리아의 한 방언이라고 여겨졌던 그들의 언어는 '마케도니아어(Makedonski jezik)'라고 이름 붙여졌으며, 이후 세르보크로아티아어, 슬로베니아어와 함께 유고슬라비아의 공식 언어중 하나가 되었다.

제2차 세계대전 직후 티토는 불가리아, 알바니아와 함께 확장된 마케도니아를 포함한 거대한 발칸 공산당 연맹을 구축하려 했었다. 하지만 이를 통해 발칸의 새로운 주도세력으로 등장하고자 했던 그의 의도는 스탈린의 강력한 반대와 1940년대 말 티토가 지원하였던 그리스에서의 공산당 폭동이 실패로 돌아감으로써 실현되지 못하였다. 서구 열강의 지원 하에 새로 등장한 그리스정부는 마케도니아 확대를 통한 발칸유럽의 주도권 장악을 목표로 했던 티토의 이러한 정책들을 비난하였으며, 1948년 코민포름 분쟁[16]에 이어 소비에트 블록에서의 유고슬라비아 제명 이후 불가리와의 관계 또한 매우 악화되었다. 당시 소련의 스탈린은 티토를 견제하는데 있어 마케도니아에 대한 종주권을 주장하고 있던 불가리아 정부를 최대한 이용하였고[17], 불가리아 정부 또한 유고슬라비아의 마케도니아인을 단순히 불가리아인으로 또 그 지역을 불가리아의 한 지역으로 편입시키려는 움직임을 전개하였다. 하지만 티토는 불가리아와 단교한 이후 계속해서 주변 국가들과 별개된 마케도니아의 정체성을 구축하여 나갔다. 예를 들어 연방 내 주요 3대 언어로써의 마케도니아어를 인정함으로써 불가리아 언어와의 차별화를 추구하였으며, 이어 마케도니아의 독자적 역사와 문화를 강조하는 마케도니아 문화협회(Matica Makedonske)를 설립시켜 주었다. 교육에 있어서도 과거 고대 마케도니아에 대한 영광과 아직도 해방되지 않은 형제들에 대한 영토 회복주의자들의 관점이 체계적으로 주입된 마케도니아 정체성을 강조하는 여러 수업내용들이 첨가되었다. 이어 1960년대 마케도니아 정교회가 세르비아 정교회로부터 분리 독립하였으며, 이러한 유고슬라비아 정부의 결정은 비록 세르비아와 불가리아 정교회로부터 규탄 받았으나, 자치와 민족자결권에 대한 마케도니아인들의 열망을 확대시키는 데는 기여하게 된다.

---

16) 1948년에 있었던 스탈린과의 코민포름 분쟁은 이후 티토이즘(Titoizam)에 바탕한 티토의 유고슬라비아(Titova Jugoslavija) 건설의 배경을 제공한다는 점에 있어 매우 중요한 의미를 지니고 있다; 유고슬라비아 현대사 전문가인 프레드라그 마르코비치(Predrag Marković) 박사는 실제로 코민포름 분쟁이 냉전 하 동서 양 진영사이에서 구(舊)유고슬라비아가 제3세계라는 새로운 길을 개척하게 된 결정적인 계기를 제공하였다고 말하고 있다. Predrag Marković, *Beograd između Istoka i Zapada 1948-1965*, (Beograd: Službeni list SRJ, 1996).

17) 1948년 코민포름 분쟁 이후 마케도니아 문제를 둘러싸고 불가리아는 소련을 대신하여 유고슬라비아 연방에 압력을 가하는 대리인으로 활동하였고, 이에 따라 마케도니아 문제는 종종 소련과 유고슬라비아 연방과의 관계를 나타내는 지표가 되었다. 즉 양국 간의 관계가 좋을 때는 불가리아와 유고슬라비아 연방 사이의 마케도니아 논쟁이 잠잠하였고, 반면 긴장관계로 전환되었을 때는 역시 이를 둘러싼 논쟁이 재현되곤 했다. 하지만 이러한 논쟁이 전적으로 모스크바의 의해 지시되었다고는 볼 수 없다. 불가리아 입장에서도 마케도니아 문제는 불가리아 민족주의를 분출하는 창구로 그리고 정권의 정통성을 증대시키는 수단으로 활용되곤 했다. F. Stephan Larrabee, "Russia and the Balkans: Old themes and New Challenges", Vladimir Baranovsky, (ed.), *Russia and Europe: The Emerging Security Agenda*, (Oxford: Oxford Univ. Press, 1997), pp. 391-392.

하지만 이러한 조치에도 불구하고 마케도니아 공화국에 대한 유고슬라비아 중앙정부의 통제는 각 공화국들과 자치주의 권리를 대폭 인정한 내용을 담은 1974년 신(新)헌법(Novi ustav)[18]이 발효되기 이전까지 계속해서 이어졌다. 1974년 신 헌법은 연방 내 민족 간의 형제애와 일치(bratstvo i jedinstvo)이라는 표면적인 취지와는 별개로 계속해서 영향력을 확대하고 있었던 세르비아의 세력약화에 초점을 맞추고 있었다. 이 헌법에 따라 이전까지 세르비아 내 하나의 자치주에 해당하였던 코소보(Kosovo)와 보이보디나(Vojvodina) 자치주가 개별 공화국들과 대등한 자치권을 획득하게 되었으며, 마케도니아 공화국도 역시 세르비아인들이 중심이 된 중앙정부의 통제에서 벗어나 독자적인 위치를 획득하게 되었다.

1980년 5월 티토 사후 유고슬라비아 내에서는 민족주의와 관련된 여러 요구와 주장들이 터져나왔고, 이러한 양상이 마케도니아에서도 이어졌다. 중앙정부의 제어력이 약해지고 민족주의자들에 대한 공산당의 억제력이 상실되어가면서, 마케도니아 내에서도 자치적인 민주선거를 위한 준비에 돌입하게 된다. 곧 이어 이러한 선거의 주된 논쟁은 사회주의 유고슬라비아연방으로부터의 탈퇴와 독립국가 건설에 대한 요구로 이어졌다. 하지만 1990년 11월 실시된 자유 총선거를 통해 당선된 공산주의자 키로 글리고로브(Kiro Gligorov)는 연방으로부터의 탈퇴와 독립이라는 문제에 신중하게 대처하였다. 그 이유는 연방의 탈퇴가 가져올 세르비아 공화국과의 분쟁 가능성과 마케도니아 내 알바니아 민족들의 이웃 알바니아 국가로의 편입 요구에 대한 우려 그리고 이로 인해 발생할 민족들 간의 분쟁 가능성 때문이었다. 따라서 그는 초기 슬로베니아와 크로아티아가 주장하였던 유고슬라비아 연방 내 좀 더 느슨한 연합 체제를 옹호하였다. 그러나 슬로베니아 시민군과 연방군 간의 충돌 그리고 뒤 이어 터진 크로아티아에서의 유고슬라비아분쟁을 지켜보면서 마케도니아인들 사이엔 더 이상 세르비아가 일방적으

18) 유고슬라비아의 1974년 신 헌법은 NATO의 최초 역외 활동을 가져와 국제 역학구도 변화에 중요한 영향을 미친 코소보분쟁의 시발점을 제공하였다는 측면에서 중요한 의미를 지니고 있다.

로 지배 하는 유고슬라비아 연방 내에 머물러 있을 수 없다는 여론이 확산되었고, 이와 함께 완전한 마케도니아 독립에 대한 요구가 증대되었다. 그 결과 1991년 9월 실시된 국민투표에서 다수의 유권자들은 마케도니아 독립을 지지하게 된다. 하지만 마케도니아의 독립에 대한 열망은 단순한 희망만으로 해결될 수 있는 사안이 아니었다. 무엇보다도 오래 전부터 이 지역에 이해관계를 구축하고 있었던 주변 국가들과의 새로운 관계설정이 필요했으며, 그중에서 특히 마케도니아 독립을 둘러싼 그리스와의 갈등은 독립 지연의 주된 이유로 등장하였다.

3. 마케도니아의 문화 갈등 양상과 그 의미

3.1. 대외적 문화갈등

3.1.1. 역사를 통해 본 주변국들과의 문화갈등 양상

마케도니아를 둘러싸고 현재 주변국들과 첨예하게 대립되고 있는 대외적 문화갈등 양상은 크게 언어, 영토 그리고 민족 정체성을 둘러싼 논쟁 등으로 세분화 해 볼 수 있다. 한 가지 특이한 점은 앞서 언급이 되었지만 이러한 갈등을 둘러싼 논쟁의 배경들이 가까운 과거가 아닌 고대 마케도니아 시대 때까지 거슬러 올라가 역사적 논쟁과 더불어 진행되고 있다는 점이다.

특히, 오스만 터키의 쇠락 속에 19세기 이후 발칸유럽으로 확대된 민족주의의 여파에 따라 독립된 마케도니아 민족국가 수립을 바라던 마케도니아 민족주의자들을 자극하였고, 그 결과 민족 정체성을 둘러싼 주변 국가들과의 갈등이 보다 본격화되게 된다. 당시 마케도니아는 1878년 오스만 터키로부터 독립한 이후 역사적 당위성과 언어, 영토 그리고 민족정체성 논쟁을 들어 이 지역을 장악하고자 했던 불가리아, 세르비아 그리고 그리스의 야욕에 어려움을 겪어야 했다. 이러한 논쟁에 있어 불가리아는 "마케도니아에 있는 슬라브인들은 중세 이후 당시 불가리아 제국의 지배 하에서 불가리아인으로 동화되었던 서부 불가리아인의 후손들이며, 19세기말 이후 여러 통합 노력이 있었으나, 주변 여건상 실패로 돌아가 불가리아로 통합시키지 못했을 뿐"이라고 주장하고 있다. 또한 "이들은 언어상으로 보았을 때도 마케도니아어는 서부 불가리아어의 한 방언에 불과하다"고 주장하면서 마케도니아를 둘러싼 논쟁에 참여하고 있다. 세르비아는 "중세 마케도니아의 슬라브인들은 두샨 왕 시절 세르비아 중세왕국 하에서 세르비아인으로 동화되었으며, 역사상으로 보더라도 여러 세기 동안 세르비아 문화에 동화되어 세르비아인으로 종종 불려 왔다"고 주장하고 있다. 또한 "이러한 문화적 영향에 따라 마케도니아 내 슬라브인들은 세르비아어와 매우 유사한 언어를 구사하고 있다"고 주장하고 있다. 반면 그리스는 "민족 정체성에 있어 고대부터 마케도니아인들은 인종적으로 그리스인으로 분류되어 왔으며, 중세 이후 이 지역을 차지하게 된 슬라브인들 또한 그리스와 비잔틴문화에 동화된 그리스인의 일파"라 언급하고 있다. 특히 그리스는 다른 슬라브 국가들의 주장처럼 "마케도니아인이 슬라브어를 구사한다는 이유 하나로 이들을 불가리아인 혹은 세르비아인으로 구분할 수는 없으며, 19세기 이후 전개된 영토 회복운동에도 불구하고 남부 마케도니아 일부 지역만을 회복하였다"고 주장하고 있다. 이러한 주변국들의 주장에 대해, 마케도니아는 "고대 마케도니아인들은 인종적으로 그리스인이라 볼 수 없으며, 고대 마케도니아 이후 자신들은 고유한 마케도니아 문화와 민족정체성을 유지해 왔다"고 주장하고 있다. 특히 "중세 이후 마케도니아인들이 비록 그리스를 비롯한 주변 슬라브 민족들의 지배를 받았음에도 불구하고, 마케도니아인들은 결코 이들 문화에 흡수되거나 동화되지 않았다"고 언급하면서, "마케도니아어 또한 고유한 독자성을 보유하고 있다"고 주장하고 있다. 따라서 이들은 "19세기 이후 독립 마케도니아 민족국가 수립을 위한 운동이 20세기말에 들어와 비로소 구체화되었고, 독립 마케도니아의 향후 목표는 고대 마케도니아 당시의 영토를 회복하는 것이다"라고 언급하고 있다.[19)]

슬라벤코 테르지치(Slavenko Terzić)는 마케도니아를 둘러싸고 일어나는 이러한 민족 간 문화갈등에 대해 역사적 사실에서 기인한 지정학적 요인의 중요성을 강조하고 있다. 그는 "마케도니아 지역은 역사적으로 오랜 시기동안 세르비아인, 불가리아인 그리고 그리스인들의 인종, 종교적 혼재 선상에 위치하여 왔었고, 이러한 주변 민족들의 문화적 영향들로 인해 마케도니아인과 주변 민족들 간의 정확한 민족, 문화 경계의 구분이 매우 모호하게 되었다"고 분석하고 있다. 계속해서 그는 "그 결과 마케도니아를 둘러싼 주변 민족들은 각자의 이해에 맞추어 마케도니아인들을 자신과 유사한 민족적 그리고 문화적 연결 고리로 연합시키려는 주장과 노력들을 하여왔다"고 언급하면서, 이러한 이유들로 인해 현재 마케도니아를 둘러싼 문화 간 갈등과 민족 간 분쟁이 끊이지 않고 있다고 주장하였다.[20)]

실제 마케도니아를 둘러싼 이러한 논쟁은 19세기 이후 주변 국가들 간의 치열한 영토 각축전과 더불어 다양한 문화갈등을 낳았고, 특히 마케도니아 지역을 차지하기 위한 주변 국가들 간의 제1, 2차 발칸전쟁(1912, 1913)의 주요 배경을 형성하게 된다. 제1, 2차 발칸전쟁의 결과 마케도니아는 주변 발칸국가들에 의해 최종 분할되었다. 그리스는 전체 마케도니아 지역 중 주요 전략적 요충지이자 고대 마케도니아 왕국의 핵심지역이었던 에게 마케도니아(Aegean Macedonia)지역을 차지하였고, 세르비아 근대 왕국은 북부와 중부 마케도니아 지역을 남부 세르비아라는 주장아래 세르비아 왕국으로 편입시키는 데 성공하게 된다. 반면 언어와 영토 그리고 민족 정체성에 있어 마케도니아 지역에 대한 우월권과 종주권을 주장하여 왔던 불가리아는 단지 마케도니아 동부 지역만을 획득하는 데 만족해야 했다.[21)]

---

19) Basil G. Gounaris, "Social Cleavages and National Awakening in the Ottoman Macedonia." *East European Quarterly*, Vol. 29, No. (1996), p. 412.

20) Slavenko Terzić, "The Serbs and the Macedonian Question", Dušanka Hadži-Jovančić (ed.), *The Serbian Question in Balkans*, (Beograd: Faculty of Geography, Univ. of Belgrade, 1995), p. 79.

21) 이사코비치(Isaković)는 "1912년의 제1차 발칸전쟁은 대알바니아(Velika Albanija) 국가 수립에 대한 알바니아인들의 야심을 그리고 1913년의 제2차 발칸전쟁은 대불가리아(Velika Bugarska) 수립에 대한 불가리아인들의 계획에 영향을 미쳤으며, 동시에 세르비아와 몬테네그로 그리고 그리

〈표 1〉 마케도니아를 둘러싼 갈등과 논쟁의 주요 내용〉22)

	세르비아	불가리아	그리스	마케도니아
민족 정체성 논쟁	* 중세 마케도니아의 슬라브인들은 세르비아 중세왕국의 성장시 세르비아 인으로 동화 * 역사상 여러 세기 동안 세르비아 문화에 동화되어 세르비아 인으로 불려 왔음	* 마케도니아에 있었던 중세 슬라브인들은 이미 이 당시 불가리아 지배 하에서 불가리아인으로 동화 ➥따라서 이들은 단순히 서부 불가리아인에 해당	* 고대부터 마케도니아인들은 인종적으로 그리스인 * 중세 이후에도 이 지역의 슬라브인들과 불가리아인들은 이미 그리스와 비잔틴문화에 동화되어 있었음	* 고대 마케도니아인들은 인종적으로 그리스인이 아님 * 고대 마케도니아 이후 자신들은 고유한 마케도니아 문화와 민족정체성을 유지. * 중세 이후 비록 그리스를 비롯한 주변 슬라브 민족들의 지배 하에 있었으나, 결코 이들에게 흡수되거나 동화되지 않았음.
언어 정체성 논쟁	* 마케도니아의 슬라브인들은 중세 세르비아 지배 하에서 세르비아 어와 유사한 언어를 구사하여 왔음	* 언어상으로 마케도니아어는 서부 불가리아어의 한 방언에 불과	* 마케도니아인들이 슬라브어를 구사한다는 이유 하나로 이들이 세르비아인이나 불가리아인으로 주장될 수는 없음.	* 마케도니아어는 고유한 독자성을 보유하고 있음.
영토를 둘러싼 논쟁	* 중세 세르비아 왕국 시절과 근대 세르비아왕국 수립 이후 여러 차례 전쟁을 거치면서 마케도니아의 상당 지역 장악 경험 ➥영토종주권 주장	* 19세기말 이전까지 마케도니아 지역의 실질적 종주 국가는 불가리아였음.	* 19세기 이후 전개된 영토 회복운동의 결과 마케도니아의 일부 지역만을 회복	* 19세기 이후 독립 마케도니아 민족국가 수립을 위한 운동이 이루어져 왔음. * 고대 마케도니아 당시 영토 회복이 목표 ➥영토회복 운동전개

스는 알바니아 분할에 대한 자신들의 계획을 현실화시키기 위한 준비에 착수하였다"고 주장하고 있다. 또한 그는 "결과적으로 볼 때 양차 발칸전쟁을 통해 그리스는 마케도니아 영토의 52.5%(에게 마케도니아, Egejska Makedonija)를, 세르비아는 38.4%의 영토(바르다르 마케도니아, Vardaska Makedonija)를 그리고 불가리아는 10.1%의 영토(피린 마케도니아, Pirinska Makedonija)를 나눠 가지게 되었다"고 분석하였다. Zlatko Isaković, "Međunarodni položaj Makedonije", Momir Stojković & Ana Damian (eds.), *Savremeni procesi i odnosi na balkanu*, (Beograd: Gorograf, 1997), pp. 377-378; 반면 불가리아가 차지하였던 영토는 이후 제1, 2차 세계대전을 거치면서 그리스와 세르비아에 의해 다시 넘어가게 된다.

22) Basil G. Gounaris, *op. cit.* 의 내용을 요약 정리하였음.

3.1.2. 독립 문제를 둘러싼 그리스와의 문화갈등

1980년 5월 티토의 사망과 이후 증대된 민족주의 요구는 유고슬라비아 연방 내에서 다양한 문화갈등을 촉발하게 하였으며, 이것은 오랜 시기동안 주변국들과의 문화갈등에 어려움을 겪어왔던 마케도니아에까지 이어지게 된다. 이러한 문화갈등은 주로 마케도니아 독립 그리고 국호와 국기 사용을 둘러싸고 발생한 그리스와의 갈등에서 비롯되었다. 갈등의 주 요소로는 크게 세 가지로 나누어 볼 수 있는데 우선 마케도니아 헌법 초안의 내용을 둘러싼 논쟁, 두 번째는 마케도니아가 내세우는 상징물과 선전 문구를 둘러싼 논쟁 그리고 세 번째로는 마케도니아 국호를 둘러싼 논쟁을 들 수 있다. 마케도니아는 헌법 초안에서 19세기 말과 20세기 초 사이에 그리스를 비롯한 주변국들에게 잃어버린 영토 회복운동을 천명하였고, 이것은 주변국들

〈지도〉 마케도니아 민족주의자들의 영토 회복주의 주장에 따른 마케도니아 영토〉[23]

23) Keith Brown, *The Past in Question: Modern Macedonia and the Uncertainties of Nation*, (Princeton: Princeton Univ. Press, 2003), p. 41.

의 강한 반발을 낳게 된다. 또한 그리스 올림포스 산까지 이어지는 마케도니아의 광대한 영토를 상징하는 수많은 지도와 차량 스티커, 각종 포스터 그리고 고대 마케도니아 왕국의 상징인 버지니아의 16각형별을 그린 깃발들이 마케도니아 정부 주도로 배포됨으로써 그리스의 강력한 반발을 낳았다. 이와 더불어 국호에 있어 '마케도니아'란 명칭을 둘러싸고, 이 명칭에 대한 역사적 정통성을 주장하는 그리스와 심각한 갈등관계를 빚어야 했다.

1990년 11월 자유 총선거와 1991년 9월 8일 실시된 마케도니아 독립을 묻는 국민투표를 기반으로, 동년 9월 17일 '마케도니아 공화국'이 선포되었다. 마케도니아는 당시 제1당이었던 '국제 마케도니아 혁명위원회-마케도니아 민족연합민주당(IMRO-DPMNU: Internal Macedonian Revolutionary Organization-Democratic Party of Macedonian National Unity)'의 주장을 중심으로 1991년 11월 헌법 초안을 발표하였는데,[24] 이 헌법에는 일부 민족주의 내용들이 포함되어 있었다. 주변 국가들 중 그리스는 마케도니아 헌법 조항 중 제3조와 제49조 내용에 대해 강력히 문제를 제기함으로써 마케도니아 독립에 압력을 가하기 시작하였다.[25]

> 제3조 : 마케도니아 공화국의 영토는 결코 분할되거나 양도할 수 없다. 현 마케도니아 공화국의 국경선을 범해서는 안 된다. 마케도니아 공화국의 국경선은 단지 헌법에 의해서만 변경되어질 수 있다.
>
> 제49조 : 공화국은 마케도니아 출신의 이민자뿐만 아니라 이웃 국가들에 거주하는 마케도니아인들의 권리와 (민족) 지위를 보장하고 그들의 문화발

24) 'IMRO-DPMNU'의 기본 이념은 1896년 마케도니아 민족국가 수립을 목적으로 창설된 비밀 단체인 '국제 마케도니아 혁명위원회(IMRO/VMRO.: Vnatrešna makedonska revolucionerna organizacija)'에서 출발하고 있다. '국제마케도니아혁명위원회'는 1902년 반(反)터키 마케도니아 저항운동을 주도한 이후로 마케도니아인들 사이에 주요 민족 단체로 각인되게 되면서 현재에 이르고 있다. Janusz Bugajski, *op. cit.*, p. 99.

25) 헌법 내용은 Ranko Petković, Miroslav Petrović & Momir Stojković, "Ustav Republike Makedonije", *Novi ustavi na tlu bivše Jugoslavije,* (Beograd: Službeni glasnik, 1995)과 마케도니아 정부 사이트 *http://www.gov.mk* 참조.

전을 지원하고 이들과의 연계를 강화한다. 공화국은 해외에 거주하는 시민들의 문화, 경제 그리고 사회적 권리들을 보호한다.

그리스의 주장에 따르자면 마케도니아 헌법의 제3조 내용 중 언급되고 있는 '마케도니아 영토'는 과거 제1, 2차 발칸전쟁을 통해 그리스와 세르비아 그리고 불가리아에 의해 분할되었던 마케도니아 지역을 의미한다고 볼 수 있다. 그리스의 입장에서 또한 이것은 다분히 마케도니아가 과거 잃어버린 영토에 대한 회복 움직임을 공개적으로 선포한 것이며, 더불어 발칸전쟁에서 마케도니아 상당 지역을 차지한 그리스에 대해 선전포고를 한 것이라는 강력한 반발을 낳았다. 그리스는 덧붙여 사회주의 유고슬라비아 연방 하에서 공화국 수립을 통해 세르비아에게 빼앗겼던 마케도니아 지역을 회복한 마케도니아가 이제는 주변 국가들 특히 그리스에게 과거 빼앗겼던 영토를 되찾으려 한다고 주장하였다.[26] 그리스는 이러한 내용이 담긴 조항이 바로 헌법 제49조라고 주장한다. 제49조에서 언급되고 있는 해외 마케도니아 거주민들 중 상낭수는 과거 마케도니아 지역이었던 북부 그리스에 위치하고 있는 것으로 마케도니아에 의해 주장되고 있으며, 따라서 이들 지역의 마케도니아 민족문제에 마케도니아가 공개적으로 개입하겠다는 뜻을 헌법에 명시한 것이라 볼 수 있다. 그리스는 지난 50여 년 간 자국 내 마케도니아 소수민족의 존재를 철저히 부정해 왔던 관계로 마케도니아의 이러한 헌법 내용은 그리스 내 민족문제에 내정 간섭을 하겠다는 의미로써 받아들일 수밖에 없었다.[27]

---

26) 마케도니아 독립 이후에도 세르비아는 마케도니아 지역에 대한 미련을 버리지 못하고 있다. 실제 마케도니아 북부인 스코프스카 쯔르나 고라(Skopska Crna Gora)와 쿠마노보(Kumanovo) 지역 등은 세르비아인들이 다수 거주하고 있고, 이 지역에 대해 보이슬라브 쉐셀리(Vojslav Šešlj)를 비롯한 세르비아의 민족주의자들은 1992년 이후로 한 동안 마케도니아 내 세르비아의 자치주로 만들기 위한 여러 외교적 노력을 시도하기도 했다. Janusz Bugajski, *op. cit.*, p. 110과 Marshall Freeman Harris, "Macedonia: The Next Domino?", *The National Interest.*, Vol. 55, (1999), p. 42 참조.

27) Ranko Petković, "Međunarodni položaj i spoljna politika balkanskih zemalja", Momir Stojković & Ana Damian (eds.), *Savremeni procesi i odnosi na balkanu*, (Beograd:

마케도니아 문제의 심각성이 확대되는 가운데, 1991년 12월 EC(오늘날 EU)는 브뤼셀 각료회의를 통해 마케도니아 독립 문제를 논의했으나, 그리스의 강력한 반대로 인해 독립논의가 중단되었고, 이어 마케도니아와 그리스 사이엔 심각한 외교 분쟁과 함께 국경에서의 긴장이 고조되게 된다. 양측 간의 치열한 신경전속에 EU 의장국인 포르투갈은 절충안으로 '새로운 마케도니아(New Macedonia/ Nova Makedonija)'란 국명을 제안하였으나, 양측 모두에 의해 거절되었다. 그리스는 반대 이유에서 고대 마케도니아인은 민족적으로 고대 그리스인의 후예이자 북부 그리스인의 일파이며, 언어적으로도 '마케도니아'란 용어는 그리스어에서 유래한 말이라 주장하면서, 만약 마케도니아란 명칭이 그리스 밖에서 사용될 경우 이에 따른 모든 역사적 유산과 자산들을 상실할 수 있다며 반발하였다. 반면, 마케도니아인들은 '마케도니아'란 명칭은 어느 한 국가만이 독점할 수 있는 명칭이 아니며, 사회주의 연방시절부터 공화국 명칭으로 계속 사용해왔고, 그리스가 주장하는 마케도니아 지방 즉, '에게 마케도니아(Aegean Macedonia)' 또는 '피린 마케도니아(Pirin Macedonia)' 지방과는 무관한 명칭이라 반발하였다.[28] 이후, 1992년 6월 리스본 EU 회담에서 마케도니아 국명에 '마케도니아'란 명칭이 포함되지 않는 것을 전제로 마케도니아 독립이 인정될 것이라는 내용이 발표되었고, 마케도니아 정부는 이를 수용하지 않겠다는 뜻을 분명히 했다.

EU의 결정에 반발한 마케도니아는 1992년 8월 독립 마케도니아 국기의 상징으로 고대 마케도니아 왕국의 상징이었던 버지니아의(Vergina)의 16각형 별을 채택한 후, 이어 9월에는 영토 회복주의에 기초한 '대 마케도니아(Great Makedonia)'를 국가의 주요 목표로 선포하였다.[29] 또한 마케도니아

Gorograf, 1997), pp. 279-280.

28) Nicholas J. Costa, "A Balkan Danse Macabre.", *East European Quarterly,* Vol. 27, No. 4, (1993), p. 483.

29) 마케도니아 민족주의자들의 주장에 따른 마케도니아 지도에는 북부 그리스 지역을 포함해 19세기 당시 마케도니아 지역이 마케도니아 공화국의 영토로 묘사되어 있다.

내에 존재한 그리스 문화유산에 대한 권리 선언과 이러한 내용이 실린 국정 교과서 발행이 1992년과 1993년에 걸쳐 이루어졌다. 이것들은 모든 마케도니아 유산이 정당하게 마케도니아 국가 안에 속하고 과거 이것들을 마케도니아 민족들로부터 강탈해 간 그리스를 비롯한 주변 국가들에게서 다시 재탈환하겠다는 의지로써 인식되었다.

1992년 7월 마케도니아는 외교적 고립을 타파하고 독립 문제를 국제 이슈화하기 위해, 발칸유럽에 관심이 많았던 미국에 독립 문제를 요청하게 된다.30) 미국의 지원 속에 UN에서 마케도니아 독립 논의가 본격적으로 시작되자, 1993년 1월 그리스는 안전보장이사회에 마케도니아가 제시한 버지니아의 16각형 별이 그려진 국기와 '대 마케도니아'라 표시된 마케도니아 지도표기가 국제분쟁의 소지가 있다는 점을 들어 독립 논의를 중단해 줄 것을 요청하였다. 더불어 그리스 정부는 동년 4월 7일 UN 안정보장 이사회 의장에게 보낸 공문을 통해 마케도니아 지도가 UN에 걸리는 문제의 위헌성을 강력히 항의하였고, 뒤 이어 5월 27일에는 이전까지 고수하였던 '마케도니아'란 명칭이 국호로 사용되는 것을 반대하였던 주장에서 한발 물러나 절충안으로 '슬라브마케도니아(Salvmacedonia/ Slovomakedonija)'란 명칭을 제안하였으나, 그리스 내 민족주의자들의 반발로 인해 이에 대한 논의를 1993년 10월 그리스 총선 이후로 연기하게 된다. 결과적으로 UN 안전보장이사회는 817항 결의를 통해 1993년 8월 17일 중재 안으로 '구(舊)유고슬라비아의 마케도니아 공화국(FYROM: the Former Yugoslav Republic Of Macedonia/ BJRM: Bivša Jugoslovenska Republika Makedonija)'이라는 기술적인(tehnički) 임시 이름을 제시하여 UN에 마케도니아 국가등록을 승

30) 당시 미국은 유고슬라비아분쟁과 보스니아 분쟁으로 뒤 엉켜진 발칸지역에서 또 다른 분쟁이 발생하기를 원하지 않았고, 동시에 발칸유럽에 대한 미국의 영향력 확대에 많은 관심을 보이고 있었다. 따라서 이러한 국제 정세는 미국이 마케도니아 독립문제와 안정화에 적극적으로 나서게 된 배경을 형성케 하였다. 실제 이때 이후 마케도니아의 친미 성향이 증대되었고, 1999년 코소보 전쟁 당시 이웃하고 있던 마케도니아에 미군과 NATO군 기지가 대규모 건설되게 된 배경을 낳았다. 미국의 마케도니아 독립문제 개입에 대해선 Marshall Freeman Harris, *op. cit.*, pp. 44-46 참조.

인해 줌으로써 양측 간의 싸움은 일단락되게 된다.[31)]

그리스의 입장을 고려한 EU의 주저 속에 1994년 1월 그리스와 갈등 관계에 있던 불가리아와 터키가 마케도니아를 국가로써 인정하게 되자 마케도니아 독립문제는 중요한 전환점을 맞이하게 된다.[32)] 1993년 8월 UN에서 마케도니아를 국가로써 승인하기 전까지 마케도니아를 국가로써 인정해준 국가는 러시아와 과거 사회주의 유고슬라비아연방 구성 공화국이었던 슬로베니아, 크로아티아 등이 전부였고, UN승인 이후에도 EU 회원국들과 대부분의 서구 국가들은 공식적으로 마케도니아를 국가로써 인정하는 것에 주저해 왔었다.

1993년 10월 총 선거 후 등장한 그리스의 새 정부는 이전보다 더 강경하게 마케도니아 문제에 대응하였다. 1994년 2월 미국이 마케도니아를 국가로써 인정하려는 움직임 속에 그리스는 마케도니아와의 외교관계를 단절하고 인도주의 물품을 제외한 마케도니아와 연결된 모든 물품에 대해서 주요 수출입 항구인 데살로니카(Tessaloniki) 봉쇄를 단행하였다.[33)] 일방적인 그리스의 마케도니아 봉쇄에 대한 미국과 국제사회의 비난이 거세지는 가운

31) Zlatko Isaković, *op. cit.*, p. 381.

32) 불가리아는 마케도니아 독립을 둘러싼 논쟁을 확대시켜 그리스의 입장을 강화시켜 주는 것보다 국가로써 인정해 주는 것이 향후 자국의 마케도니아 정책에 이로울 것이라는 판단을 내린 것으로 보인다. 또한 사이프러스(Cyprus) 섬 문제로 그리스와 갈등관계에 있는 터키로선 그리스의 입장보다는 마케도니아의 손을 들어주는 것으로 그리스 고립화 정책을 추진한다는 차원에서 결정되었다고 볼 수 있다. Franz-Lothar Altmann, "Ex-Yugoslavia's neighbours: who wants what?", *The World Today*, Vol. 8, No. 9, (1992), p. 164; 불가리아는 마케도니아 국가(makedonska država)만을 인정할 뿐 마케도니아 민족(makedonska nacija)을 인정하지는 않고 있다(서부 불가리아인으로 인정). 또한 마케도니아어(makedonski jezik)의 존재를 인정치 않고 있으며, 마케도니아어를 불가리아어 방언(varijanta(dijalekt) bugarskog jezika) 중 하나로 주장하고 있다. Zlatko Isaković, *op. cit.*, p. 381; 1999년 2월 22일 마케도니아와 불가리아는 양국 간 협정을 통해 "양국 헌법에 따라 양국 간 공식 언어로 마케도니아어를 인정해주고, 대신 마케도니아 헌법 제49조의 내용 중 해외 마케도니아인에 대한 마케도니아 정부의 보호와 권리주장에 대해, 불가리아에는 마케도니아 소수 민족이 없다"는 합의안을 체결됨으로써 어느 정도 안정화를 꾀하고 있는 실정이다. *http://www.rferl.org/nca/features* 참조.

33) 이에 대한 발칸유럽 국가들의 반응은 Milovan Radaković, "Novi susedi savezne Republike Jugoslavije", Momir Stojković & Ana Damian (eds.), *Savremeni procesi i odnosi na balkanu*, (Beograd: Gorograf, 1997), pp. 328-329 참조.

데, 1994년 5월 EU 법정은 그리스의 봉쇄 정책이 부당하다는 점을 판결하였고, EU는 그리스와 마케도니아 간 관계 정상화에 보다 적극적인 자세를 띠게 된다. 그리고 마침내 양국 외무장관은 1995년 9월 13일 양국 간의 관계 정상화에 합의하게 된다. 당시 맺어진 협약에 따라 그리스는 봉쇄를 풀고, 마케도니아는 국기를 비롯해 민족주의를 부추기는 여러 상징물들의 철회를 약속하였다. 하지만 양국 간 뚜렷한 견해차를 보이던 국명 문제에 있어선 UN 감독 하에 계속 협상이 지속될 것이라는 상징적인 문구만이 제시됨으로써 이를 둘러싼 양국 간의 갈등의 불씨는 여전히 남아 있는 상태이다.[34)]

3.2. 대내적 문화갈등

3.2.1. 대(大)알바니아주의의 기원과 발칸유럽에서의 의미

19세기 민족주의가 발칸유럽에 영향을 미치기 시작한 이후로 발칸유럽엔 항상 민족 간 문화갈등과 분쟁이 끊이지 않아 왔다. 이러한 갈등과 분쟁의 요인에는 민족주의 도래 당시 서유럽과는 달리 외세 지배 하에 있었던 발칸유럽의 상황과 맞물려 서유럽과는 다른 형태의 민족주의가 발칸유럽에 정착된 데서 기인하고 있다. 20세기로 넘어오면서 발칸유럽 내 민족 간 문화 갈등과 충돌의 한 가운데에는 항상 알바니아 민족주의가 자리하고 있었다. 알바니아 민족주의는 알바니아 본토와 더불어 주변 알바니아 민족들 거주 지역으로의 영토 확대를 기초로 순수한 알바니아 민족국가를 수립하겠

34) 그리스가 마케도니아와의 갈등에 있어 외교적으로 실패한 이유에 대해 크게 다음과 같은 세 가지 요인을 들 수 있다. 우선 그리스는 오랜 시기동안 사회주의 유고슬라비아 연방 하에서 구성 공화국으로 마케도니아 명칭이 사용되어져 왔으나, 이에 대한 국제적 여론을 일으키지 않다가 뒤늦게 이 문제를 부각시킴으로써 국제사회의 공감대를 형성시키지 못했다는 점이다. 두 번째, 마케도니아에 비해 강자인 그리스의 지나친 문화적 오만함과 국력 과시로 인해 서구 국가들의 마케도니아 동정론이 확대되었다는 점이다. 그리고 마지막으로는 유고슬라비아 내전과 보스니아 내전으로 인해 발칸유럽의 정세가 매우 불안정한 상황에서 미국과 서구가 결코 마케도니아 문제를 국제분쟁화시키고 싶어 하지 않았다는 점이다.

다는 대(大)알바니아주의로 묘사되곤 했다. 인구 200여만 명을 지닌 마케도니아의 경우에 있어서도 민주화와 독립 이후 중부와 동부 마케도니아 지역에 거주하고 있는 마케도니아인들과 알바니아와 코소보와 인접한 북서부 마케도니아 지역에 주로 거주하는 약 45-60만 명가량의 알바니아 소수민족들 간에 계속된 문화갈등과 유혈충돌이 있어 왔다. 이러한 양 민족 간의 갈등과 충돌은 2001년 3월 마침내 마케도니아 내전으로 확대되면서 국제사회의 관심을 불러일으키게 된다.

발칸유럽 내 민족들의 민족주의가 그러하듯이 알바니아 민족주의도 19세기 민족주의 시대에 들어와 그 이론적 토대를 형성하기 시작하였다. 당시 알바니아인은 주변 대부분의 발칸유럽 민족들처럼 오스만 터키라는 외세 지배 하에 있었다. 이후 알바니아 민족은, 러-터 전쟁 이후 맺어진 1878년 3월 산 스테파노와 6월 베를린 조약에 의해 독립을 이룬 발칸유럽의 다른 민족들에 비해 다소 늦은, 1920년에 들어와서야 비로소 독립 국가를 구성할 수 있었다. 하지만 당시 독립을 전후로 이 지역에 관심을 지니고 있던 이탈리아, 오스트리아-헝가리 이중 제국 등 강대국들과 세르비아 등 주변 열강들의 계속된 위협 속에 알바니아 독립 국가는 알바니아인이 다수 거주하고 있던 코소보 지역과 마케도니아 서부 지역을 신생 알바니아 국가에 통합시키는데 실패하게 된다. 따라서 이때 이후로 알바니아 민족주의는 코소보와 서부 마케도니아 영토 지역 탈환을 위한 '영토적 민족주의' 성향을 분명히 드러내게 되었으며, 현재까지도 이를 둘러싼 갈등이 첨예하게 전개되고 있는 상황이다.

다음 장(7장)에서 '알바니아'편에서 더 자세한 설명이 이루어지겠지만, 알바니아 민족주의의 대표적 형태라 할 수 있는 영토적 민족주의에 기초한 '대(大)알바니아주의'는 1878년 코소보 내 쁘리즈렌(Prizren) 마을에서 결성된 '쁘리즈렌 연맹'의 이론에 기초하고 있다. 1878년 러-터 전쟁 이후 수립된 조약들을 기초로 주변의 다른 발칸유럽 민족들이 독립되었던데 반해, 알바니아 독립문제는 터키를 중심으로 한 주변 열강들의 반대로 인해 별

다른 성과를 거두지 못하게 되자, 알바니아 민족주의자들은 대(對)터키 독립 항전을 기치로 '쁘리즈렌 연맹'을 결성하게 된다. 이 당시 결성된 쁘리즈렌 연맹은 두 가지 구체적인 목표를 지향하였는데, 첫째는 알바니아 민족주의의 활성화를 위해 알바니아어, 역사 교육 확대와 자신들의 고유한 문화, 문학을 발전시킨다는 것이었다. 그리고 두 번째 목표는 당시 코소보를 비롯한 알바니아 북부의 쉬코드라, 마케도니아의 모나스티르(Monastir, 현재 마케도니아의 비톨라)와 야니나(Janina) 지역을 차지하고 있던 터키로부터 이들 지역을 쟁취해 확대된 알바니아 영토를 구체화시킨다는 것이었다. 이에 따르자면 알바니아의 영토는 현재의 알바니아 본토 외에도 세르비아의 코소보 지역과 마케도니아 서부와 서남부 지역 전부로 확대되는 것을 의미한다. 이러한 주장은 현재 알바니아 민족주의자들이 추구하고 있는 '대알바니아 국가 건설'의 기초가 되었고, 이후로 주변 국가들과의 계속된 문화갈등과 분쟁의 한 가운데 알바니아 민족주의가 자리하는 배경을 형성케 하였다.

대(大)알바니아 국가건설을 목표로 대(對)터키 저항운동을 전개하였던 쁘리즈렌 연맹은 1881년 오스만 터키군의 강력한 진압에 의해 거의 괴멸되게 된다. 하지만, 이후에도 쁘리즈렌 연맹이 추진하였던 여러 운동과 목표는 알바니아와 알바니아 민족들이 어려움에 처하거나 국가 존립의 위기에 처했을 때 알바니아 민족정신을 고취하고 외세 저항과 알바니아인들의 민족 단결을 유도하는 데 중요한 영향력을 발휘하게 하였다. 실제 알바니아 민족주의의 위력은 20세기말 발칸유럽 전체를 전쟁의 위기로 몰아넣었던 코소보 전쟁(1999)과 마케도니아 내전(2001)을 통해서 다시 한 번 확인되었으며, 여러 논쟁에도 불구하고 이들 전쟁과 내전의 주요 요인을 제공하였다고 볼 수 있다. 특히 코소보 전쟁 이후 마케도니아인들과 마케도니아 내 알바니아 소수 민족들 간에 일어난 마케도니아 내전은 국제사회에 있어 대(大)알바니아주의가 더욱 더 발칸유럽 민족 갈등의 주요 원인으로 등장하지 않을까 하는 우려를 낳고 있다.

3.2.2. 마케도니아 내 알바니아 소수 민족문제

1991년 9월 독립 선언을 전후로 마케도니아는 심각한 경제, 정치적 위기에 봉착해 있었다. 사회주의 유고슬라비아연방 시절 보스니아 공화국과 더불어 가장 낙후된 경제 체제를 지니고 있었던 마케도니아는 유고슬라비아 연방의 해체와 내전 증대로 인해 주요 수출입 활로가 막히게 되면서 급속한 경제 침체를 겪어야 했다. 독립 이후에도 화폐 개혁을 미루어 왔던 마케도니아는 1992년 4월까지 과거 유고슬라비아 화폐인 디나르(Dinar) 체제 하에서 월 90% 가까이 오르는 인플레이션을 경험해야 했으며,[35] 무역량의 60%를 교류하였던 세르비아가 유고슬라비아 내전과 보스니아 내전의 주범으로 몰려 국제사회로부터 경제금수 조치를 당하게 되자, 결국 1992년 12월 IMF 체제 하로 들어서야만 했다. 더불어 정치적으로는 급진 마케도니아 민족주의와 함께 마케도니아 내 소수 민족들의 권리 요구와 독립 움직임이 급격히 증대됨으로써 정치적 혼란기를 맞이해야 했다. 특히 마케도니아 내에서 가장 다수 소수민족이었던 알바니아인들 사이에 발칸유럽 내 대(大) 알바니아 민족국가를 수립하려는 알바니아 민족주의에 동조하는 세력이 증대되고 있었고, 알바니아인들이 다수 거주하고 있는 서부 마케도니아 지역을 코소보와 같은 자치국으로 만들려는 움직임이 확대되고 있었다.[36]

---

35) 마케도니아는 심각한 인플레이션을 극복하기 위해 마케도니아 데나르(Denar) 화폐체제를 새로이 구축하고 화폐 평가 절하를 통해 경제 안정화에 주력하게 된다. 그 결과 월 20% 내외로 인플레이션을 감축시키는 데 성공했지만 이 또한 매우 높은 인플레이션으로 마케도니아 경제는 심각한 위기를 맞이해야 했다. Milica Zarkovic, *Economic Decline and Nationalism in the Balkans*, (New York: St. Martin,s Press, 1994), pp. 98-99.

36) 1991년에 발표된 인구조사에 따르자면 마케도니아 전체 인구 2,033,964명 중에 마케도니아인이 1,314,283명(64.62%), 전체 소수민족(719,681명) 중 알바니아인이 427,313명(21.01%), 터키인이 97,416명(4.79%), 집시가 55,575명(2.73%) 그리고 세르비아인이 44,159명(2.17%)을 차지하고 있다. 하지만 1991년 인구조사 결과에 대해 마케도니아 내 알바니아인들은 신뢰를 보이지 않고 있으며, 1994년에 치러진 인구조사에 따르자면 전체 1,936,877명 중에 마케도니아인이 약간 줄어든 1,288,330명, 알바니아인이 약간 늘어난 442,914명, 터키인이 77,252명, 집시가 43,732명 그리고 세르비아인이 39,260명을 보이고 있다. Janusz Bugajski, *op. cit.*, p. 98; Keith Brown, *op. cit.*, p. 33.

민주화시기 동안 마케도니아 민족주의를 주도해 나갔던 대표 세력으로는 'IMRO-DPMNU'당을 들 수 있다. 'IMRO-DPMNU'당은 1990년 11월과 12월에 있었던 자유 총선거에서 마케도니아 민족주의를 자극해 원내 다수당을 차지하였다.[37] 'IMRO-DPMNU'당은 당 강령에서 당의 목표가 "마케도니아 내 의회 민주주의 창설과 더불어 분열되어 있는 마케도니아 민족의 정신적, 경제적, 민족적 통일을 기초로 유럽에서 마케도니아 독립 국가를 건설하는 것"이라는 점을 밝혔다. 또한 그들은 "이러한 마케도니아 독립 국가는 순수 마케도니아 민족만으로 구성된 단일 민족국가가 되어야 한다"는 점을 강조하였고, 이러한 주장은 대외적으론 그리스를 비롯한 주변 국가들의 그리고 대내적으론 알바니아 소수 민족들의 강한 반발을 낳게 하였다.

실제 이러한 'IMRO-DPMNU'당의 의견과 마케도니아 민족주의자들의 입장은 1991년 11월 수립된 마케도니아 헌법 초안에 그대로 반영되게 된다. 마케도니아 헌법 전문에 따르자면 마케도니아는 '마케도니아인들로 구성된 민족국가'라는 점이 명시되어 있다.[38]

> 마케도니아 헌법전문 : 마케도니아민족이 역사적, 문화적, 정신적, 국가적 유산과 민족적, 사회적 해방 그리고 국가 건설을 위한 수세기 동안의 투쟁으로부터 얻어진 마케도니아 공화국(Republika Makedonija)은 ... 유고슬라비아 연방(Federativna Jugoslavija)내 독립공화국의 지위로써 수립된 마케도니아 국가의 헌법적 지속성으로부터, 1991년 9월 8일 국민투표에 의한 마케도니아 공화국 건설 표현의지의 자유로부터 그리고 마케도니아 공화국내

---

37) 'IMRO–DPMNU'은 총 120석 가운데 38석을 차지하여 제1당이 되었고, 제2당에는 31석을 차지한 '마케도니아공산연맹(현재는 '사회민주연합(SDU: Social Democartic Union)'으로 개칭)'이 그리고 알바니아 민족 정당인 '민주번영당(PDP/ PDP: Partija demokratskog prosperiteta)'은 23석으로 제3당을 차지하였다.

38) 비록 마케도니아 헌법에는 알바니아인, 터키인, 세르비아인등에게도 시민권을 인정하고 있지만 이들은 단순히 주민족(nation/narod)이 아닌 소수민족(nationality/narodnost)로써의 의미만을 지니고 있다. Duncan M. Perry, "Macedonia.", *Southeastern Europe*, Vol. 3, No. 16, (1994), p. 83; 마케도니아 정부의 주민족 설정에 대한 이러한 경직성은 마케도니아를 둘러싼 주변 민족들과의 민족 정체성 논쟁과 그 위기감에서 비롯된 것으로 보인다.

에 거주하는 알바니아인, 터키인, 블라흐인, 루마니아인과 같은 소수민족들과 함께 마케도니아 민족의 지속적인 공존과 충분한 시민 평등권의 제공 속에 '마케도니아 민족의 마케도니아 민족국가(nacionalna država makedonskog naroda)'가 지속하리라는 역사적 사실로부터 출발하고 있다.[39]

반면 마케도니아 내 알바니아인들은 1990년 총선거 당시 마케도니아 정부가 게리멘더(Gerrymander)[40]와 같은 부정 선거구 책정을 통해 알바니아 정당들의 의회진출을 저지시키려 했다고 주장하면서, 의회로 진출한 마케도니아 민족주의자들이 마케도니아 민족주의 정서를 부추기면서 결과적으로 알바니아 소수 민족에 대한 탄압을 감행하고 있다고 강하게 반발하였다. 실제로 1990년 선거 결과 마케도니아 34개 지방의회에서 총 1,510명의 의원 중 마케도니아인 출신의 의원이 78.5%에 해당하는 1,186명이 당선되었고, 반면 알바니아인 출신 의원들은 221명(15%)만이 당선되는 결과를 낳았다. 이것은 인구수를 비례해 보았을 때 이례적으로 마케도니아 출신들이 다수 의회로 진출했다는 것을 의미한다.[41]

반면 알바니아인 출신 의원들이 다수 의석을 차지하게된 서부 마케도니아의 테토보(Tetovo), 고스티바르(Gostivar) 그리고 데바르(Debar)시의 알바니아 지방의원들은 이들 도시들에 대한 마케도니아 중앙정부 통제를 거부하였고, 행정권한을 지방 의회에 이양해줄 것을 요구하였다. 하지만 이에 대한 중앙정부의 강력한 반발과 마케도니아인이 다수를 차지하고 있던 지방 정부 공무원들의 거부가 이어지면서, 이들 도시들에는 마케도니아인과 알바니아인 양측이 세운 지방 정부가 동시에 출현하는 사태가 발생하게 된다.

---

39) Ranko Petković, Miroslav Petrović & Momir Stojković, *op. cit.*, p. 127.

40) 1812년 미국 메사추세츠(Massachusetts)주의 주지사이자 공화당원인 게리(Elbridge Gerry)가 에식스(Essex) 선거구에서 자신에게 유리하도록 선거구를 조정하였던데 서 유래한 부정 선거구 조정을 일컫는 용어이다. 특히 이러한 현상은 지지자가 비슷한 인구수를 지닌 선거구에서 자신의 당에 유리하도록 선거구 조정을 함에 따라 결정적인 결과를 가져온다는 측면에서 매우 민감한 문제라 할 수 있다.

41) Janusz Bugajski, *op. cit.*, p. 103 참조.

이런 가운데 1991년 3월 마케도니아 정부가 공식적으로 출범하였고, 키로 글리고로브(Kiro Gligorov) 대통령이 선출되게 된다. 키로 글리고르브 대통령은 알바니아인들과의 민족갈등을 해소하기 위해 부수상을 비롯해 2개의 장관직에 알바니아인들을 임명하였고, 소수 민족 해결을 위한 위원회를 설립하였다. 하지만 이러한 그의 노력은 별다른 실효를 거두지 못하였다. 1991년 9월 마케도니아 독립을 묻는 국민투표에 알바니아인들의 불참이 이어졌고, 오히려 알바니아인들은 1992년 1월 서부 마케도니아의 자치를 묻는 자신들만의 투표를 치러 압도적인 표 차로 자치권 수립을 선포하게 된다. 또한 알바니아 민족 정당인 '민주번영당'은 1991년 11월 발표된 헌법 초안에 알바니아인 민족 권리에 대한 구절이 빠져 있다는 이유를 들어 이에 대한 수정을 요구하는 등 강력히 반발하였다. 이후 1992년 7월 마케도니아 급진 민족주의자들에 의해 발생한 민주 번영당 당수인 네브자트 할리리(Nevzat Halili) 암살미수사건과 동년 12월 마케도니아 수도 스코프예시에 있는 비트 파자르(Bit Pazar)시장에서 불법 담배 노점상을 하던 알바니아인들에 대한 마케도니아인 경찰 폭행 사건 그리고 이를 항의하는 알바니아 시위대중 3명이 강경 진압으로 인해 사망하는 사건이 발생하면서 마케도니아 정국은 극도의 혼란 속으로 빠져들게 된다. 이러한 사건들은 마케도니아 내 알바니아인과 마케도니아인사이의 심각한 분열과 갈등을 가져오게 하였다.

혼란이 지속되는 가운데 민주 번영당 당원이자 전 국방부 대변인인 후세인 하스카이(Husein Haskaj)와 전 복지부 대변인이었던 이메르 이메리(Imer Imeri)를 중심으로 마케도니아 정부 전복 시도와 서부 마케도니아에 일리리다(Ilirida) 자치국 건설을 위한 알바니아 무장조직(AAA: All Albanian Army)이 결성되었다는 소식이 전해졌다. 1993년 11월 10일 마케도니아 정부는 이들 조직원들에 대한 대대적인 검거작전에 들어갔고, 체포된 12명에게 국가반역죄를 적용, 전원이 투옥되었다. 마케도니아 정부의 주장에 따르자면 이들은 35구경 자동 소총으로 무장된 비밀 조직을 구성하였고, 조직원 수 만해도 21,630명에 달했으며, 서부 마케도니아를 떼어내어 자치국으로 만든 후 알바니아 본토와 세르비아 내 코소보와 연합해 대(大)알바니아 민족 국가를 수립하려 했다는 것이다.[42] 사건의 책임을 물어 민주번영당의 지도부가 대폭 교체되었으나, 새로이 구성된 지도부는 마케도니아어와 함께 공식 언어로써 알바니아어를 인정해주고 서부 마케도니아에 대한 자치권을 보장해 줄 것을 요구하였지만, 마케도니아 정부는 국가 존립의 위기를 들어 이러한 요구를 묵살하였다. 1995년엔 알바니아인들이 테토보 시에 알바니아어로 교육할 수 있는 자체 대학 설립을 시도하자, 마케도니아 정부는 정부 승인이 없었다는 이유를 들어 강제 철거를 단행하였다. 뒤 이어 알바니아 비밀단체로 추정되는 키로 글리고로브 대통령 암살 미수사건이 일어났고, 이러한 일련의 사건들은 양 민족 간에 더욱 더 깊은 문화갈등의 골을 형성케 하였다.

1998년 마케도니아 내 경찰서들과 법원에 대한 알바니아 반군들의 폭탄테러가 발생하고, 1999년에는 코소보 분쟁과 전쟁을 계기로 수십만 명의 코소보 알바니아 난민들이 마케도니아 국경에 모여들면서 한층 더 상황은 복잡하게 전개되어 갔다. 당시 마케도니아 정부는 이들을 마케도니아내로 수용할 경우 국내 알바니아인들의 수적 증가와 더불어 알바니아 민족주의 요구가 더욱 확대될 것을 우려하여, 이들에 대한 적극적인 수용에 응하지 않았다. 2000년에 들어와서는 알바니아인들이 다수 거주하는 서부 마케도니아 지역에서 이웃 코소보 내 알바니아 반군들의 가세와 무기 유입으로 인해 마케도니아 알바니아 반군들의 마케도니아 경찰에 대한 테러와 양측

42) 실제 발칸유럽에 대(大)알바니아 민족국가를 수립하려는 알바니아 민족주의자들의 의도에 대해 세르비아는 코소보에서의 알바니아 독립요구가 이후 마케도니아 특히 알바니아인들이 다수 거주하고 있는 서부 마케도니아의 독립요구로 이어진 것이며, 또한 이러한 움직임의 확대는 그리스 서북부와 세르비아 남부 그리고 몬테네그로 동부에 거주하는 알바니아인들을 자극하게 될 것이라는 점을 강조하였다. 세르비아 정부 사이트 *http://www.mup.sr.gov.yu*. 발칸의 여러 국가와 민족들은 세르비아의 이러한 주장에 공감하고 있으며, 이러한 점이 코소보분쟁에 적극적인 참여를 바랐던 서구의 요구에도 불구하고 그리스와 마케도니아 등이 소극적인 자세로 나왔었던 이유이기도 했다. Zlatko Isaković, *op. cit.*, pp. 378-379; Duncan M. Perry, *op. cit.*, p. 84.

간 무력 충돌이 빈번하게 발생하게 된다.

그리고 2001년 3월 알바니아 반군들이 자신들이 수도로 정한 테토보를 장악한 후 마케도니아 정부군 부대들을 공격하기 시작함으로써 마침내 마케도니아 내전이 발발하게 된다.[43] 마케도니아 정부는 미국과 NATO에 사태의 심각성 인식과 도움을 요청하고, 2001년 3월 17일 마케도니아 전역에 예비군 동원령 그리고 3월 18일 야간 통행금지 실시와 함께 본격적인 반군 진압을 시작하였다. 마케도니아 내전은 국제사회에 과거 제1, 2차 발칸전쟁 때처럼 전쟁이 발칸유럽 전체로 확대될 지도 모른다는 공포를 확산시켰다. 실제 서구 언론에선 "마케도니아 내전을 일으킨 이들 알바니아 반군들이 세르비아의 코소보 내에 있는 알바니아 반군(KLA: Kosovo Liberation Army)들보다도 더 잘 훈련되고 중무장을 한데 반해 마케도니아 정부군은 코소보의 알바니아 반군과 싸웠던 세르비아 정부군에 비해 열악한 훈련과 장비를 갖추고 있어 국제사회가 이를 방관하면 장기전으로 사태가 확대되어 결과적으로 발칸유럽과 유럽의 안정을 심각하게 위협할 것이다"라고 보도하면서 마케도니아 내전의 심각성을 전하였다.[44] 이러한 서구의 우려는 곧 바로 국제사회 구성원들의 마케도니아에 대한 지지 성명과 지원을 이끌어 내게 하였다.

서구 국가들이 마케도니아를 지원하게 된 배경을 분석해 보자면 우선 과거 역사를 되짚어 볼 때 마케도니아가 바로 발칸유럽 분쟁의 주요 핵심지역이었고, 이 지역을 둘러싼 치열한 영토 전쟁은 곧 바로 유럽 열강들의 군사적 개입을 불러옴으로써 대규모 전쟁으로 확대되어 왔던데 서 비롯된 우려라 볼 수 있다. 두 번째 마케도니아 내전 사태가 오래 지속되고 국가 존

43) 알바니아 반군들은 그들 스스로를 '민족 해방군(NLA: the National Liberation Army)'이라 부르며, 일반 알바니아 시민들에게 무장을 독려해 나갔다. 또한 이들은 내전을 일으킨 배경에 대해 "지난 50년 동안 우리는 마케도니아 정부와 지속적인 대화를 추진해 왔다. 하지만 어떠한 진전도 또 발전도 이루어지지 않았다. 우리의 1차 목표는 코소보와 연합한 알바니아 자치 국가를 만드는 것이며, 이를 위해 우리는 끝까지 싸울 것이다"라고 주장하였다. 발칸유럽 관련 사이트 *http://www.balkanpeace.org.*

44) *http://emperors-clothes.com/news* 참조.

립의 위기가 팽배해 질 경우 오랜 동안 마케도니아에 대한 종주권을 주장하여 왔던 발칸유럽 내 국가들의 군사적 야심을 부추길 가능성과 새로운 발칸 분쟁 대두에 대한 우려를 들 수 있다. 이 점에 대해 슬라벤코 테르지치는 "근대 이후로 마케도니아 지역은 계속해서 러시아와 서구 열강들의 첨예한 이해 접합 점에 위치하여 왔고, 따라서 강대국들의 지속적인 개입과 간섭으로 마케도니아 문제를 둘러싼 진정한 해결책들이 제시될 수 없었다"고 지적하고 있다. 그는 또한 "강대국들은 자신들의 전략적 이익에 따라 마케도니아가 주변의 어느 국가나 민족에게 완전히 편입되는 것을 방해하여 왔고, 그 결과 제1, 2차 발칸전쟁과 양차 대전을 거치면서 강대국들의 역학 구도에 따른 영토, 민족적 분열과 합병이 쉼 없이 전개되게 되었다"고 분석하고 있다.[45)]

하지만 미국과 유럽 등 서구 사회가 마케도니아 내전에 보다 적극적인 관심을 보인 실질적인 이유는 무엇보다도 다음과 같은 두 가지 요인 때문이었다는 분석이 지배적이다. 그 첫 번째 이유는 미국의 발칸유럽에 대한 분석과 전략을 들 수 있다. 미국은 오랜 동안 유럽과 러시아의 영향력 하에 나뉘어져 있었던 발칸유럽의 중요성을 인식하고 미국의 영향력 확대를 추진하여 왔다. EU 회원국인 그리스를 비롯해 역사적 배경에 따라 독일 등 EU권 국가들과 밀접한 관계를 구축하고 있는 슬로베니아와 크로아티아 그리고 친 러시아적 성향이 강한 세르비아와 불가리아의 틈바구니 속에서, 발칸유럽에 영향력 확대를 기도하고 있는 미국은 이러한 역학 구도 속에서 발칸유럽이 향후 열강들의 주요 세력 각축장이 될 우려가 있다는 분석을 내 놓고 있다.[46)] 미국은 현재 발칸유럽의 정 중앙에 위치해 있으면서 전략

45) Slavenko Terzić, *op. cit.*, p. 80.

46) 보스니아 내전 종결 직후 발표된 미 정부의 보고서에 따르자면 발칸지역 그중에서도 과거 유고슬라비아 지역은 제3차 세계대전이 일어날 가능성 매우 높은 유럽의 화약고로 간주되고 있다. 이 보고서의 내용에 따르자면 유고슬라비아연방 붕괴 이후 이들 지역에 대해 세력 확장을 추진하고 있는 독일, 미국과 오랜 동안 전통적 영향력 우위를 지켜왔던 러시아 간의 충돌이 현실화 될 가능성이 높다는 것이다. Alexandros K. Kyrou, "Castle-building in the Balkans: American Aspirations in Southeastern Europe since the Dissolution of Yugoslavia", *Journal*

적으로 매우 중요한 위치에 놓여 있는 마케도니아를 친(親)미 전략 국가로 설정해 놓은 듯 보인다.[47] 하지만 미국의 이러한 전략 수립은, 미국이 지난 1999년 코소보 전쟁당시 세르비아를 몰아세우며 내세웠던 인권의 문제라는 측면에서 보았을 때, 마케도니아 내전에 전혀 다른 전략 수정을 내렸다는 측면에서 비판의 여지가 있는 것으로 판단된다.[48] 두 번째 유럽의 마케도니아 정부지지 배경에는 유럽 내에서 오랫동안 지속되어 왔던 반(反)이슬람 정책과 그 성향을 들 수 있다. 실제 칸(Mujeeb R. Khan)의 분석에 따르자면, 그는 보스니아 분쟁을 예로 들면서 보스니아 분쟁이 확대된 주요 요인 중 하나로 유럽의 반(反)이슬람, 친(親)기독교적 성향을 들고 있다. 그는 보스니아 내전 초기 강력한 군사력을 지닌 세르비아계의 보스니아 무슬림에 대한 학살이 지속되는 가운데, 유럽이 오히려 보스니아 지역에 대한 무기금수 조치를 내리면서도 적극적인 사태 해결을 취하지 않음으로써, 보스니아 무슬림들에 대한 대량학살과 인종청소를 방조하였다고 분석하고 있다.[49] 과거 중세 십자군 전쟁과 오스만 터키의 유럽 원정 이래로 반(反)이슬람 정서를 유지하여 왔던 유럽의 정책과 성향들이 마케도니아 내에 있는 이슬람 알바니아인들 에게도 그대로 적용되었다고 볼 수 있다.

---

of Politics and Military Sociology, Vol. 24, No. 2, (Win., 1996), pp. 255-256; 실제로 현재 러시아의 발칸유럽에 대한 외교정책은 이 지역에 있어 외교적 영향력을 다시 회복함과 동시에 현재 진행 중인 EU나 NATO의 영향력을 감소시키는 데 초점이 맞추어져 있다.

47) 마케도니아의 입장에서도 또한 미국과의 정치, 군사적 동맹 관계는 매우 절실하고도 반드시 지속해야 할 중요한 국가 전략으로 인정되고 있다. 그러한 배경에는 마케도니아가 현재 대내외적으로 안고 있는 국가 존립의 문제와 알바니아 소수민족과의 갈등에 있어 미국의 도움이 절대적으로 필요하다는 판단을 내리고 있기 때문이다. Zlatko Isaković, *op. cit.*, p. 386.

48) 오타와대 경제학 교수인 미첼 초스도프스키(Michel Chossudovsky)에 따르자면, 그는 미국 에너지 보호를 위한 비밀문서를 인용하면서 "미국의 발칸유럽 영향력 확대정책은 철저히 흑해에서부터 아드리아해로까지 연결될 오일 송수송관 보호를 위한 조치에서 출발한 것이다"라고 분석하고 있다. 그는 또한 "중동지역에서부터 연결될 이러한 송수송관(흑해-불가리아-마케도니아-알바니아)의 중앙에 발칸유럽에는 바로 마케도니아가 자리하고 있으며, 이것이 바로 마케도니아에 미군 기지를 구축한 이유이며, 코소보 문제처리에서 미국이 친(親)알바니아 정책을 고수한 이유이기도 하다"라고 주장하고 있다. *http://www.spectrezine.org/war/Macedonia.*

49) Mujeeb R. Khan, "Bosnia-Hercegovina and the Crisis of the Post-Cold war International System", *East European Political and Societies*, Vol. 9, No. 3, (Fall, 1995), pp. 459-460.

이러한 배경에 따라 내전 발발 초기 러시아의 군사 지원 약속과 더불어 강력한 지지가 발표되었고, NATO군 또한 코소보로부터 마케도니아 내 알바니아 반군들로의 무기 공급을 차단하기 위한 국경 봉쇄가 발표되었다. 마케도니아 정부는 이를 바탕으로 반군 거점에 대한 대대적인 군사 작전을 감행하게 된다. 이어 2001년 3월 21일 마케도니아 정부의 반군 진압에 대한 미국의 지지 성명서와 알바니아 반군들에 대해 항복을 권유하는 UN 선언문이 발표되면서, 마케도니아 정부군의 진압작전은 더욱 더 힘을 얻게 되었다. 3월 22일 마케도니아 정부군이 정한 최후 항복 통첩시간이 임박한 가운데 NATO군은 마케도니아와 코소보 국경 봉쇄를 위한 군사력 증파를 발표하였고, 뒤 이어 23일엔 대규모 폭격이 이어졌다. 하지만 마케도니아 정부군의 대대적인 공격에도 불구하고, 4월 28일 알바니아 반군들의 반격이 재개되자, 5월 12일 마케도니아 정부와 의회는 알바니아 반군들의 무장해제를 조건으로, 문제 해결을 위한 거국 내각 구성을 제안하게 되었다. 하지만 알바니아 반군들은 이러한 제안을 거절하였고, 5월 24일 서부 마케도니아 산악지대를 중심으로 마케도니아 정부군과 알바니아 반군들 사이에 치열한 군사 충돌이 재개되게 된다. 내전의 확대 속에 2001년 7월 5일 마침내 마케도니아 정부군과 알바니아 반군은 '서부 마케도니아에 대한 자치권 논의와 알바니아 반군의 무장해제'라는 미국과 NATO군의 중재 안을 받아들여 내전을 종식하였다. 하지만 내전이 종식된 지 상당 기간이 흐른 2009년 현재까지도 마케도니아 내 마케도니아인과 알바니아인들 간의 갈등과 충돌이 여전히 빈번하게 발생하고 있으며, 이를 해결하려는 협의과정에서도 서로 간의 총격전이 계속 되는 등 별 다른 진전을 보이지 못하고 있는 상황이다.

4. 결 론

유고슬라비아 지역의 민족들에게 있어 사회주의 체제 붕괴 이후 10여 년은 한마디로 "연방의 해체와 분열 그리고 이에 따른 민족 간 문화갈등과 분쟁의 연속이었다."라고 특징지을 수 있다. 1991년 슬로베니아에서의 내전을 시작으로 유고슬라비아내전이라 칭하는 크로아티아 내전(1991-1995), 그리고 보스니아 내전(1992-1995)과 코소보 전쟁(1999)을 겪으면서 1990년대를 보낸 유고슬라비아 지역의 민족들은 이어 21세기가 시작하고 난 이후에도 계속된 민족, 문화갈등의 그늘 속에서 마케도니아 내전(2001)을 경험해야만 했다.

1991년 독립을 선언한 이후 마케도니아는 대외적으론 그리스 등 주변 국가들과의 계속된 언어, 영토, 민족 정체성 논쟁 그리고 대내적으론 알바니아 소수민족과의 내전과 문화 갈등으로 인해 현재 세계에서 붕괴 가능성이 가장 높은 국가로 국제사회에 인식되고 있다. 세르비아 민족주의자들은 여전히 마케도니아를 과거 세르비아 영향력이 강하였을 때 애용하였던 지명인 '바르다르 마케도니아(Vardar Macedonia)'라 부르며, 언제라도 영향력을 행사하려는 움직임을 보이고 있다. 한편 불가리아는 마케도니아 민족과 마케도니아어를 자민족의 일파와 자국어의 방언으로 선전하면서 마케도니아에 대한 종주권을 행사하려고 하고 있다. 이보다 더 적극적인 자세를 보이는 그리스의 경우는 1995년 합의 이후에도 여전히 마케도니아 독립과 관련한 국가명칭 사용과 여러 상징물 사용 문제로 정치적 긴장관계를 지속하고 있다. 한편 국내에선 1999년 코소보 전쟁 이후 대(大) 알바니아 국가를 목표로 한 알바니아 민족주의의 확대 속에 알바니아 소수민족들의 민족권리 증대와 서부 마케도니아 지역에 대한 자치권 요구 그리고 2001년 내전을 통해 확인된 군사적 긴장상태가 지속되고 있다.

신생국가인 마케도니아의 이러한 대내외적인 불안과 긴장상태는 발칸유럽에 또 다른 분쟁의 소지를 안겨준다는 점에서 미국을 비롯한 서구 열강들의 관심과 지지가 절실히 요구된다고 하겠다. 무엇보다도 마케도니아를 둘러싼 분쟁은 다음 장에서 설명이 이루어질 발칸유럽 분쟁의 핵인 알바니아 민족주의와 연결되면서 발칸유럽 전체를 치열한 영토 전쟁의 한 가운데로 몰아넣을 가능성이 높기 때문이다.

21세기 현재의 마케도니아는 마케도니아 내전 당시 보여준 미국과 서구 정책에 대한 해리스(Marshall Freeman Harris)의 비판적 분석에서처럼 단순히 미국과 서구의 국익 차원에서만 마케도니아 문제를 들여다보거나 단기적 처방에 그치는 분쟁 재발에만 급급해서는 그 해결책이 어렵다고 하겠다. 무엇보다도 이들 강대국들이 국명과 영토 보장 등을 둘러싼 UN과 주변 국가들 간의 국가적 합의를 유도하고, 마케도니아에 대한 보다 확실한 국가 지위와 국제사회의 승인에 적극적으로 나서야 할 것으로 보인다. 그리고 마케도니아에 대한 강대국 및 국제사회의 지속적인 경제, 정치적인 관심과 지원만이, 마케도니아가 지금보다 좀 더 견고한 국가 체제를 유지해 나가는 데 기여할 수 있을 것이며, 이것은 곧 바로 마케도니아의 안정을 뛰어 넘어, 대표적 문화갈등과 민족 분쟁 지역으로 간주되고 있는 발칸유럽의 안정에도 긍정적인 영향을 미칠 것으로 기대된다 하겠다.[50)]

---

50) 과거 제임스 베이커(James Baker)국무장관의 특별 보좌관으로 유고슬라비아분쟁과 보스니아 분쟁 당시 미국과 NATO 정책입안에 간여하였던 해리스는 마케도니아 문제에 대한 분석에서 "마케도니아는 현재 미국과 서구의 무관심으로 더욱 더 주인 없는 지역으로 전락할 위기에 처해 있다. 이러한 무관심은 곧 바로 이 지역에 관심을 표하는 열강들과 주변 국가들의 영토적 민족주의 그리고 알바니아 민족주의에 면죄부를 제공하게 될 것이다"라고 비판하였다. 그는 또한 "미국은 근본적인 치유와 지속적인 관심을 통해 발칸유럽의 분쟁을 해결하려 하기보다는, 단지 임시방편적 정책에 치중함으로써 발칸유럽 분쟁의 '도미노 효과(Domino effect)'에 대해 적절하게 대처하지 못하고 있다"고 분석하였다. Marshall Freeman Harris, *op. cit.*, pp. 42-43.

제7장 알바니아

알바니아 민족주의의 기원과 그 특징

알바니아 민족주의의 기원과 그 특징

한 눈으로 읽어보는 키워드

20세기를 넘어오면서 발칸유럽 내 민족 갈등과 충돌의 한 가운데에는 항상 알바니아 민족주의가 자리하여 왔다. 세르비아 민족주의와 더불어 발칸유럽 내 민족 갈등의 대표 요인 중 하나로 지목 받고 있는 알바니아 민족주의는 세르비아 민족주의처럼 자 민족이 거주하는 발칸유럽 내로의 영토 확대를 최종 목표로 하고 있으며, 통상 대(大)세르비아주의와 빗대어 대(大)알바니아주의로 불리곤 한다.

1877년 러-터 전쟁 이후, 러시아의 승리에 따라 맺어진 '산 스테파노(San Stefano, 1878. 3.) 조약'과 이후 러시아의 팽창을 우려한 서유럽 국가들의 개입 속에 다시 맺어진 '베를린(Berlin, 1878. 6.) 조약'에 의해 발칸유럽 내 대다수 민족들은 그들만의 독립 국가를 구성하는 데 성공하게 된다. 하지만 알바니아 민족은 발칸유럽 내 다른 민족들의 견제와 압력 속에 이들보다 다소 늦은 1920년에 들어와서야 비로소 자신들의 독립 국가를 구성할 수 있게 되었다. 딩시 이 지역 진출에 관심을 보이고 있던 이탈리아, 오스트리아-헝가리 제국 등 강대국들과 세르비아 등 주변 열강들의 계속된 압력과 위협 속에 알바니아는 알바니아인이 다수 거주하고 있던 세르비아 내 코소보와 마케도니아 서부 지역, 몬테네그로 동부 지역을 신생 알바니아 국가에 통합시키는데 실패하게 된다. 따라서 이때 이후로 알바니아 민족주의는 이들 지역의 영토 탈환을 목표로 한 '영토적 민족주의(Territorial Nationalism)' 성향으로 발전되었으며, 현재까지도 이를 둘러싼 갈등이 첨예하게 전개되고 있는 상황이다.

본장에서는 이러한 이해를 바탕으로 20세기 이후 발칸유럽 내 민족갈등과 충돌의 주요 요인 중 하나로 자리 잡고 있는 알바니아 민족주의의 기원과 그 내용에 대해 알아보고자 한다.

1. 서 론

20세기를 넘어오면서 발칸유럽 내 민족 갈등과 충돌의 한 가운데에는 항상 알바니아 민족주의가 자리하여 왔다. 세르비아 민족주의와 더불어 발칸유럽 내 민족 갈등의 대표 요인 중 하나로 지목 받고 있는 알바니아 민족주의는 세르비아 민족주의처럼 자 민족이 거주하는 발칸유럽 내로의 영토 확대를 최종 목표로 하고 있으며, 통상 대(大)세르비아주의와 빗대어 대(大)알바니아주의로 불리곤 한다.

1877년 러-터전쟁 이후, 러시아의 승리에 따라 맺어진 '산 스테파노(San Stefano, 1878. 3.) 조약'과 이후 러시아의 팽창을 우려한 서유럽 국가들의 개입 속에 다시 맺어진 '베를린(Berlin, 1878. 6.) 조약'에 의해 발칸유럽 내 대다수 민족들은 그들만의 독립 국가를 구성하는 데 성공하게 된다. 하지만 알바니아 민족은 발칸유럽 내 다른 민족들의 견제와 압력 속에 이들보다 다소 늦은 1920년에 들어와서야 비로소 자신들의 독립 국가를 구성할 수 있게 되었다. 당시 이 지역 진출에 관심을 보이고 있던 이탈리아, 오스트리아-헝가리 제국 등 강대국들과 세르비아 등 주변 열강들의 계속된 압력과 위협 속에 알바니아는 알바니아인이 다수 거주하고 있던 세르비아 내 코소보와 마케도니아 서부 지역, 몬테네그로 동부 지역을 신생 알바니아 국가에 통합시키는데 실패하게 된다. 따라서 이때 이후로 알바니아 민족주의는 이들 지역의 영토 탈환을 목표로 한 '영토적 민족주의(Territorial Nationalism)' 성향으로 발전되었으며, 현재까지도 이를 둘러싼 갈등이 첨예하게 전개되고 있는 상황이다.

본 글에서는 이러한 이해를 바탕으로 20세기 이후 발칸유럽 내 민족갈등과 충돌의 주요 요인 중 하나로 자리 잡고 있는 알바니아 민족주의의 기원과 그 내용에 대해 알아보고, 그 대표 사례로써 코소보 내 알바니아인과 세르비아 민족 간에 발생하고 있는 민족문제의 현황과 그 양상을 살펴보고자 한다.

본 글의 구성을 보면, 우선 2절에서는 알바니아 민족의 기원과 이슬람화 과정을 살펴보게 될 것이다. 이를 통해 중세 이후 계속된 발칸유럽 내 민족 갈등의 주 요소 중 하나인 종교(이슬람과 기독교) 문제를 되짚어보고자 했다. 3절에서는 민족주의가 이 지역에 도입된 시기인 19세기를 중심으로 알바니아 민족들은 어떠한 과정을 거치며 자신들의 민족주의를 수립해 나갔는지에 대해서 연구하게 될 것이다. 4절과 알바니아 민족문제의 대표적인 사례로 코소보를 선택해 코소보 내 알바니아 민족문제의 현황과 그 양상을 살펴보게 될 것이다. 마지막으로 5절에서는 본문에서의 논의를 바탕으로 알바니아 민족주의의 기원과 코소보에서의 민족문제를 다시 한 번 고찰하고 그 의미를 살펴봄으로서 결론을 대신하게 될 것이다.

2. 알바니아 민족의 기원과 이슬람화 과정

알바니아 역사학자들의 주장을 그대로 따른다면 알바니아인은 BC 2000년 이전부터 발칸유럽의 서부 지역 즉 아드리아해를 중심으로 인근 내륙지역에 넓게 분포되어 살았던 일리리안 부족의 후손이라 볼 수 있다.[1] BC 7세기경 아드리아해를 따라 일리리안 부족이 중심이 된 여러 도시 국가들이 건설되었고, 이들과 인근 그리스의 여러 도시 국가들 간에 활발한 교역 활동이 일어나게 된다. 이러한 경제적 부를 바탕으로 BC 4세기경 일리리안 왕국은 발칸유럽의 대부분을 장악하게 되지만, BC 358년 알렉산더 대왕의 아버지인 마케도니아의 필립 2세와의 전투에서 대패한 이후 그 세력이 급격히 약화되어 갔다. 이후 BC 3세기 말부터 시작된 로마의 계속된 공격과

1) 알바니아 종합 *http://www.albania.com*. 본장의 연구 사례로 선택된 코소보를 둘러싼 알바니아인과 세르비아인간의 갈등에서, 코소보 내 알바니아인의 출현 역사를 14세기 오스만 터키에 의한 이주로부터 찾고 있는 세르비아 역사학자들과는 달리, 알바니아 역사학자들은 그 기원을 이미 기원전 이 지역의 고대 원주민이자 발칸유럽의 주요 토착 부족 중 하나였던 일리리안에서부터 찾고 있다. 더불어 이들은 고대 일리리아어가 현대 알바니아어의 주요 토대가 되었다고 주장하고 있다. 이를 둘러싼 논쟁은 권혁재, "코소보(Kosovo)분쟁에 관하여", 『동유럽연구』, Vol. 7, (한국외국어대학교 국제지역센터 동유럽·발칸연구소, 1998), pp. 3–8 참조.

발칸유럽으로의 진출로 BC 165년 일리리안 왕국은 완전히 로마 지배 하로 편입되게 된다.

로마의 지배는 일리리안 부족의 문화, 사회, 경제, 정치적 여러 요소에 영향을 미쳤다. 특히 예수와 그 사도들이 활약했던 AD 1세기 동안 기독교가 이 지역에 전파되면서 일리리안들 사이에 기독교가 급속히 확산되게 된다. AD 9년 오늘날 알바니아는 로마의 행정 구역에 따라 달마티아(Dalmatia), 에피루스(Epirus) 그리고 마케도니아(Macedonia) 등으로 분할되면서 각 행정 구역에 따른 발전을 이루었다. 하지만 로마 제국의 몰락과 395년 동, 서로마 분리 이후 대부분의 알바니아 지역은 동로마의 영향력 하로 편입되어야만 했다. 로마 제국의 약화 속에 4세기에서 7세기까지 알바니아내 일리리안들은 고트(Goth)족, 훈(Hun)족, 아바르(Avar)족 등 여러 유목 민족들의 약탈과 세르비아, 크로아티아, 불가리아인 등 슬라브족의 계속된 남진으로 인해 발칸유럽에서 오랫동안 유지해 왔던 그 영향력을 점차 상실하게 되었다. 주도권을 둘러싼 양대 기독교 교회(로마 교회: 후에 '가톨릭'으로 발전/ 콘스탄티노플 교회: 후에 '정교'로 발전) 간 갈등 속에, 이 지역 일리리안들은 732년 동로마 제국의 후신인 비잔틴 제국의 콘스탄티노플 교회 영향력 하로 종속되게 된다. 이후 기독교의 본격적인 분열을 공식 인정한 1054년 교회 대분열 선언 이후, 알바니아 남부 지역은 콘스탄티노플 교회 영향력 하로, 반면 북부 지역은 로마 교회의 영향력 하로 편입되게 되었다.2)

알바니아와 알바니아인이란 명칭에 관한 역사적 최초 기록은 1081년 비잔틴 제국의 기록에서 그 기원을 찾아 볼 수 있다. 당시 비잔틴 제국은 현재의 알바니아 지역에 대해 언급하면서 이러한 명칭들과 그 거주민들에 대해 기록해 놓고 있다. 12세기 한때 크루야(Kruja) 지역에 아르브리아(Arbria) 공국이 설립되기도 했으나, 13세기 이후로 알바니아 북부와 동부

---

2) 오늘날까지 알바니아 북부지역에 가톨릭의 영향권이 남아 있는 점과 남부 지역에 알바니아 정교가 일정 부분 그 세력권을 형성하고 있는 것도 이러한 역사적 사실에서 기인한다고 볼 수 있다.

지역의 대부분은 세르비아 왕국 하에 놓여 있었다. 1204년 제4차 십자군 원정 시에는 십자군들의 콘스탄티노플 점령과 라틴 제국 수립으로 인해 한동안 베니스 공국의 영향력 하에 들어가기도 했지만, 1344년 두샨(Sefan Uroš 4 Dušan: 1331-1355)왕이 이끄는 세르비아 제국군대에 의해 알바니아는 다시 한 번 세르비아에 완전히 편입되는 아픔을 겪어야 했다. 그러나 그리스 남부까지 그 영토를 확장시키며, '세르비아와 그리스의 황제' 칭호를 얻고자 했던 두샨 황제의 영토 팽창 욕구와 비잔틴 제국에 대한 위협은 훗날 비잔틴 제국의 요청에 따른 오스만 터키군의 유럽 원정에 주요 동기를 제공하게 된다. 이후 비잔틴 제국과 세르비아 중세 왕국은 오스만 터키에 의해 멸망하였고, 이러한 역사적 사실은 알바니아 등 발칸유럽 상당 지역이 이슬람화되는 주요 배경을 형성하게 된다. 1389년 오스만 터키의 유럽원정에 맞서 일으킨 세르비아 주도의 코소보 전쟁에 알바니아인은 기독교 연합군대의 일원으로 참전해야 했다. 하지만 코소보 전쟁이 기독교 연합군의 패배로 돌아가고 세르비아를 비롯한 발칸유럽 전역이 오스만 티기 하로 완전히 넘어가게 되자, 알바니아인은 세르비아의 영향력에서 벗어나 한동안 자치 공국을 구성하게 된다.[3)]

그러나 이러한 자치 공국의 기쁨은 그리 오래가지 못하였다. 몽고 티무르 제국의 지배로부터 전열을 재정비한 오스만 터키가 1453년 비잔틴 제국의 수도인 콘스탄티노플을 점령하고, 뒤 이어 1459년에는 세르비아 중세 왕국의 마지막 수도였던 스메데레보(Smederevo) 요새를 점령하자, 알바니아인은 오스만 터키의 계속된 공격에 어려움을 겪어야만 했다. 현재까지도 알바니아인사이에 민족의 영웅이자 외세 저항의 상징적 인물로 추앙되고 있는 그에르기 카스트리오티(Gjergj Kastrioti: 1405-1467; 통상 스칸데르

---

3) 오스만 터키의 바예지드 1세(Bayezid I: 1389–1402)는 코소보에서의 승리에도 불구하고 몽고 티무르 제국의 터키침입으로 인해 더 이상의 서쪽으로 진격할 수 없었다. 오스만 터키는 1402년 소아시아의 앙카라(Ankara)전투에서 몽고군에게 대패하였고, 이에 따라 1413년 티무르가 사망해 몽고 제국의 지배를 벗어나기 전까진 유럽으로의 진출을 미루어야만 했었다. Fred Singleton, *A Short History of the Yugoslav Peoples*, (Cambridge: Cambridge Univ. Press, 1985), pp. 26–27.

베그(Skanderbeg)로 알려져 있음) 왕자는 당시 계속해서 이어지는 오스만 터키의 공격을 알바니아의 험준한 지형지물과 기습전을 통해 한 동안 잘 막아낼 수 있었다. 하지만 1467년 그에르기 카스트리오티가 사망한 이후, 알바니아 자치 공국은 그의 후계 자리를 둘러싼 심각한 분열에 빠지게 된다. 뒤 이어 오스만 터키의 공격이 이어졌으며, 이에 따라 1478년에는 크루야 산악 요새가, 그리고 뒤이어 1479년에는 마지막 저항 도시였던 쉬코드라(Shkodra/ Shkodër)마저 오스만 터키군에 의해 정복당함으로써 알바니아의 대부분 지역은 오스만 터키의 지배 하로 넘어가게 되었다.[4)]

오스만 터키의 알바니아 지배는 알바니아인에게는 물론 이후 발칸유럽 내 역사 속에 중요한 의미를 안겨주게 된다. 당시 기독교도들이었던 상당수 알바니아인은 오스만 터키의 지배를 피해 남부 이탈리아, 그리스, 이집트 등으로 도망해야만 했다. 하지만 이 지역에 남아 있던 알바니아인은 오스만 터키의 전통적 이슬람화 정책인 데브쉬르메(Devşirme) 제도에 따른 강력한 이슬람 개종 작업에 따라 주요 무슬림 집단을 구성해 나가게 된다.[5)] 오스만 터키의 지배 기간 동안 대거 이슬람으로 개종하였던 알바니아인은 발칸유럽 내에서 보스니아 무슬림과 더불어 오스만 터키의 지배와 요구를 가장 잘 받아들였다. 그 결과 오스만 터키의 지배 하에서 알바니아인은 술탄 바로 밑인 대 베지르(Veliki Vezir/ Grand Vizier, 오늘날의 총리에 해당)를 무려 24명이나 배출하기도 했다. 또한 이 외에도 이슬람화 된 알바니아 출

---

4) Ferdinand Schevill, *The History of the Balkan Peninsula*, (New York: Arno Press & The New York Times, 1971), pp. 203-204.

5) 오스만 터키는 유럽 정복 사업 초기 알바니아를 비롯한 발칸유럽 내 기독교인들을 이슬람 화 시키는 작업에 있어 데브쉬르메 제도를 적절히 잘 활용하였다. 이 제도에 따라 오스만 터키는 8세에서 12세 사이의 기독교 아이들을 강제로 데려다 이슬람교로 전향시킨 후, 능력에 따라 오스만 제국내 공무원(카페탄: Kapetan)과 술탄의 직속부대(야니차르: Janjčar)로 편입시켜 제국의 팽창과 유지에 활용하게 된다. 이 제도는 오스만 터키가 1453년 비잔틴 제국의 수도인 콘스탄티노플을 점령한 이후 특히 활발해졌으며, 면접에 통과한 이들은 소아시아의 '아나톨리아(Anatolia)' 지역에 보내져 약 7년 동안 이슬람 언어와 문화 그리고 양식을 습득한 후 당시 오스만 터키의 수도인 짜리그라드(Carigrad; 오늘날의 '이스탄불')로 보내져 군사훈련을 습득하고 의무적으로 이슬람교로 개종해야 했다. 김철민, 『보스니아 역사: 무슬림을 중심으로』, (서울: 한국외국어대학교 출판부, 2005a), pp. 50-51.

신들은 터키 제국 내 여러 행정조직과 군사조직에서 주요 역할을 담당하여 터키 제국을 유지, 발전시키는 데 충실한 역할을 수행하게 된다.[6]

반면, 당시 세르비아인들은 발칸유럽 국가들 중에서도 오스만 터키의 지배를 가장 강력히 저항하였고, 지배기간 동안에도 계속해서 이를 벗어나기 위한 움직임을 가장 활발히 전개하였던 민족이었다. 중세 왕국의 발원지이자 자신들의 성지였던 코소보 지역이 오스만 터키 하로 완전히 넘어가게 되자, 상당수 세르비아인들은 오스만 터키의 지배를 받기보다는 세르비아 북부의 보이보디나(Vojvodina) 혹은 이웃한 크로아티아와 헝가리 등지로 대규모 이주하게 된다.[7] 대신에 이들이 떠난 코소보 지역엔 오스만 터키의 지원 속에 이웃 알바니아인의 대규모 이주가 이루어졌고, 더불어 이들에 대한 급속한 이슬람화가 확대되게 되었다. 세르비아 중세 왕국을 점령한 오스만 터키는 본토의 터키인외에도 이슬람으로 개종한 알바니아인에게 코소보와 서부 마케도니아를 비롯한 당시 세르비아 지역으로의 이주를 장려하고 이들에 대한 토지 분배를 추진하게 된다. 그 결과 이들 지역에 상당수 이슬람 알바니아인이 거주하게 되었고, 이러한 역사적 사실은 훗날 이들 지역을 둘러싼 알바니아인과 세르비아인 혹은 알바니아인과 마케도니아인 간의 민족 갈등과 분쟁이 일어나게 되는 주요 역사적 배경을 형성하게 된다.[8]

3. 19세기 민족주의 시대와 알바니아

19세기 당시까지도 발칸유럽 내 상당 민족들은 합스부르크 제국(1866년 이후 '오스트리아-헝가리 이중 제국'으로 개칭) 혹은 오스만 터키 제국의 지배 하에서 피지배 민족 상태로 놓여 있었으며, 이들 민족들은 오랜 기간

6) 알바니아 종합 *http://www.albania.com*

7) Stojan Novaković, *Kosovo: srpske narodne pesme o boju na Kosovu*, (Beograd: Vukova Zadužbina, 1995)에 실린 코소보와 코소보 전투(1389) 관련 여러 민담과 구전문학을 통해 코소보에 대한 세르비아인들의 민족의식과 역사적 중요성을 이해할 수 있음.

8) Georg Brunner, *Nationality Problems and Minority Conflicts in Eastern Europe*, (G tersloh: Bertelsmann Foundation Publishers, 1996), pp. 74-75.

동안 이민족 지배자에 대한 충성과 복종을 강요받으며 살아 왔었다. 하지만 19세기 민족주의의 도래는 발칸유럽 내 여러 민족들에게 그 충성의 대상을, 타민족의 지배자가 아닌, 자신과 같은 민족의 지도자에게로 하도록 유도하였으며, 이를 기초로 이들 민족들은 제국의 지배에서 벗어나 독립된 자신들의 '민족-국가(Nation-State)' 수립의 열망에 휩싸이게 되었다.

발칸유럽의 여타 민족들처럼 알바니아인 또한 오스만 터키로부터의 지배를 벗어나 독립을 이루고자 하는 움직임과 이를 기초로 향후 '알바니아 민족-국가'를 수립하고자 하는 열망에 휩싸이게 된다. 이러한 움직임과 그 열망에 따라, 1822년 알바니아는 오스만 터키 제국 하에서 자치권을 획득하는데 성공하였고, 1861년에 들어와서는 자신들의 고유 언어인 알바니아어에 기초한 최초 근대식 학교를 쉬코드라에 설립하게 된다. 하지만 러-터 전쟁(1877) 이후 맺어진 '산 스테파노(San Stefano, 1878. 3.)'와 '베를린(Berlin, 1878. 6.) 조약'에 따라 발칸유럽의 대부분 국가들이 오스만 터키로부터 독립을 쟁취한 것과는 달리, 알바니아는 서구의 무관심과 오스만 터키의 반대 속에 독립을 달성하는데 실패하게 된다.

비스마르크(Bismark)의 주도 하에서 베를린 회담이 열리기 직전인 1878년 6월, 알바니아 지도자들은 세르비아의 코소보에 위치해 있는 쁘리즈렌(Prizren)에 모여 '알바니아 민족 권리 방어를 위한 알바니아 연맹(Albanian League for the Defense of the Rights of the Albanian Nation)'을 수립하게 된다. 당시 알바니아의 각 종교계와 민족 지도자들을 대표해 이 연맹을 이끌었던 일랴즈 빠샤(Ilyaz Paşa), 알리 빠샤(Ali Paşa), 호도 빠샤(Hodo Paşa) 그리고 압둘 프라쉐리(Abdul Frashëri) 등은 "조국이 우리 알바니아인을 이곳에 초대해 우리들의 국가를 건설하라고 말씀하셨다. 우리 믿음에는 어떠한 이견이 있을 수 없으며, 우리 모두는 알바니아인이다"라고 주장하면서, 독립 국가를 향한 자신들의 요구 조건을 비스마르크에게 전달하게 된다.[9] 하지만 베를린 조약에서 알바니아 민족국가 건설에 대한 이들의 요

9) T. Zavalani, "Albanian Nationalism", Peter F. Sugar and Ivo John Lederer (ed.),

구는 거부되었고, 이후 이 모임의 정신은 알바니아 독립을 위한 대(對)터키 저항단체로 발전하게 된다. 그 후 이 단체는 '알바니아 연맹(Albanian League)' 혹은 '쁘리즈렌 연맹(Prizren League)'으로 불리게 되었다. 하지만 알바니아 독립과 대(大)알바니아 국가건설을 목표로 전개되었던 '쁘리즈렌 연맹' 운동은 1881년 오스만 터키군의 강력 진압에 의해 거의 괴멸되는 아픔을 겪어야만 했다. 이후 터키는 알바니아 민족운동과 독립 움직임을 약화시키기 위한 일환으로 1897년 알바니아인 거주 지역에서의 알바니아어 사용 금지와 언어 교육 금지 그리고 알바니아 문화와 사회 교육을 금지하는 법령을 발표하였고, 이와 함께 알바니아 민족 지도자들을 투옥하거나 해외로 추방시켰다.

그러나 19세기 알바니아인의 독립과 자신들의 민족-국가 수립을 위해 결성되었던 쁘리즈렌 연맹의 정신은 오늘날까지도 알바니아인의 민족정신 함양과 이에 따른 발칸유럽 내 분쟁에 큰 영향을 미치고 있다. 알바니아 민족주의의 핵심 토대인 쁘리즈렌 연맹은 다음과 같은 두 가지의 구체적인 목표를 지향하고 있는 데, 그 첫 번째는 알바니아 독립과 민족-국가 수립을 위해 필요한 기초 요소인 알바니아인의 민족의식 확대와 민족주의 활성화에 노력한다는 것이다. 이를 위해 민족지도자들은 알바니아어 교육과 문학 그리고 알바니아 고유의 문화와 사회 발전에 노력할 것을 표방하고 있다. 실제 20세기 이래로 알바니아 민족주의자들은 알바니아인이 다수 거주하는 코소보 지역과 서부 마케도니아 지역에서 민족 문제가 발생할 때마다 이를 위한 여러 요구 조건들을 우선 협상으로 내걸어 왔고, 이러한 목표들을 성취함으로써 알바니아인의 민족 권리를 유지, 발전시켜 나가고 있다.

두 번째 목표는 향후 독립 국가의 영토적 범위를 설정하는 문제로, 당시 내용에 따르자면 현재 쉬코드라 인근과 블로라(Vlora)를 포함한 알바니아 본토, 쁘리즈렌과 쁘리쉬티나(Priština) 지역을 포함한 코소보 지역, 그리고

Nationalism in Eastern Europe, (Seattle and London: Univ. of Washington Press, 1994), pp. 62-63.

모나스티르(Monastir, 현재 마케도니아의 비톨라(Bitola))와 야니나(Janina)를 포함한 서부 마케도니아 지역을 터키로부터 쟁취해 알바니아 영토로 구체화시킨다는 것이다.[10] 특히 당시 쁘리즈렌 연맹에서 밝힌 두 번째 주장인 영토적 범위 설정은 현재 알바니아 민족주의자들이 추구하고 있는 대(大)알바니아 민족 국가 건설의 기초가 되었다고 볼 수 있다. 실제 알바니아 민족주의자들이 주장하고 있는 영토적 범위에 따르자면 알바니아의 영토는 알바니아 본토 외에도 알바니아인이 다수 거주하고 있는 코소보 지역, 서부 마케도니아 지역, 몬테네그로 동부지역 등이 두루 포함된 지역을 의미하게 된다. 따라서 쁘리즈렌 연맹에서 출발한 알바니아 민족주의자들의 영토적 확장 추진은 자연스럽게 주변 민족들(세르비아인, 마케도니아인, 몬테네그로인...)과의 갈등과 민족분쟁의 주요 요인을 제공하게 되었고, 현재까지 그러한 기운의 여파가 잔존하고 있는 배경을 형성하고 있다.

따라서 코소보 지역을 중심으로 오랫동안 알바니아인과 갈등을 겪어왔던 세르비아 정부와 국방부는 알바니아인의 코소보 자치권 확대와 공화국으로의 승격요구가 코소보 분쟁의 원초를 제공한 주된 요인이었다고 주장하여 왔다. 또한 코소보 전쟁과 더불어 격화된 대(大)알바니아주의가 세르비아뿐만 아니라 발칸유럽 주변 국가들의 분쟁 확대로 이어지게 될 거라는 점을 계속해서 경고하고 있다.[11] 실제 이러한 발칸유럽 내 알바니아인의 민족주의 연대움직임은 주변 국가들, 즉 세르비아와 그리스, 마케도니아 그리고 불가리아, 터키 등과의 외교적 연결 고리를 따라 거대한 국제문제로써 확대될 가능성을 다분히 내포하고 있다고 볼 수 있다. 즉 코소보에서의 알바니아 독립요구는 2001년 마케도니아 내전을 통해 보이듯이 서부 마케도니아에서의 알바니아인 독립요구로 이어질 것이고, 또한 그리스 서·북부와 세르비아 남부 그리고 몬테네그로 동부에 거주하는 알바니아인을 자극하게 될 것이라는 점이다. 또한 발칸유럽에 대(大)알바니아 국가를 수립하

10) 알바니아 종합 *http://www.albania.com*
11) 세르비아 정부 *http://www.mup.sr.gov.yu*

려는 알바니아 민족주의자들의 의도에 대해 발칸의 여타 국가와 민족들이 세르비아의 주장에 공감하고 있는 게 사실이다. 따라서 1999년 코소보 분쟁 당시 세르비아를 정치, 군사, 경제적으로 봉쇄하고 코소보 내 알바니아들에 대한 지원에 적극적인 참여를 바랬던 미국과 서구의 계속된 요구에도 불구하고, 주변 그리스와 마케도니아 등의 국가들이 소극적인 자세로 나왔던 주요 이유이기도 했다.

4. 20세기 코소보 내 알바니아 민족문제의 현황과 그 양상

오스만 터키가 세르비아인들의 성지이자 중세 왕국의 발원지인 코소보를 점령해 이슬람화된 알바니아인을 이 지역에 대거 이주시킨 후 발생하기 시작한 코소보 내 민족갈등은 오스만 터키의 지배를 벗어난 이후인 20세기 현대에 들어와서도 계속해서 전개되게 된다.

제1차 세계대전 이후 코소보 지역은 최초의 남슬라브족 국가이자 세르비아가 주도하는 '세르비아-크로아티아-슬로베니아 왕국(1929년 이후 '유고슬라비아 왕국'으로 개칭)'에 의해 강제적으로 합병되었다. 이후 이를 벗어나고자 했던 코소보 내 알바니아인의 두 차례 독립진쟁은 세르비아 군대에 의해 무자비하게 진압됨으로써 실패하게 되었다. 제2차 세계대전 중 독일과 이탈리아는 '유고슬라비아 왕국'을 해체하여 구축군들의 보상물로 전락시켰으며, 이런 과정 속에 코소보 지역은 대전 초기 신생 알바니아 국가에 편입되었다가 이후 이탈리아의 지배 하에 들어가게 된다. 하지만 제2차 세계대전 종전 무렵에는 사회주의를 내세웠던 티토의 파르티잔 군이 코소보 지역을 점령함으로써, 이 지역은 이후 사회주의 유고슬라비아 연방내 구성 공화국 중 하나였던 세르비아의 영향력 하에 다시 놓이게 되었다. 이와 함께 알바니아 공산당을 이끌면서 공산화 운동을 주도하였던 엔베르 호자(Enver Hoxa)가 알바니아 공산화를 지원하겠다는 티토의 약속을 조건으로 코소보 지역에 대한 영유권을 포기함으로써 코소보 내 알바니아인의 지위가 다시 한 번 크게 위축되는 사건이 발생하게 된다. 비록 1944년을 비롯해 여러 차례 독립을 요구하는 코소보 알바니아인의 저항이 일어났으나, 그때마다 이러한 독립 요구는 세르비아인을 주축으로 한 파르티잔 군에 의해 무력 진압되어야만 했다. 그리고 이때 이후로 현재까지 코소보는 사회주의 유고슬라비아 연방 하에서 세르비아의 한 지방 혹은 연방의 한 주로 남게 된다.[12)]

사회주의 체제 하에서 세르비아는 코소보 지역에서의 역사성과 세르비아 민족 정체성 보존을 이유로 이 지역에 대한 지배권을 더욱 더 강하게 확대시켜 갔다. 이런 과정 속에 코소보 내 알바니아인과 세르비아인들 사이에는 끊임없는 갈등과 분쟁이 일어나게 된다. 사회주의 유고슬라비아 연방 하에서 세르비아가 주도하는 가운데 코소보를 둘러싼 알바니아인과 세르비아인들 간의 갈등과 분쟁은 앞서 본책의 '세르비아' 편에서 자세히 언급되었지만, 그 역사적 전개에 따라 다음과 같은 네 가지 사건들로 나누어 전개되었다. 이를 간략히 다시 언급해 보자면, 우선 첫 번째 사건은 사회주의 연방 성립 이후 세르비아 민족의 대변인이자 특히 코소보 내에서 세르비아니즘의 확대를 위해 노력하여 왔던 알렉산다르 란코비치(Aleksandar Ranković)의 1966년 티토 관저 도청사건을 들 수 있다. 당시 부통령이자 비밀경찰(UDB-a)의 총수였던 란코비치는 1960년대 이후 확대된 분권화 움직임과 이에 따른 코소보에서의 알바니아 민족주의 움직임에 주목하였고, 이에 대한 탄압을 확대하고 있었다. 하지만 티토를 비롯 주요 공직자들에 대한 도청 사실이 발각되자, 란코비치는 권력에서 축출되게 된다. 이후 1968년 코소보 내 알바니아인은 알바니아 국기사용, 알바니아어 사용 그리고 알바니아 역사교육의 인정 등 폭넓은 자치권을 획득할 수 있게 되었다.

두 번째 사건으로는 티토의 사후를 대비하고 다(多)민족 국가인 사회주의 유고슬라비아 연방을 유지하기 위한 일환으로 채택된 '1974년 신헌법'과 이에 따른 '집단 대통령제' 도입을 들 수 있다. '집단 대통령제'란 각 공

12) T. Zavalani, *op. cit.*, pp. 90–91.

화국과 자치주에서 각자 한 명씩의 대표를 뽑아 연방의 대표의장직을 잇게 하는 것으로, 이것은 결과적으로 코소보의 정치적 권리와 함께 이 지역 내 다수 민족인 알바니아인의 민족 권리를 크게 향상시키는 결과를 가져오게 하였다. 반면 이 제도의 시행은 세르비아인들의 민족적 피해의식을 일으켜, 티토 사망 이후 1974년 헌법존속에 대한 격렬한 논쟁을 일으키게 하였다.

세 번째 사건으로는 1980년 5월 티토의 사망 이후 급속하게 확산된 코소보에서의 알바니아 민족 시위와 공화국 지위요구를 들 수 있다. 1970년대 말 이후로 어려워진 연방경제로 인해 코소보 내 알바니아인은 실업률 증대와 경제적 어려움을 겪어야만 했고, 정치적으로도 코소보 공화국 지위 상승에 대한 요구를 계속하고 있었다. 반면 코소보 내에서 공무원, 군, 경찰, 당 관료, 의학 그리고 법조계 등 주요 상위계층을 형성하고 있었던 세르비아인들은 불안한 치안과 경제적 이유를 들어 세르비아 본국으로의 이주를 서두르고 있었고, 이것은 점차 코소보에서 세르비아인들의 슬라브적 요소 반감과 민족분포의 축소를 불러오게 하였다.

마지막으로 1987년 슬로보단 밀로쉐비치(Slobodan Milošević)의 세르비아니즘 재천명과 1989년 코소보 자치권 폐지를 들 수 있다. 1987년 8월 코소보 내 민족갈등을 진상조사차 내려 온 밀로쉐비치는 코소보 언덕에 모여든 세르비아 민중들을 향해 세르비아 민족주의에 대한 그의 이상을 역설하였고, 이후 세르비아 민족을 대변할 주요 정치적 인물로 급부상하게 된다. 1989년 세르비아의 대통령으로 취임한 밀로쉐비치는 가장 먼저 1974년 신헌법 개정작업과 함께 코소보에 대한 자치권 폐지를 단행하였고, 이것은 곧바로 코소보 내 알바니아인의 강력한 저항과 여러 유혈사태의 단초를 제공하게 되었다.

1991년 6월 슬로베니아와 크로아티아의 연방 탈퇴와 독립 선언, 그리고 1992년 3월 보스니아의 독립 선언과 보스니아 내전 발발은 사회주의 유고슬라비아 연방의 해체를 불러왔고, 동년 4월 세르비아는 몬테네그로와 함께 새로운 '유고슬라비아 연방'을 결성하게 된다. 1990년 9월 이브라힘 루고바(Ibrahim Rugova) 총재와 페흐미 아가니(Fehmi Agani) 부총재를 중심으로 설립된 '코소보 민주연맹(DLK: Democratic League of Kosovo/ LDK: Ljdhja Demokratike e Kosovës)'은 1990년 12월에 실시된 세르비아 주도의 총선거를 거부한 뒤, 1991년 9월 코소보의 독립과 주권을 위한 여론조사를 실시하게 된다. 이 조사에서 코소보 내 알바니아인 95% 이상이 코소보의 독립에 긍정 입장을 표시하였고, 이를 기초로 '코소보 민주연맹'은 동년 10월 코소보의 독립을 묻는 국민투표를 단행하게 되었다. 이어 코소보 내 알바니아 자치의회는 코소보의 독립 선언과 함께, 1992년 의회와 대통령 선거를 실시, 이브라힘 루고바를 코소보의 새 대통령에 임명하게 된다.[13] 하지만 이 모든 행위는 세르비아에 의해 불법으로 간주되었고, 오히려 1992년 5월 세르비아계가 수도하는 새로운 선거가 실시되게 되면서 코소보 내 민족 문제는 그 심각성이 더욱 확대되게 된다. 이런 가운데 이웃 알바니아에선 1992년 3월 선거에서 정권을 장악한 알바니아 민주당이 코소보 내 알바니아인이라 할 수 있는 코소바르(Kosovar)의 주장과 민족권리에 대한 주장을 공개적으로 지지하고 나섰고, 더 나아가 알바니아 티라나(Tirana) 정치 지도자들과 코소보 알바니아 민족 지도자들 사이에 정기적인 정치적 교감이 필요하다는 점을 역설하고 다녔다. 이외에도 이들은 국내 경제의 어려움에도 불구하고, 코소보 내 알바니아인을 위한 경제 지원 프로그램이 담긴 결의안을 의회에서 통과시키는 의지를 보이게 된다.[14]

반면 1995년 유고슬라비아내전과 보스니아 분쟁을 종결짓는 '데이턴(Dayton) 합의안' 체결 당시 코소보 내 민족 문제는 밀로쉐비치의 강력한 반발로 인해 의제에 오르지도 못하였었다. 보스니아 평화안이 실시된 이후 미국과 서구의 발칸유럽에 대한 관심이 감소되는 가운데, 세르비아의 코소보 장악 노력은 더욱 거세졌고, 이에 대한 코소보 내 알바니아인의 저항 또

13) Janusz Bugajski, *Ethnic Politics in Eastern Europe*, (New York and London: M.E, Sharpe, 1995), p. 153.

14) *Ibid.*, pp. 276-277.

한 조직적인 무장 투쟁 형태로 점차 변모하게 된다. 특히 코소보 내 알바니아인은 1997년 알바니아 본토에서 피라미드 금융사기사건과 무장 폭동을 계기로 유출된 각종 무기를 대거 구입하게 된 후, 코소보 독립과 쁘리즈렌 연맹 정신의 수립을 목표로 하는 '코소보 해방군(KLA: Kosovo Liberation Army/ UÇK: Ushtria Çlirimtare e Kosovës)'이라는 무장단체를 결성하게 된다. 이후 코소보 내에서는 '코소보 해방군'에 의한 세르비아인 폭행과 학살 그리고 이를 보복하는 세르비아 경찰 부대 간의 유혈충돌이 계속해서 야기되었고, 이에 따른 양측 간 민간인 피해가 속출하게 되었다. 그 결과 코소보 민족문제의 해결을 위한 논의는 UN으로 넘어가게 된다.

이후 쁘리즈렌 연맹의 정신을 기초로 코소보는 물론 이웃 알바니아 본토와 인근의 서부 마케도니아 지역을 통합, 대(大)알바니아 민족국가를 수립하고자 하는 알바니아인과 세르비아니즘을 기초로 코소보에서의 기득권과 역사적 정통성을 지키려는 세르비아인들 간의 민족갈등은 더욱 더 심화되게 된다. 그리고 마침내 1999년 3월 코소보 내 알바니아인의 인권수호를 전제로 내세운 NATO군이 코소보와 세르비아 본토를 공습함으로써, 이후 발칸지역은 보스니아 분쟁 이후 다시 한 번 국제적인 관심을 받는 분쟁지역으로 떠오르게 된다.

5. 결 론

알바니아 민족주의의 대표적 형태라 할 수 있는 영토적 민족주의에 기초한 대(大)알바니아주의는 1878년 코소보 내 쁘리즈렌 마을에서 결성된 '쁘리즈렌 연맹'의 이론에 기초하고 있다. 발칸유럽 내 거대한 독립 알바니아 국가건설을 목표로 터키 저항운동을 전개하였던 쁘리즈렌 연맹이 1881년 오스만 터키군의 강력한 진압에 의해 거의 괴멸된 후에도 이 연맹의 여러 이념과 목표는 계속해서 이어져 왔다. 특히 외세 침략에 의해 알바니아 민족들이 어려움에 처하거나 민족 생존 존립이 위기에 처할 때마다 쁘리즈렌 연맹의 이념은 알바니아 민족정신 고취와 외세 저항 그리고 민족 간 단결을 유도하는 데 중요한 영향력을 발휘하여 왔으며, 현재 발칸유럽 내 민족갈등과 분쟁의 주요 요인들 중 하나를 형성하고 있다. 특히 1999년 6월 10일 UN 안보리의 결의에 따라 전쟁 종결이 선언되었음에도 불구하고, 코소보 지역을 중심으로 알바니아 민족문제와 여러 갈등들 그리고 이로 인한 긴장과 분쟁들은 여전히 지속되고 있는 실정이다.

특히, 1999년 3월 23일 NATO군의 공습으로 시작된 코소보 전쟁은 발칸유럽 내 민족갈등의 표면화라는 현상 외에도 국제정치학적으로도 일련의 중요한 의미를 던져주었다고 볼 수 있다. 우선, 미국은 코소보 전쟁을 통해 기존의 '방위적 전략 개념'에 따른 NATO군의 전략 개념을 '공격적 전략 개념'으로 바꾸기 위한 시험 무대로 코소보를 활용하고자 했던 것으로 보인다. 과거와 달리 UN내에서 미국의 정치적 주도권이 예전과 같은 힘을 발휘하지 못하고 있는 가운데, 미국은 1999년을 기점으로 NATO 창설 50주년을 맞이하는 시점에 유럽 내에서 제기되고 있던 NATO군 해체설에 적극적으로 대응할 필요성을 느끼고 있었다. 따라서 미국이 주도하는 NATO의 역할과 위상변화, 즉 기존의 수동적 입장에서 벗어나 국제 분쟁 지역에 UN군을 대신한 평화 해결사로서 NATO군이 적극적으로 개입할 수 있다는 전략적 선택을 미국은 고려하였고, 이에 따라 UN과 러시아 등의 강력한 반대에도 불구하고 코소보 분쟁 개입에 적극적으로 임하게 되었다고 볼 수 있다.[15)]

이러한 의도 때문이었는지 모르나 전쟁이 끝난 현재까지도 코소보는 별다른 민족 간 해결 실마리를 보이지 못하고 있다. 미국의 전략적 지지를 바탕으로 2008년 2월 국제사회의 승인 없이 일방적으로 독립 국가를 선언한 코소보 내 알바니아 민족주의자들은 공공연하게 향후 목표로 이웃 알바니아와 함께 대(大)알바니아 국가를 건설해 나가자고 주장하고 있다. 반면 현

15) 그 결과 코소보에서의 전쟁이 진행되어 가면서 미국은 자신이 주도했던 NATO군의 코소보 공습이 공습이유로 내세웠던 '알바니아 소수 민족의 인권 문제'가 아닌 '스캔들로 인한 클린턴 행정부의 위기 탈출용'이라는 비난과 함께, 러시아와 중국을 대표하는 공습 반대국가들로부터 코소보 공습이 '인권을 가장한 주권침해 행위'였다는 비난을 받아야만 했다.

재까지도 여전히 코소보를 자신의 종교적 성지이자 중세국가 발원지로 중요시 여기는 세르비아인들 간의 긴장과 분쟁이 계속해서 이어지고 있다. 비록 코소보의 독립 선포에 따라 코소보의 평화와 안정이 실현되었다는 미국의 선언에도 불구하고, 아직까지도 코소보 내에는 양 민족들 간의 유혈 충돌이 계속해서 발생하고 있는 게 사실이다. 또한 코소보 평화 정착을 위한 UN의 노력에도 불구하고 오랜 세기 동안 지속되어 온 코소보에서의 세르비아인과 알바니아인 간의 갈등과 충돌의 여진은 계속 이어질 것으로 보인다. 코소보 전쟁 종결 이후에도 수백 명의 사상자를 일으킨 양 민족 간 수차례의 충돌과정에서 보여준 무기력함에서 보이듯, 그리고 코소보 독립 문제에 대한 장기간의 논의에도 불구하고 어떠한 해결책을 제시하지 못한 채 코소보의 일방적 독립 선언을 지켜만 봐야 했던 UN을 비롯한 세계 기구들은 아직까지도 이 지역의 갈등과 분쟁 해결에 별다른 해결책을 제시하지 못하고 있는 실정이다. 따라서 앞으로 이 지역의 민족문제와 평화정착을 연구하는 데 있어, 코소보 평화협정인 'SCR 1244' 결의내용의 이행 여부와 그 진행상황 그리고 이에 대한 국제사회의 관심정도를 파악해 나가는 게 절실히 요구된다 하겠다.

제8장

불가리아 (1)

슬라브 민족의 자부심, 고대 불가리아어

슬라브 민족의 자부심, 고대 불가리아어

한 눈으로 읽어보는 키워드

발칸 문화권은 다양한 문화가 혼재되어 복잡한 양상을 띤다. 문화적 측면에서 불가리아, 슬로베니아, 구 유고연방 국가로 이루어진 슬라브 문화권은 발칸 문화권의 주도 세력이라 할 수 있다. 이들 국가를 슬라브 문화권이라고 정의할 수 있는 것은 그들이 쓰는 언어가 다름 아닌 슬라브어(Slavic language)이기 때문이다. 슬라브어는 세계에서 가장 많은 모국어 화자들을 갖고 있는 친족어로 알려져 있는 언어로 그 역사는 불가리아어의 역사에서 시작된다고 할 수 있다. 바로 기원 후 863년에 불가리아 지역 방언을 모태로 하여 비잔틴의 사제 끼릴과 메토디에 의해서 창제되었기 때문이다. 이런 이유로 불가리아인들은 자신의 조상들이 슬라브 문화의 초석을 쌓았고 그들의 언어가 아직도 슬라브 민족의 주류 언어로 사용되고 있다는 사실에 언어-문화적 선민의식을 갖고 있다. 본장에서는 고대 불가리아어의 창제 과정과 전파, 슬라브 민족 문화 형성에서 이것의 역할을 단계별로 살펴보기로 하자.

1. 고대 불가리아어와 그 역사

발칸 문화권은 다양한 문화가 혼재되어 복잡한 양상을 띤다. 문화적 측면에서 불가리아, 슬로베니아, 구 유고연방 국가로 이루어진 슬라브 문화권은 발칸 문화권의 주도 세력이라 할 수 있다. 이들 국가를 슬라브 문화권이라고 정의할 수 있는 것은 그들이 쓰는 언어가 다름 아닌 슬라브어(Slavic language)이기 때문이다. 슬라브어는 세계에서 가장 많은 모국어 화자들을 갖고 있는 친족어로 알려져 있는 언어로 그 역사는 불가리아어의 역사에서 시작된다고 할 수 있다. 그렇기 때문에 불가리아인들은 자신의 조상들이 슬라브 문화의 초석을 쌓았고 그들의 언어가 아직도 슬라브 민족의 주류 언어로 사용되고 있다는 사실에 언어-문화적 선민의식을 갖고 있다. 고대 불가리아어의 창제 과정과 슬라브 민족 문화 형성에서 이것의 역할을 단계별로 살펴보면 다음과 같다.

1.1. 기독교의 수용

고대 불가리아어의 창제 과정을 살펴보고자 할 때 기독교의 수용 과정은 빠져서는 안 되는 중요한 부분이다. 후에 언급 하겠지만 언어사적 뿐만 아니라 사회, 정치, 문화 등 전반에 걸쳐 기독교는 지대한 영향을 미쳤다.

고대 불가리아 왕국은 864년 기독교를 정식으로 수용하였다고 기록하고 있으나, 실제로는 훨씬 이전부터 기독교가 이 지역에 전래되었다. 신약성서에 나오는 사도 바오로의 발칸반도 선교여행, 로마제국의 발칸 반도 지배(B.C. 1세기-A.D. 681년), 소피아 주교좌의 제1차 니케아 공의회 참석(325년), 바르나(Varna), 네세버르(Necebur), 스타라 자고라(Stara Zagora) 등 고대 종교 도시의 부흥 등이 그 증거라 할 수 있다. 그러나 그 당시까지 다신교를 숭배하던 원시 불가리아 민족과 슬라브족들은 종교-문화적으로 비잔틴에 동화되는 것을 두려워하여 기독교의 수용을 거부하였다. 이러한 이유로 공식적인 기독교의 수용이 미루어져 왔던 것이다.

그러나 당시 국가의 정치적 안정을 위해 기독교를 수용하는 것은 꼭 필요한 일이었다. 우선 기독교의 교리 중 왕권신수설은 지도자를 중심으로 단결하여 정치적 안정을 취하는 데 도움을 주었기 때문에 우선 필요하였다. 또한 당시 유럽의 풍토가 기독교 국가만을 동등한 국가로 인정하는 것이 관례화되었으므로 기독교로의 개종은 국가 발전을 위한 정해진 그리고 필연적인 수순이었다. 이렇듯 기독교의 수용은 국가의 정치적 안정과 발전을 꾀하려는 지도자의 의지에 의해 이루어졌지만, 그 결과는 생활-문화 전반에 엄청난 파급 효과를 불러 일으켰다. 그중의 하나가 바로 비잔틴의 정교회로부터 독립된 불가리아 정교회를 세우기 위해 교회 의식 집전과 성경을 고대 불가리아어로 편찬하는 일이었다. 이러한 관점에서 본다면 고대 불가리아어의 창제와 발전은 불가리아 민족의 민족 국가 형성과 민족 교회 설립을 위한 중요한 토대가 되었으며, 그 결과는 슬라브 문화사적으로 한 획을 긋는 획기적인 사건임에 틀림이 없다.

1.2. 고대 불가리아어의 창제와 전파

고대 불가리아어의 창제와 발전 과정은 9세기 후반(A.D. 863년)부터 시작된 슬라브어 문어의 발전과 밀접한 관계를 맺고 있다. 고대 불가리아어는 모라비아 공국(Moravia)을 거점으로 하여 불가리아에서 10세기 전후에 꽃을 피우게 된다.

중세 시기(8세기전후)에 아시아계 유목민이었던 원시 불가리아 민족과 합쳐져 불가리아 민족을 형성한 슬라브인들은 그들의 고유의 언어, 즉 구어를 갖고 있었다. 이 언어는 비잔틴 제국 내에서 863년 끼릴-메토디 형제(Cyril and Methodius)에 의해 문어로 창제되고, 그리스어로 된 각종 교회 서적을 번역하는 데 이용된 것으로 알려져 있다. 끼릴과 메토디 형제가 발명한 이 최초의 슬라브 문어(고대 불가리아어 혹은 고대 교회 슬라브어-동방 교회에서 이 언어의 역할 때문에 서방 학자들에 의해서 붙여진 명칭, Old Church Slavic)는 글라골리짜(Glagolica)라는, 그리스어 초서체 소문자(Minuscules)에서 영향을 받은 문자로 표기되었으며, 당시 살로니카(Salonica, 오늘날의 그리스 북부 데살로니키 지역) 지역 방언에 기초하였다. 이 같은 사실은 메토디 생애전에서 시편과 4복음서, 사도행전 등을 선교 여행 전에 맨 먼저 번역했다고 언급된 부분을 통해 확인된다. 다음은 메토디 생애전의 일부분이다.

> пьсалтъірь бо бѣ тъкмо н єваΝглнꙗ съ апслъмь н нзбьраΝъінмн
> слоѵжьбамн црквьΝъінмн съ фнлософъмь прѣложнлъ пьрьѣꙗ
> 시편을, 복음서와 사도행전 그리고 신별 된
> 교회 예배서적들을 우선 번역하였다

〈메토디 생애전[1] 제15장의 일부〉

863년 모라비아 공국의 로스티슬라브 황제(Rostislav, 846-870)는 민중들에게 슬라브어로 예배를 볼 수 있게 하기 위하여 비잔틴의 총주교 포티(Fotij)에게 슬라브어로 포교할 수 있는 사제의 파견을 요청하였다. 그의 요청에 따라 끼릴-메토디 형제가 적임자로 선발된다. 이들은 불가리아계 어머니로부터 당시 불가리아어 구어를 배워 완벽한 슬라브어 지식을 갖추고 있었다. 특히 동생인 끼릴(선교 여행 전에는 세례명이 콘스탄틴(Konstantin)이었음)은 학문적 식견이 뛰어나 선교 여행을 출발하기 전에 이미 주요 교회 서적의 고대 불가리아어로의 번역을 끝냈다고 한다. 이들은 자신들이 번역한 교회 서적을 가지고 모라비아 지역에서 고대 불가리아어로 선교 활동

1) 콘스탄틴 끼릴과 메토디의 생애전에는 형제 생활주변에 대한 보고, 비잔틴의 성상 반대자(이슬람교를 신봉하는 아라비아인, 유대교를 믿은 하자르인들, 히브리어, 그리스어, 라틴어 이 세 가지 성스러운 언어로만 예배를 보아야 한다는 사람들)에 맞서서 날카로운 공박을 가한 콘스탄틴의 신학적 의견들, 또 형제에 대한 칭송문들이 여러 가지 고급, 저급한 문체스타일로서 혼재되어 이루어져있으나, 이들 모두는 똑같이 언어의 표현 예술과 문학적 수사의 측면에서 상당한 수준을 보이고 있다.

을 펼쳤다. 특히 당시 독일 사제들이 주장하는 교회 의식에서의 성 3 언어설(성스런 교회에서는 히브리어, 라틴어, 그리스어만으로 전례를 행해야 한다는 주장)에 반대하고, 고대 불가리아어를 유럽의 4대 언어(Lingua quarta)로 인정받게 하기 위해 힘썼다. 그리하여 서기 867년 말 혹은 868년 초에(정확한 연도는 알 수 없다) 이들 형제는 로마 교황 아드리안 2세(Adrian II)를 알현함으로써 고대 불가리아어를 유럽의 4대 언어로 인정받고 이 언어로 예배를 보고 선교하는 것을 허락받게 되었다. 고대 불가리아어가 유럽 문명권에 공식적으로 등장하는 순간이다.

그러나 모라비아 공국에서의 독일 사제들의 계속적인 탄압, 고대 불가리아어에 의한 선교에 우호적이었던 로스티슬라프 황제의 뒤를 이어 재임한 스뱌토폴크(Svjatopolk) 황제의 슬라브 사제에 대한 탄압, 끼릴 - 메토디의 죽음 등의 이유로 이들 형제의 모라비아 선교는 20여 년 만에 끝나게 된다(863-885). 이 기간 동안 끼릴-메토디와 그의 제자들은 끼릴-메토디 형제의 언어 전통을 간직하고 있는 초기 문헌들, 예를 들면 Zographensis, Marianus, Assemanianus 등 4복음서들과 사도행전 그리고 Sinaiticum 등의 시편문헌들을 다시 번역하고 필사하는 작업에 헌신하였다. 여기에 주로 사용된 문자체는 전술한 글라골리짜였다. 이제 고대 불가리아어 연구의 중심지가 모라비아 공국에서 불가리아로 바뀌게 되고, 이곳으로 끼릴-메토디 형제의 주요 제자들이 피신해 오게 된다. 불가리아가 최초의 슬라브어 문어 창제 및 발전에 기여하는 두 번째 순간이다.

이들은 당시 프레슬라프(Preslav)에 수도를 두고 있던 제1차 불가리아 왕국에서, 두 현제 보리스(Boris, 852-889)와 시메온(Simeon, 893-927)의 지원으로 9세기 후반에서 10세기 초반에 걸쳐 교회 서적을 대대적으로 재편찬하고 번역하는 사업을 주도하게 된다. 특히 이들이 좀 더 활발하고 적극적으로 활동하던 시기는 시메온 황제의 재임기였으며, 이 시기에 황제자신이 문예 부흥과 슬라브 문헌 번역, 필사 작업에 중추적인 역할을 하였으므로 흔히 이 시기를 시메온 대왕의 문예 부흥기(Zolotoj vek, Golden age)

라고 한다. 앞서 모라비아 지역에서 교회 서적을 고대 불가리아어로 번역하고 필사한 것을 제1차 작업이라고 할 수 있고, 시메온 황제 시기에 불가리아 왕국에서 이루어진 이 작업은 제2차 작업이라고 할 수 있다. 특히 제2차 작업을 시메온 대왕의 이름을 따서 시메온 편집 혹은 프레슬라프 편집이라고 하기도 한다. 제2차 작업은 주로 사도행전 문헌에서 많은 개작이 이루어졌고, 상대적으로 복음서와 시편문헌에서는 개작이 적게 이루어졌다. 이 편집본들에서는 당시 발칸 반도 동북부에서 통용되었을 것으로 간주되는 슬라브 구어적 요소가 발견되며 그리스어 원본으로부터의 독자성 확보 노력도 발견되고 있다. 예를 들어 고대 교회 슬라브어 내에 그리스어 단어에 대한 대용어가 존재할 경우 그리스어 단어의 사용을 회피하려고 한 노력이 엿보인다. 이들이 이용한 문자체는 끼릴리짜(Cyrillica)였다.

고대 불가리아어 초기의 글라골리짜 문헌은 대부분 남서 불가리아 지방에 퍼져 있었다. 당시 불가리아 황제인 보리스와 시메온의 특사로서 이 지역에서는 끼릴과 메토디의 직접적 제자인 클리멘트(Climent)와 나움(Naum)이 활동하였다. 클리멘트는 886년 오늘날의 마케도니아 오흐리드(Ohrid)시 근방의 쿠즈미체바(Kuzmicheva)로 파견되었다. 이들이 당시 고대 불가리아 왕국의 수도였던 플리스카(Pliska)나 프레슬라프가 아닌 서부의 변방에서 종교 활동을 한 사실에 대해서는 여러 가지 가설이 존재한다. 그중 하나가 로마 교회와 비잔틴 교회로부터 자유로운 곳에서 선교 활동을 하려했거나 아니면 자신들의 직접적인 스승인 끼릴과 메토디의 유업을 살리기 위하여 이미 끼릴리짜가 퍼져있는 동부 지방을 등지고 서부의 변방으로 향했을 것이라는 가설이 존재한다. 또한 이와는 대조적으로 동부의 프레슬라프에서는 콘스탄틴(Konstantin), 요한 에크자르흐(Joan Ekzarh), 체르노리제쯔 흐라버르(Chernorizec Hrabor), 수도사 독스(Doks), 뚜도르 독소프(Tudor Doksov), 수도사 그리고리(Grigorij), 수도사 요한(Joan), 시메온(Simeon) 황제 등이 문서의 필사와 재편집 작업을 끼릴리짜로 하게 되었기 때문이라는 가설도 있다. 어떤 가설이 옳은지에 대해서 최종적인 결론은 없지만, 결과적으로 불가리아 제1차 왕국의 수도였던 동북부의 프레슬라프는 서부의 오흐리드와 더불어 당시 고대 교회 슬라브어 연구의 메카가 되었으며 끼릴-메토디 언어 전통을 여타 슬라브 민족들에게 알리는 중심지가 되었다.

따라서 흔히 세계학계에서 고대 교회 슬라브어로 지칭되는 초기 슬라브 민족의 문어는 우선 고대 불가리아 교회의 현실적 필요성에 의해 창제되었으며(교회 의식과 선교를 목적으로), 계통상 고대 불가리아어의 언어적 전통에서 절대적인 영향을 받았으며, 이후에 이러한 문어적 전통은 여타 슬라브 국가들의 문어 형성에 근간을 이루게 된다. 예를 들면 러시아에서의 문어전통의 확립에도 고대 불가리아어가 결정적 역할을 하였다. 서기 988년 키예프 공국(러시아)의 기독교로의 개종과 더불어 고대 불가리아어 서적이 러시아로 유입되어 고대 러시아어 발달에 매우 커다란 영향을 미치게 되었다. 물론 블라디미르(Vladimir) 대공에 의한 기독교로의 개종 이전에도 끼예프 공국 지역에서 기독교가 전파되고 기독교 서적이 유포되었다. 그러나 본격적으로 문어와 구어의 맥락 하에서 교회 언어와 민중 언어, 문화 언어와 생활 언어로서의 역할을 고대 불가리아어와 고대 러시아어가 각각 담당하던 시기는 기독교 전례 이후임을 부정할 수 없다. 러시아에서 고대 불가리아어의 문어적 전통은 18세기 러시아 민족시인 푸쉬킨(Pushkin)의 등장 이전까지 지속적으로 이루어지게 된다.

결론적으로 불가리아인들이 슬라브 문화권에서 자신들의 위치에 대한 자부심을 갖게 된 동기를 다음과 같이 요약할 수 있다.

(1) 끼릴-메토디의 고대 불가리아어 문어 창제(글라골리짜 창제)
(2) 고대 불가리아인들에 의한 슬라브 문어 전통의 공고화(끼릴리짜 창제)
(3) 고대 불가리아어의 러시아를 비롯한 슬라브 문화권으로의 전파

2. 슬라브 문어의 시작, 고대 불가리아어

2.1. 고대 불가리아어 대용어로서의 고대 교회 슬라브어란 무엇인가

고대 교회슬라브어라는 용어는 현대 언어학자들(특히 독일 언어학자들)이 만들어낸 명칭으로 지금까지 슬라브 언어학자들 사이에서 고대 불가리아어를 대신하는 용어로, 관습적으로 사용되고 있다. 교회 슬라브어의 "교회"를 교회내의 공동체나 교회 조직만을 가르치는 배타적인 개념으로 해석해서는 안 된다. 이 개념은 교회의 가르침이 생활의 한 지침으로 수용된 광범위한 기독교 사회를 가리킨다. 이러한 관점에서 볼 때 고대 교회 슬라브어란 기독교화된 모든 민족들 사이에서 통용되었던 문어라고 할 수 있다. 고대 불가리아어란 용어가 다소 불가리아 민족 언어에 대한 개념으로 한정되는 단점을 극복할 수 있는 용어로서 고대 교회 슬라브어라는 용어를 사용할 수 있다. 이러한 관점에서 본장에서는 고대 교회 슬라브어라는 용어로 최초의 고대 불가리아어를 설명해 보기로 하자.

고대 교회 슬라브어는 9-11세기에 확립되었다. 시기적으로 볼 때 고대 교회 슬라브어는 11세기 이후에 나타나는 교회 슬라브어와 구분된다. 먼저, 고대 교회 슬라브어는 끼릴, 메토디의 초기 언어 전통이 나타나고 있는 문헌에 주로 등장한다. 다시 말해 그들이 모라비아 공국으로 선교 여행을 떠나기 이전, 혹은 모라비아에서의 20여 년과 그 후 그들의 제자들이 불가리아 프레슬라프와 오흐리드 지역에서 번역-필사한 문헌에 사용된 문체를 의미하는 것이다. 11세기 이후의 교회 슬라브어는 지역적 방언, 당시 구어적 특성과 결합하여 각 지역에서 독특한 형태로 나타나게 된다. 따라서 러시아어판 교회슬라브어, 불가리아어판 교회슬라브어, 세르비아판 교회 슬라브어, 마케도니아판 교회 슬라브어판 등이 존재하였다. 이러한 관점에서 이탈리아의 고대 슬라브어 전문가 피키오(Picchio)는 교회 슬라브어를 민족어가 형성되던 시기에 교회에 의해 인위적으로 보존된 언어로 파악하였다.

고대 교회 슬라브어는 문화사적으로 중세 시대의 슬라브 문화를 전파하는 도구어의 역할을 하였다는 점에서 중요하다. 언어학적으로 이 언어는 매우 커다란 의미를 갖고 있다. 고대 교회 슬라브어는 슬라브어들 가운데 현재까지 문헌으로서 알려진 최초의 언어 형태이다. 그리고 모든 슬라브족이 공유하였던 공통 슬라브어에 가장 가까운 형태로서 보수적 특성을 유지하고 있었기 때문에 인도-유럽어(Indo-European language)와의 비교 연구에도 중요한 의미를 갖고 있다.

2.2. 고대 교회 슬라브어 문자: 글라골리짜와 끼릴리짜

고대 교회 슬라브어 문자에는 글라골리짜와 끼릴리짜 두 가지가 존재한다. 시기적으로 보면 최초에는 글라골리짜로만 쓰이다가 글라골리짜와 끼릴리짜가 동시에 사용되게 되었고, 11세기말 이후의 문헌에서는 대부분 끼릴리짜만 사용되었다(세르비아에서는 12세기까지 사용되었고, 크로아티아에서만 20세기까지 그 명맥을 유지하였다).

글라골리짜는 비잔틴 제국의 사제였던 끼릴(콘스탄틴)에 의해서 만들어졌다. 학자들 사이에 논란이 있지만 글라골리짜는 그리스어의 초서체 소문자(Minuscules, 9세기경 일반적인 목적으로 광범위하게 사용되던 문자체, in the 9th c. the Greek alphabet existed in two varieties. minuscules are an alphabet used for all other purposes)를 모방하였다는 의견이 학계에서 그 힘을 얻어가고 있다.

끼릴과 메토디 형제는 모라비아 공국의 선교사로 파견되어, 슬라브어 포교에 앞장섰다. 이는 당시 성3언어설에 반하는 일이었으나 종국에는 로마 교황 하드리안 2세(Hadrian II)에 의해 유럽의 4대 언어로 인정받게 된다. 그러나 독일 사제들의 계속적인 탄압과 정치 기류의 변화, 끼릴(로마에서 869년 2월 14일에 병사. 이때 그는 병상에서 수도 서원을 하고 끼릴이라는 이름을 받았다)-메포디의 죽음으로 이들 형제의 모라비아 선교는 20여년

만에 끝나지만(863-885) 메포디 생전에 교회 서적의 번역 사업이 일단락된 것으로 알려져 있다. 이때 모라비아 지역에서 번역-필사된 문헌에서는 모라비즘이라는 언어적 특질이 나타난다.

이제 고대 교회 슬라브어 연구의 중심지가 불가리아로 바뀌고, 이곳으로 이들 형제의 주요 제자들이 도망 오게 된다. 이들은 불가리아의 두 현제 보리스와 시메온의 지원으로 9세기 후반 교회 서적을 대대적으로 끼릴리짜와 글라골리짜로 편찬 사업을 하게 된다. 이때의 편찬 사업은 주로 끼릴리짜로의 번역이 이루어졌다.

끼릴리짜는 그리스어의 어니셜(Uncial, 교회서적이나 비문 등에 사용되던 우아한 서체, a special type of letters used in particularly elegant manuscripts and inscriptions)문자를 바탕으로 만들어졌다. 끼릴리짜가 그리스어로부터 상당한 영향을 받았다는 사실은 당시 불가리아 왕국과 비잔틴 제국사이의 문화적, 사회적 거리와 관계를 증명한다. 슈말스티크(Schmalstieg)에 따르면 끼릴리짜는 대체로 885-993년 사이에 만들어졌으며 만든 사람은 끼릴의 제자 클리멘트 오흐리드스키라고 한다. 그러나 끼릴문자의 창제자에 대한 설은 여러 가지가 존재하고 있다. 어쨌든 분명한 사실은 끼릴과 메토디의 제자 중 한 사람이 만들었다는 사실이며, 끼릴의 제자들이 자신의 스승 끼릴의 업적과 명성을 기리기 위해서 문자 이름을 끼릴리짜라고 지었다는 사실이다.

앞에서 언급했듯이 끼릴리짜는 그리스어의 상당한 영향을 받았지만, 고대 불가리아어의 음들을 표현하기 위하여 ж, ш, ъ, ь, ѧ, ѫ 등의 문자가 첨가되기도 하였고, 비잔틴식으로 모양도 약간 변형되었다. 이외에도 여분의 어니셜 문자가 첨가되었는데 н-i, o-ω 등은 같은 음가를 나타내는 두 가지 형태이고, θ, Φ는 외래어 표기에서 사용하기 위하여 도입되었다. 또한 문자 주변에 호흡, 역점, 생략을 위하여 여러 가지 기호를 표기하였으며, 수를 나타내는 문자에는 문자위에 표식을 하는 것 이외에 문자주변에 1-2개의 점을 덧붙이기도 하였다. 글씨체면에서는 11-14세기에 정방형의 진한 필체(устав)가 유행하였으나 시간의 흐름과 더불어 행서(полуустав)로 바뀌었고, 나중에는 초서(скоропись)로 바뀌었다. ѧ은 전설비음 m,n에서, ѫ은 후설비음 m,n에서 유래하였다. ѣ(Jat')는 e장음에서 유래하는 것(보통 $ѣ_1$로 지칭)과 aj oj에서 유래하는 것($ѣ_2$로 지칭) 두 가지가 있다.

11세기 초(1014년) 제1차 불가리아 왕국이 비잔틴 제국에 의해서 멸망한 이후 독립적인 슬라브 언어 문화권은 파괴되었다. 이때까지의 고대 교회슬라브어 전통은 마케도니아, 세르비아, 크로아티아의 수도원들을 중심으로 이어지게 되었으며, 988년 키예프의 공후 블라지미르가 기독교로 영세를 받은 이후 러시아는 동방 정교회의 중심지뿐만 아니라 고대 교회슬라브어 문헌의 창조적 재생산의 중심지가 되었다.

2.2.1 고대 교회슬라브어가 고대 불가리아 방언에 기초하고 있다는 증거

(1) 자음 무리 шт, жд의 상관성

자음 무리 шт, жд가 나타나는 곳에 기타 슬라브어에는 다른 자음들이 온다. 즉, 예를 들면 러시아어에서는 ч, ж가, 폴란드어와 체코어에서는 ц, з가 나타나고, 세르보 -크로아티아어에서는 Ћ(ć), Ђ(ď)의 형태로 나타난다.

불가리아어	고대 교회슬라브어	러시아어	체코어	세르보-크로아티아어
нощ (밤)	ɴощь	ночь	noc	ноЋ
плещи (어깨)	плещн	плечи	plece	плёЋи
межда (사이)	мєжда	межа	meze	мèђa
ръжда (녹)	ръжда	ржа	pol. rzda	pђa

고대 교회 슬라브어의 шт발음을 정확하게 표시하기 위하여 끼릴은 щ이라는 형태를 창안하였다. 이것은 끼릴리짜의 щ를 나타내는 것으로서 후에

шт로 표기되게 된다. 따라서 고대 문헌에 있어서 щ 형태는 좀 더 오래된 것으로, шт는 좀 더 새로운 형태로 간주된다. 예외적으로 아주 드물게 шт가 шч로 표시되기도 한다.

мошчн вм. моштн (힘, 세기)

шчедрота вм. штедрота (장대함, 통 큼)

(2) 개구모음 е의 이용

러시아어에서는 е, 우크라이나어에서는 і, 세르비아어에서는 е또는 и, 체코어에서는 í(장음), е, ě 등으로 나타난다.

불가리아어	고대 교회슬라브어	러시아어	우크라이나어	세르보 크로아티아어	체코어
бял	бѢлъ	белый	білий	бüо	bílý
вятър	вѢтръ	ветер	вітер	вjȅтар	vítr
лято	лѢто	лето	літо	љȅто	leto
тяло	тѢло	тело	тіло	тüјело	tělo

폴란드어에서는 불가리아어에서와 마찬가지로 개구모음으로 나타나 biały, wiatr, lato, cialo형태를 보이고 있다. 오늘날 이러한 개구모음의 발음에 가장 가까운 것은 불가리아어의 남부 방언, 즉 로도피 방언에서 찾아볼 수 있다. 이곳에서는 Ѣ가 개구 모음 е로 발음되어진다. 글라골리짜에서 Ѣ, Я를 나타내는 문자가 하나였던 것을 감안한다면 끼릴-메토디의 초기 언어에서는 이 두 개가 동일한 발음이었음을 알 수 있다.

(3) 고대 교회슬라브어 지시 대명사 сь, тъ, онъ의 후치 정관사적 용법

이러한 용법은 유일하게 불가리아어에서만 발견되고 있다. 물론 마케도

니아어와 러시아어 북부 방언에서 유사한 용례가 발견되지만, 마케도니아어의 경우는 불가리아어의 서부 방언으로 간주되는 역사적 배경이 있고, 러시아어의 용례는 극히 일부가 제한적으로 사용되고 있어 실제로 불가리아어에서 유일한 현상으로 간주할 수 있다.

родъ сь - родось (이 종족)
чловѣкъ тъ - човекът (그 사람)
чловѣкъ оѵъ - челекон (저 멀리 있는 사람)
потом хлебот был дорогой (그러고 나서 그 빵은 비싸졌다)

2.3. 고대 교회 슬라브어 대표 문헌

2.3.1. 글라골리짜 문헌

(1) Kiev Missal

체코어를 바탕으로 필사된 서 슬라브어적 문헌이다. 이 책은 Antonin Kapustin이 예루살렘 근처에서 발견하여 1862년 키예프의 신학교로 보내졌다. 이 문헌은 현재 우크라이나 과학 아카데미에 소장되어 있다.

(2) Codex Zographensis

1984년에 발견된 이 문헌은 4복음서(288장)로 구성되어 있으며 1860년까지는 아폰섬의 조그라프 수도원에 보관되었으나 현재는 페테르부르그 국립 도서관 "살트코프 쉬체드린"에 보관되어있다. 마태, 마가, 누가, 요한복음 순으로 기록되어 있었으나 초반부는 유실되어 마태복음 3장 중반부터 기록되어 있다. 이 문헌에는 세 종류의 고대 교회슬라브어 필사체가 나타난다. 첫 번째 필사체는 원본의 글자체, 두 번째는 보충적으로 첨부된 글자, 마지막으로 한번 지워졌다가 그 위에 수정한 문자체이다. 물론 이들 문자체

사이에는 엄밀한 차이가 있다. 이 문헌은 끼릴-메포디 시절의 언어적 규범에 가장 가까운 특성을 보여주는 것으로 알려져 있다. 1879년 크로아티아의 야기치에 의하여 끼릴리짜로 전사-출판되었다. 발간 제목은 다음과 같다. Quattuor evangeliorum codex glagoliticus olim Zographensis nunc Petropolitanus.

(3) Codex Marianus

이 복음서는 전체 173장으로 이루어져 있으나 문헌의 앞부분이 일부 소실되어 마태복음 5장 중반부터 시작된다. 1845년 러시아인 그리고로비치에 의해서 아폰섬의 성모 마리아 수도원(그리스계 수도원)에서 발견되어 러시아로 보내졌다. 현재 이 문헌은 모스크바 레닌 도서관의 고문서실에 보관중이다. 이 문헌도 크로아티아의 슬라브 언어학자 야기치에 의해서 발간, 연구되었다. Quattuor evangeliorum versionis palaeoslovenicae codex Marianus glagoliticus.

(4) Codex Assemanianus

토요일, 일요일 그리고 축일을 위한 낭송용 복음서로 총 158장으로 구성되어있다. 음성학적 측면에서 마케도니아 방언의 특성을 보이고 있다. 1736년 예수회 회원이며 로마 교황청 사서 담당관인 J.A.Assemani가 예루살렘의 한 수도원에서 발견하여 자신의 조카인 추기경 S.E.Assemani를 통해 바티칸에 기증하였다. 이 문헌은 체코의 슬라브 언어학자인 바이스와 쿠르츠에 의해 발간되었으며 제1권(1929)에는 원본 사진이, 제2권(1955)에는 끼릴리짜로의 전사된 텍스트가 담겨져 있다. Evangeliorum Assemanianus.

(5) Glagolita Clozianus

이 문헌은 교회 설교집의 일부분으로서 현재는 14장만이 남아있다. 언어학적으로는 서부 지역(마케도니아, 세르비아)의 방언이 나타나고 있으며,

원 소유주인 오스트리아의 클로츠 공작의 이름을 따라 이와 같이 명명되었다. 현재는 12장이 이탈리아의 Trento, Civico박물관에 보존되어 있고 나머지는 오스트리아 인스부르크의 한 박물관에 소장되어있다. 1959년 체코의 언어학자 도스탈에 의해 발간되었다.

(6) Psalterium Sinaiticum

시나이 시편은 10세기경 고대 교회 슬라브어 글라골리짜 문헌으로서 수피(Пергамент)에 필사된 것이다. 이것은 시나이 반도에 위치한 성 카테리나 수도원에서 발견되었다. 최근에 다른 슬라브어 글라골리짜 및 끼릴리짜 필사본과 함께 시나이 시편의 나머지 32장이 발견되어 총 수피 필사본은 209장이 되었다. 시나이 시편은 11.5 x 15 cm 크기로 각 장의 초반부에는 정방형의 성서 관련 그림이 그려져 있고 색으로 장식되어 있다. 벨체바(Велчева, Б.,1966:133-140)에 따르면 이 문헌의 문체(글자체)는 완전한 구형의 필체가 아닌 반 구형의 필체로서 쓰여 있고, 정서법 측면에서는 끼릴-메포디 낭시의 전통을 그대로 따르고 있다.

언어적 관점에서 보면 강위치에서 규칙적인 에리(ери)의 완전 모음화가 보이며(ъ > о, ь > є), н와 ы의완전 축약 형태가 나타나는 것이 특징적이다. 또한 비음 Ѫ의 о로의 교체와 Ѩ와 Ѧ를 나타내는 글라골리짜로 Ⱋ가 통합적으로 이용되고 있다. 시나이 시편은 현재까지 끼릴 문자로의 번역본으로 두 번 (Geitler, 1883, Севернов,1922), 영인본으로 두 번 (Altbauer, 1971, Tarnanides, 1988)발간되었다.

(7) Euchologium Sinaiticum

비잔틴의 전례 의식에 관한 필사본으로서 처음과 끝이 없이 109장만 전해지고 있다. 이들은 시나이 반도의 성 에카테리나 수도원, 페테르부르그 쉬체드린 도서관, 과학 아카데미 도서관에 분산되어 보존되어지고 있다. 1941년 슬로베니아의 슬라브 언어학자 나흐티갈에 의해서 2권으로 발간되었다.

제1권에는 원본의 사진이, 제2권에는 끼릴리짜 전사본이 담겨져 있다.

2.3.2. 끼릴리짜 문헌

(1) Sava gospel

사제 사바 복음서는 필사자의 성명 사바(49장과 54장에 나옴)에 따라 문헌의 이름이 붙여졌다. 이 문헌은 129장의 복음서 선집으로 이루어져 있으며 현재 모스크바 국립 고문서 보관소에 보관중이다. 1903년 러시아 학자 쉡킨에 의해서 발간되었다.

(2) Codex Suprasliensis

이 문헌은 고대 교회 슬라브어 문헌 중에서 가장 분량이 많은 것으로(285장), 내용은 매일 매일의 강론을 위한 성인전 모음, 성주간과 부활절을 위한 설교집으로 구성되어 있다. 이 문헌은 다른 고대 교회 슬라브어 문헌보다 후에 쓰여진 것으로 알려져 있으며, 불가리아 방언적 요소가 가장 잘 나타나고 있다. 폴란드의 뱌위스톡 근처 수프라슬에 있는 바실리아 수도원에서 1824년 발견되었으며, 수도사들에 의해 아폰섬으로 옮겨졌다. 최초의 발견자는 보브로브스키(빌노대학) 교수였으며, 이 문헌은 현재 바르샤바, 류블랴나, 페테르부르그의 세 군데의 도서관에 분산 보존되고 있다. 1904년 러시아 학자 세베랴노프에 의해 발간되었다.

위에서 보이는 바와 같이 이 시기의 대부분의 문헌들은 교회서적이었다. 이것은 슬라브 문자의 창제 목적이 기독교 전파에 주로 있었던 것을 감안한다면 당연한 결과라고 볼 수 있다. 교회서적들 중에서도 성자전이나 사도행전 등 선교에 절대적으로 필요한 문헌들이 많았으며, 교회 의식에 사용되어지는 시편 문헌들도 많이 번역, 필사되었던 것이 특징이다. 나아가 제후나 왕들의 일대기, 연대기 등도 편찬되었으나, 현재까지 거의 전해지는 것이 없고, 전해진다 하더라도 제후나 왕의 업적, 신에 대한 기원 등을 담고 있어서 교회 서적의 영향으로부터 크게 벗어나지 못하고 있음을 보여준다.

2.4. 슬라브 문자문화의 전파와 그 특성

끼예프 러시아 시대의 가장 중요한 사건은 역시 988-989년경에 비잔틴의 그리스 정교를 끼예프 러시아의 국교로 인정한 것이다. 기독교를 도입함으로써 러시아는 봉건적 질서와 정치적 통일을 강화하게 되었고, 이와 동시에 문화의 급속한 발달을 이룰 수 있었다. 이러한 조건 때문에 끼예프 러시아 시대의 초기 문학작품들은 번역된 종교물에 의해 영향을 받았다. 성서 이외에 비잔틴의 우아한 기도문, 찬송가, 설교집, 성자전 등의 번역은 러시아 문학에 큰 영향을 미쳤다. 물론 기독교를 갓 수용한 러시아로서는 성서와 예배서 같은 교회 문헌이 가장 필요한 것이었기에 10-11세기에 걸쳐 상당량의 고대 교회슬라브어 서적을 불가리아로부터 들여오게 된 것이다. 성서의 번역이라는 것은 알려진 바와 같이 번역자의 언어예술에 대한 일종의 시금석이다. 슬라브 텍스트는 복음자들의 언어뿐 만이 아니라 요한복음의 철학적 성격의 언어, 또 시편의 종교시, 예언자들의 감정까지도 용이하게 표현할 수 있었다. 콘스탄틴 끼릴과 메토디의 성자전 같은 창작 작품의 언어도 마찬가지로 높이 평가할 수 있을 것이다. 다행스럽게 언어적 측면에서 끼예프 러시아 시대의 중세 러시아 구어는 고대 교회 슬라브어(고대 불가리아어)와 매우 흡사한 언어였기 때문에 러시아인들은 그것을 쉽게 소화시킬 수 있었다. 이렇게 들여온 교회슬라브어는 동슬라브어의 언어 환경을 소화시키면서 교회 문헌뿐 만 아니라 세속적인 문헌과도 융화 할 수 있는 문학어로서의 기능을 하게 되었고, 나아가서 '고대 러시아어'의 기초를 든든하게 마련해 주었다. 결국 고대 교회 슬라브어가 끼예프 러시아의 문화 및 문학의 기반이 되었다는 사실이다.

불가리아 교회문헌들을 최초로 끼예프 러시아에 가져간 사람은 스베토

슬라브(Светослав Игоревич)였으며 그 시기는 968년에서 972년 기간 동안이었다. 그 후 988년 블라디미르 대공에 의해 기독교가 공인된 후에 대규모 교회 서적이동이 일어나게 된다. 고대 러시아로 전해진 문헌은 두 가지로 종류로 다시 나누어지게 된다. 첫 번째는 고대 불가리아어의 전통을 그대로 간직한 것들이다. 이것은 원본 문헌에 쓰인 내용과 형식, 심지어 표기상의 특성까지 고대 불가리아어적인 전통을 갖고 있는 문헌을 의미한다. 문학적으로 이러한 문헌들은 번역 문학의 고전 텍스트로서 역할을 하게 되고, 보수적 전통을 견지하게 된다.

1. Остромирово изборно евангелие от 1056-1057
2. Реймско евангелие
3. Архангелско изборно евангелие от 1092
4. Симеонов сборник
5. Златоструйот XI в
6. Стихотворение от Григорий Богослов
7. Куприянови (Новгородски) фрагменти от XI в
8. Чудов псалтир от XI в
9. Путятински минейза май, XI в
10. Слова на Григорий Богослов от XI в
11. Туровско изборно евангелие от XI в
12. Евгениевски тълковен псалтир от XI в
13. Новгородски служебни минеи от XI в
14. Слова на Кирил Йерусалимски от XI-XII в
15. Ефремовска редакция на Кормчая
16. Житие на Текла от XI в
17. Житие на Конрад

위와 같은 경향의 문헌들과는 달리 완벽하게 고대 러시아어로의 전환이 이루어진 자료들도 발견된다. 이러한 문헌들은 러시아 자체의 교정 양상을 반영하는 것으로서 순수한 의미의 러시아 문학 발전의 모태가 된 것이라고 볼 수 있다. 또 다른 점은 위의 보수적 문헌들이 대부분 성자전이나 시편 등으로 구성되어진 반면, 아래의 문헌들은 주로 교훈서나 대화록, 학습서 등으로 구성되어 있다는 점이다. 이것은 교회서적의 경우 번역 문학적 전통이 강하여 원본을 그대로 유지하려는 경향이 있었던 것에 반해, 일반 작품집이나 선집들은 그 내용의 자유로움에 힘입어 러시아어식의 언어 문화적 개량이 일어난 것이라고 해석할 수 있다.

1. Учително евангелие от Константин Преславски XII в
2. Беседата на Козма
3. Поучения от Климент Охридски
4. Успенски сборник от края на XII в
5. Синаксар на руско евангелие от XII в

이처럼 11-12세기에 걸친 끼예프 러시아에서는 당시 서유럽 제국이 고대 그리스와 로마의 고전 문학적 유산을 많이 받아들인 것처럼, 중세 러시아 문학으로 하여금 비잔틴 문학을 귀감으로 삼아 나름대로의 문학을 발전시켜 나갔던 것이다. 따라서 중세 러시아 문학의 시작에는 문학의 많은 장르에 걸쳐 독창적인 문학 작품보다는 번역문학[2]이 선행하였고 또 우세하였다. 이때의 번역문학 작품은 대부분 성직자나 귀족[3]에 의해서 씌어졌다.

---

2) 당시의 문학적 경향을 번역문학이라고 하는 것은 종교서적의 번역이 주를 이루었기 때문이며, 이러한 맥락에서 종교문학 혹은 종교 기록문학이라고 정의하는 것도 타당성이 있어 보인다.

3) 선교 활동기(초기 슬라브 문자 전파기)에 언어와 문체가 어느 수준까지 발달해 있었는가 하는 문제는 무척 흥미롭다. 원형으로 전해 내려오는 작품들이 얼마 되지 않으므로 이 문제는 일반적인 주장 정도로 밖에 답변할 수 없다. 슬라브 민족국가들에서의 선교를 위한 저술들이 위에서 언급한 바와 같이 교육받은 비잔틴 사람들로부터 나왔다. 따라서 번역 작품이나 원전들이 문체적으로 전혀 조잡하지 않고, 오히려 고급문체로서의 예술성을 지니고 있는 이유를 쉽게 이

본질적으로 수많은 역사적 사건들은 일찍부터 슬라브 민족 내에서 문화적 원심력의 강화를 가져왔다. 슬라브 민족이 기독교화 된 바로 직후부터 이미 기독교는 동과 서로 분리되어 슬라브인의 일부(동슬라브, 불가리아, 세르비아)는 콘스탄티노플에, 일부(폴란드, 체코, 크로아티아)는 로마에 위계적인 관련을 맺게 되었고, 이것은 당장은 아니지만 얼마 안 있어 슬라브인들에게 영향을 미치게 되었다. 기독교가 분리된 이래 원래는 모든 슬라브인들이 중요시하던 <고대 교회 슬라브어(고대 불가리아어)>가 로마와 연결된 슬라브 민족들에게는 아무런 의미가 없게 되었는데 이것은 그들이 교회나 국가 생활에 있어서 라틴어에 의존해 있었기 때문이다. 각각의 언어에 나타난 음성적 변화의 정도는 비록 강하기는 하였지만 콘스탄티노플이나 로마의 어느 한쪽에 대한 문화적 지향이 슬라브어 어휘와 문학적 경향을 갈라놓은 것에는 비할 바가 못 되었다. 또 다른 관점에서는 동슬라브 문학과 서슬라브 문학은 이들이 각각 서로 다른 문화적 영역(비잔틴과 로마)에 속하는 데도 불구하고 언어적, 정신사적 특질에 있어서 상당한 공통점을 보존한 반면, 남슬라브 문화 영역의 일부는(특히 불가리아, 세르비아, 크로아티아 일부) 이들의 독특하고 독자적인 문화전통에도 불구하고 서유럽의 문화와는 많은 점에 있어서 다른 점을 가진 비 슬라브 민족들(루마니아인, 비잔틴제국 이후의 그리스인, 터키의 이슬람 민족)과 다양한 연결을 갖고 있다는 것은 특히 강조할 필요가 있다. 결국 태생적으로 슬라브 민족의 문자문화는 동슬라브와 서슬라브의 분리(로마 가톨릭과 비잔틴 정교), 동서슬라브와 남슬라브(슬라브와 발칸적 특성)의 분리라는 이중적 차이를 안고 시작된 문화 전통이었다. 따라서 이러한 기본적 관점을 저변에 깔고 초기 불가리아의 문자 문화가 슬라브 민족으로 뻗어나가는 과정을 살펴보아야만 한다.

해할 수 있을 것이다.

3. 진보와 보수의 공존: 현대 불가리아어

앞에서는 불가리아어를 종교와 언어 창제라는 측면을 살펴보았다. 이제 그 이후 불가리아어의 발전과정을 살펴보기로 하자.

3.1. 비잔틴, 오스만-터키 제국의 지배와 독립기

10세기말에서 18세기말까지를 포함하는 이 시기는 다시 비잔틴 지배기, 벨리코 터르노보(В. Търново) 시기, 오스만-터키 시대, 독립 및 러시아어 영향기 등으로 나누어 볼 수 있다. 우선 10세기말에서 12세기까지의 비잔틴 지배시기에는 고대 불가리아어가 꽃 피었던 프레슬라프 지역이 유린되어 많은 언어학자들이 박해를 피해 서부 즉, 오흐리드 지역으로 이주하게 되고, 그곳에서 고대 불가리아어의 언어 전통을 이어가게 된다.

비잔틴 제국으로부터 독립하여 제2차 불가리아 왕국이 들어선 곳은 중부 불가리아의 벨리코-터르노보 지역이었다. 이 지역은 1186년부터 중세 불가리아의 언어적 중심지가 되었는데 14세기에 일어났던 주교 에프티미(Патриарх Евтимий)의 언어 개혁[4], 14세기말 아톤섬(Атон)에서 일어난 대대적인 고대 슬라브 문헌의 재편집 운동과 맞물리어 중세 불가리아어 발전에 매우 중요한 축을 이루고 있다. 흔히 벨리코-터르노보 언어 학파, 아톤 편집본(Атонска редакция)으로 불리는 이 시기의 언어 전통은 한마디로 요약하면 그리스어 원전으로의 회귀와 끼릴-메토디 언어로의 복귀라고 할

---

4) 에프피미의 문자 개혁은 14세기까지 이어져온 문어와 구어 사이의 차이를 줄이기 위한 인위적인 시도였다. 그의 개혁은 질서(order)와 일관성(homogeneity)을 추구하고자 한 것이며 이미 사장된 언어 규칙의 재구에 있었다. 이러한 의미에서 어떠한 종류의 innovation에 대한 거부감이 느껴지며, 구어적 요소의 제거에 그 초점이 맞추어져 있다. 그 내용을 간단히 보면 다음과 같다. 1) 삽입음 -л의 생략, 2) 단어 어두에서 Ѫ만을 사용 (Ѫзыкъ 〈 Ѩзыкъ), 3) yers의 사용 규범화 - ъ(후설):. 어두와 어중에서만 사용, ь(전설): 어말에서만 사용 (влъкь, въньь, връхь), 4) Ѫ, Ѧ이 이어져 올 때는 Ѫ이 선행, Ѧ이 후행(добрѪѦ 〈 добрЫѨ). 이러한 에프피미 문자 개혁은 결국 중세 불가리아어를 인위적(artificial)이고 사어(dead)에 가까운 언어로 만들었다.

수 있으며 후에 이러한 전통은 오스만-터키 지배 초기에 중세 러시아어의 발달에도 영향을 미쳐서 제2차 남슬라브어의 영향이라는 용어로 설명되고 있다. 이 시기에 한 가지 재미있는 현상은 비잔틴 제국의 압제를 피해 서부로 옮겨졌던 언어 연구의 중심이 다시 프레슬라프 지역의 동북부로 옮겨졌다는 사실이다. 쇠퇴기에는 서부로, 회생기에는 동부로 이동하는 이러한 현상은 학자와 문헌들의 동-서 이동을 촉진시키고, 당시 불가리아에 존재하던 다양한 방언들을 묶어주는 중요한 역할을 하였다.

오스만-터키 지배 시기는 전체적으로 불가리아어 발전의 침체기였다. 우선 이전 시기의 언어적 중심지였던 벨리코-터르노보, 플로브디프, 비딘 등이 몰락하게 되고, 불가리아어 전통은 수도원을 중심으로 이어져 갔다. 고대 불가리아어 시기에 나타났던 제1차 남슬라브어의 고대 러시아어에 대한 영향과 벨리코-터르노보 시기와 터키 지배 초기에 나타난 제2차 남슬라브어의 러시아어에 대한 영향과는 반대되는 현상이 17세기에 나타나는데 이것이 곧 러시아어 교회서적의 불가리아 역유입이다. 이러한 교회 서적들은 러시아-세르비아적 요소 때문에 배척되기도 하였으나, 독창적인 서적 번역과 필사가 제약받던 이 시기에 중세 불가리아어의 명맥을 유지하고 발전시키는 데 주요한 역할을 하였다.

한편 기존의 교회 서적 범주에서 벗어난 작품들이 나타나게 되었는데 그 대표적인 예가 바로 다마스킨(Damaskin)선집이다. 이 선집들에는 그동안 전통으로 내려온 고대 불가리아어 전통과 17-18세기 당시의 구어적 속성이 잘 배합되어 있었으며 특히 후치 정관사라든가 명사격 어미의 단순화 등 분석적 언어 형태를 잘 보여주고 있다. 18세기에 본격적으로 나타나기 시작한 이러한 언어의 개방화 경향은 1830년대 불가리아어의 계몽 운동으로 이어지게 되고 파블로비치(Pavlovic, Xr.)의 산술책(Aritmetika, 1833)과 릴스키(Rilski, N)의 제1불가리아어 문법(First Bulgarian Grammar, 1835) 등의 출간을 통하여 정서법, 지방어의 수용, 분석적 형태론의 소개 등 다양한 변화와 규범화를 모색하게 된다.

3.2. 19세기 언어 발달의 극성기

불가리아어는 19세기에 가장 커다란 변화를 겪게 되고 이 과정을 통하여 문학어로서의 모습을 서서히 갖추어 가게 된다. 문학어의 정형화 과정에서는 크게 다음의 3가지 문제가 대두되었다.

첫 번째는 정서법의 문제로서 어원론과 당시 음성학적 기반 중에 어느 것을 규범으로 선택할 것인가가 문제로 대두되었다. 18세기초에는 어원을 바탕으로 한 정서법이 우세하였는 데 예를 들면 그루예프, 크러스테비치 등은 슬라브어와 그리스어의 전통을 바탕으로 한 38개의 새로운 끼릴 알파벳을 주장하기도 하였다. 그 후 미하일로브스키, 몸칠로프, 퍼르바노프 등에 의해 당시 음성적 체계를 바탕으로 한 정서법 주장이 있게 되었고, 미흡하게나마 1899년 발표된 제1차 정서법은 1945년의 제2차 정서법 개정까지 사용되어지게 된다.

두 번째로는 불가리아어의 공시적 언어 규범(당시의 지방어에 나타난 특성)과 통시적 언어 규범(고대 및 중세 슬라브어적 특성)중에서 어느 것을 우선적으로 선택할 것인가 하는 문제였다.

세 번째는 외래어의 영향 여부로서 당시까지 나타난 그리스어, 터키어, 러시아어의 언어적 영향을 불가리아어 규범에 포함시킬 것인가 하는 문제였다. 그리스어는 최초의 슬라브 문자 창제시기부터 영향을 미친 외래어로서 그 후 비잔틴의 지배를 거쳐 지식인들 사이에서 널리 영향을 미치게 되고 심지어는 불가리아어를 대체하기도 하였다. 터키어는 500여 년의 터키 지배 기간에 민중어에 많은 영향을 끼쳤는데 특히 어휘적인 측면에서 불가리아어에 새로운 터키어 단어들이 나타나게 되었으며, 문법적인 측면에서도 간접 화법과 같은 독특한 동사법(mood)체계나 나타나게 된다. 그러나 위의 두 언어는 17-18세기에 나타난 러시아어와 교회 슬라브 문헌의 불가리아 역 유입 현상에 힘입은 러시아어의 영향에 그 영향력을 어느 정도 상실하게 된다.

이러한 규범화의 과정에서 불가리아의 언어학자들은 2가지 그룹으로 나뉘어져 1870년대까지 논쟁을 계속하게 된다. 이들은 서부의 보수주의자들(포티노프, 릴스키, 파블로비치)과 동부의 개방주의자들(지방어 신봉자들로서 보고로프, 아프릴로프, 게로프, 슬라베이코프)로 나누어지는데 서부의 보수주의자들은 정서법에서는 어원적인 측면을 주요 고려 대상으로 삼았고, 음운-형태적 측면에서는 외래어의 영향이 배제된 순수한 불가리아어의 통시적 언어 규범을 옹호하였다. 한편 동부의 개방주의자들은 당시 문어에까지 막대한 영향을 미치던 지방어 형태를 신봉하였고, 고대 교회슬라브어가 지방 방언으로 바뀌는 것은 필연적이라고 역설하였다.

결국 문학어의 전통을 지방 방언에 기초하자는 의견이 점차 확산되고 우세해지게 되었다. 이 과정에서 다양한 지방어 방언 중에서도 동부 방언이 주로 채택되어 확산되었으며 중부의 플로브디프가 새로운 언어적 중심지가 되었고, 게로프의 중심적 역할에 힘입어 플로브디프 언어학파가 형성되었다.

3.3. 제2차 정서법 개혁과 현대 불가리아어의 출현

1899년의 제1차 정서법 개혁은 많은 수정을 거쳐 1945년의 제2차 정서법 개혁을 맞게 된다. 이 정서법의 가장 커다란 특징은 역사적이고 전통적인 어원론에 바탕한 정서법이 아니라 당시의 음성학적 상황을 고려하여 만들어졌다는 데 있으며 또한 단순화를 특징으로 하고 있다. 예를 들면 제2차 정서법 개혁에서는 이미 음가를 잃은 Ѣ(ě), 비음들(Ѧ, Ѩ, Ѫ, Ѭ), 어말 약화 모음(ъ, ь) 등을 탈락시켰다.

한편 현대 불가리아어를 슬라브어 내에서 독특한 위치에 있게 만드는 여러 가지 분석적 언어 특징들이 이 시기에 규범으로서 많이 채용되게 된다. 분석적 언어 특징으로서 가장 대표적인 것으로는 접미사화된 후치 정관사, 격 어미의 상실과 문장 기능어의 역할 강화(특히 전치사), 분석적 형용사 비교급 형태, 다양한 동사 형태와 조동사에 의한 미래 시제 표현, 명사-형용사 복수 형태의 단순화, 고대어에서의 관계사를 의문 접미사 (-то)로 대치한 형태, 임퍼펙트 시제와 아오리스트 시제 어미의 소실 등을 들 수 있다. 전술한 바와 같이 이러한 불가리아어의 분석적 특징들은 불가리아어 자체의 발달에 의한 것이라기보다는 주변의 발칸 언어들 (특히 그리스어, 루마니아어, 터키어)과의 언어적 상호 교류 속에서 일어난 현상으로 파악하여야 한다. 따라서 오늘날 불가리아어에는 그리스어적 요소, 로망스어(루마니아어)적 요소, 터키어적 요소 등이 다양하게 존재하고 있다.

그러나 이러한 과정 속에서도 불가리아어 내에 슬라브어적 언어 요소들이 아직 많이 남아 있음을 간과해서는 안 된다. 예를 들면 끼릴 알파벳, 문법 체계(예를 들면 동사 상의 개념), 어휘와 어형성에 나타나는 슬라브어적 기반 등을 그 예로 들 수 있다.

현대 불가리아어 문법의 기반은 주로 18세기중반에 활동한 릴스키의 저작에(First Bulgarian Grammar, 1835)의해서 이루어졌고, 격 어미의 상실은 게오르기 미르코프(Mirkov, G., Bulgarian Grammar, 1860)의 저작과 주장에 힘입은 바 크다. 현재 현대 불가리아어 문학어의 시작은 1944년에 발간된 류보미르 안드레이친(Andrejchin, L)의 "기초 불가리아어 문법"(Elementary Bulgarian Grammar)을 기준으로 삼고 있다.

3.4. 고대 불가리아어와 발칸언어들의 상관관계

이제 이러한 배경으로 만들어진 고대 불가리아어와 당시 언어를 통하여 불가리아 민족의 민족성 혹은 지역적 특성을 엿보기로 하자(언어-민족성/지역성). 본 절에서는 기존의 전통적인 고대 불가리아어 즉, 고대 교회 슬라브어적 요소와 발칸 언어적 요소를 나누어 진보와 보수의 개념을 적용시켜 보기로 하겠다. 이미 알려진 바와 같이 최초에 끼릴과 메토디가 문자를 만들어 모라비아 선교에서 이용하였던 언어는 글라골리트 문자로 표기된 살로니카 방언에 속하는 것이었다. 이때가 바로 기원 후 863년 전후였다. 그

후 모라비아에서의 선교가 박해를 받고 그 제자들이 불가리아로 이주한 것은 그 시기와 거의 수십 년의 차이를 보이고 있다. 더구나 두 현제 보리스와 시메온 지원 아래 교회 서적의 대대적인 재편집 작업을 한 것은 그로부터 또 수십 년이 지난 시기였다. 이 시기에 나온 문헌들이 고대 불가리아어로 된 현존하는 가장 오래된 문헌이다. 이러한 역사적 과정에서 우리는 서부 지역의 언어적 전통을 간직한 최초의 끼릴-메토디 언어와 동부의 프레슬라프를 중심으로 하는 동부 지역의 언어 사이에는 분명히 언어적 차이가 존재하였을 것이라고 쉽게 상상할 수 있다. 바로 여기에서 슬라브어적 요소에 충실한 서부 불가리아 고대 문헌과 발칸 언어적 요소에 비교적 충실한 동부 불가리아 고대 문헌을 가정할 수 있으며 최초의 동부-진보, 서부-보수의 개념을 상정할 수 있다.

고대 불가리아어에서의 슬라브어적 요소와 발칸 언어적 요소는 음성·음운론적 측면과 형태·통사론적 측면에서 선별적으로 출현하고 있다. 즉, 슬라브어적 요소를 당시 고대 불가리아어 문헌에서 무표적(Unmarked) 특성으로 본다면, 동부의 발칸 언어적 요소에서는 주로 형태·통사적 특성이 잘 나타나고 있다. 그렇다면 이제 고대 불가리아어 시기의 발칸 언어적 특성을 살펴보고 그러한 언어적 요소가 자주 나타나는 동부 프레슬라프 지역 문헌을 살펴보기로 하자.

3.4.1. 현대 불가리아어에서 관찰되는 고대 불가리아어의 발칸 언어적 요소

현대 불가리아어에서와 같이 고대 불가리아어에서의 발칸 언어적 요소는 다음과 같은 것들이 관찰된다.

첫째, 우선 표기상의 문제에 있어서 보수적인 서부 지역에서는 최초의 끼릴과 메토디가 창제한 글라골리짜 문자가 계속해서 사용되었지만, 진보적인 동부 지역의 문헌에는 초기부터 끼릴리짜 문헌으로 번역·필사된 문헌이 대부분이었다. 고대 불가리아어 글라골리짜 문헌은 대부분 남서 불가리아 지방에 퍼져 있었다. 당시 불가리아 황제인 보리스와 시메온의 특사로서 이 지역에서는 끼릴과 메토디의 직접적 제자인 클리멘트(Climent)와 나움(Naum)이 활동하였다. 클리멘트는 886년 오늘날의 마케도니아 오흐리드(Ohrid)시 근방의 쿠즈미체바(Kuzmicheva)로 파견되었다. 이들이 플리스카(Pliska)나 프레슬라프가 아닌 서부의 변방에서 종교 활동을 한 사실에 대해서는 여러 가지 가설이 존재하지만 로마 교회와 비잔틴 교회로부터 자유로운 곳에서 선교 활동을 하려했거나 아니면 자신들의 직접적인 스승인 끼릴과 메포디의 유업을 살리기 위하여 이미 끼릴리트 문자가 퍼져있는 동부 지방을 등지고 서부의 변방으로 향했을 것이라는 가설이 훨씬 설득력 있다. 이와는 대조적으로 동부의 프레슬라프에는 콘스탄틴(Konstantin), 요한 에크자르흐(Joan Ekzarh), 체르노리제쯔 흐라버르(Chernorizec Hrabor), 수도사 독스(Doks), 뚜도르 독소프(Tudor Doksov), 수도사 그리고리(Grigorij), 수도사 요한(Joan), 시메온(Simeon) 황제 등이 문서의 필사와 재편집 작업을 끼릴리짜 문자로 하게 된다.

둘째, 음성·음운론적인 측면에서의 동·서 대립, 즉 슬라브어적 요소와 발칸어적 요소의 대립은 극명하게 나타나지는 않는다. 물론 두 지역 문헌 사이에 모음과 자음의 표기상의 차이가 나타나고 있으나(예를 들면 초단 모음인 ь, ъ(Jers)의 변화 양태, 구개음화 현상의 정도, Ѣ의 음운적 대응 양태 등) 이것은 기타 발칸 언어로부터의 영향이라기보다는 슬라브어 내부의 음운적 변화로 간주하는 것이 더욱 타당하다고 할 수 있다.

셋째, 형태·통사적인 측면에서의 동·서 간 차이가 바로 슬라브어적 요소와 발칸어적 요소를 구분하는 대표적 범주라고 해도 과언이 아니다.

1) 터키와의 오랜 교류와 접촉으로 인한 다양한 터키어 차용어

2) 알바니아어와 루마니아어(부분적), 불가리아어에서 "입증된 행위"와 화자가 간접적으로 들은 '입증되지 않은'을 지칭하는 독특한 동사 형태의 존재(터키어의 영향으로 간주)
3) 알바니아어, 불가리아어, 희랍어, 루마니아어에서 생격과 여격의 동형화
4) 남부 알바니아어, 불가리아어, 희랍어, 루마니아어에서 "-을 원하다" 의미의 동사가 미래 시제의 조동사 역할
5) 알바니아어, 루마니아어, 불가리아어의 후치 정관사
6) 불가리아어, 그리스어, 알바니아어, 루마니아어에서 미정형 동사절로 대체
7) 불가리아어, 그리스어, 알바니아어, 루마니아어에서 형용사의 분석적 비교급 형태
8) 불가리아어, 그리스어, 알바니아어, 루마니아어에서 직접 목적어나 간접 목적어로 쓰인 명사구는 소사가 선행됨. 이는 대격이라는 형태적 지시와 더불어 OVS 어순의 목적어를 허용할 수 있는 요인이 됨

앞에서 언급한 여덟 가지 요소들은 공히 고대 불가리아어 동부 방언에서 나타나고 있으며 시간이 지남에 따라 더욱 자주 문헌에서 찾아 볼 수 있게 된다(특히 14-15세기에 가장 극명하게 나타나고 있다). 단, 1, 2번의 경우는 그 출현 시기를 좀 더 근대적으로 보아야함은 재론의 여지가 없다. 그렇다면 이러한 동·서 양분의, 보수와 진보의 대립이 생겨나게 된 이유는 무엇이었을까?

3.4.2. 진보와 보수 대립의 원인

(1) 지리적 요인

여기에는 다양한 언어, 문화사적 요인이 있으리라 생각할 수 있다. 그중의 한 요인이 바로 지리적 요인이다. 우선 지리적 요인이라 함은 불가리아

의 위치적 특성을 살펴보면 쉽게 이해할 수 있다. 발칸 반도 중동부는 불가리아를 중심으로 슬라브 언어권인 세르비아와 크로아티아, 마케도니아 등이 그 서부에 자리 잡고 있다. 이 지역은 불가리아 중부의 발칸 산맥과 서·남부의 로도피(Rodopi), 피린(Pirin) 산맥을 정점으로 서부의 평야 지대와 격리된 형상을 이루고 있다. 불가리아를 중심으로 동부 지역으로는 북으로 로망스 언어를 사용하는 루마니아, 남으로는 그리스가 위치하고 있다. 비록 다뉴브 강과 남부의 산악 지형이 장애물로 자리하고 있지만 비교적 저지대 지역이기 때문에 고대부터 잦은 왕래가 있었다. 특히 동부의 끝에는 흑해(Black Sea)가 자리 잡고 있어 고대로부터 흑해 연안국의 무역인들이 자유로이 왕래하였으며 고대에는 이 지역의 상업로를 타고 러시아와 그 북쪽 지역으로 문화를 전달하는 비단길(Silk road)역할을 하였다. 그중에서도 지리적 원인으로 인해 불가리아어와 루마니아어는 서로 영향을 주고받았으며, 이러한 영향은 루마니아어 방언에 잘 나타나고 있다.

7세기말 무렵부터 남동 유럽 지역에는 로망스어를 사용하는 민족과 슬라브족 간에 두 개의 언어가 공존하며 사용되었다. 9세기 중반에 접어들면서 다뉴브강 북쪽의 슬라브족들은 점차로 라틴 문화에 동화되면서 이 지역에서 발칸 로망스어가 공용어로 받아들여졌고, 10세기경 고대 루마니아어로 변모하게 된다. 이와는 반대로 다뉴브강 남쪽에서는 슬라브 민족이 그들의 입지를 확고히 함으로써 로망스어를 사용하던 주민들이 그들의 본거지인 다뉴브 강가를 떠날 수밖에 없었다. 현대 루마니아어에서 네 개의 방언(다코 루마니아어, 아루마니아어, 메글레노루마니아어, 이스트로루마니아어)이 다뉴브강 북쪽인 루마니아 영토에서 뿐만 아니라 남쪽의 발칸 지역에 걸쳐 나타나는 이유는 앞에서 서술한 역사적인 이유 때문이다. 이들 방언이 형성된 시기는 학자마다 조금씩 이견이 있으나 대체로 6-10세기에 있었던 공통 조어를 그 모태로 삼고 있다는 데에는 이견이 없다. 또한 서로망스어들과는 달리 발칸 로망스어는 라틴 문화권과 교류가 단절되었기 때문에 13세기부터 루마니아 어휘와 고유 명사들이 끼릴문자로 고대 교회슬라브 성서에 표기되기 시작하였다. 18세기 중엽부터 고조되기 시작한 라틴 문화의 복고 운동과 19세기 중엽 두 공국이 연합할 때(1859년)까지도 키릴 문자가 완전히 퇴지되지 못했으며 오늘날과 같은 라틴(로마) 자모의 전면적인 도입은 금세기에 들어오면서 가능케 되었다.

이러한 지리적 이유가 언어 발달사에 끼친 커다란 영향은 동부의 프레슬라프 학파(고대 불가리아어의 진보), 서부의 오흐리드 학파(고대 불가리아어의 보수), 중부의 벨리코 터르노보 학파(Veliko Tornovo, 중세 불가리아어의 보수)와 플로브디프 학파(Plovdiv, 완충적 역할)의 형성과 발전 과정에서 각 학파 나름대로의 독특한 특색을 갖게 한다.

(2) 문화적 요인

문화적 요인이라는 측면에서는 고대부터 이 지역이 그리스 문화권(Slavia graeca)에 속해 있었다는 점에서 우선 라틴 문화권과 라틴 문화에 영향을 받았던 슬라브 문화권(Slavia latina)과 구분된다. 여기에서 문화사적인 측면에서 라틴 문화에 영향을 많이 받은 슬라브 국가 언어로는 폴란드어, 고소르비아어, 저소르비아어, 체코어, 슬로바키아어, 슬로베니아어, 크로아치아어 등이 포함되며, 그리스 문화의 영향을 주로 받은 슬라브 언어로는 세르비아어, 마케도니아어, 불가리아어, 우크라이나어, 백러시아어, 러시아어 등을 들 수 있다. 그런데 불가리아어의 역사를 심층적으로 살펴보면 발칸 반도에 존재하는 그리스어의 영향 못지않게 라틴 로망스 계통의 루마니아어 영향이 초기 고대 불가리아어 시기부터 존재하고 있었음을 알 수 있다. 그런데 여기서 주의해야 할 점은 이러한 발칸 언어들의 영향이 슬라브어의 언어적 전통을 일시에, 완전히 대체하면서 나타나는 것은 아니었다는 사실이다. 즉, 직접적인 차용어나 문법의 수용이 아니라 슬라브어적 하부 구조에 이러한 요소들이 영향을 끼쳐 점차적으로 변형이 이루어지는 형태로 이루어진 것이다. 이러한 과정은 슬라브어적 형태와 발칸 언어적 형태가 공존을 하다가 기존의 슬라브어적 형태가 분석적인 발칸 언어적 형태로 바뀌거나 슬라브어적 형태로 그대로 유지되는 것을 의미한다(민체바의 단계적 생성-경쟁-도태 및 채용설).

또한 이러한 불가리아어에서의 슬라브어적 요소와 발칸언어적 요소는 그 요소들이 각각의 문어와 구어를 형성하는 한 사회, 두 가지 계층의 언어구조인 이중 언어구조(Diglossia)를 의미하지는 않는다는 점에서 제 슬라브어들의 발전 과정에서 나타나는 고대 교회슬라브어와 개별 슬라브어사이의 이중 언어 논쟁과는 구별된다고 볼 수 있다.

결론적으로 불가리아어에 있어서 슬라브어적 요소(보수)와 발칸 언어적 요소(진보)사이의 변화 양상의 특성은 다음의 네 가지로 나눌 수 있다.

1) 불가리아어의 발칸 언어적 요소는 슬라브어적 하부 구조 위에서 나타난다.
2) 이러한 발칸 언어적 경향은 이미 고대 불가리아어 시기부터 시작되었다.
3) 슬라브인들이 발칸 반도로 이주해 오기 이전에 당시 이 지역에 정착하고 있던 토착민들의 언어는 그리스어와 발칸 루마니아어에 영향을 강하게 나타내는 언어였으며 이들 언어에서 발칸 언어적 요소가 더욱 극명하게 나타나고 있다.
4) 지리, 문화, 언어적 원인 등으로 하여 불가리아어에서는 동-서 간 두 언어 요소의 양분 현상이 극명하게 나타나고 있으며 이것은 보수와 진보라는 개념을 동시에 수반한다.

3.4.3. 민족의 자랑 불가리아어

불가리아인들은 자신의 언어를 무척이나 사랑하고 자랑스러워한다. 그 사랑과 자긍심의 원천은 물론 지금으로부터 1146여년전 성 끼릴과 메토디, 그리고 그 제자들이 이루어놓은 업적에서 연유하는 것이다. 그들은 슬라브 민족 최초의 문어를 창제하고 그것을 정교하게 다듬어 개별 슬라브 민족들에게 전파하였다. 이들의 사랑과 자긍심은 세계 유수 대학 중에서도 가장 실력이 우수하기로 유명한 소피아 대학교의 끼릴-메토디 연구학과, 다양한 국학 연구 자료 및 저서, 국립도서관에 소장되어 있는 수없이 많은 고대 불가리아 문헌 자료, 5월 11일과 5월 24일의 축일과 축제 등으로 다양하게 표출되고 있다. 그러나 이들은 자신들의 자랑이자 자긍심의 원천인 불가리아어를 유리벽 속에 가두지 않는다. 고대 불가리아어의 언어적 전통을 현대 발칸언어의 그릇 속에 담음으로서 그 빛을 더 밝고 아름답게 만들어가고 있다. 이것이 불가리아인들이고, 그들의 진정한 자랑거리인지도 모른다.

※ 불가리아어와 관련된 축일

불가리아인들은 자신들의 문화적 자긍심을 민속 축제와 연결하여 매해 기념한다. 그 기념일에는 두 가지가 있는 데 하나는 불가리아 정교에서 기념하는 성 끼릴과 메토디 기념 축일(5월 11일)이고 다른 하나는 5월 24일 슬라브 문어와 문화의 날이다.

(1) 5월 11일 성 끼릴과 메토디 축일

매년 5월 11일에 불가리아 및 슬라브 국가들의 교회에서는 성 끼릴과 메토디를 추모하며 축일 미사를 거행한다. 이전에는 이들의 승천일(끼릴은 869년 2월 14일, 메토디는 885년 4월 6일)에 따라 각각 성자 기념 미사를 보았으나 이들이 형제인 점과 이들이 슬라브 문화에 미친 영향 그리고 부활절 축제 기간 등을 고려하여 5월 11일로 성 끼릴과 메토디 축일을 정하고 기념하게 되었다. 물론 이날에는 끼릴과 메토디의 활동과 관련을 하여 불가리아의 교육, 예술 분야의 종사자들도 성대하게 축하하는 축제역할도 하였다. 그러나 불가리아가 오스만 터키로부터 독립한 후에 5월 11일에 성 끼릴과 메토디를 축복하고 불가리아의 모든 교육계 종사자를 축복하는 축일 행사를 5월 11일과 5월 24일로 이원화하였다. 교회 축일적인 측면에서 이날에는 끼릴(Cyril), 끼릴까(Cyrilka), 메토디(Metodij), 메토드까(Metodka) 등의 이름을 가진 불가리아 사람들은 자신의 명명일(Name day) 축제를 벌인다.

동일한 슬라브 문화권인 러시아에서도 19세기 중반부터 이날을 성 끼릴과 메토디의 축일로 기억하고 축복하고 있다. 특히 끼릴과 메토디의 모라비아 선교 1000주년을 맞아서 전(全) 러시아 종무원은 다음과 같은 성명서를 발표하기도 하였다.

> "성 끼릴과 메토디의 모라비아 선교 활동 1000주년을 기념하여, 복음서와 기독교적 믿음에 바탕하여 우리의 아버지 언어를 창제하신 성 끼릴과 메토디의 축일을 1863년 올해부터 매년 5월 11일에 성대하게 기념하고 축복할 지어다."

(2) 5월 24일-불가리아 계몽과 문화 및 슬라브 문자의 날 축제

매년 5월 24일에 행하여지는 불가리아 계몽과 문화 및 슬라브 문자의 날 행사는 불가리아 국민들이 가장 자랑스러워하고 성대하게 치루는 축일이다. 따라서 불가리아 국민들의 민족적 자부심을 가장 잘 느낄 수 있는 축일이라 할 수 있다. 위에서 언급한 5월 11일 성 끼릴과 메토디 축일과 분리된 이후 5월 24일을 기념하는 이 축제는 모든 교사, 교수, 학생, 연구 및 예술 분야 종사자들의 축일이다. 이날이 되면 불가리아의 대부분의 국민들은 교회에 가서 성 끼릴과 메토디의 성화에 입 맞추고 꽃을 헌화하며 그들이 불가리아 및 슬라브 문화와 계몽에 기여한 업적을 기린다. 특히 불가리아 국립도서관 앞에 있는 성 끼릴과 메토디의 거대 동상 앞에는 하루 종일 동상에 꽃을 헌화하려는 소피아 시민들로 인산인해를 이룬다. 이날이 되면 불가리아 전역에서는 성 끼릴과 메토디를 기념하는 노래가 울려 퍼진다. 시인 스토얀 미하일롭스키(Stojan Mihailovski)가 1892년 작사하고, 1901년 5월 로브찬코(Lovchanko) 초등학교 학생 삐프코프(Pipkov)가 작곡한 이 노래는 그 가사말속에 불가리아 민족의 자랑과 그들의 끼릴, 메토디를 향한 경

외심을 담고 있다. 현재 이 노래는 불가리아 전체 초·중학교 교가로 쓰이고 있다. 다음은 그 일부를 번역한 것이다.

끼릴 과 메토디 ♬

걸어가라, 다시 태어난 민족이여
밝은 광명 천지로 걸어가라
새로 만들어진 힘, 새 문자를 가지고
운명을 새롭게 하리니

... (중략) ....

올바른 믿음을 간직하고
진리와 평화에 기댄 채
위대한 영광의 사제들이여
슬라브 민족 세상의 별들이여

축복 넘치게 해주소서
오, 위대한 끼릴과 메토디
불가리아 지식의 아버지시여
우리말의 창제자시여

당신들의 이름이 영원할 지어다
모든 민족의 사랑 속에
강한 당신들의 외침은 기억되리라
슬라브 민족 가슴 속에 영원히

제9장 불가리아 (2)

문화 지리학적 관점에서 바라 본 불가리아

문화 지리학적 관점에서 바라 본 불가리아

한 눈으로 읽어보는 키워드

동유럽의 남부에 위치하고 있는 불가리아는 그 민족적 기원과 국가 형성, 현재의 지정학적 위치 등으로 하여 중요한 민속학 연구의 보고로 여겨진다. 우선 민족적 기원으로 보면 아시아의 유목 민족이었던 원시 불가리아 민족이 기원 후 5세기 전후에 동남부 유럽 지역으로 남하하여 당시 그 지역을 점유하고 있던 트라키아인(Tracian), 6-7세기경 이 지역으로 남하한 슬라브 민족(Slave)과 동화되면서 불가리아 민족을 형성하였다. 불가리아라는 민족의 명칭을 부여받게 만든 이 원시 불가리아족은 기마 문화와 발달된 철기 문화를 갖고 있었으나 토착 트라키아와 슬라브 문화에 점점 동화되었다.

이후 오스만-터키에 의해 500년 간 지배를 받으면서 다시 한 번 문화적 변화를 겪게 된다. 따라서 불가리아의 민속학적 특성은 슬라브적이면서도 아시아적이고 또한 다 문화 혼성적 성격을 띠고 있다고 할 수 있으며 이러한 점에서 불가리아 민속학의 가치는 매우 크다고 할 수 있다.

문화 비교사적 관점에서 볼 때 불가리아 민족과 국가는 한국과 지리적 거리는 멀지만 역사적 거리는 매우 가깝다. 그것은 무엇보다도 양자가 모두 자본주의 세계 체제의 주변부에 위치하고 있다는 데서 기인한다. 다시 말해 자본주의의 미 발전, 농업 혁명과 시민 혁명의 부재, 취약한 시민 계급과 강력한 지식인 계층, 식민지의 경험 등 서구적 근대와는 다른 근대화의 길을 걸어왔다는 점에서 비슷한 면모를 지니고 있다고 필자는 생각한다. 따라서 필자는 이 공간을 통해 단순히 역사와 문화에 대한 이해를 넘어서 불가리아 민속 문화라는 프리즘을 통해 한국 사회를 되돌아보려는 목적도 궁극적으로 가지고 있다. 이러한 연구 목적을 달성하기 위해 사용되는 방법이 바로 다양한 문화 현상과 그 속에 나타난 문화적 기호들을 수집하고 이것들을 매개체로 불가리아 민족 문화를 문화 기호학적으로 분석하고 우리 문화와 비교하는 방법이다. 이것은 어쩌면 다양한 문화 현상들과 장르를 넘나드는 문화 경계 가로지르기의 작업이라고 볼 수 있다.

동유럽의 남부에 위치하고 있는 불가리아는 그 민족적 기원과 국가 형성, 현재의 지정학적 위치 등으로 하여 중요한 민속학 연구의 보고로 여겨진다. 우선 민족적 기원으로 보면 아시아의 유목 민족이었던 원시 불가리아 민족이 기원 후 5세기 전후에 동남부 유럽 지역으로 남하하여 당시 그 지역을 점유하고 있던 트라키아인(Tracian), 6-7세기경 이 지역으로 남하한 슬라브 민족(Slave)과 동화되면서 불가리아 민족을 형성하였다. 불가리아라는 민족의 명칭을 부여받게 만든 이 원시 불가리아족은 기마 문화와 발달된 철기 문화를 갖고 있었으나 토착 트라키아와 슬라브 문화에 점점 동화되었다.[1]

불가리아의 역사와 오늘날의 지정학적 위치도 그 형성만큼이나 이채롭다. 크고 작은 이 민족의 외침을 통해 다양한 문화와 접한 것은 물론이고

1) 오늘날 불가리아 지역에는 약 2만 년 전 청동기와 철기시대에 트라키아인이 최초 거주를 시작했다는 기록이 있다. 이 지역에는 BC 480년경 트라키아인에 의한 도시국가가 건설되고, AD 681년 불가리아 국가가 건설(제1차 불가리아 왕국)되게 된다.

오스만-터키에 의해 500년 간[2] 지배를 받으면서 문화적 변화를 겪게 된다. 따라서 불가리아의 민속학적 특성은 슬라브적이면서도 아시아적이고 또한 다 문화 혼성적 성격을 띠고 있다고 할 수 있으며 이러한 점이 불가리아 민속학의 가치를 배가시키고 있다.

4. 오스만-터키 민족과 문화
3. 슬라브 민족과 문화
2. 원시 불가리아 민족과 문화
1. 트라키아 민족과 문화

불가리아 문화 형성

이 장에서는 불가리아인들의 '일생의례'를 집중적으로 연구해 보고, 이를 통해 불가리아인들이 갖고 있는 민속학적 특성을 독자들에게 설명하고자 한다. 상이한 민속학적 특징과 생소한 용어로 어려울 수도 있으나, 필요한 용어와 부분에서 각주와 상세 설명을 달아보도록 하겠다.

1. 일생의례

사람은 일생을 살아가는 동안 순서에 따라 일정한 단계를 거치게 되어 있다. 모든 인간은 생명을 얻어 이 세상에 태어나는 일, 건강하게 성장하여 어른이 되는 일, 시집가고 장가가서 새로운 가정을 만들고 자식을 낳는 일 그리고 일생을 마감하는 일 등을 거친다. 이러한 일들은 일생 동안 누구나 다 겪는 일이지만 매우 중요한 일이기 때문에 사람들은 이때를 특별히 기념하기 위하여 의례를 치른다. 의례를 치루는 방법 또한 매우 중요하다. 어

2) 1396년에서 1878년에 이르는 약 500년 간의 통치를 받게 된다. 불가리아는 러시아군대의 도움을 받아 1878년 3월 3일에 독립하여 오늘을 맞고 있다.

떠한 방법으로 이 과정을 거치는가 하는 구체적인 내용이나 방법에 따라 그 민족의 특성이 나타나게 된다. 여기에서는 19세기 말에서 20세기 중·후반까지의, 농촌지역의 민속학적 양상을 주요한 대상으로 하여 불가리아의 일생의례를 출생, 결혼, 죽음의 순서대로 서술하고자 한다. 농촌지역을 대상으로 한 이유는 일생 의례의 전통이 도시보다는 농촌에 더 나타나고 그 시점도 어느 정도 역사성을 띠고 있기 때문이다.

일생 의례에서 나타나는 민속학적 요소는 대표적으로 민간 신앙적 요소와 보편 종교적 요소(여기에서는 불가리아 정교)로 구분 할 수 있다. 민간 신앙이란 일반적으로 민간층에 대대로 전승하는 자연적 신앙 곧 자연인으로서의 민중이 신앙하는 종교 현상을 말한다. 그러나 민간 신앙이라는 어휘는 아직 학문적으로 명확하게 규정된 학술어가 아니다. 일반적으로 종교 민족학이나 종교 민속학자가 규정하는 이것의 개념은 자연 종교적이면서 기성 종교와 융합적이라는 것이다. 자연 종교적이라 함은 특정한 창시자가 없고 계시적이 아니며 신앙의 체계화가 이루어지지 않았고 조직체가 형성되어 있지 않고 어느 때부터 시작되었는지 알 수 없으며 아득한 옛날부터 민족들에 의해 전승되던 성격을 지녔다는 점이다. 이 민간신앙은 그 기원이 3가지로 나누어진다. 우선 인위적으로 만들어진 경우와 기존의 종교를 수용한 경우 그리고 기존의 종교와의 융합과정에서 고유한 성격이 파괴되는 것이 그것이다. 한편 불가리아의 보편 종교는 9세기 중반 불가리아 왕국의 국교로 정해진 불가리아 정교를 지칭할 수 있다. 이것은 그리스정교의 절대적 영향을 받고 시작되었으나 불가리아 민족과 정서에 맞게 변화된 양상을 보이고 있다.

1.1. 출생 의례

출생 의례는 크게 다음의 3가지시기로 구분되는 것이 일반적이다. (1)임신, (2)출산, (3)출산 후 40일 간의 과정과 세례가 바로 그것이다. 이제 이들 시기에 나타나는 의례 문화를 자세히 다루어 보기로 하자.

1.1.1. 임신

불가리아인들은 임신을 다음과 같은 단어들로 표현하는 것이 일반화되어 있다.

трудна	어려운(형용사)
тежка	무거운(형용사)
бремменa	임신한(형용사)
непразна	비어 있지 않은(형용사)
товарна	물건을 싣고 있는(형용사)
пълна	가득 찬(형용사)
с корем	탯줄을 감고 있는(전치사구)
в положение	~한 상태에 있는(전치사구)

불가리아인들은 아이를 갖지 못하는 여자는 죄가 많다고 여긴다. 따라서 임신이란 축하 받아야 할 일이라고 생각한다. 임신에 관한 의례 문화는 임신 후 임산부가 가져야하는 몸가짐과 관련한 터부가 그 주를 이룬다. 물론 이들 타부의 주목적은 임신 기간 내에 산모와 아이가 정상적이고 건강하기를 기원하는 것과 출산 과정이 용이하기를 기원하는 것이다.

(1) 뱀 죽이지 않기 : 눈동자가 하얀 아이를 낳게 된다.
(2) 밧줄이나 쇠사슬, 혁대 뛰어넘지 않기 : 탯줄이 감겨 사산하게 된다.
(3) 토끼 먹지 않기 : 밤에 눈을 뜨고 자는 아이를 낳게 된다.
(4) 고양이, 개 등을 때리거나 차지 않기 : 털이 많은 짐승이나 흡혈귀를 낳게 된다.
(5) 성상화(Икон) 보기 혹은 바라보지 않기

(6) 남의 물건을 훔치지 않기
(7) 임신부가 장례식에 가서 망자에게 인사하지 않기

임산부가 남의 물건을 훔치면 훔친 물건이 놓여 있는 자리나 그 형상이 아이의 피부에 그대로 배어 나오게 된다는 속설이 있다. 또한 임산부가 장례식에 가는 것은 아이의 불행을 자초하고 죽은 자의 나쁜 영(靈)이 태아에게 그대로 전달된다는 믿음 때문에 금기한다.

아이의 임신과 더불어 생겨나는 임산부의 타부와 함께 이 시기에 나타나는 관심사는 아이의 성별에 대한 것이다. 아이의 성별 알아맞추기를 불가리아어로는 Гадания라고 하는데 이 단어의 1차적 의미는 '유추', '알아맞추기', '점보기'이다. 일반적으로 불가리아 가정에서는 아들을 선호한다. 이것은 전통적인 농경사회의 영향이라고 할 수 있다. 아이의 성별을 유추하는 방법으로는 다음과 같은 것들이 있다.

(1) 배가 날카로우면 아들이고 배가 둥글게 불러오면 딸인 경우가 많다
(2) 아이가 뱃속에서 처음으로 발길질을 할 때 오른쪽을 차면 아들, 그 반대의 경우에는 딸이라고 간주한다.
(3) 임산부 모르게 머리에 소금을 올리고(뿌리고) 임산부의 반응을 보고 성별을 점치는 경우도 있다. 임산부가 코를 처음으로 만지면 아들이고 입을 만지면 딸이라는 속설이 있다.[3)]

1.1.2. 출산

출산과 관련한 불가리아어 단어는 다음과 같다.

---

3) Мали извор에서는 소금을 뿌리고 처음 만나는 사람이 남자면 아들, 여자면 딸이라고 한다 (Генчев, Ст. "Семейни Обичаи и Обреди", Добруджа. Етнографски, Фолклорни и Езикови Проучвания, (София. : Просвещение, 1974), p. 266).

Родиля(родилка, родилница)	낳기
лехуса	아기 낳기(방언적 표현)
раждане	탄생
добиване	얻는 동작(동사 파생 명사)
добив	얻기

위의 단어들 중에서 Раждане는 매우 직접적인 표현으로 간주되어 여성들은 잘 사용하려 하지 않는다. 출산의 모든 과정은 엄격하게 베일에 가려져 있는 것이 상례이다. 과거 농경사회에서는 들판에서 일을 하다 스스로 출산을 하고, 탯줄을 끊는 것을 가장 이상적인 출산으로 간주하기도 했다. 그러나 오늘날에는 산파나 산부인과 의사의 도움으로 아이를 출산하고 대부분 집이나 병원에서 신생아를 받는다. 전통적인 출산 과정을 살펴보며 불가리아의 출산 의례를 살펴 보면 다음과 같다.

(1) 산파 부르기

출산의 전 과정을 주도하는 산파가 주요한 역할을 한다. 과거 농경사회에서는 동네의 산파를 불러오는 것으로부터 출산의 과정은 시작된다. 산파를 청하러 사람들이 방문하면 산파는 아무런 것도, 산모가 누구냐고, 그리고 산모의 집이 어디냐고 묻지도 않는다. 만일 산모의 행선지나 누구 아이를 낳는다는 사실이 알려지면 산파는 커다란 대접에 물을 받아 이 사실을 아는 사람들을 대접한다. 때때로 이 물을 산모에게 마시게 하기도 하고 문지방에 뿌리기도 한다.

(2) 산모를 준비시키기

아이를 낳는 출산 과정이 시작되면 산파는 산모의 모든 옷을 풀어주고 머리도 풀어준다.

(3) 성모의 손(Богородична ръчица, Билка) 준비하기

성모의 손이 물 속에 들어가 완전히 퍼지게 되면 비로소 아이가 태어난다고 사람들은 믿는다. 이 약초는 주로 예루살렘이나 스베타 고라(Света гора)에서 가져온 신성한 것으로 하는 것이 일반적이다.

(4) 출산

불가리아인들은 출산의 전 과정 동안 성모(Богородица)가 와서 이 일을 도와준다고 믿고 있다. 산모와 새로 태어난 아이는 성모(св. Богородица)의 특별한 배려 속에 있다고 사람들은 생각한다. 사람들은 성모가 올 때까지 산모가 신통을 겪는다고 믿고 있다. 그래서 만일 산통이 계속되면 성모가 어딘 가에서 바쁘고 아직 오지 않았다는 것을 의미한다고 한다. 그녀는 아이가 태어나면 곧바로 그곳을 벗어난다. 그래서 아이가 나자마자 사람들은 작은 빵을 만들어(богородична питка, повойница, първа пита, бърза пита, смидаль) 그녀를 대접한다. 한 조각 떼어내어 그녀를 기념한 다음에는 산모와 집안사람들이 그 빵을 먹는다.

비로소 아이가 태어나게 된다. 처음으로 아이가 태어났을 때 산파가 가장 주의하는 것은 아이가 땅에 떨어지는 것이다. 만일 새로 태어난 아이가 땅에 떨어지면 불행이 이 아이에게 찾아온다고 한다. 보통 아기의 첫 울음은 아버지의 셔츠에서 하도록 한다. 집에서 아이를 낳은 경우에는 산파가 아이의 탯줄을 낫으로 자르고 다음과 같이 외치는 것이 전통이다.

За по-чисто го намираме	아이를 더 깨끗하게 되게 하여 주소서
За да е работно детето	일하는 아이가 되게 하여 주소서

탯줄은 보통 빨간 색 실을 감아 일정 기간 보관하거나[4] 태우게 된다. 낫

4) 아이가 앞으로 갖기를 원하는 직업의 장소에 탯줄을 버리면 그 소망이 이루어진다는 속설이 있

으로 탯줄을 자르면 일하는 아이로 자란다는 속설이 있다.

(5) 수유

새로 태어난 아이는 불 위나 삼각 성대 위에서 젖을 먹인다. 그리고는 아이에게 젖을 먹인다. 보통 이 일은 아이 엄마가 한다. 엄마는 아이에게 오른쪽 젖을 빨게 하는 것이 관례이다. 아이가 젖을 먹는 동안 할머니는 머리위로 빵과 마늘을 들고 서있고 각각의 겨드랑이에는 빵 한 개씩을 끼고 있게 된다. 이것은 아이가 평생 건강하기를 기원하는 의식이다.

어떠한 경우에는 다른 산모의 젖을 대신 먹이는 경우도 있다. 이 경우는 아직 새로 아이를 낳은 산모의 젖이 나오지 않는 경우로서 대신 젖을 먹이는 여자는 아이들이 다 살아 있어야하고 깨끗하고 건강한 상태여야 한다. 이렇게 대신 다른 여인의 젖을 먹고 자라는 경우 그 아이는 우유를 준 여인의 아이와는 사랑이나 결혼을 할 수 없는 형제의 의미를 갖고 자라게 된다.

(6) 신생아 목욕

아이를 낳은 후 처음 시키는 목욕은 물속에 건강에 좋은 약초를 넣기도 한다.[5] 약초와 함께 물속에는 은 동전과 생달걀을 깨서 넣기도 한다. 이것들은 모두 아이의 건강을 기원하는 전통에서 유래한 의식들이다. 불가리아에서 가장 전형적인 그리고 특이한 전통은 아이를 소금으로 싸서 하루를 재우는 의식이다(Осоляване). 이러한 의식은 생후 3일 후에 하는 것이 일반적이다. 이것은 우선 아이를 목욕시킨 이후에 머리를 제외한 아이의 온몸을 소금으로 여러 겹 싸서 하루 밤을 재운다. 하루를 재운 이후에 아침에 다시 목욕을 시킨다. 이러한 의식을 하는 이유로 불가리아인들은 다음과 같이 이야기한다.

어 이것을 행하는 지역도 있다(Генчев, Ст. "Семейни Обичаи и Обреди", *Добруджа. Етнографски, Фолклорни и Езикови Проучвания*, (София. : Просвещение, 1974), p. 269). 가령 아이가 선생님이 되기를 원하면 학교에 탯줄을 버리는 등의 행위를 의미한다.

5) 이 경우 약초의 숫자는 마흔 개가 되어야 된다고 생각하는 마을도 있다.

да не мирише на лошо потта му
그의 땀에서 나쁜 냄새가 나지 않도록

만일 아이를 소금으로 목욕시키지 않으면 아이가 나중에 터키 사람의 땀 냄새를 갖게 된다는 속설도 있다. 이것은 불가리아인들의 오랜 터키 지배에서 나온 민족적 모멸감의 극복 방식으로 보인다.

1.1.3. 출산 후 40일 간과 세례

아이의 출산 과정과 마찬가지로 출산 후 일정기간 동안에도 위험은 도사리고 있다. 불가리아 사람들은 이러한 위험한 기간을 짧게는 3-7일, 길게는 40일[6]을 두고 있다. 이 40일간의 가장 중요한 일은 산모와 신생아를 격리(Изолазия)와 다양한 방어 수단으로 건강하고 안전하게 지키는 것이다.

(1) 악귀 쫓기와 산모, 신생아의 보호

불가리아 사람들은 악귀 쫓기를 Навясване라고 부른다. 사람들은 새로 태어난 아이가 3일까지 Навяци나 Нави의 공격을 받아 의식 불명이나 죽음에 이를 수도 있다고 믿고 있다. 이러한 Навяци나 Нави의 공격을 막기 위하여 다음과 같은 민간요법이 전해져 내려온다.

➠ 출산 후 특별한 공간으로의 격리

아이가 태어나면 신생아와 산모는 집이 아닌 집안의 특별한 공간에서 격리되어 생활하기 시작한다. 3-7일이 지난 후 할머니(신생아의)의 도움으로 몸을 씻은 산모는 비로소 자신이 살고 있던 집안으로 들어오게 된다. 이러한 초기와 이동 중에 위험으로부터 이들을 지켜주는 벽사로서 빨간색 실[7],

6) 우리나라에서 보통 3-7일, 즉 21일 간의 유예기간을 갖는 것과 대조를 이룬다.
7) 불가리아인들에게 있어서 빨간색 실은 피의 흐름을 상징하는 것으로서 건강을 기원하는 가장 중요한 상징물이다. 그 대표적인 예로 매년 3월 1일에 봄을 맞이하는 Баба марта라는 축제가

동전, 마늘 등이 사용된다.

➠ 집안에서의 벽사[8)]

아이와 산모의 침대를 줄로 둘둘 묶어둔다. 그리고 이들 곁에 빗자루를 두어 소리가 들리게 한다. 산모와 아이의 머리 곁에는 낫과 파(혹은 마늘), 부지깽이, 솜 부스러기, 그물, 빨래 방망이, 도끼, 칼 등을 둔다. 때에 따라서는 수수를 두기도 한다. 이것들은 쇠가 산모와 아이들을 지켜주거나, 빗자루가 모든 악을 밖으로 쓸어버리거나, 파가 눈을 아프게 하거나, 솜 부스러기를 통해서는 악이 지나가기 어렵다거나 등의 민속학적 의미를 갖고 있다.

향기를 이용하여 악한 기운을 물리치는 경우도 많다. 향을 피우는 경우가 제일 일반적이다. 1920년까지는 불에 소나 염소의 뿔, 타르 등을 태우는 경우도 있었다. 타르를 문에 바르는 경우도 있었다. 향기 나는 풀을 이용하는 경우도 많았다. 이때 쓰이는 식물로는 대부분 향이 강한 허브들이 사용되어지는 데 그 명칭을 불가리아어로 Срещниче(богородиче), Дилянка, Чероман라고 부른다. 이들 외에도 아이가 태어난 이후에 교회로부터 받아온 성수(Светената Вода)를 이용하기도 한다. 이 성수로 산모와 아이 그리고 집에 뿌리기도 한다. 불은 악을 쫓는데 지속적으로 사용되어지는 수단이다. 산모가 있는 방은 계속해서 불을 지피고 켜 두어야 한다. 일부는 마당의 대문 안팎에 남은 불씨들을 뿌리기도 한다. 아이와 산모는 일몰 후에 외부의 빛으로부터 완전히 차단된다. 문과 창문들은 깊게 닫고 외부의 빛이 새어들지 못하게 한다. 만일 특별한 경우에 산모가 밤에 밖의 마당에 나가야

열린다. 이때 모든 불가리아 사람들은 Мартеничка라는 붉은 실과 흰 실로 짜여진 표시를 가슴에 달고 다닌다. 이것은 건강을 상징하는 상징물이다.

8) 벽사의 일종으로 불가리아에는 없고 한국에서만 관찰되는 산후 관습이 있는데 그것은 해산을 알리는 금줄을 치는 것이다. 지역에 따라 금줄에 매는 내용물에 어느 정도 차이가 있는데 남자의 경우 대개는 숯, 고추, 백지를 오려서 새기에 끼워 걸고, 여자 아이일 경우에는 고추를 빼고 거는 것이 일반적이다. 금줄을 치는 이유는 출산을 알림과 동시에 상가 등 궂은 곳에 간 사람이나 궂은 음식을 먹은 부정한 사람의 출입을 금하게 하는 역할을 한다. 이 금줄을 세이레 혹은 일곱 이레동안 쳤다가 마지막 날 저녁에 걷는다.

할 일이 생기면 쇠로 된 등불을 파로 장식하여 묶은 것을 들고 밖으로 나간다. 해가 진 다음에는 누구에게도 문을 열어주지 않는다. 심지어 늦게 귀가하는 남편에게도 문을 열어주지 않으며 이 경우 남편은 다른 곳에서 밤을 새어야 한다.

➠ 산모의 행동과 관련된 타부

산모는 아이를 낳은 후에 깨끗하지 않고 부정한 몸을 갖고 있다고 사람들은 생각한다. 산모와 관련된 타부로는 다음과 같은 것들이 있다.

· 그녀는 불가에는 가지 않는 것이 좋나.
· 우물가나 수돗가에 가까이 가지 않는다. 만일 할 수 없이 우물이나 수돗가에 가는 경우에는 다른 사람이 물을 대신 따라 준다.
· 일정 기간 동안 자신의 아기의 기저귀를 빨지 않는다.
· 한 달 동안 빵 반죽을 하지 않는다.
· 가축의 축사에는 들어가지 않는다. 이것은 산모와 가축들에게 모두 좋지 않다고 간주된다.
· 산모는 가축들을 몰고 들판으로 나가지 않는데 만일 산모가 가축들을 몰고 들판으로 나아가면 젖이 마른다는 속설이 있다.
· 아이가 태어난 지 40일 이전에는 그 집으로부터 어떠한 물건도 내다 팔거나 빌려주거나 하지 않는다. 만일 이렇게 하면 산모의 젖이 마른다는 속설이 있다. 만일 어쩔 수 없이 물건을 내다 팔아야하는 경우에는 그 일부를 조금은 집에 남겨두어야 한다.
· 40일 간은 남편과의 성관계도 금지한다.
· 또한 이 기간 중에 산모는 맨발로 땅을 밟아서는 안 되고 주위나 들판을 쳐다보거나 남의 집을 방문해서도 안 된다. 특히 들판이나 주위를 쳐다보면 산모의 젖이 마르게 된다는 속설이 있어 매우 꺼린다.

(2) 정화기도

위에서 언급한 여러 종류의 민속학적 장치들은 생후 40일까지 지켜져야 하며 40일째 되는 날 사제에게 가서 특별한 기도를 드리므로 해서 산모는 그 기간을 벗게 된다. 특별한 기도를 마친 산모는 비로써 정화되었다고 여겨지며 자신의 엄마나 대모, 가까운 친지나 친구들을 방문할 수 있게 된다. 산모가 이러한 집들을 방문하게 되면 주인은 문지방에서 물로 발을 씻어주는 것이 관례로 되어 있다. 이때 산모의 건강을 위하여 문지방에는 재, 숯, 쇠붙이 등을 올려놓고 그 위를 산모가 걷게 만든다. 이때 신생아에게는 계란과 밀가루를 선물하는 것이 관례이다.

(3) 축하의례

아이가 태어난 후에 아이가 태어난 집에서는 크게 두 번의 크고 작은 잔치를 베푼다. 첫 번째 잔치는 아이가 태어나는 순간에 베풀어지게 되는데 이것을 Богородична пита, Бърза пита, Малка пита라고 부른다. 이것은 엄밀한 의미에서는 출산의 순간을 도와주는 성모를 대접하기 위한 빵과 음식이라고 볼 수 있다. 출산 후 잔치에 준비되는 다른 빵들과 마찬가지로 이 빵은 단순한 모양에 어떠한 장식도 하지 않는다. 빵과 함께 준비되는 음식으로는 소금, 후추, 파 등이 있고 음료도 준비된다. 보통 할머니가 이 빵을 머리 위로 들고 아이와 산모를 건강하게 해 달라고 기도를 한 후 그 출산 과정에 참여하는 모든 이에게 잘게 잘라 골고루 나누어준다. 단 이 행사에는 처녀나, 결혼을 했으되 아직 아이를 낳지 않은 여자는 참여할 수 없다. 생리 중인 여자도 참여할 수 없다.

두 번째 큰 잔치는 출산 후 3일 정도에 준비되어 진다. 이것을 흔히 Голяма пита, Пречиста пита라고 한다. 이 축하잔치의 초대는 할머니가 담당한다. 할머니는 잎이 달린 나뭇가지나 제라늄(Здравец)을 손에 쥐고 이웃의 아낙네나 친척 여인들을 초대한다. 보통 20-30명의 많은 여자들이 모여 출산을 축하한다. 초대받은 손님들은 손에 먹을 것, 파, 소금, 계란, 음료들을 스스로 준비하여 초대에 응한다. 손님들은 산모에게 건강을 기원하는 덕담으로 인사하지만 악수를 하지는 않는다. 아이는 잠자는 상태로 그냥 둔다. 이날의 잔치는 아이의 할머니가 머리 위로 빵을 들고 네 방향으로 돌린 다음 동쪽을 향해 빵을 떼어내어 던지고 이렇게 외치는 것으로 시작된다.

Хоп! Да расте детето!
아! 아이가 잘 자라게 하소서!

잔치가 끝난 후에 손님들은 산모에게 인사하지 않고 그냥 집을 나선다. 산모도 그들에게 특별히 배웅 인사를 하지 않는다. 산모의 젖이 마르지 않게 하기 위한 타부이다.[9)]

(4) 운명 점지

아이가 태어난 지 3일 만에 Орисниците가 집으로 들어와 아이의 곁에 앉는다고 믿는다. 이 단어는 '쌀'이라는 단어에서 유래한 것으로 불가리아가 농업 국가라는 사실을 간접적으로 증명해 주는 예이다. 이들의 역할은 수명, 배우자, 재물, 지위 등 아이의 운명을 결정하는 것이다. Орисниците는 대개 세 명의 여자로 구성되어 있는데, 보통 세 번째 사람(여자)의 의견이 제일 중요하다고 한다. 이들을 위하여 문 뒤에 음식과 마른 수건, 은 장신구 등을 준비해 두는 것이 일반적이다. 사람들 사이에서 이들이 나누는 대화를 들었다는 소리가 나오기도 하며 나쁜 운명에 대해서는 어떠한 조치를 취하기도 한다. 이들이 나누는 소리는 아이의 어머니만이 들을 수 있다고 한다. 이 의식을 행하는 동안 아이는 아버지의 셔츠로 싼 상태로 곁에 두고 다만 오른손 하나만 자유롭게 풀어둔다.

---

9) 축하가 끝나고 손님들이 갈 때 그들은 자신의 옷에서 실 한 올씩을 뽑아서 산모에게 선물하는 의례도 지역에 따라서는 존재한다. 이것은 아이가 길게 오래 잠자서 건강하게 자라라는 기원을 담고 있다.

(5) 세례

아이의 세례는 가족의 가장 성대한 축제 중에 하나이다. 부모들은 아이의 세례식을 빨리 하려고 서두른다. 왜냐하면 아이가 세례를 받는 순간부터 하나님이 그를 지켜주시리라는 확신을 갖고 있기 때문이다. 불가리아 일부 지역에서는 세례를 아이의 탄생 후 약 10일이 지난 후에 하기도 한다. 이 행사에는 할머니와 대부(Кръстник) 혹은 대모가 큰 역할을 한다. 의식은 교회에서 정해서 순서대로 한다. 우선 집에서 아이를 산모로부터 대부에게 전달하는 과정으로부터 세례는 시작된다. 아이를 다른 사람에게 전해주는 것을 꺼리는 산모의 모습을 3번의 거부로 표시하기도 한다. 대부는 부모의 의견에 상관없이 자신의 의견으로 아이의 세례명을 줄 수 있다. 이러한 행사를 위하여 대부는 아이에게 옷 한 벌을 선물해야 한다. 옷을 선물하는 것은 아이가 돌이 되었을 때 해도 무방하다. 교회에서 행사가 끝나면 그 후에 집으로 초대하여 성대한 잔치가 벌어진다. 이 잔치에는 특별한 의례와 절차가 있는 것은 아니다.

이 행사에서 가장 중요한 일은 대부를 선정하는 일이다. 지역에 따라 대부를 정하는 방법이 다양하지만, 보통 집안의 어른이나 아이 부모들의 결혼식 증인이 이 역할을 한다. 만일 대부가 정해지지 않은 경우에는 아이를 강보에 싸서 길가에 두고 가장 먼저 지나가는 사람을 대부나 대모로 삼는 풍습이 존재한다. 만일 이 경우 가축이 먼저 지나가게 되면 가축의 주인을 대부나 대모로 삼으며 아이의 운명이 잘 풀릴 것이라는 길조로 받아들인다.

(6) 명명(이름 지어주기)

아이에게 이름을 부여하는 것도 중요한 의식 중에 하나이다. 전통적으로 한다면 불가리아 사람들은 자신의 할아버지, 할머니 아니면 외할아버지나 외할머니의 이름을 다시 쓰는 것이 상례이다. 그러나 대부나 대모가 이름을 지어줄 수 있으며 그전까지는 Голчо, Кушльо라고 부른다.

(7) 성장 의례

아이가 결혼을 할 때까지 그 사이에 다양한 통과 의식과 전통이 불가리아에는 존재한다. 예를 들면 첫 이가 나왔을 때, 처음으로 걸었을 때, 젖을 뗄 때 등 다양하다. 우선 아이의 돌을 전후하여 두 가지 행사가 있는데 그것은 아이 훔치기와 돌잡이이다. 전자는 한 사람을 정해서 아이를 마을 어딘가에 숨기고 어미가 찾는 일종의 의례로 아이의 건강과 행복한 결혼을 기원하는 행사이다. 돌잡이는 우리나라의 그것(우리나라에서는 책, 연필, 주걱, 방망이, 쌀, 돈, 실 등을 이용한다)과 유사하여 아이가 어떠한 물건을 집으면 그것이 아이의 직업이 되리라는 믿음에서 유래한 행사이다.

첫 이가 나면 어머니는 아이의 잇몸을 바늘로 눌러주어 이가 건강해지기를 기원하다. 이 바늘은 마지막 아이가 태어날 때까지 보관하다가 다른 사람에게 전해주는 것이 상례이다. 젖니가 빠지면 빠진 이를 빵에 넣어 지붕에 던지고 다음과 같은 노래를 부른다.

> Баба Варно(Горо, Господи) на ти костен зъб, а ти ми дай железен!
> 신이시여, 당신에게 뼈로 된 이를 드리니, 나에게 쇠로 된 이를 주소서!

(8) 사생아의 경우

사생아는 불가리아에서 매우 드문 경우였다. 만일 미혼녀가 임신을 하게 되면 아이를 태어나기 전이나 태어난 후 바로 죽이는 경우가 많았다. 죽이지 못한 경우에는 낳자마자 버려서 굶어 죽이기도 하였다. 사생아의 아버지나 어머니가 밝혀지면 그들은 매우 무거운 형벌을 받았고 심지어 자루에 갇혀 물에 수장되는 신세가 되기도 하였다. 이러한 가혹한 형벌의 이유는 그들의 어리석은 행동으로 마을이 벌을 받아 가뭄, 홍수, 전염병들이 창궐할 수도 있다는 믿음 때문이었다. 반면 합당한 관습이나 법적인 절차를 통하여 양자(Осиновяване)를 들이는 일은 자유로웠다. 불가리아의 전통에는 데릴사위(Заврян зет) 제도나 의형제 제도(Побратимяване) 등이 존재하였다.

1.2. 결혼 의례

불가리아의 결혼 풍속에는 다산과 행복한 결혼 생활 그리고 건강에의 기원이 담겨 있다.

1.2.1. 약혼

불가리아의 전통 관습법에 의하면 혼례(Женитба) 전에 먼저 선보기(Сглeдa)와 약혼(Годеж)이 있었다. 약혼은 총각과 처녀의 가장 가까운 친척만 참여하는 소 약혼식(Малък годеж)과 많은 친척과 친지들이 참여하는 대 약혼식(Голям годеж)이 있었다. 이 둘은 보통 연이어서 이루어지는 것이 특징이다. 대 약혼식에서는 보통 결혼반지와 약혼선물을 교환하고 이 자리에서 결혼에 동의함을 선포한다. 대개 약혼 일정은 두 사람 사이를 이어준 중매꾼들이 주로 신부의 집을 오가며 일정을 잡고 행사를 준비하였다. 중매꾼들은 혼기가 찬 신부의 집을 찾아가 시집갈 마땅한 혼처를 중매한다. 이 경우 신부의 부모들은 처음에 거절하지 않고 얼버무리는 대답을 하며 시간을 끌어서 중매쟁이들이 스스로 혼사가 여의치 않음을 깨닫게 하는 전통이 있었다. 약혼식에서 약혼녀는 약혼자와 그 가족, 친지들로부터 선물을 받았다. 이 선물들은 당사자 자신의 것이 되었고 그 선물들의 종류로는 반지, 팔찌, 혁대 고리, 목걸이, 귀걸이, 금화, 돈 등이었다. 약혼식에서 결혼식에 연결되는 기간의 개개인의 사정에 따라 달랐다. 그러나 오래 동안 기다려야 한다고 해서 혼인 전에 동거를 하는 일은 관례상 환영받지는 못했다.

약혼의 파기는 다음과 같은 타당한 이유가 있을 때 가능하였다.

· 약혼 전에 알지 못했던 정신병
· 약혼자가 범죄자인 경우
· 약혼자 외에 다른 사람을 사랑하는 경우 등

약혼이 파기되면 파기를 당할 만한 이유가 있는 쪽은 상대방의 선물을 되돌려 주어야 하지만 자신들의 선물을 돌려 달라고 주장하지는 못한다. 약혼 파기의 책임이 있는 쪽은 약혼식 행사비용도 모두 부담하여야 하며 특별한 경우나 지역에 따라서는 행정관청이나 교회에 벌금을 내는 경우도 있었다.

약혼 후에 양가에 아무런 문제가 없으면 이제 결혼식을 준비한다. 농경을 주로 하는 지역에서는 여자 쪽의 나이가 남자 쪽보다 많았다. 이 이유는 여자의 경우 자신의 집의 노동력이었으므로 되도록 시집을 늦게 가도록 부모가 원하는 경우가 많았기 때문이다. 남자의 경우는 조혼이 흔했는데 그 이유는 이른 결혼 후 자식을 많이 낳아 노동력을 확보하려는 환경적 요인이 컸다. 농업지역이 아닌 도시의 경우는 남자가 더 늦게 결혼을 하는 풍속이 있었다.

1.2.2. 결혼

(1) 전통적 결혼 의례 풍속

우리나라에서 동성동본의 경우에 결혼이 성립되기 힘든 것과 유사하게 불가리아에서도 혈연관계(Родство)로 맺어진 사이에는 결혼이 성립되지 않았다. 또한 남자와 여자 모두 자신의 부모로부터 결혼 허가를 받아야 가능하였다. 만일 남자와 여자가 부모의 허락 없이 결혼하여 도망을 가면 그 물건을 태워버리는 관습도 존재하였다. 그러나 총각이 부모의 동의 없이 결혼하는 경우도 있었는데 그러한 경우는 다음과 같다.

· 총각이 처녀를 보쌈하여 훔쳐오는 경우(Крадене на мома)
· 처녀가 집을 나와 총각과 도망하는 경우(Преставане)

전자의 경우는 처녀가 남자의 의견에 동의하여 보쌈을 당하는 경우가 있는 반면 그 반대로 반대의사를 갖고 있으면서도 비자의적으로 당하는 경우도 있었다. 이 경우 남자는 형사 처벌을 받지만 혼인이 깨지지는 않았다. 남자가 처녀를 훔치는 데는 그 친구들이 도움을 주었고 처녀를 데려가는 사이 처녀의 가족이나 친척들을 상대로 싸움을 벌이기도 하였다. 후자의 경우는 대부분 부모가 자신이 사랑하는 사람 이외의 사람에게 시집을 보내려고 하는 경우에 극단적으로 취하는 방법이었다. 이 경우 남자는 처녀 부모에게 지불해야 하는 지참금을 지불하지 않아도 되는 이득을 보기도 하였다.

결혼식은 아주 성대히 치러진다. 며칠 혹은 일주일 간 이어지는 경우도 있었다. 결혼식을 이루는 주요 장면들은 다음과 같다.

· 처녀의 친구들과 총각의 어머니가 밀가루로 빵을 만들기
· 가이다[10]와 바이올린으로 행사의 흥을 돋우기
· 총각의 집 마당에서 총각을 면도시키기
· 손님들을 초대하여 융숭히 대접하기

불가리아에서의 결혼은 교회에서 이루어졌다. 하객으로는 남자와 여자 쪽 친인척과 마을 사람들이 초대된다. 결혼식이 끝나면 신랑 측은 하객들을 대접한다.

불가리아에서는 처녀성(순결)에 대한 정서가 매우 강하다. 물론 이것은 가부장적인 불가리아의 전통에서 유래한 것이지만 가정에서 남성이 여성보

10) 가이다(Гайда)란 불가리아의 전통 악기로서 보통 양의 가죽으로 만들며, 외견상으로는 영국의 백파이프와 흡사하다.

다 우월한 위치에 있다는 암묵적인 동의가 이루어져 있기 때문이다. 이런 면에서 신랑은 첫날밤에 신부를 발로 밟는 전통이 존재하였다. 신부가 처녀가 아니라는 사실을 알게 되면 신부는 신랑을 비롯한 가족들에게 구타당하여 친정으로 쫓겨 나가는 경우가 많았다. 이 경우 신부의 아버지는 신랑측 부모와 합의를 보려하고 돈을 지불하는 경우가 많았다.

불가리아에는 혼수품의 전통도 있었다. 여자가 남자 쪽으로 가져오는 것들은 옷, 부엌 용품, 세간살이 등이었다. 반면 신랑이나 신랑의 부모들은 신부에게 밭, 포도밭, 가축, 금화 등을 선물하였다. 신랑은 이 외에도 신부의 노동력을 보상하기 위하여 신부측 장인, 장모에게 지참금을 지불하였는데 그 규모는 양가의 경제 사정에 따라 다양하였다.

(2) 현대적 결혼 의례 풍속

전통적인 불가리아의 결혼식은 시대의 흐름에 따라 많은 변화를 겪었다. 그 변화에는 전통적인 요소, 외래적 요소의 혼합이 의례적 결혼 의식과 교회의 의식에 그대로 반영된 것을 들 수 있다. 물론 전통적 요소가 가장 많이 남아있다는 사실은 부정하기 어렵다. 현대 불가리아 도시에서의 결혼 의례의 일반적인 과정은 크게 두 가지로 나누어진다. 우선 첫 번째의 것은 신부를 자신의 집에서 결혼식이 진행되는 식장으로 데려 오는 과정이고, 다음은 교회나 피로연장에서 행해지는 의례들이다.

우선 신부를 데리러 가는 과정은 다음과 같다. 먼저 신부집으로 향할 사람들이 신랑의 집에서 모여 약간의 술을 나누어 마시며 흥을 돋운다. 신부를 데리러 가는 교통수단은 현대에 와서는 자동차가 대부분인데 이날만은 신랑의 주변에 있는 가장 좋은 차(벤츠나 BMW 등 고급 승용차 선호)를 구해서 리본, 풍선, 꽃[11] 등으로 장식한다. 신부를 데리러 가기에 앞서 결혼의 증인(혹은 들러리라고 함, кум, кума)[12]이 되는 이의 집에 가서 다시

11) 한동안 인형으로 신랑, 신부의 차를 장식하는 것이 유행이었으나 지금은 거의 사라졌다.

가볍게 술을 마신 후 예정된 시각에 신부집으로 출발한다. 흥미로운 사실은 신부집에서 신부를 데리고 나오는 과정에는 불가리아의 전통이 그대로 살아있다는 사실이다. 흔히 우리나라의 함 팔기와 유사한 이 과정을 살펴보면 다음과 같다.[13)]

신랑측과 증인들이 신부를 데리러 가는 도중에 집의 문 앞이나 신부의 방문 앞에서 신부를 데리고 가기 위한 작업이 진행된다. 이때 대화는 주로 다음과 같다.

- 우리 신부가 아주 비싸. 얼마 줄 건지 말해보시게!
- 꽃 한 다발![14)] ... 키스!
- 오, 그럴 수 없지!

이때 증인이 약간의 돈을 건넨다.

- 너무 작아, 안 되겠어.
- 여기 있어요, 여기 전부...

이제 손님들은 홀로 안내된다. 그곳에는 라끼야(불가리아 전통 술), 와인, 안주와 과자류로 차려진 식탁이 자리하고 있다. 증인이 건넨 돈은 신부의 가방에 채워져 그녀에게 전달된다. 지금까지 대화를 듣지 못한 신부는 방에서 돈 가방을 들고 나오며 정색한다.

- 이건 무슨 돈이냐?
- 널 사지 않았느냐, 우리가!

---

12) 불가리아의 결혼 의례에서 또한 중요한 역할을 하는 사람들은 바로 증인들이다. 과거에는 증인으로 자신의 대부와 대모를 선택하였지만 오늘날에는 자기 연배의 친구나 지인들을 선택하는 것이 일반적이다. 과거의 전통에 따르면 증인들은 결혼 의례의 모든 과정을 집전하고 진행하였으며, 신랑, 신부가 혼전 낮은 위치(ниско) 위치에서 이제는 신랑, 신부라는 한 가정을 이루는 높은 신분으로(високо) 이행함을 선포하고 기도하는 사회적 증인이었다. 그러나 오늘날의 증인들의 역할은 결혼의 합법적 증인으로서의 역할만을 수행하는 경우가 많아졌다.

13) Иванова, Р. "Съвременната Българска Градска Сватба", Българистиката в Зората на XXI век, (София : Гутенберг, 2000), pp. 148-149.

14) 여기서 꽃이란 보통 불가리아 결혼식에서 증인들이 신부에게 선물하게 되는 꽃다발을 의미한다.

방 앞에서 신부 데려가기로 실랑이를 하는 경우는 다음과 같다. 신부의 동생이나 여자 형제가 방에서 신부의 구두를 가지고 나오며 다음과 같이 이야기한다. "신부의 구두가 너무 커서 무언가로 채워야해!". 신랑측 사람이 돈을 채우고 다시 방에 들어간 그녀는 아직도 구두가 크다고 푸념하고 다시 구두를 돈으로 채우는 행위를 몇 번 반복함으로 이 행사는 끝나고 신부를 데려갈 준비가 끝난다. 출발에 앞서 손님들은 건배를 하며 "좋은 시간이 되기를"이라고 기원한다. 이 경우에도 증인이 주도적 역할을 한다.

이제 신부가 자신의 집을 떠날 시간이 되면 남자 증인은 신부를, 여자 증인은 신랑을 어깨로 끼고 인도한다. 이때 신부의 엄마는 이들이 내려가는 층계에 물을 부어 뿌리며 다음과 같이 외친다.

> Да им върви по вода!
> 그들이 물처럼 형통하기를!

이렇게 출발한 결혼식 행렬은 식장과 교회를 차례로 방문하여 결혼 의례를 올린다. 이동 중이나 결혼 의례로 금기하는 것은 신부가 또 다른 신부를 쳐다보는 것이다. 이것은 좋지 않은 징조로 여겨진다. 만일 다른 신부가 보이거나 나타나는 경우는 신부를 차에 돌려보내거나 눈을 감게 하기도 한다. 결혼식이 끝나고 식장이나 교회를 나오는 순간 증인은 곡식 알갱이, 돈, 초콜릿 등을 신부에게 뿌린다.

이제 결혼식은 그 막바지 행사가 열리는 피로연장으로 이어진다. 피로연장의 입구에는 하얀색의 천을 깔고 그 위에는 라일락을 뿌린다. 그리고 그 천의 마지막 부분에 조그만 탁자를 놓고 정성스레 준비한 빵(뽀가차)을 올리고 꿀과 소금도 준비되어진다. 그 옆에는 물이 담긴 주석 그릇을 올려놓는다. 오늘날에는 그 옆에 샴페인과 잔 네 개를 신랑, 신부와 두 명의 증인들을 위해 준비하기도 한다.

신랑, 신부들이 도착하면 곧바로 시어머니가 서있는 탁자 앞으로 인도된다. 시어머니는 빵을 조각내어 소금에 찍어 아들에게 먹여주는 시늉을 한다. 아들이 먹으려고 입을 벌리는 순간 며느리에게 빵을 넣는다. 그러고 나서 한 조각 더 떼어 아들과 증인들에게도 준다. 다음으로 며느리는 시어머니에게 빵을 크게 떼어 입에 넣어준다. 그러면서 "за да й запуши устата (그녀의 입을 가득 채우려고)"라고 외친다. 전통에 의하면 그 자리에 참석한 모든 사람이 빵을 한 조각이라도 입에 대야 한다고 한다. 이어서 샴페인을 터뜨리게 되는데 이 경우 진행자는 증인들을 향해 다음과 같이 외치고, 증인들은 또 다음과 같이 대답하는 것이 관례이다.

- Виното, куме, какво е? 와인이 맛이 어떤가요?
- Горчиво. 아주 쓰다.

증인의 대답에 참석자들은 호응을 하며 같이 "아주 쓰다"라는 말을 합창하고 이것을 표시도 신랑과 신부는 키스를 나눈다. 키스를 나눈 후에 신부는 주석 그릇의 물을 땅에 뿌리며 다음과 같이 외친다.

- да им върви по водата. 모든 일이 순조롭기를...

분위기가 익어가면서 또 다른 놀이가 이어지는 데 바로 신랑과 신부의 '빵 떼기 놀이'이다. 신랑과 신부는 등을 대고 서로 서서 머리위로 올려진 뽀가차 빵을 손으로 뗀다. 누구의 빵이 더 크게 떼어지느냐에 따라 집안을 다스릴 사람이 결정된다는 의미를 지닌 놀이이다.

결혼식이 진행되는 동안 전통적인 결혼 의례 노래인 "Ела се вие, преви ва"가 흐르고, 분위기가 최고조에 이르면 불가리아인들의 흥을 노래하는 다음의 노래가 연이어 합창된다.

... и да паднем, и да бием,
пак ще се напием
за добро или за лошо,

българи сме ние ...
... 그리고 넘어지고, 또 다치고,
또 넘어질 것이고
좋건 혹은 나쁘건
우리는 불가리아 사람들 아닌가 ...

결론적으로 현대 불가리아 도시의 결혼식은 다음과 같은 전통적 의미를 갖는다. 아버지 집으로부터 나오기, 예식, 피로연장에서의 신랑, 신부 접대가 그것이다. 일반적으로 결혼 의례는 자신의(своето) 것에서부터 생소한 것으로(чуждия) 이행하는 것을 의미한다. 분위기나 감정의 측면에서는 슬프고 괴로움에서 출발하여 희열과 기쁨, 미래에 대한 기대로 이어지는 것이 결혼 의례의 특징이다.

1.2.3. 이혼

불가리아는 전통적으로 배우자 중 어느 한쪽이 결정적인 잘못을 하기 전에는 이혼(развод)을 허용하지 않았다. 이혼 사유의 대부분은 남편의 주사, 폭행, 다 년 간의 외유 등 남자 쪽의 사유가 많았지만, 여자들도 간음 행위를 한 경우 이혼의 사유가 되었다. 정신병을 앓는 경우도 예외적으로 이혼이 허락되었다.

1.3. 장례 의례

1.3.1. 죽음의 예지(Прокобявания)

죽음의 예지는 다양한 방법을 통하여 이루어진다. 제일 흔한 경우는 꿈을 통하여 이루어지는 경우이고 이외에도 동물들이나 집안의 사물들의 변화에 의해서도 예지된다고 믿었다. 우선 꿈속에서 어떤 사람의 이가 빠지는 경우, 누군가에게 흰 옷이나 흰 천을 씌우는 경우는 그 사람의 죽음이 다가왔음을 예지하는 것이라고 믿고 있다.

동물을 통한 예지로는 개나 고양이를 통한 예지가 가장 많고 그 밖에 말이나 개미, 지렁이를 통하는 경우도 있다고 믿어지고 있다. 우선 개를 통한 예지는 개가 울거나, 재채기를 하는 경우, 꼬리를 엉덩이 밑으로 계속 내리는 경우, 개가 뱀을 잡는 경우는 죽음의 예지로 간주된다. 고양이를 통한 예지로는 고양이가 수탉같이 우는 경우가 해당된다. 그 밖에 말이 앞발로 땅을 계속 파는 경우도 죽음에 대한 예지로 간주한다.

또한 집안의 사물을 통해서 죽음이 다가오고 있음을 알 수 있다고 불가리아 사람들은 믿고 있다. 다음은 그 예들이다.

· 시계가 멈춤
· 램프가 갑자기 꺼짐
· 문이 스스로 열림
· 갑자기 무언가가 깨짐
· 갈라지는 소리나 금가는 현상

1.3.2. 임종(Агония)[15]

병자가 임종을 맞는 경우에 보통 바닥에 눕히는 것이 관례이다. 이것은 바닥에서 숨이 더 쉽게 끊어진다는 믿음에서 유래한 것이다. 임종을 맞은 사람을 위해서 주변 사람들은 가장 쉽게, 편하게 임종을 맞게 하기 위하여 부산스럽게 떠들거나 크게 울지 않는다. 임종을 맞는 사람이 고통[16]스럽게

15) 불가리아어로 죽음이나 임종을 지칭하는 말은 여러 가지가 존재한다. бране душа, бере душа, сбира си душата, справя се 등이 그것이다. 이들의 주요 의미는 숨을 거두다, 숨을 멈추다로 해석될 수 있다.

16) 몇몇 불가리아 마을에서는 하늘나라의 자기별이 떨어지는 과정이라 임종시 고통스럽다고 여기기도 한다.

마지막 시간을 보내는 경우에는 그가 세상에서 죄를 많이 지었기 때문에 그렇다고 믿기도 한다.

우선 최종적인 임종이 다가오면 망자의 손에 초를 들게 하거나 머리 위에 초를 켜서 둔다. 일단 임종을 하면 모든 문과 창문을 열고 거울을 비롯한 모습이 비치거나 빛나는 물건은 천으로 가린다. 또 임종 후 그릇에 담겨있는 물은 비우거나 덮개로 덮는다. 이 행위는 비단 임종을 당한 집에서만이 아니라 마을과 이웃에서도 행해지는 것이 관례이다. 시계를 멈추게 하고 40일 간 불을 지피지 않는 집들도 있다. 장례 기간에 해당하는 40일 간은 고인의 이름을 부르거나 험담을 하지 않는다.

시신은 엄격히 분리된 곳에 보신다. 이 경우 고양이, 닭 등 동물들이 시신주위를 다니는 것은 엄격히 금기되고 있으며 시신의 위로 물건을 건네는 등의 행위로 부정한 행위로 간주된다. 장례기간에는 전통적인 의례에서 벗어난 부정한 행위를 하는 경우에는 고인이 흡혈귀(Вампир)로 변한다고 믿기 때문에 금기 사항에 대한 주의는 매우 철저하게 지켜진다. 서 불가리아 지역에서는 흡혈귀가 되어 도망가는 것을 방지하기 위하여 물고기를 잡는 그물로 시신을 묶어두기도 한다.

1.3.3. 부고(Известяване)

시골에서의 부고는 두 가지 방법을 통해 행해진다. 첫 번째 방법은 교회의 종을 이용하는 방법이고, 두 번째 방법은 곡(哭, виене)을 통하여 부고를 알리는 방법이다. 농경 사회에서 집안의 주인이 사망하는 경우에는 사람들은 물론이고 가축들에게까지 알리는 풍속이 존재했었지만 오늘날에는 일부 지방에만 남아있다. 일반적으로 곡은 여자들이 주로 한다. 특히 서 불가리아 지방에서는 곡을 특별히 잘하는 여자를 초빙하여 대신 곡을 시켰다는 기록도 있다. 그러나 이 경우 그 행위에 대하여 돈을 지불하였는지 여부는 확인할 수 없으나 아마도 그에 상응하는 대가를 치렀다고 보는 것이 합당할 것이다.

상제들은 보통 검은 색 계통의 상복을 입고 모자를 쓰지 않으며 40일 간 이발이나 면도를 하지 않게 되어있다. 그리고 40일 간은 매 일요일을 준수하고 고인을 기리도록 되어있다.

1.3.4. 염습(Окъпване, Обличане)

임종을 맞은 시신을 우선 하얀 천으로 머리부터 발끝까지 덮는다. 천을 몸에 맞게 자를 때에도 칼을 이용하지 않고 초를 이용해 태워서 자르는 것이 관례이다. 임종 소식을 듣고 찾아온 사제는 이 천 위에 숯으로 망자 이름의 처음 글자를 크게 써 넣는다. 다리 아래쪽에는 두 개의 뼈 모양을 그려 놓는 경우도 있다.

시신은 깨끗한 물로 씻는 경우가 일반적이다. 이때 비누를 사용하기도 하고 지역에 따라서는 와인을 이용하는 곳도 있다. 상처가 심하게 난 경우에는 잘 씻고 와인을 그 위에 뿌리는 경우도 있는데 이때 목욕을 위한 물이나 와인 담겼던 그릇은 사용 후 곧바로 깨버린다. 목욕이 끝나면 여자의 경우 머리를 빗질해 주고, 남자의 경우는 수염을 깎아 준다. 이때 사용된 빗과 면도기 등도 사용 후 이를 부러뜨리거나 강이나 후미진 곳에 던져서 버린다. 정교회의 전통에 따라 십자가를 이마나 몸에 대고 문지르거나 두드리면 흡혈귀로 변하지 않는다는 믿음이 있다.

이제 옷을 입히게 된다. 시신에게 입히는 옷은 새 옷이어야 한다. 이것은 저 세상에서 오랜 세월 살아야 하기 때문에 새것을 입고 출발해야 한다는 믿음에서 시작된 것이다. 신발도 꼭 준비하여 신긴다. 이것도 걸어가는 노정이 너무 길어서 다리가 아프기 때문에 신고 가야 한다는 믿음에서 유래하였다. 여자의 시신에는 결혼식에 입었던 옷을 입히는 경우도 있는데 이것은 저 세상에서 자신의 남편이 알아보기 쉽게 하기 위한 것이다.

젊은 나이에 세상을 떠난 처녀, 총각의 시신에는 결혼 예복을 입히는 것이 관례이다. 마치 결혼 예식같이 치러지는 이 경우 처녀, 총각의 부모들은 손님들에게 선물을 나누어주기도 한다.

상례 기간 중에 손님들을 위하여 상주는 '꾸르반(Курбан)'이라는 고기 요리를 준비한다. 만일 부활절 금식 기간에 상을 당하면 고기를 물고기로 대신한다. 여기서 중요한 사항은 음식에 돼지고기를 절대로 쓰지 않는다는 것이다. 불가리아 사람들이 돼지고기를 선호하는 데 상 장례에서는 이 고기가 금지되는 것은 매우 흥미로운 사실이다.

1.3.5. 운구(Изнасяне на Ковчег)

집에서 고인을 운구하기 전에 가까운 친지들은 시신에 입맞추며 마지막 인사를 나누게 된다. 그러는 동안 교회의 사제는 기도와 성가를 부른다. 보통 관(棺)은 대문을 통해서 운구하는데 네 번 결혼한 남자의 경우는 담장에 구멍을 내어 운구하기도 하고, 부활절 금식 기간의 첫 주에 사망한 시신은 창문을 통하여 운구하는 관습도 전해진다. 집에서는 관이 놓여있던 머리맡에 물, 와인, 음식을 놓아서 영혼이 식사하게 배려하고 3, 7, 40일이 되는 특별한 날에는 돌, 기왓장, 도끼 등을 두어서 악귀를 쫓는 의식을 거행하기도 한다. 그중에서 가장 일반적인 것은 초를 켜는 것인데, 이 행위는 거의 예외 없이 행해진다. 운구는 손으로 하는 경우와 자동차, 소달구지를 이용하여 하는 경우들이 있었다.

1.3.6. 하관과 매장(Ковчег и Гроб)

묘지는 보통 마을 근교에 위치하는 것이 일반적이다. 고인의 일가친척들이 묻혀있는 묘지에 1.8 m 정도의 구멍을 판다. 이때 반드시 묘지는 하관과 매장이 이루어지는 당일 날 새벽에 파는 것이다. 만일 그 전날 파서 밤을 새우게 되면 식구 중 누군가가 또 사망한다는 믿음이 있기 때문이다.

하관 할 때에는 먼저 남자 한사람이 구덩이에 내려가 땅을 잘 고른다. 이때 땅을 고르는 사람은 다음과 같은 노래를 읊조린다.

Да измета аз твоята къща, та да не изметеш ти моята
내가 너의 집을 치워 줄 테니, 너는 내 집을 치우지 마라

묘지 준비를 하고 하관하는 동안 일부 지방에서는 가족과 친지들이 하나의 허리띠로 자신들을 묶는 풍속이 존재하는 데 이것은 망자가 자신들을 데려가지 못하게 하는 의미가 있다. 보통 망자의 관에는 저승에서 필요한 물건들이나 고인이 생전에 좋아했던 물건들을 같이 넣어준다. 필요한 물건의 대부분은 음식(사과, 빵, 마른 과일 등)과 돈이 주를 이룬다. 담배, 파이프, 라끼야, 와인 등 고인이 좋아했던 물건은 넣어 주는 것이 일반적이다. 불가리아의 일부 지역에서는 먼저 죽은 사람을 위한 선물(за армаган)을 관에 넣는 경우도 있다. 서 불가리아에서는 여자의 시신에 낫을 넣은 경우도 있고 옷을 여러 벌 함께 넣어 저승에서 갈아입을 수 있게 배려하는 경우도 존재한다. 악귀를 방지하기 위한 방책도 존재하는 데 일반적으로 관에 십자가, 마늘, 성화, 향료, 목화 등을 함께 넣는 벽사(辟邪)를 하기도 한다. 고인과 같은 집에 살던 사람들은 망자의 물건들을 만지거나 소유하면 행운이 있다는 믿음을 갖고 있어서 유품을 소중히 간직하기도 한다.

봉분이 만들어진 다음에는 고인의 머리가 있는 부분에 십자가를 세우는 것이 중요하다. 일반적으로 장례식 당일에는 나무로 만든 임시 십자가를 세웠다가 일정 기간이 지난 다음에 돌로 된 십자가를 영구히 세운다. 묘지에 세워지는 십자가의 모양은 남자와 여자에 따라 다른데, 남자의 경우는 세 개의 모서리가 있는 십자가를, 여자의 경우에는 둥근 머리 부분과 머리 양쪽에 어깨를 갖는 십자가를 세운다. 그래서 여성의 묘지에 있는 십자가를 인형(Кукла)이라고 부르는 경우도 있다. 십자가에는 보통 망자의 이름, 나이, 사망일을 기재하고 망자의 직업이나 특성을 나타내는 물건들을 상징적

으로 그려 넣기도 한다.

1.3.7. 돌아오기(Връщане)

장지에서 장례 의식이 끝나면 참석자들은 각자 발길을 재촉한다. 집으로 돌아오는 길에 이들은 손을 반드시 씻어야 한다. 손을 씻는 장소도 농기구 위에 손을 올리고 손을 씻는 것을 선호한다. 또 일부러 화로가나 불을 지나기도 한다. 이때에는 어깨 너머로 숯을 던지며 다음과 같이 소리친다. 물론 이것은 다분히 주술적인 믿음에서 나온 행위이다.

> Назад смъртта да иде
> 죽음이 내 뒤로 도망가거라

일반적으로 집에 돌아와서는 손님들에게 찐 밀(Варено жито, коливо)이나 찐쌀(Варен ориз, пилаф), 그리고 와인을 대접한다. 한 가지 특이한 것은 상을 치르는 기간 동안 음식을 먹을 경우에는 쇠로 된 도구(칼, 수저 등)를 사용하지 않고 손을 주로 이용한다는 사실이다.

1.3.8. 기일(Помен)

장례식이 끝나고 이제 다양한 기일들이 찾아온다. 대표적인 기일로는 3일, 9일, 20일, 40일, 3개월, 9개월, 1년, 3년 등이 있다.

남편을 잃은 미망인은 40일 동안 매일 남편의 무덤에 찾아가서 참배하고 '초 켜기'나 '물이나 와인 붓기'와 같은 행위를 한다. 3일, 9일, 20일째 되는 날은 크게 기념하고 경건하게 예를 갖춘다. 특히 3일째 되는 날은 곡을 하지 않고, 소리 없이 참배하고 불을 피우는 풍습이 있다. 40일째 되는 날은 가족은 물론, 일가친척, 친구들이 모두 참석한다. 이날은 음식과 빵, 와인들을 충분히 준비하여 땅에서 마지막으로 떠나는 고인의 영혼을 기린다. 이날을 불가리아어로는 '평평한 날(Равенка)'[17]라고 부른다. 사망한 지 3년이 지나면 일반적으로 오래된 망자들의 대열에 합류하는 것으로 간주된다.

불가리아 풍속에는 위에서 언급한 사망일과 관련된 기일 외에 민속학적 의미를 지니는 기일들이 존재한다. 이러한 기일은 모두 교회 축일과 관련되어 있다는 것이 특징적이다.

부활절 금식기간 이전(преди Великия пост)
부활절 50일 후(Петдесетница)
성모의 날(Успение Богородично, 8월 15일)
아르한겔의 날(Архангелов ден, 11월 8일)
성탄절(Коледа)
부활절(Великден)
게오르기요프 날(Гергьов ден)
디미트로프 날(Димитров ден)

1.3.9. 비정상적인 죽음(Нередна смърт)

불가리아에서는 자살한 사람, 비 세례자, 혼외 자식 등의 죽음은 비정상적인 것으로 간주한다. 따라서 이들의 주검은 마을의 묘지에 묻힐 수 없고 교외의 외진 곳에 묻힌다.

Дето се човек удави,	물에 빠져 죽은 사람
удави, та се обеси,	물에 빠진 사람, 목 멘 사람은
самси смърт да си направи,	스스로 죽음을 선택한 사람은

17) 여기에서 평평하다는 의미는 장례식 날 봉분에 심은 잔디나 십자가 등이 모두 제자리를 찾고 모양을 갖춘다는 의미를 갖고 있다.

попове не го опяват,	사제님들이 노래도 하지 않으시고
в гробища не го заравят,	무덤의 뚜껑을 닫지 않지
роднини не го жалеят,	식구들도 슬퍼하지 않고
комшии не го окайва ...	이웃들도 동정하지 않고

결론적으로 불가리아의 장례 의식은 영혼과 죽음이라는 이미지와 절대적으로 연관되어 있다. 불가리아 사람들은 또한 죽음을 계속적인, 영속적인 꿈이라고 생각하고 인생의 긴 휴식이라는 이미지로 연상한다.

불가리아 장례 의식에서는 교회 이데올로기를 바탕으로 하는 절차가 많이 발견된다. 다음에서 살펴볼 예에서는 영혼이 존재한다는 불가리아인들의 믿음을 엿볼 수 있다.

· 임종 중 정숙하기
· 시신 목욕시키기
· 옷 갈아입히기
· 무덤에 좋아하던 물건 넣기
· 망자를 위한 음식 준비
· '죽었다(умрял)', '숨이 끊어졌다(мъртъв)'라는 단어 사용 회피
· 영혼이 쉽게 빠져나가게 돕기
· 사망 시 문과 창문 모두 열기
· 영혼이 돌아오는 것을 막는 행위나 그러한 도구사용: 향, 십자가, 마늘, 가시, 그릇 깨기, 소음 등

이와 대조적으로 원시적 민간 신앙 요소를 포함하는 의례도 자주 발견된다.

· 찐 밀을 음식으로 이용
· 망자를 씌울 천을 불이나 돌로 자름

· 칼로 빵 자르기 금지
· 여자 무덤의 십자가의 비 십자가적 형상

일생의례: 불가리아 정교와 민간 신앙의 적절한 배합 효과

지금까지 불가리아인들의 일생 의례를 살펴보았다. 그 내용은 출생 의례, 결혼 의례, 장례 의례이다.

출산 의례는 임신, 출산과 출산 후 40일 간의 여러 행사들을 중심으로 다루어 보았다. 불가리아 출생 의례에 대한 다양한 양상과 특징을 다음과 같이 요약할 수 있다.

(1) 불가리아인들이 생각하는 출산의 의미는 신성하고 가문의 역사를 잇는 매우 중요한 의례라는 점에서 범인류적이라고 할 수 있다.
(2) 출산 후에 불가리아인들은 격리(изолация)라는 개념을 중요시하며 다양한 방법을 통하여 산모와 아이의 건강과 성장을 기원하고 있다.
(3) 불가리아인들의 출생 의례에는 민간 신앙적 요소와 불가리아 정교적 요소가 혼재되어 있음을 알 수 있었으며, 농경 사회적 성격이 강한 20세기 중반까지는 민간 신앙적 요소가 더 강함을 살펴 볼 수 있었다. 예를 들면 위에서 살펴 본 벽사의 전통과 유래는 고대 불가리아, 트라키아, 슬라브의 전통에서 유래한 것들이다. 즉, 이것들은 민간 신앙적 기원과 전통을 갖고 있는 것들이다. 따라서 이것들은 현대적 관점에서 보면 좀 더 신비롭고 상징적인 수단들이다. 본문에서 다루어진 Орисниците 행사에서 민간 신앙적 요소를 잘 살펴 볼 수 있었다. 가령 Орисниците 행사에서 여인의 수가 3인이고 세 번째 여인의 말이 가장 중요하며 생후 3일 후에 이 행사를 치른다는 점은 3이라는 숫자의 의미를 강조한다는 것이 특이하다. 여기서의 3은 정교

에서 강조되는 삼위일체를 상징적으로 의미하고 있으며 따라서 가장 전형적인 민간 신앙적 출생 의례에서도 정교적 전통이 나타나고 있음을 확인 할 수 있었다.

이와 반면에 출산과 관련된 불가리아 정교의 전통도 다수 존재한다. 가장 대표적인 것이 성모(св. Богородица)의 역할이다. 성모는 불가리아 산모들이 의지하고 만나고 싶어 하고 음식으로 대접하고자 하는 존재이다. 또한 세례도 정교적 전통으로 볼 수 있다. 세례를 통하여 신생아는 성모와 하나님의 보호를 받고 성장하게 된다는 강한 믿음이 존재하고 있음을 확인할 수 있었다.

결혼의례는 약혼, 결혼, 이혼의 3단계에 걸쳐서 이루어졌다. 전체적으로 불가리아의 결혼 풍속에는 다산과 행복한 결혼 생활 그리고 건강에의 기원이 담겨져 있다. 또한 결혼은 자신의 것(아버지의 집)으로부터 이탈하여 새로운, 외래의 사회로 전이되는 과정을 의미하며, 이와 관련된 여러 의례가 존재함을 알 수 있었다. 처녀나 총각이라는 독립적이고 낮은 단계의 위치에서 새로운 가족이라는 높은 단계로의 전이도 나타나고 있다. 분위기나 감정의 측면에서는 슬프고 괴로움에서 출발하여 희열과 기쁨, 미래에 대한 기대로 이어지는 것이 불가리아 결혼 의례의 특징이다. 결혼 의례에서 정교의 역할은 과거에 비해 많이 퇴색해 가는 실정이다. 우선 교회에서만 이루어지던 전통적인 결혼 의례가 현대에는 결혼식장이나 공공 기관에서 행하여진다. 사제의 역할도 많이 축소되었으며 주로 새로 태어나는 신랑, 신부 가정의 행복을 염원하는 기도에 국한되어 나타나고 있다. 이에 비해 전통적인 요소는 아직도 많이 남아있어서 가령 신부집에서 행하여지는 함 놀이, 결혼식 후 피로연장에서 며느리와 시어머니가 뽀가차 빵을 서로 나누어 먹여주는 행위, 결혼 의례 전반에 나타나는 증인들의 역할과 기원 등에서 그러한 경향을 찾아 볼 수 있다.

장례 의례는 불가리아의 매우 복잡하고 정교한 양상을 띠고 있음을 알 수 있다. 우선 정신적인 측면에서 불가리아의 장례 의례는 정교회의 이념을 바탕으로 하고 있음을 알 수 있었다. 이것은 영혼의 존재를 인정하는 여러 행위에서 극명하게 나타나고 있다. 또한 장례 의례 전 과정을 사제가 집전하고 기도와 송가로서 망자를 저승으로 보낸다. 이러한 가운데에서도 불가리아 원시 공동체의 전통도 잘 보존되고 있는 데 그것은 찐 밀을 음식으로 이용, 망자를 씌울 천을 불이나 돌로 자르기, 칼로 빵 자르기 금지, 여자 무덤의 십자가의 비(非)십자가적 형상 등에서 찾아 볼 수 있다.

사람이 이 세상에 생명을 얻어 태어날 때 치르는 일들, 건강하게 성장하여 어른이 되도록 기원하고 정성을 드리는 일, 좋은 배필을 만나 결혼하기까지 치르는 여러 단계의 의례들, 좋은 자식을 낳도록 기원하는 일 그리고 일생을 마감하는 일 등 여기에는 반드시 어떠한 절차가 필요하다. 결국 우리가 보다 의미 있게 생각해야 할 것은 이 과정을 거치는 방법이며, 이 과정을 거치는 방법에 민족이나 집단의 성격이 담겨있다는 점이다. 즉, 불가리아 민족이 치르는 통과 의례에는 불가리아 민족의 문화적 특성과 가치관이 고스란히 담겨져 있으며 그 양상은 민간 신앙적인 것과 불가리아 정교적인 요소가 혼재된 모습을 엿볼 수 있었다.

참고문헌

1. 국내 문헌

권순, 『관광정책론』, 서울: 백산출판사, 1998.

권혁재, “코소보(Kosovo)분쟁에 관하여”, 『동유럽 연구』, Vol. 7, 한국외국어대학교 국제지역센터 동유럽·발칸연구소, 1998.

김광근 외, 『관광학 원론』, 서울: 백산출판사, 2002.

김상원, “EU확대와 동유럽 경제의 변화”, 『동유럽연구』, Vol. 21, 한국외국어대학교 국제지역연구센터 동유럽·발칸연구소, 2008.

김성진, 『발칸분쟁사』, 서울: 우리문학사, 1996.

김성환, “유고슬라비아 지역의 언어상황”, 『동유럽연구』, Vol. 4, 한국외국어대학교 국제지역센터 동유럽·발칸연구소, 1995.

______, “보스니아 무슬림의 종족 기원연구”,『동유럽연구』, Vol. 7, 한국외국어대학교 국제지역센터 동유럽·발칸연구소, 1998.

김원회, “고대교회슬라브어 시편문헌 연구에 관한 一考”, 『노어노문학』, Vol. 9, 1997.

______, 『불가리아어학』, 서울: 도서출판 가운, 2004.

김의숙, 이창식, 『민속학이란 무엇인가』, 서울: 북스힐, 2003.

김철민, “티토의 민족정책: 유고슬라비즘(Yugoslavism/ Jugoslavizam)의 적용과 실패”, 『동유럽연구』, Vol. 6, 한국외국어대학교 국제지역센터 동유럽·발칸연구소, 1997.

______, “보스니아분쟁에 대한 배경과 서구의 대응전략: 벤스-오웬안과 데이턴 합의안의 비교,” 『국제지역연구』, Vol. 2, No. 4, 한국외국어대학교 국제지역센터, 1998.

______, “제2차 세계대전과 유고슬라비아: 유고슬라비즘과 세르비아니즘의 충돌”, 『동유럽연구』, Vol. 8, 한국외국어대학교 국제지역센터 동유럽·발칸연구소, 1999.

______, "코소보(Kosovo) 민족갈등에 관한 연구: 세르비아니즘(Serbianism)의 확대와 저항이라는 관점에서". 『동유럽발칸학』, Vol. 2, No. 1, 한국동유럽발칸학회, 2000.

______, "세르비아 민족의 기원과 민족 정체성에 관한 연구", 『동유럽발칸학』, Vol. 5, No. 1, 한국동유럽발칸학회, 2003.

______, 『보스니아 역사: 무슬림을 중심으로』, 서울: 한국외국어대학교 출판부, 2005.

______, 『동유럽의 민족분쟁』, 서울: 살림출판사, 2007.

______, 『발칸유럽 사회와 문화』, 서울: 한국외국어대학교 출판부, 2008.

김시홍 외, 『유럽연합의 이해』, 서울: 높이깊이, 2006.

두샨 바타코비치 저, 정근재 역, 『세르비아 역사』, 서울: 선인출판사, 2001.

방청록, "유로화의 출범과 EU 거버넌스(Governance)", 『유럽 연구』, Vol. 15, 한국유럽학회, 2002.

이웅규, 김기창, 『세계의 민속 문화』, 서울: 대왕사, 2003.

이보 안드리치 저. 정근재 역, 『보스니아 종교 문화사』, 서울: 문화과학사, 1998.

손수석, "유럽통화통합 계획의 수립 과정에 관한 연구: 독일과 프랑스의 관계를 중심으로", 『유럽 연구』, Vol. 19, 한국유럽학회, 2004.

정병권외, 『동유럽·발칸, 민주화와 문화갈등』, 서울: 한국외국어대학교 출판부, 2005.

정은숙, 『21세기 유엔 평화유지활동: 코소보 사례를 중심으로』, 서울: 세종연구소, 2003.

최인학, 『한국 민속학 새로 읽기』, 서울: 민속원, 2002.

카트린 롤레, 마리 프랑스모렐 저, 나은주 역, 『출산과 육아의 풍속도』, 서울: 도서출판 사람과 사람, 2002.

표상용, "언어학적 연구 대상으로서 "발칸어 연합(Balkansprachbund)"", 『동유럽연구』, Vol. 7, 1998.

한국수출입은행 해외경제연구소, 『2008 세계국가편람』, 서울: 한국수출입은행, 2008.

2. 영문 문헌

Athanassopoulou, Ekavi, “Conflict in Kosovo: Hoping for the Best, Planning for the Worst”, *The World Today,* Vol. 52, Aug. - Sep., 1996.

Altmann, Franz-Lothar, “Ex-Yugoslavia's neighbours: who wants what?”, *The World Today,* Vol. 8, No. 9, 1992.

Babuna, Aydin, “The Emergence of the First Muslim Party in Bosnia-Hercegovina”, *East European Quarterly.* Vol. 30, No. 2, 1996.

Banac, Ivo, *The National Question in Yugoslavia: Origins, History, Politics.* Ithaca and London: Cornell Univ. Press, 1984.

______, “The Fearful Asymmetry of War: The Causes and Consequences of Yugoslavia's Demise”. *Daedalus.* Spr., 1992a.

______, “Post-Communism as Post-Yugoslavism: The Yugoslav Non-Revolution 1989-1990”, Ivo Banac. ed. *Revolution* in *Eastern Europe.* Ithaca: Cornell Univ. Press. 1992a.

______, “Bosnian Muslims: From Religious Community to Socialist Nationhood and Postcommunist Statehood 1918-1992”, Mark Pinson ed. *The Muslims of Bosnia-Hercegovina.* Cambridge: Harvard Univ. Press, 1994.

Breuilly, John, *Nationalism and State.* Manchester: Manchester Univ. Press, 1985.

Brown, Keith, *The Past in Question: Modern Macedonia and the Uncertainties of Nation*, Princeton: Princeton Univ. Press, 2003.

Brunner, Georg, *Nationality Problems and Minority Conflicts in Eastern Europe.* Gütersloh: Bertelsmann Foundation Publishers, 1996.

Bugajski, Janusz, *Ethnic Politics in Eastern Europe,* New York: M. E. Sharpe, 1994.

Caplan, Richard, "International diplomacy and the crisis in Kosovo", *International Affairs,* Vol. 74, No. 4, 1998.

Costa, Nicholas J., "A Balkan Danse Macabre", *East European Quarterly,* Vol. 27, No. 4, 1993.

Curtis, Glenn E., *Yugoslavia: a country study.* Washington, D. C.: Federal Research Division, Library of Congress, 1992.

Dimić, Ljubodrag, *Srbi i Jugoslavija: Prostor, društvo, politika.* Beograd: Stubovi kulture, 1998.

Donia, Robert J. and John V.A. Fine, *Bosnia and Hercegovina: A Tradition Betrayed.* New York: Columbia Univ. Press, 1994.

Dyker, David A., "Yugoslavia: Unity out of Diversity?" Archie Brown & Jack, Gray. eds. *Political Culture and Political Change in Communist States.* New York: Macmillan, 1979.

European Commission, *Agenda 2000,* Brussels : European Commission, 1997.

______, *Europe's Agenda 2000: strengthening and widening the European Union,* Brussels: European Commission, 1999.

______, *Glossary: Institutions, policies and enlargement of the European Union*, Brussels: European Commission, 2000.

______, *General Report on the Activities of the European Union 2002*, Brussels and Luxembourg: Office for Official Publications of the European Communities, 2003.

______, *EMU after 5 Years. Office for Official Publications of the European Communities,* Brussels and Luxembourg: Office for Official Publications of the European Communities, 2004.

______, *The Economic Criteria for Accession: The Assessments of the 2007 Progress Reports, No. 36*, Brussels and Luxembourg: Office for Official Publications of the European Communities, 2007.

Fine, John V.A., *The Bosnian Church: A New Interpretation.* New York and London: Columbia Univ. Press, 1975.

______, "The Medieval and Ottoman Roots of Modern Bosnian Society", Mark Pinson ed. *The Muslims of Bosnia-Hercegovina,* Cambridge: Harvard Univ. Press, 1994.

Floudas, Demetrius Andreas, "A Name for a Conflict or a conflict for a Name: an Analysis of Greece's Dispute with FYROM", *Journal of Political Military Sociology,* Vol. 24, No. 2, 1996.

Gounaris, Basil G., "Social Cleavages and National Awakening in the Ottoman Macedonia", *East European Quarterly,* Vol. 29, No. 4, 1996.

Gow, James & Cathie Carmichael, *Slovenia and the Slovenes: A Small State and the New Europe*, London: Hurst & Company, 2000.

Grauwe, Paul De, *Economics of Monetary Union,* Oxford: Oxford University Press, 2007.

Greenfel, Lian, *Nationalism: Five Roads to Modernity,* Cambridge: Havard Univ. Press, 1993.

Harris, Marshall Freeman, "Macedonia: The Next Domino?", *The National* Interest, Vol. 55, 1999.

Ilić, Jovan, "The Balkan Geopolitical Knot and the Serbian Question", Dušanka Hadži-Jovančić ed., The Serbian Question in Balkans. Beograd: Faculty of Geography. University of Belgrade, 1995.

Khan, Mujeeb R., "Bosnia-Hercegovina and the Crisis of the Post-Cold war International System." *East European Political and Societies,* Vol. 9, No. 3, Fall, 1995.

Kofos Evangelos & Thanos Veremis, "Kosovo: Efforts to Solve the Impasse", *The International Spectator,* Vol. 33, No. 2, 1998.

Komatina, Milija, *Crna Gora i srpsko pitanje,* Beograd: Zavet, 1999.

Kourvetaris, George A, "Ethnonationalism and Subnationalism: The Case of Former Yugoslavia", *Journal of Political and Military Sociology,* Vol. 24, Win., 1996.

Kyrou, Alexandros K., "Castle-building in the Balkans: American Aspirations in Southeastern Europe since the Dissolution of Yugoslavia", *Journal of Politics and Military Sociology*, Vol. 24, No. 2, Win., 1996.

Larrabee, F. Stephan, "Russia and the Balkans: Old themes and New Challenges", Vladimir Baranovsky, ed., *Russia and Europe: The Emerging Security Agenda,* Oxford: Oxford Univ. Press, 1997.

Lee, Seung-Woo, *A Study on Development Trends of Croatian Tourism: in terms of World Tourism Trends,* Seoul: Graduate School of International and Area Studies, Hankuk University of Foreign Studies, 2003.

Malcom, Noel, *Kosovo: A Short History*. New York: New York Univ. Press, 1998.

Mccarthy, Justin, "Ottoman Bosnia 1800 to 1878" in Mark Pinson ed. *The Muslims of Bosnia-Hercegovina.* Cambridge: Harvard Univ. Press, 1994.

Perry, Duncan M., "Macedonia." *Southeastern Europe.* Vol. 3, No. 16, 1994.

Petrovich, Michael Boro, *A History of Modern Serbia, 1804-1918 Vol I.* New York and London: Harcourt Brace Jovanovich, 1976.

Pinson, Mark, "The Muslims of Bosnia-Hercegovina Under Austro-Hungarian, 1878-1918", Mark Pinson ed. *The Muslims of Bosnia-Hercegovina.* Cambridge: Harvard Univ. Press, 1994.

Potočnik, Janez and Jaime Garcia Lombardero, "Slovenia's Road to Membership in the European Union" Mojmir Mrak eds, *Slovenia:*

From Yugoslavia to the European Union, Washington: The World Bank, 2004.

Pribichevich, Stoyan, *Macedonia: Its People and History,* Harisburg: Pensylvania State Univ. Press, 1984.

Ramet, Pedro, *Nationalism and Federalism in Yugoslavia 1963-1983.* Indiana: Indiana Univ. Press, 1984.

______, *Cross and Commssar: The Politics of Religion in Eastern Europe and the USSR.* Bloomington and Indianapolis: Indiana Univ. Press, 1987.

______, *Religion and Nationalism in Soviet and East European Politics.* Durham: Duke Univ. Press, 1989.

Rudić, Vujadin & Milomir Stepić, "Ethnic Changes in the Raška Region", Dušanka Hadži-Jovančić. ed. *The Serbian Question in Balkans,* Beograd: Faculty of Geography, Univ. of Belgrade, 1995.

Ruzzier, Mitja eds, "The internationalization of SMEs: developing and testing a multi-dimensional measure on Slovenian firms", *Entrepreneurship & Regional Development*, Vol. 19, March, 2007.

Schadler, Susan eds, *Adopting the Euro in Central Europe: Challenges of the Next Step in European Integration*, Washington DC: International Monetary Fund, 2005.

Schevill, Ferdinand, *The History of the Balkan Peninsula.* New York: Arno Press and The New York Times, 1971.

Sinclair, M. Thea and Mike Stabler, *The Economics of Tourism.* London and New York: Routledge, 1997.

Singleton, Fred, *A Short History of the Yugoslav Peoples.* Cambridge: Cambridge Univ. Press, 1985.

Sugar, Peter F., "External and Domestic Roots of Eastern European Nationalism", Peter F. Sugar & Ivo J. Lederer eds. *Natioalism in*

Eastern Europe. Seattle & London: Univ of Washington Press. 1994.

Tanner, Marcus, *Croatia: A Nation Forced in War,* New Haven and London: Yale University Press, 1997.

Terzić, Slavenko, "The Right to Self-Determination and the Serbian Question", Dušanka Hadži-Jovančić. ed. *The Serbian Question in Balkans,* Beograd: Faculty of Geography, Univ. of Belgrade, 1995.

Terzić, Slavenko, "The Serbs and the Macedonian Question", Dušanka Hadži-Jovančić ed., *The Serbian Question in Balkans,* Beograd: Faculty of Geography, Univ. of Belgrade, 1995.

Vojvodić, Mihailo, *Srbija i Balkansko pitanje (1875-1914),* Novi Sad: Matica Srpska, 2000.

Zarkovic, Milica, *Economic Decline and Nationalism in the Balkans*, New York: St. Martin,s Press, 1994.

Zavalani, T., "Albanian Nationalism", Peter F. Sugar and Ivo John Lederer ed., *Nationalism in Eastern Europe,* Seattle and London: Univ. of Washington Press, 1994.

Zimmeramnn, Warren, "The Demons of Kosovo", *The National Interest,* Vol. 52, Sum., 1998.

3. 현지어 문헌

Bilandžić, Dušan and Radovan Vukadinović, *Osnovne društvene promjene u Jugoslaviji i svijetu, 1945-1973,* Zagreb: školska knjiga, 1973.

Blagojević, Obren, *Ekonomska misao u Bosni i Hercegovini.* Beograd: Srpska akademija nauka i umetnosti, 1993.

Božić, Ivan, Sima Ćirković, Milorad Ekmečić & Vladimir Dedijer, *Istorija Jugoslavije.* Beograd: Prosveta, 1973.

Ćirković, Sima and Ivan Božić, "O Jednom shvatanju i jednoj kritici istorije Crne Gore", *Jugoslovenski istorijski časopis I-II*, 1977.

Dabinović, Antun et al., *Hrvatska povijest.* Split: Naklada Bošković, 2002.

Daničić, Đura, *Istorija srpskog naroda,* Beograd: Državna štamparija, 1876.

Dašić, Miomir, "O Jugoslovenskoj ideji u Crnoj Gori do stvaranja Jugoslavenske države 1918", Djordje O, Pljević ed., *Jugoslovenska država 1918-1998*, Beograd: Institut za savremenu istoriju, 1999.

Isaković, Zlatko, "Međunarodni položaj Makedonije." Momir Stojković & Ana Damian eds, *Savremeni procesi i odnosi na balkanu*, Beograd: Gorograf, 1997.

Marković, Predrag, *Beograd između Istoka i Zapada 1948-1965.* Beograd: Službeni list SRJ, 1996.

Novaković, Stojan, *Kosovo: srpske narodne pesme o boju na Kosovu.* Beograd: Vukova Zadužbina, 1995.

Nušić, Branislab Đ., *Kosovo: opis zemlje i naroda.* Beograd: Prosveta, 1986.

Petković, Ranko, Miroslav Petrović & Momir Stojković, "Ustav Republike Makedonije", *Novi ustavi na tlu bivše Jugoslavije,* Beograd: Službeni glasnik, 1995.

Petković, Ranko, "Međunarodni položaj i spoljna politika balkanskih zemalja", Momir Stojković & Ana Damian eds, *Savremeni procesi i odnosi na balkanu*, Beograd: Gorograf, 1997.

Petranović, Branko, *Istorija Jugoslavije 1918-1988. knj. III,* Beograd: Nolit, 1988.

Petranović, Branko & Momčilo Zečević, *Jugoslavija 1918/1988: tematska zbirka dokumenata,* Beograd: Rad, 1988.

Pregled istorije jugoslovenskih naroda II deo (od 1849. godine do 1959. godine), Beograd: Zavod za Izdavanje Udžbenika Socijalističke, 1960.

Radaković, Milovan, "Novi susedi savezne Republike Jugoslavije", Momir Stojković & Ana Damian eds, *Savremeni procesi i odnosi na balkanu*, Beograd: Gorograf, 1997.

Rudić, Vujadin and Milomir Stepić, "Ethnic Changes in the Raška Region", Dušanka Hadži-Jovančić, ed., *The Serbian Question in Balkans,* Beograd: Faculty of Geography University of Belgrade, 1995.

Stanojević, Stanoje, *Istorija srpskoga naroda.* Beograd: Izdavačka knjižarnica napredak, 1996.

Šisler, Slavko eds., *Gradovi i općine Republike Hrvatske,* Zagreb: Mato Lovrak, 2004.

Ангелова-Георгиева, Р., *Фолклорът и Народните Традиции в Съвременната Национална Култура,* София: БАН, 1976.

Андреев, М., *Българското обичайно право.* София, 1979.

Арнаудов, М., "Обичаи при Раждане. Към Характеристиката на Семейните Обреди и Празници", *Очерци по Българския Фолклор II*, 1969.

Асенова, П., *Балканско Езикознание*, В. Търново: Faber, 2002.

Беновска-Събкова, М., *Фолклорните Традиции на Североизточна България,* Разград, 1993.

Васић, Велимир, *Економска политика Југославије: проблеми главних области*, Београд: Савремена администрација издавачко-штампарско-књижарска радна организација, 1985.

Вакарелски, Хр., "Понятие и Представи за Смъртта и за Душата", *ГБИ*, 1948.

Вакарелски, Хр., "Принос към Проучване на Семейните Обичаи в Панагюрско в Миналото", *ПП,* II, 1961.

Вакарелски, Хр., *Етнография на България*, София: Изд. Наука и Изкуство, 1974.

Верещагин, Е., *Церковнославянская книжность на Русь*, М.: ИНДРИК, 2001.

Гаћеша, Никола and Душан Живковић, *Иистopuja Југославије.* Београд: Завод за уџбенике и наставна средства, 1993.

Генчев, Ст., "Семейни Обичаи и Обреди", *Добруджа. Етнографски, Фолклорни и Езикови Проучвания*, София, 1974.

Генчев, Ст., *Етнография на България*, том III, София, 1985.

Георгиев, Вл., "Значение на Съвременната Топонимия за Обяснението на Древните Географски Названия", *ИИБЕ*, XIV, 1967.

Гълъбов, Ив., *Проблемът за Члена в Български и Румънски Език.* София: Наука, 1962.

Димић, Љубодраг, *Срби и Југославија: Простор. друштво. политика.* Београд: Стубови културе, 1998.

Добрев, П., *Прабългарите*, София: Проксима, 1991.

Дяков, Т., *Българският характер.* София, 2001.

Иванова, Р., "Структура на Сватбената Песен "Ела се вие, превива", *Български Фолклор,* 1-2, 1975.

Иванова, Р., "Съвременната Българска Градска Сватба", *Българистиката в Зората на XXI век*, София: Гутенберг, 2000.

Куев, К., "Миграция на старобългарски писменици към киевская русь през X-XII в", *Славянска Филология*, 18, 1983.

Маркова, Л., *Рождение Ребенка в Обычаях и Обрядах Страны Зарубежной Европы,* Москва: Наука, 1999.

Мечев, К., "Българо-руски литературни връзки от началото на XI в", *Славянска Филология*, 18, 1983.

Минчева, А., "Структурните Черти на Балканския Езиков Съюз с Ог лед на Съвременния Български Език", *Сопоставително Езикознание*, 3-5, 1981.

Минчева, А., "Структурните Черти на Балканския Езиков Съюз от Гледище на Развоя на Българския Език", *Славянска Филология*, 17, 1983.

Мирчев, К., *Историческа Граматика на Българския Език*, София: Наука, 1978.

Милентијевић, Радмила, "Политика Сједињених Америчких Држава према Југославији", Ђорђе О. Пиљевић ур. *Југословенска држава 1918-1998*, Београд: Институт за савремену историју, 1999.

Петканова, Д., *Старобългарска литература IX-XVIII век*, София: Унив. изд. "Климент Охридски", 1992.

Петканова, Д., *Константин Кирил-Деница на Славянския род*, София: Време, 1994.

Петковић, Ранко, *XX век на Балкану: Берсај. Јалта. Дејтон,* Београд: Новинско-издавачка установа слижбени лист СРЈ, 1996.

4. 인터넷 문헌 및 기타

알바니아 종합 *http://www.albania.com*

발칸 유럽 관련 사이트 *http://www.balkanpeace.org*

세르비아-몬테네그로 일간지, 보르바 *http://www.borba.co.yu*

슬로베니아 중앙은행 *http://www.bsi.si*

미국 중앙정보국(CIA) 지역연구 *http://www.cia.gov*

크로아티아 관광 정보 사이트 *http://www.croatia.hr*

크로아티아 관광 정보 사이트 *http://www.crotour.hr*

유럽중앙은행 *http://www.ecb.int*

슬로베니아 류블랴나 대학교 경제연구소 *http://www.ef.uni-lj.si*

The Economist Intelligence Unit Limited, *http://www.eiu.com*

http://emperors-clothes.com/news

유럽연합 통계청 *http://epp.eurostat.ec.europa.eu*

유럽연합 *http://europa.eu.int*

유럽연합 '크로아티아' 부분 *http://europa.eu.int/comm/enlargement/croatia/index.htm*

Introduction of the euro in Slovenia *http://www.evro.si*

슬로베니아의 유럽연합 홍보 사이트 *http://evropa.gov.si*

마케도니아 정부 *http://www.gov.mk*

불가리아 내각 *http://www.government.bg*

슬로베니아 상공부 *http://www.gzs.si*

크로아티아 관광 정보 사이트 *http://www.hrvatska.com*

보스니아 평화정책 *http://www.intl-crisis-group.org/projects/bosnia*

국제 통화 기금 *http://www.imf.org*

슬로베니아 투자진흥원 *http://www.investslovenia.org*

코소보 평화 정책 *http://www.inti-crisis-group.org/projects/kosovo*

http://www.kosovo.com

대한무역투자진흥공사 *http://www.kotra.go.kr*

한국관광공사 *http://kto.visitkorea.or.kr/*

http//lacutas.tripod.com/macedonia

론니 플래닛 *http://www.lonelyplanet.com*

불가리아 문화부 *http://www.mc.government.bg*

불가리아 교육과학부 *http://www.minedu.government.bg*

크로아티아 문화관광부 *http://www.mint.hr*

크로아티아 바다, 수송, 그리고 기간산업부/ 크로아티아 관광부 *http://www.mmtpr.hr*

크로아티아 주형가리 대사관 *http://www.mofat.go.kr*

몬테네그로 역사 *http://www.montenet.org/history*

몬테네그로 개요 *http://www.montenet.org/glance*

세르비아 행정부 *http://www.mup.sr.gov.yu*

코소보 총선 *http://www.osce.org/kosovo/elections*

http://www.rferl.org/nca/features

'라디오, 텔레비전 세르비아' 국영 방송국 *http://www.rts.co.yu*

또 하나의 유럽 발칸 *http://san.hufs.ac.kr/~balkan*

슬로베니아 재경부 *http://www.sigov.si/mf*

http://www.sok-kosovo.org

http://www.spectrezine.org/war/Macedonia

미국무부 유럽유라시아부 *http://www.state.gov*

슬로베니아 통계청 *http://www.stat.si*

코소보 UN 임시 행정임무 사이트 *http://www.unmikonline.org*

몬테네그로 관광 *http://www.visit-montenegro.com*

크로아티아 정부 *http://www.vlada.hr*

세계 관광 협회(WTO) *http://www.world-tourism.org*

세계 관광 여행 협회(WTTC) *http://www.wttc.org*

세계은행 *http://www.worldbank.org*

『Vreme』1997년 8월 2일자

찾아보기

또 하나의 유럽, 발칸유럽을 읽는 키워드

초　판 1쇄 발행 2009년 6월 30일
개정판 1쇄 발행 2016년 2월 25일

지　자 ▪ 김철민 · 김원회
펴낸이 ▪ 김인철
펴낸곳 ▪ 한국외국어대학교 지식출판원
02450 서울시 동대문구 이문로 107
전화 02)2173-2493~7
팩스 02)2173-3363
홈페이지 http://press.hufs.ac.kr
전자우편 press@hufs.ac.kr
출판등록 ▪ 제6-6호(1969. 4. 30)
디자인 · 편집 ▪ (주)이환디앤비 02)2254-4301
인쇄 · 제본 ▪ (주)에스제이씨성전 031)955-8800

ISBN 979-11-5901-056-9 93920　　　정가 15,000원

* 잘못된 책은 교환하여 드립니다.

HU:NE 은 한국외국어대학교 지식출판원의 어학도서, 사회과학도서, 지역학 도서 Sub Brand이다. 한국외대의 영문명인 HUFS, 현명한 국제전문가 양성(International+Intelligent)의 의미를 담고 있으며, 휴인(携引)의 뜻인 '이끌다, 끌고 나가다'라는 의미처럼 출판계를 이끄는 리더로서, 혁신의 이미지를 담고 있다.